KB160735

한국재벌과 지주회사체제:

34개 재벌의 추세와 특징

한국재벌과 지주회사체제:

34개 재벌의 추세와 특징

| 김동운 지음 |

한국학술정보

지은이의 말

지주회사(持株會社, holding company)가 새로운 지배구조로 각광받고 있다.

지주회사는 다른 회사의 주식 보유가 주된 목적인 회사로서 자회사·손자회사·증손회사를 단계적으로 거느리면서 상하·주종 관계의 지배체제를 형성한다. 1999년 2월 설립이 허용된 이후 지주회사에 대한 관심이 해를 거듭할수록 고조되어 오고 있으며, 2000년대 중반 이후 보다 큰 흐름을 형성하고 있다. 특히 한국경제에서 절대적인 비중을 차지하고 있는 재벌들의 참여가 매우 적극적이다.

얼마나 많은 기업과 재벌들이 지주회사체제를 채택하고 있는가? 왜, 어떤 방식으로 채택하고 있는가? 채택한 이후 어떤 변화가 일어나고 있는가? 그 변화는 긍정적인가 부정적인가? 지주회사체제가 바람직한 대안적 지배구조로서 제대로 자리매김하고 있는가? 지금의 지주회사 설립 열기가 앞으로도 계속될 것인가?

이 책은 이러한 궁금증들에 대한 답을 찾기 위해 그리고 실마리를 얻기 위해 집필되었다. 『한국재벌과 지주회사체제: LG와 SK』(2011년), 『한국재벌과 지주회사체제: CJ와 두산』(2013년), 『한국재벌과 지주회사체제: GS와 LS』(2015년), 『한국재벌과 지주회사체제: 34개 재벌의 현황과 자료』(2016년)에 이은 다섯 번째 저서이자 네 번째 저서의 자매편이다.

먼저 출판된 『한국재벌과 지주회사체제: 34개 재벌의 현황과 자료』는 1999년 이후 2015년까지 지주회사체제를 채택한 34개 재벌의 현황을 자료와 함께 재벌별로 소개한 일종의 '사전(事典)'이다. 34개 재벌을 '2015년 현재와 이전, 적극적·소극적 지주회사체제, 순위' 등 3가지를 기준으로 5개 부류로 나눈 뒤 각각의 재벌에 대해 '성장 과정, 지주회사체제, 지주회사, 소유지분도' 등 4가지 사항을 일목요연하게 제시하고 있다.

이에 비해, 본 저서는 지주회사체제를 채택한 34개 재벌 전체의 주요 추세와 특징을 분석

한다. 모두 5개의 장으로 구성되어 있다.

제1장에서는 '공정거래법상 지주회사'를 분석한다. 신설 지주회사와 존속 지주회사의 연도별 추세를 소개한 뒤, 존속 지주회사를 '자산총액, 지주비율, 계열회사 수' 등 3개 측면에서 살펴본다.

제2장에서 제4장까지는 '지주회사체제를 채택한 34개 재벌'을 분석한다. '전체 기간인 2001-2015년'과 '가장 최근 연도인 2015년'의 2개 기간·연도를 대상으로 34개 재벌의 여러 가지 측면을 자세하게 고찰한다.

제2장 재벌과 지주회사체제: 개관

       (2001-2015년) 34개 재벌, 재벌 소속 51개 일반지주회사

       (2015년) 24개 재벌, 재벌 소속 29개 일반지주회사

제3장 지주회사체제를 채택한 재벌: 연도별 현황

       (2001-2015년 / 2015년) 34개·24개 재벌 관련 4개 측면 – 순위, 지주회사 수,
                   지주회사체제 달성 비율, 지주회사체제 편입 계열회사 수

제4장 재벌 소속 일반지주회사: 연도별 현황

       (2001-2015년 / 2015년) 51개·29개 일반지주회사 관련 5개 측면 – 순위,
                   자산총액, 재벌 소속 시작 시기, 지주비율, 계열회사 수

마지막 제5장에서는 앞의 논의를 요약, 정리한다. 부록에는 본문의 내용을 보완하는 관련 자료를 수록하였다.

이 책의 주요 내용은 학술지에 게재되거나 학술대회에서 발표되었다. 애정 어린 질책을 아끼지 않으신 학술지 심사위원과 학술대회 토론자들께 감사드린다.

학술지 논문: (1) '대규모기업집단과 지주회사' (2011.3), <지역사회연구> 제19권 제1호; (2) '공정거래법상 지주회사의 주요 추세와 특징 - 신설·존속 지주회사, 계열회사, 지주비율, 자산총액을 중심으로' (2011.6), <기업경영연구> 제18권 제2호; (3) '한국재벌과 지주회사체제: 주요 추세 및 특징, 2001-2011년' (2013.6), <경영사학> 제28집 제2호.

학술대회 논문: (1) '한국에서의 지주회사 설립 동향, 2000-2010년' (2010.11), 한국기업경영학회, 2010년 추계학술대회, 수원대 (토론: 극동정보대 이재춘); (2) '한국재벌과 지주회사체제: 현황과 전망' (2011.6), 한국산업조직학회, 2011년 하계학술대회, 서울시립대 (토론: 한국경제연구원 김현종); (3) '한국재벌과 지주회사체제: 주요 추세 및 특징, 2001-2011년' (2013.2), 한국산업조직학회, 2013 경제학공동학술대회, 고려대 (토론: 숭실대 조성봉);

(4) '공정거래법상 지주회사, 2000-2012년' (2013.5), 한국경영사학회, 2013년 한일 경영사학회 국제학술대회, 대한상공회의소 (토론: 강동대 이재춘); (5) '한국재벌에서의 지주회사 체제 도입 현황' (2015.2), 한국경제연구학회, 2015 경제학공동학술대회, 연세대 (토론: 한국경제연구원 이병기); (6) '공정거래법상 지주회사 설립 동향, 1999-2014년' (2015.2), 한국질서경제학회, 2015 경제학공동학술대회, 연세대 (토론: 시장경제제도연구소 김이석); (7) 'The Holding Company System as New Corporate Governance: Major Trends in Korean Chaebols' (2015.9), 국제지역학회, 제1회 과학기술혁신과 개발 국제컨퍼런스, 쉐라톤 서울 디 큐브 시티 (토론: 단국대 김예환, 숙명여대 문형남); (8) '한국재벌과 지주회사체제: 최근의 동향' (2016.2), 한국질서경제학회, 2016 경제학공동학술대회, 서울대 (토론: 경기연구원 김은경); (9) '새로운 지배구조로서의 지주회사체제: 대규모집단에서의 도입 현황, 1999-2015년' (2016.8), 한국산업조직학회, 2016년 하계학술대회, 한국외국어대 (토론: 공정거래위원회 복홍석); (10) 'Holding Companies in Korean Business Groups' (2016.11), 한국경제통상학회, 2016 추계국제학술대회, 전북대 (토론: 영남대 박추환); (11) 'Consolidating Owner-Control in Chaebols: Some Cases' (2017.2), 한국경제연구학회, 2017 경제학공동학술대회, 서강대 (토론: 성균관대 장선구).

멋모르고 '한국재벌과 지주회사체제'라는 화두(話頭)를 덥석 잡은 지 올해로 10년째가 된다. 2007년 <경영사학>에 발표한 첫 논문 'LG그룹 지주회사체제의 성립 과정과 의의'를 다시 한 번 찬찬히 읽어 본다. 그리고 34개 재벌 관련 '2권의 연구서'를 중간결산서 겸 시즌2 지침서로 삼아 '던져진 화두'를 제대로 깨치기 위해 마음을 계속 다잡아 가려고 한다.

1987년 이후 30년 동안 묵묵히 곁을 지켜 준 미경에게 '사랑한다'는 말과 함께 이 책을 전한다. 또 1997년 이후 20년 동안 물심양면으로 도움을 주신 동의대학교 교직원과 학생들에게도 이 기회를 빌려 고마움의 마음을 전하고 싶다. 출판사 여러분들은 '좋은 책'을 만들기 위해 여느 때처럼 열과 성을 다해 주셨다. 진심으로 감사드린다.

2017년 2월 5일, 상대 401호 연구실에서

김 동 운

목 차

표 목차

그림 목차

부록 표 목차

제1장

공정거래법상 지주회사

1. 머리말

지주회사(持株會社, holding company)는 '다른 회사의 주식 보유가 주된 목적인 회사'를 말한다. 지주회사에 의해 주식이 보유되는 다른 회사는 '자회사(子會社)', 자회사에 의해 주식이 보유되는 다른 회사는 '손자회사(孫子會社)', 그리고 손자회사에 의해 주식이 보유되는 다른 회사는 '증손회사(曾孫會社)'이다. 따라서 지주회사체제는 '지주회사 → 자회사 → 손자회사 → 증손회사'로 이어지는 하향 단선적인 소유구조를 갖는다. 반면 지주회사는 그 성격상 적은 자본으로 다른 회사들을 용이하게 지배할 수 있는 가능성을 가진 조직이기도 하다.

이러한 양면성 중에서 지배력의 부작용을 우려해 정부는 1987년 재벌의 경제력 집중을 억제하기 위하여 대규모기업집단 지정 제도를 도입하면서 지주회사의 설립·전환도 금지시켰다. 기존의 21개 지주회사들은 시정 조치를 통해 순차적으로 정리되었으며, 이 중 1994년 6월에 시정 조치를 받은 ㈜화성사가 1998년 4월 마지막으로 법 위반 상태를 해소함으로써 지주회사가 1개도 없는 상태가 되었다.

하지만 경제력 집중 억제 조치들에도 불구하고 재벌의 문어발식 확장은 계속되었으며 이는 '1997년 외환위기'의 주요 요인으로 작용하였다. 1998년 2월 출범한 김대중 정부는 재벌의 구조조정을 최우선 과제로 추진하였으며, 그 일환으로 1999년 2월 지주회사의 설립·전환을 다시 허용하는 조치를 취하였다.

종래의 재벌들에서는 계열회사 상호 간에 출자가 순환적이고 중층적으로 얽혀 있었으며, 그 정점에는 극히 적은 지분을 갖는 그룹 총수 또는 동일인이 있었다. 소유가 뒷받침되지 않은 상태에서 경영권은 무분별하고 무책임하게 행사되었으며, 이는 계열회사의 문어발식 확장과 방만한 경영으로 이어졌다. 반면 지주회사체제는 '지주회사 → 자회사 → 손자회사 → 증손회사'로 이어지는 하향 단선적인 단순한 소유구조를 갖는다. 이전의 그룹 총수는 충분한 지분으로 지주회사만 소유·경영하고 계열회사는 독자적으로 자율경영을 하게 함으로

써 투명하고 민주적인 지배구조를 정착시킨다는 것이 지주회사 설립 재허용의 취지였다.

지주회사 관련 내용은 <독점규제 및 공정거래에 관한 법률>(공정거래법)과 <독점규제 및 공정거래에 관한 법률 시행령>(시행령)에 자세하게 규정되었으며, 지주회사가 지배력 확장의 수단으로 악용될 소지를 최소화하기 위해 행위 제한 규정 또한 명시되었다.

공정거래법(2016년 9월 30일 시행; 제2조 1의2)에 의하면 지주회사는 '주식(지분(持分) 포함)의 소유를 통하여 국내회사의 사업내용을 지배하는 것을 주된 사업으로 하는 회사로서 자산총액이 대통령령이 정하는 금액 이상인 회사'이다 (<표 1>, <부록 4>).

시행령(2017년 1월 1일 시행; 제2조 ①, ②)은 지주회사의 '자산총액'과 '주된 사업'의 2가지 기준을 다음과 같이 구체화하였다. (1) 자산총액은 대차대조표상의 금액이 '1,000억 원 이상'이어야 한다. 기준 시점은 해당 사업연도의 설립, 합병, 분할(분할·분할합병·물적 분할) 등기일 현재이거나, 직전 사업연도 종료일(종료일 이전의 자산총액을 기준으로 지주회사 전환 신고를 하는 경우에는 전환 신고 사유의 발생일) 현재이다. (2) '자산총액의 50% 이상'은 자회사의 주식(지분 포함)가액의 합계액(대차대조표상의 금액)이어야 한다. 이 비중은 '지주(持株)비율'로 불린다.

지주비율 '50% 이상'은 1999년 이후 변함이 없다. 반면, 지주회사 자산총액은 1999년에는 '100억 원 이상'이었으며, 2001년에 '300억 원 이상'으로 상향 조정되었다가 2002년에 다시 '1,000억 원 이상'으로 조정된 이후 오늘에 이르고 있다. 2001년 4월 출자총액제한제도가 재도입되면서 출자총액제한기업집단(2002년부터 지정; 기준 자산총액 2002년 5조 원 이상, 2005년 6조 원 이상, 2007년 10조 원 이상; 2009년 3월 지정 제도 폐지) 계열회사의 출자총액이 제한되는 점을 감안하여, 지배력 확장의 폐해가 적은 중소 규모의 지주회사가 원활하게 설립될 수 있도록 신고 및 규제 대상의 범위를 축소한 것이다. 2016년 9월에는 자산총액 기준이 '5,000억 원 이상'으로 다시 상향 조정되었는데, 시행은 2017년 7월부터 하는 것으로 결정되었다.

한편, 자회사는 '지주회사에 의하여 사업내용을 지배받는 국내회사', 손자회사는 '자회사에 의하여 사업내용을 지배받는 국내회사', 그리고 증손회사는 '손자회사가 발행 주식 총수를 소유하는 국내회사(금융·보험업 영위 회사 제외)'로 규정되었다 (공정거래법 제2조 1의3, 1의4; 제8조의2 ④4, ⑤).

또 지주회사는 자회사에 대해 그리고 일반지주회사의 자회사는 손자회사에 대해 각각 후자가 발행하는 주식 총수의 40%(자회사가 상장법인·국외상장법인·공동출자법인·벤처지주회사인 경우 및 손자회사가 앞 3개 유형의 법인인 경우에는 20%) 이상을 소유해야 한다 (공정거래법 제8조의2 ②2, ③1). 1999년 이후 2006년까지는 '자회사 주식 보유 기준'과 '손자회사 주식 보유 기준'이 '50%(30%) 이상'이었는데, 2007년 4월 법 개정으로 '40%(20%) 이상'으로 하향 조정되었다. 지주회사가 시장에서 긍정적인 평가를 받는 것으로 보고 설립·전환을 보다 용이하게 하기 위해서였다.

〈표 1.1〉 지주회사제도 도입 현황 및 관련 용어

1987년 4월: 경제력 집중 억제를 위한 대규모기업집단지정제도 도입, 지주회사의 설립 및 전환 금지,
　　　　　　 21개 지주회사 존속
1998년 4월: ㈜화성사가 마지막으로 지주회사 지위를 해소함
1999년 2월: 지주회사의 설립 및 전환 허용 (1997년 외환위기 이후 진행된 기업구조조정의 일환)
2000년 1월: SK엔론(이후 SK E&S)이 제1호 공정거래법상 지주회사로 지정됨
2015년 현재: 지주회사제도 허용 이후 16년째

지주회사: 주식의 소유를 통하여 국내회사의 사업내용을 지배하는 것을 주된 사업으로 하는 회사로서
　　　　　 자산총액이 대통령령이 정하는 금액 이상인 회사

　　① 주된 사업: '지주회사가 소유하고 있는 자회사의 주식가액의 합계액'이 '지주회사 자산총액'의
　　　　　　　　　 50% 이상인 경우
　　　　　　　　 * 지주비율: 1999년 이후 변동 없음

　　② 자산총액: 100억 원 이상 (1999-2000년)
　　　　　　　　　 300억 원 이상 (2001년)
　　　　　　　　　 1,000억 원 이상 (2002년 이후)

일반지주회사: 금융지주회사 외의 지주회사
금융지주회사: 금융업 또는 보험업을 영위하는 자회사의 주식을 소유하는 지주회사

자회사:　　 지주회사에 의하여 사업내용을 지배받는 국내회사
손자회사: 자회사에 의하여 사업내용을 지배받는 국내회사
증손회사: 손자회사가 발행 주식 총수를 소유하는 국내회사 (2008년 이후)

자회사 주식 보유 기준: 지주회사가 소유해야 하는 '자회사 발행 주식 총수 중에서의 비중'
　　　　　　　　　　　 1999-2006년: 비상장 자회사 50% 이상, 상장 자회사 30% 이상
　　　　　　　　　　　 2007년 이후:　　　　　 40% 이상,　　　　　 20% 이상

손자회사 주식 보유 기준: 일반지주회사의 자회사가 소유해야 하는 '손자회사 발행 주식 총수 중에서의 비중'
　　　　　　　　　　　 1999-2006년: 비상장 손자회사 50% 이상, 상장 손자회사 30% 이상
　　　　　　　　　　　 2007년 이후:　　　　　 40% 이상,　　　　　 20% 이상

출처: 본문, 〈부록 4〉.

공정거래위원회는 2000년부터 매년 지주회사의 설립 동향을 정리, 분석하여 발표해 오고 있다. 이를 가공·변형하여 두 가지 기초자료를 먼저 작성하였다. 하나는 '신설 지주회사 현황'이고, 다른 하나는 '존속 지주회사 현황'이다 (<부록 1>).

앞의 자료는 2000-2014년까지는 1-12월 그리고 2015년은 1-9월 사이에 신규로 설립 또는 전환된 지주회사(회사명, 설립·전환 연월일)를 1개의 표로 정리하였다. 뒤의 자료는 2001년(7월), 2003년(7월), 2004년(5월), 2005-2007년(8월), 2008-2015년(9월) 등 모두 14개 연도의 중반 현재 존속하는 지주회사의 현황을 각각 1개의 표로 정리하였다. 자산총액 기준의 순위, 회사명, 설립·전환 연월, 상장 여부, 자산총액, 지주비율, 부채비율, 계열회사 (자회사, 손자회사, 증손회사)의 수 등의 정보를 담았다. 2002년 자료는 없으며, 2016년 자료는 여러 가지 사정으로 포함시키지 못하였다.

제1장은 이 기초자료를 바탕으로 공정거래법상 지주회사의 설립 동향과 관련된 주요 추세 및 특징을 5개 항목으로 나누어 분석한다. 제2절은 신설 지주회사를 그리고 제3절부터 제6절까지는 존속 지주회사를 살펴본다.

제2절(신설 지주회사, 1999-2015년)에서는 신설 지주회사의 현황을 정리한다. 2015년 9월 현재까지 신설된 지주회사는 모두 234개이며, 이들 중 대부분인 210개는 일반지주회사이고 나머지 24개는 금융지주회사이다.

제3절(존속 지주회사, 2001-2015년: (1) 개관)에서는 존속 지주회사의 현황을 정리한다. 신설 지주회사들 중 일부는 법률상의 요건 2가지 모두 또는 일부를 충족하지 못하여 공정거래법상 지주회사에서 제외되었으며, 2015년 9월 현재 존속하고 있는 지주회사는 140개 (일반지주회사 130개, 금융지주회사 10개)이다.

제4절(존속 지주회사, 2001-2015년: (2) 자산총액)과 제5절(존속 지주회사, 2001-2015년: (3) 지주비율)에서는 공정거래법상의 2가지 요건인 자산총액 및 지주비율과 관련된 주요 특징을 살펴본다. 자산총액은 2002년 이후 '1천억 원 이상'이 법률상 요건이다. 일반지주회사에서는 5천억 원 미만이 가장 큰 비중을 차지하고 있는 반면 금융지주회사의 대부분은 1조 원 이상의 자산을 가지고 있다. 일반지주회사의 경우, 1조 원 이상의 자산을 갖는 지주회사의 수가 매년 늘어나면서 이들이 상위 10위권 내에 자리를 잡았으며, 2010년부터는 10조 원 이상의 자산을 갖는 지주회사도 생겨났다. 한편, 지주비율은 '50% 이상'이 법률상 요건이며 90%대가 가장 큰 비중을 차지하고 있다.

제6절(존속 지주회사, 2001-2015년: (4) 계열회사 수)에서는 존속 지주회사들의 계열회사

유형, 계열회사 수, 계열회사 수의 범위 등을 분석한다. 계열회사에는 자회사만 있는 경우, 자회사와 손자회사가 있는 경우, 그리고 자회사, 손자회사 및 증손회사가 있는 경우 등 세 부류가 있다. 손자회사는 2003년부터 그리고 증손회사는 2008년부터 생겼다. 지주회사가 거느리는 총 계열회사 수는 매년 증가하는 가운데 2008년 이후 급증하였으며, 2011년 처음으로 1,000개를 넘어섰다. 계열회사 중 2011년까지는 자회사가 가장 많으며, 손자회사는 2008년 이후 급증하여 2012년부터는 자회사보다 많아졌다. 2015년 9월 현재 지주회사는 140개이고 이들이 거느리는 계열회사는 1,462개(자회사 689개, 손자회사 693개, 증손회사 80개)이며 지주회사 및 계열회사는 모두 1,602개이다. 한편, 1개 지주회사가 거느리는 계열회사의 수는 67개에서 1개에 이르는 다양한 분포를 보이고 있다. '10개 미만'의 계열회사를 보유하는 지주회사가 가장 많으며, '20개 이상'의 계열회사를 보유하는 지주회사 또한 조금씩 늘어나 2008년 5개이던 것이 2012-2013년에는 18개였다.

2. 신설 지주회사, 1999-2015년

1999년 2월 지주회사의 설립 및 전환이 다시 허용된 이후 처음 탄생한 지주회사는 SK엔론(이후 SK E&S)이었다. 1999년 1월 SK그룹과 미국 회사 엔론(Enron Corporation)의 50:50 합작지주회사로 설립되었으며, 이후 자산총액 및 지주비율의 법률상 요건(100억 원 이상, 50% 이상)을 충족하여 2000년 1월 공정거래법상 지주회사 제1호로 지정되었다. 지주회사 설립이 허용된 이후 11개월만이었다.

같은 해 C&M커뮤니케이션(1월), 화성사(4월), ㈜SDN(이후 세종금융지주; 4월), KIG홀딩스(5월), 온미디어(6월) 등 4개 일반지주회사와 1개 금융지주회사가 더 생겨 2000년 한 해 동안 모두 6개의 신설 지주회사가 등록되었다 (<표 1.2>, <표 1.3>, <그림 1.1>, <그림 1.2>, <부록 표 1.1>).

이후 2006년까지 매년 비슷한 수준인 5-8개씩의 지주회사가 신규로 전환 또는 설립되었으며, 2007년부터는 자회사 및 손자회사에 대한 '주식 보유 기준'이 하향 조정되면서(상장회사 30% 이상 → 20% 이상; 비상장회사 50% 이상 → 40% 이상) 신설 지주회사가 대폭 증가하였다. 2006년 8개에서 2007년에는 15개로 2배가량 증가하였고 2008년에는 31개로 다시 2배 이상 급증하면서 최고치를 기록하였다. 2009-2010년에는 20개로 다소 주춤해졌다가 2011-2012년 26-27개로 다시 증가한 후 2013-2014년에는 21-16개로 다시 줄어들었다. 2014년의 16개는 2007년의 15개 이후 최저치이다. 2015년에는 9월 현재까지 15개가 새로 생겼다.

2015년에 신설된 15개는 모두 일반지주회사이다: 동원시스템즈(1월), 대림에너지(1월), 씨엠비홀딩스(1월), 알보젠코리아(1월), 알보젠코리아홀딩스(1월), 지엔에스(1월), 파라다이스글로벌(1월), 한일맨파워(1월), 한솔홀딩스(1월), 에스제이원(2월), 옐로모바일(3월), 덕산하이메탈(5월), 디앤비컴퍼니(5월), 피에이지에이씨와이티코리아홀딩스(5월), SK㈜(8월). SK㈜의 경우는 신설 연도가 2개이다. 8년 전인 2007년 7월 기존의 SK㈜가 지주회사로 먼저 전환하였고, 2015년 8월에는 모회사인 SK C&C에 흡수합병되면서 해산되었는데 SK C&C가 지주회사로 전환하면서 회사명을 SK㈜로 변경하였다.

한편 누적 신설 지주회사는 2000년 6개에서 2003년에는 25개가 되었으며, 2007년 이후 급증하여 2007년(58개)에는 50개를, 2009년(109개)에는 100개를, 그리고 2013년에는 200개(203개)를 각각 넘어섰다. 2015년 9월 현재에는 234개이며, 2000년 1월 이후 16년 동안 매년 평균 16개씩의 공정거래법상 지주회사가 새로 생긴 셈이다.

〈표 1.2〉 신설 공정거래법상 지주회사, 1999-2015년 (개)

(1) 연도별 수

	1999-2004						2005-2009					2010-2015						합
	1999	2000	2001	2002	2003	2004	2005	2006	2007	2008	2009	2010	2011	2012	2013	2014	2015	
일반지주회사	0	5	5	4	5	4	4	8	14	28	18	18	22	26	20	14	15	210
금융지주회사	0	1	2	1	2	1	1	0	1	3	2	2	4	1	1	2	0	24
합	0	6	7	5	7	5	5	8	15	31	20	20	26	27	21	16	15	234

(2) 누적 수

	1999	2000	2001	2002	2003	2004	2005	2006	2007	2008	2009	2010	2011	2012	2013	2014	2015	
일반지주회사	0	5	10	14	19	23	27	35	49	77	95	113	135	161	181	195	210	
금융지주회사	0	1	3	4	6	7	8	8	9	12	14	16	20	21	22	24	24	
합	0	6	13	18	25	30	35	43	58	89	109	129	155	182	203	219	234	

주: 1999-2014년 12월, 2015년 9월 현재.
출처: 〈부록 표 1.1〉.

<그림 1.1> 신설 지주회사, 1999~2015년:
(1) 연도별 수 (개)
(출처: <표 1.2>)

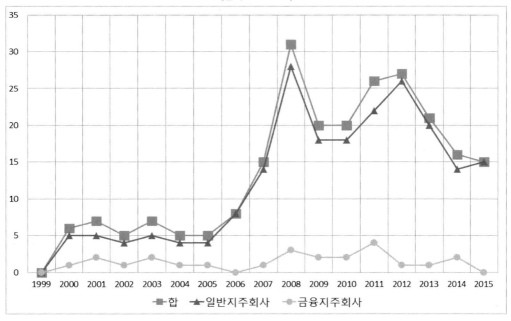

<그림 1.2> 신설 지주회사, 1999~2015년:
(2) 누적 수 (개)
(출처: <표 1.2>)

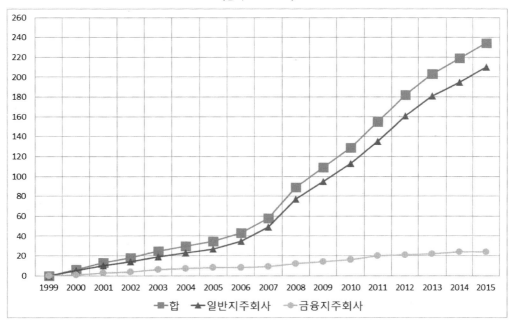

<표 1.3> 신설 공정거래법상 지주회사, 2000 · 2005 · 2010 · 2015년

연도	지주회사 (괄호 안 숫자는 설립 · 전환 월(月); * 금융지주회사)
2000	6개: SK E&S(1), C&M커뮤니케이션(1), 화성사(4), KIG홀딩스(5), 온미디어(6), 세종금융지주(* 4)
2005	5개: 롯데물산(1), 롯데산업(1), 한화도시개발(1), 대상홀딩스(8), 하나금융지주(* 12)
2010	20개: 녹십자홀딩스(1), 디아이피홀딩스(1), 몰트홀딩(1), 셀트리온헬스케어(1), 우리조명지주(1), 유승홀딩스(1), 에실로코리아(1), 엔오브이코리아홀딩(1), 코오롱(1), KC그린홀딩스(1), 티브로드한빛방송(1), 씨에스홀딩스(1), 파라다이스글로벌(2), 휴맥스홀딩스(3), 오미디어홀딩스(9), 오션비홀딩스(9), 금복홀딩스(11), 셀트리온홀딩스(11), 미래에셋컨설팅(* 3), 한국씨티금융지주(* 6)
2015	15개: 동원시스템즈(1), 대림에너지(1), 씨엠비홀딩스(1), 알보젠코리아(1), 알보젠코리아홀딩스(1), 지엔에스(1), 파라다이스글로벌(1), 한일맨파워(1), 한솔홀딩스(1), 에스제이원(2), 옐로모바일(3), 덕산하이메탈(5), 디앤비컴퍼니(5), 피에이지에이씨와이티코리아홀딩스(5), SK㈜(8)

주: 2000–2010년 12월, 2015년 9월 현재.
출처: 〈부록 표 1.1〉.

234개 신설 지주회사들 중 일반지주회사가 210개(90%)로 절대다수를 차지하고 있으며, 금융지주회사는 24개(10%)에 불과하다. 금융지주회사는 '금융업 또는 보험업을 영위하는 자회사의 주식을 소유하는 지주회사'이며, 일반지주회사는 '금융지주회사 외의 지주회사'이다 (공정거래법 제8조의2 ② 4,5).

금융지주회사는 2006년과 2015년을 제외하고 매년 신설되었는데, 대부분의 연도에서는 1-2개씩이었고, 3개(2008년)와 4개(2011년) 신설 연도도 각각 1개씩 있었다. 24개 신설 금융지주회사는 다음과 같다: 2000년 (㈜SDN, 이후 세종금융지주); 2001년 (우리금융지주, 신한금융지주회사); 2002년 (퍼스트씨알비); 2003년 (한국투자금융지주, 동원금융지주); 2004년 (삼성에버랜드); 2005년 (하나금융지주); 2007년 (에이오엔이십일); 2008년 (골든브릿지, KB금융지주, 한국투자운용지주); 2009년 (한국스탠다드차타드금융지주, 산은금융지주); 2010년 (미래에셋컨설팅, 한국씨티금융지주); 2011년 (동양파이낸셜대부, BS금융지주, 메리츠금융지주, DGB금융지주); 2012년 (농협금융지주); 2013년 (JB금융지주); 2014년 (케이엔비금융지주, 게이제이비금융지주).

3. 존속 지주회사, 2001-2015년: (1) 개관

신설 지주회사 중 일부는 시간이 지남에 따라 자산총액(1999-2000년 100억 원 이상, 2001년 300억 원 이상, 2002년 이후 1,000억 원 이상) 및 지주비율(50% 이상)의 법률상 요건 2가지 중 전부 또는 일부를 충족하지 못하여 공정거래법상 지주회사에서 제외되었다. 공정거래위원회는 2002년을 제외하고 매년 중반(5-9월) 현재의 존속 지주회사 현황을 발표해 오고 있다 (<표 1.4>, <그림 1.3>).

예를 들어, 2004년 말 현재 신설 지주회사 누적 수는 30개인데 2005년 8월 현재 남아 있는 지주회사는 25개였다. 또 2005년 말 현재 신설 지주회사 누적 수는 35개인 반면 2006년 8월 현재 존속 지주회사는 31개였다. 2007년 이후에는 신설 회사가 급증하면서 존속 회사 또한 이 시기에 크게 늘어났다. 2006년 8월 31개이던 것이 2008년 9월에는 60개로 2배가량 증가하였으며, 2011년 9월(105개) 100개를 넘어선 후 2015년 9월 현재에는 140개가 되었다.

〈표 1.4〉 존속 공정거래법상 지주회사, 2001-2015년 (개)

(1) 신설 지주회사: 누적 수

	1999-2004						2005-2009					2010-2015					
	1999	2000	2001	2002	2003	2004	2005	2006	2007	2008	2009	2010	2011	2012	2013	2014	2015
일반지주회사	0	5	10	14	19	23	27	35	49	77	95	113	135	161	181	195	210
금융지주회사	0	1	3	4	6	7	8	8	9	12	14	16	20	21	22	24	24
합	0	6	13	18	25	30	35	43	58	89	109	129	155	182	203	219	234

(2) 존속 지주회사: 연도별 수

	1999	2000	2001	2002	2003	2004	2005	2006	2007	2008	2009	2010	2011	2012	2013	2014	2015
일반지주회사	0	-	9	-	15	19	22	27	36	55	70	84	92	103	114	117	130
금융지주회사	0	-	2	-	4	5	3	4	4	5	9	12	13	12	13	15	10
합	0	-	11	-	19	24	25	31	40	60	79	96	105	115	127	132	140

주: 1) 신설 지주회사는 1999-2014년 12월, 2015년 9월 현재.
   2) 존속 지주회사는 2001-2003년 7월, 2004년 5월, 2005-2007년 8월, 2008-2015년 9월 현재; 2000·2002년 자료 없음.
출처: 〈표 1.2〉, 〈부록 표 1.1〉.

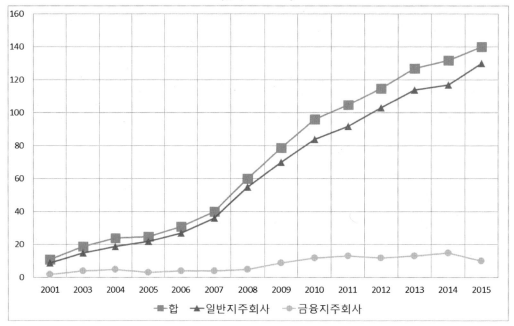

〈그림 1.3〉 존속 지주회사, 2001-2015년 (개)

(출처: <표 1.4>)

합 ── 일반지주회사 ── 금융지주회사

2015년 9월 현재 누적 신설회사는 234개인데 이 중 3/5(60%)인 140개는 존속하고 있고 나머지 2/5(40%)인 94개는 이전의 일정 기간 동안만 존속하였다. 누적 신설 일반지주회사 210개 중에서는 80개를 제외한 130개(62%)가, 그리고 누적 신설 금융지주회사 24개 중에서는 14개를 제외한 10개(42%)가 남아 있다.

2015년 현재의 140개 존속 지주회사를 신설 연도별로 보면, 2000년 이후 16년 동안 매년 신설된 회사들 중 각각 1개(2000년)에서 22개(2012년)까지의 회사가 존속하고 있다. 2015년에 신설된 회사(15개)는 전부가 그리고 나머지 연도에 신설된 회사는 일부가 존속하고 있다. 또 일반지주회사는 16년 모두와 관련되어 있는 반면, 금융지주회사는 신설된 14개 연도 중 8개 연도만 관련되어 있다 (<표 1.5>, <표 1.6>).

① 2000년 신설 1개 = 일반지주회사 1개 + 금융지주회사 0개 (신설 총수 6개 = 5 + 1)
② 2001년 신설 5개 = 4 + 1 (7개 = 5 + 2)
③ 2002년 신설 2개 = 2 + 0 (5개 = 4 + 1)
④ 2003년 신설 3개 = 2 + 1 (7개 = 5 + 2)

⑤ 2004년 신설 2개 = 2 + 0 (5개 = 4 + 1)
⑥ 2005년 신설 2개 = 1 + 1 (5개 = 4 + 1)
⑦ 2006년 신설 6개 = 6 + 0 (8개 = 8 + 0)
⑧ 2007년 신설 5개 = 5 + 0 (15개 = 14 + 1)
⑨ 2008년 신설 18개 = 17 + 1 (31개 = 28 + 3)
⑩ 2009년 신설 8개 = 7 + 1 (20개 = 18 + 2)
⑪ 2010년 신설 9개 = 9 + 0 (20개 = 18 + 2)
⑫ 2011년 신설 14개 = 11 + 3 (26개 = 22 + 4)
⑬ 2012년 신설 22개 = 21 + 1 (27개 = 26 + 1)
⑭ 2013년 신설 14개 = 13 + 1 (21개 = 20 + 1)
⑮ 2014년 신설 14개 = 14 + 0 (16개 = 14 + 2)
⑯ 2015년 신설 15개 = 15 + 0 (15개 + 15 + 0)

'2000년 1월에 신설된 공정거래법상 1호 지주회사'인 SK E&S의 경우, 2011년 12월 '지주비율 50% 이상' 요건을 충족시키지 못해 지주회사 지정에서 제외되었다가 2014년 1월 다시 지정되었다. 이후의 공정거래위원회 자료에는 SK E&S의 설립·전환일이 '2014년 1월'로 되어 있는데, 이 날짜는 재지정일일 뿐이어서 여기서는 원래의 설립·전환일인 '2000년 1월'을 그대로 유지하였다.

〈표 1.5〉 140개 존속 공정거래법상 지주회사, 2015년 9월:
(1) 신설 연도별 수 (개)

(1) 신설 지주회사: 연도별 수

	1999–2004						2005–2009					2010–2015						합
	1999	2000	2001	2002	2003	2004	2005	2006	2007	2008	2009	2010	2011	2012	2013	2014	2015	
일반지주회사	0	5	5	4	5	4	4	8	14	28	18	18	22	26	20	14	15	210
금융지주회사	0	1	2	1	2	1	1	0	1	3	2	2	4	1	1	2	0	24
합	0	6	7	5	7	5	5	8	15	31	20	20	26	27	21	16	15	234

(2) 2015년 존속 지주회사: 해당 연도에 신설된 수

	1999	2000	2001	2002	2003	2004	2005	2006	2007	2008	2009	2010	2011	2012	2013	2014	2015	합
일반지주회사	0	1	4	2	2	2	1	6	5	17	7	9	11	21	13	14	15	130
금융지주회사	0	0	1	0	1	0	1	0	0	1	1	0	3	1	1	0	0	10
합	0	1	5	2	3	2	2	6	5	18	8	9	14	22	14	14	15	140

주: 신설 지주회사는 1999–2014년 12월, 2015년 9월 현재.
출처: 〈표 1.2〉, 〈표 1.6〉.

〈표 1.6〉 140개 존속 공정거래법상 지주회사, 2015년 9월:
(2) 신설 연도별 이름

연도	지주회사 (괄호 안 숫자는 설립·전환 월(月); * 금융지주회사)
2000	1개: SK E&S(1)
2001	5개: 동원엔터프라이즈(4), ㈜LG(4), 대교홀딩스(6), 세아홀딩스(7), 신한금융지주회사(* 9)
2002	2개: 한국컴퓨터지주(5), 대웅(10)
2003	3개: 농심홀딩스(7), 이수(8), 한국투자금융지주(* 5)
2004	2개: 삼성종합화학(1), ㈜GS(7)
2005	2개: 대상홀딩스(8), 하나금융지주(* 12)
2006	6개: 코아시아홀딩스(1), 현대HC&(1), 평화홀딩스(5), 노루홀딩스(6), KPX홀딩스(9), 한국전자홀딩스(9)
2007	5개: 아모레퍼시픽그룹(1), 네오위즈홀딩스(4), 한국멀티플렉스투자(8), 한진중공업홀딩스(8), CJ㈜(9)
2008	18개: 동희홀딩스(1), 웅진(1), 진양홀딩스(1), JW홀딩스(1), S&T홀딩스(2), 반도홀딩스(3), SBS미디어홀딩스(3), 일진홀딩스(7), ㈜LS(7), 풍산홀딩스(7), 하이트진로홀딩스(7), 알파라발한국홀딩(9), 키스코홀딩스(9), 풀무원(9), 티브로드(11), 동일홀딩스(12), 디와이홀딩스(12), KB금융지주(* 9)
2009	8개: 대명홀딩스(1), 와이비엠홀딩스(1), 한세예스24홀딩스(6), 영원무역홀딩스(7), 엠피씨코리아홀딩스(7), 부영(12), 한화도시개발(12), 한국스탠다드차타드금융지주(* 6)
2010	9개: 몰트홀딩(1), 씨에스홀딩스(1), 유승홀딩스(1), 에실로코리아(1), 코오롱(1), KC그린홀딩스(1), 휴맥스홀딩스(3), 금복홀딩스(11), 셀트리온홀딩스(11)
2011	14개: 동광주택산업(1), 스마일게이트홀딩스(1), SJM홀딩스(1), SK이노베이션(1), 제일홀딩스(1), 하림홀딩스(1), 한미사이언스(1), 삼양홀딩스(11), 서울도시개발(11), 와이엠에스에이(11), ㈜LIG(11), 메리츠금융지주(* 3), BNK금융지주(* 3), DGB금융지주(* 5)
2012	22개: 대명화학(1), 베바스토동희홀딩스(1), 신송홀딩스(1), 오리온엔지니어드카본즈코리아(1), 이래엔에스(1), 인터파크(1), 자일상용차(1), GS에너지(1), 코암시앤시개발(1), 농협경제지주(3), 시디즈(7), 아이디스홀딩스(7), 나이스홀딩스(8), 넥스홀딩스(9), 우양수산(9), 에이케이홀딩스(9), 심팩홀딩스(11), 아이에스지주(11), 고려에이치씨(12), 송현홀딩스(12), 한국콜마홀딩스(12), 농협금융지주(* 3)
2013	14개: 넥센(1), 한유엘엔에스(1), 유라(3), 케이엑스홀딩스(3), 엠에스에스홀딩스(4), 셔틀코리아홀딩스(7), 한국타이어월드와이드(7), 한진칼(8), 삼표(10), 아세아(10), 케이피아이씨코포레이션(11), 동진홀딩스(12), 약진홀딩스(12), JB금융지주(* 7)
2014	14개: 대한시멘트(1), 디알비동일(1), 원진(1), 팔도(1), 신라홀딩스(4), 동성코퍼레이션(7), 코스맥스비티아이(8), 이지스일호(9), 한라홀딩스(9), 동아쏘시오홀딩스(10), 사이렌인베스트먼츠코리아(10), 사이렌홀딩스코리아(10), 디와이(12), 서연(12)
2015	15개: 동원시스템즈(1), 대림에너지(1), 씨엠비홀딩스(1), 알보젠코리아(1), 알보젠코리아홀딩스(1), 지엔에스(1), 파라다이스글로벌(1), 한솔홀딩스(1), 한일맨파워(1), 에스제이원(2), 옐로모바일(3), 덕산하이메탈(5), 디앤비컴퍼니(5), 피에이지에이씨와이티코리아홀딩스(5), SK㈜(8)

출처: 〈부록 표 1.1〉, 〈부록 표 1.15〉.

한편, 공정거래법상 지주회사에서 제외된 이유는 2012년과 2015년의 경우 다음과 같다.

① 2011년 10월부터 2012년 9월까지 제외된 12개 회사 (일반 10개, 금융 2개(*)):
  - 지주비율 50% 미만 (7개; ㈜TAS, SK E&S, 티이씨앤코, 넥슨코리아,
                              파라다이스글로벌, 이지바이오, *한국투자운용지주)
  - 자산 1,000억 원 미만 (3개; 원익, 바텍이우홀딩스, *골든브릿지)
  - 자회사와의 합병으로 인한 해산 (1개; ㈜LIG)
  - 감사보고서 미발행 (1개; 포휴먼)

② 2014년 10월부터 2015년 9월까지 제외된 14개 회사 (일반 9개, 금융 5개(*)):
  - 지주비율 50% 미만 (5개; 프라임개발, 두산, 디아이피홀딩스,
                              유수홀딩스(이전 한진해운홀딩스), 대성합동지주)
  - 자산 1,000억 원 미만 (1개; 프랜차이즈서비스아시아리미티드)
  - 자회사에 흡수합병으로 인한 해산 (5개; 타이코화이어앤시큐리티서비시즈코리아,
                              *우리금융지주, *산은금융지주,
                              *한국씨티금융지주, *케이엔비금융지주)
  - 모회사에 흡수합병으로 인한 해산 (2개: 디와이에셋, ㈜SK)
  - 자회사를 흡수합병한 뒤 자회사 소멸 (1개; *케이제이비금융지주)

지주비율과 자산총액 요건을 충족시키지 못해 제외된 지주회사들 중 다수는 지주사업을 주된 사업으로 계속 영위하면서 '실질적인 지주회사'의 지위를 유지해 오고 있는 것으로 보이며, 공정거래법은 이러한 지주회사의 존재를 부정하지 않는다. 사실 '공정거래법상 지주회사'는 신고 및 규제의 대상이 되는 소수의 지주회사들이며, 그렇지 않은 '실질적인 지주회사'가 더 많은 것이 현실이고 그렇게 되도록 하는 것이 지주회사제도 도입의 취지이기도 하다. SK E&S의 경우, 2011년 12월 '지주비율 50% 미만'으로 지정에서 제외되었다가, 2014년 1월 '지주비율 50% 이상'으로 다시 지정되었다.

공정거래법상의 공식 분류는 아니지만 지주회사는 '순수지주회사'와 '사업지주회사'로 구분되기도 한다. 전자는 지주기능만을 수행하는 경우이고, 후자는 고유의 사업을 하면서 지주기능을 병행하는 경우이다. 공정거래위원회 자료 중에서는 2010년 5월 자료에 관련 정보가 포함되어 있는데, 82개 존속 일반지주회사 중 54개(66%)가 순수지주회사 그리고 28개(34%)가 사업지주회사였다. 사업지주회사의 경우, 고유의 사업과 지주기능 중 어느 쪽의 비중이 큰지는 회사에 따라 다르며 그 비중은 시간이 지남에 따라 변하는 것이 일반적이다.

4. 존속 지주회사, 2001-2015년: (2) 자산총액

4.1 자산총액의 범위

공정거래법은 '일정 금액 이상'의 자산총액을 갖는 지주회사를 신고 및 규제 대상으로 삼고 있다. 자산총액은 직전 사업연도 종료일 현재 또는 신설·합병·분할 등기일 현재의 대차대조표 상의 자산총액이며, 기준은 '100억 원 이상'(1999-2000년), '300억 원 이상'(2001년), '1,000억 원 이상'(2002년 이후) 등 세 차례 변하였다.

자산총액 기준은 2016년 9월 '5,000억 원 이상'으로 다시 조정되었고 2017년 7월부터 시행될 예정이다. 또 다음 내용도 새로 규정되었다: 공정거래위원회는 3년마다 국민경제 규모의 변화, 지주회사에 해당하는 회사의 자산총액 변화, 지주회사에 해당하는 회사 간 자산총액 차이 등을 고려하여 자산총액의 타당성을 검토한 후 자산총액의 조정 등 필요한 조치를 취할 수 있다 (공정거래법 제2조 ⑤).

2001년 이후 지주회사의 자산총액 규모는 점진적으로 증가하였으며, 1천억 원대와 20조 원대 사이에서 다양한 분포를 보이고 있다. 금융지주회사가 일반지주회사에 비해 금액이 월등하게 컸으며, 20조 원대의 자산은 모두 금융지주회사와 관련되어 있다 (<표 1.7>, <그림 1.4>).

먼저, 지주회사의 대부분을 차지하고 있는 일반지주회사의 추세를 살펴보면 다음과 같다. 첫째, 70% 내외의 대다수는 '5천억 원 미만'의 자산을 가졌다. 2001년에는 전체 일반지주회사 9개 중 5개(55%)로 절반을 조금 넘었는데, 2003년(15개 중 12개, 80%)과 2004년(19개 중 15개, 79%)에는 4/5 정도나 되었다. 2005년 이후에는 그 비중이 다소 줄어 2/3 남짓 수준(67-71%)이 유지되고 있으며, 2015년 현재에는 69%(130개 중 89개)이다.

'5천억 원대' 중에서는 '1천억 원대'와 '2-4천억 원대'가 반반 정도였다. 2011년까지의 10개 연도를 보면 7개 연도(2001-05, 2008-09, 2011년)에는 전자가 그리고 3개 연도(2006-07, 2010년)에는 후자가 좀 더 많았으며, 2012년부터는 후자가 더 많은 상태가 계속되고 있다. 2015년 현재에는 130개 일반지주회사 중 36개(28%)는 '1천억 원대'를 그리고 53개(41%)는 '2-4천억 원대'의 자산을 보유하였다. 한편 자산총액 기준이 '1,000억 원 이상'으로 변경되기 1년 전인 2001년에는 9개 일반지주회사 중 2개가 1천억 원 미만의 자산총액을 가졌다 (온미디어 643억 원, 동원엔터프라이즈 470억 원).

<표 1.7> 존속 지주회사의 자산총액 범위, 2001-2015년 (개, %)

* 존속 지주회사 (개)

	2001	2003	2004	2005	2006	2007	2008	2009	2010	2011	2012	2013	2014	2015
합	11	19	24	25	31	40	60	79	96	105	115	127	132	140
일반지주회사	9	15	19	22	27	36	55	70	84	92	103	114	117	130
금융지주회사	2	4	5	3	4	4	5	9	12	13	12	13	15	10

(1) 일반·금융지주회사의 자산총액 범위

(해당 범위의 자산총액을 갖는 지주회사의 수 (개))

	2001	2003	2004	2005	2006	2007	2008	2009	2010	2011	2012	2013	2014	2015
1천억 원대	4	10	9	8	9	11	25	28	29	36	32	32	28	36
2-4천억 원대	2	4	7	7	10	13	14	25	33	32	42	47	53	53
[1-4천억 원대]	[6	14	16	15	19	24	39	53	62	68	74	79	81	89]
5-9천억 원대	1	2	2	5	5	7	7	9	11	9	13	16	18	20
1-4조 원대	2	1	3	3	4	5	8	11	14	17	16	19	20	21
5-9조 원대		2	3	1	1	2	3	2	3	4	4	5	5	4
10-19조 원대				1	2	2	2	3	5	6	7	7	7	4
20-29조 원대							1	1	1	1	1	1	1	2
[5조 원 이상]	[	2	3	2	3	4	6	6	9	11	12	13	13	10]

(해당 범위의 자산총액을 갖는 지주회사의 비중 (%))

	2001	2003	2004	2005	2006	2007	2008	2009	2010	2011	2012	2013	2014	2015
1천억 원대	36	53	38	32	29	28	42	35	30	34	28	25	21	26
2-4천억 원대	18	21	29	28	32	32	23	32	34	30	37	37	40	38
[1-4천억 원대]	[54	74	67	60	61	60	65	67	64	64	65	62	61	64]
5-9천억 원대	9	11	8	20	16	18	12	11	12	9	11	13	14	14
1-4조 원대	18	5	13	12	13	12	13	14	15	16	14	15	15	15
5조 원 이상		10	12	8	10	10	10	8	9	11	10	10	10	7

(2) 일반지주회사의 자산총액 범위

(해당 범위의 자산총액을 갖는 지주회사의 수 (개))

	2001	2003	2004	2005	2006	2007	2008	2009	2010	2011	2012	2013	2014	2015
1천억 원대	3	8	8	8	9	11	25	26	26	34	32	32	28	36
2-4천억 원대	2	4	7	7	10	13	14	24	32	31	42	47	53	53
[1-4천억 원대]	[5	12	15	15	19	24	39	50	58	65	74	79	81	89]
5-9천억 원대	1	2	2	5	5	7	7	9	11	9	12	14	15	20
1-4조 원대	1		1	2	3	4	7	9	12	14	13	16	16	16
5-9조 원대		1				1	2	2	2	2	2	3	3	3
10-19조 원대									1	2	2	2	2	2
[5조 원 이상]	[	1	1			1	2	2	3	4	4	5	5	5]

(해당 범위의 자산총액을 갖는 지주회사의 비중 (%))

	2001	2003	2004	2005	2006	2007	2008	2009	2010	2011	2012	2013	2014	2015
1천억 원대	33	53	42	36	33	31	45	37	31	37	31	28	24	28
2-4천억 원대	22	27	37	32	37	36	25	34	38	34	41	41	45	41
[1-4천억 원대]	[55	80	79	68	70	67	70	71	69	71	72	69	69	69]
5-9천억 원대	11	13	11	23	19	19	13	13	13	10	12	12	13	15
1-4조 원대	11		5	9	11	11	13	13	14	15	13	14	14	12
5조 원 이상		7	5			3	4	3	4	4	3	5	4	4

(3) 금융지주회사의 자산총액 범위

	2001	2003	2004	2005	2006	2007	2008	2009	2010	2011	2012	2013	2014	2015
(해당 범위의 자산총액을 갖는 지주회사의 수 (개))														
1천억 원대	1	2	1					2	3	2				
2-4천억 원대								1	1	1				
[1-4천억 원대]	[1	2	1					3	4	3				]
5-9천억 원대											1	2	3	
1-4조 원대	1	1	2	1	1	1	1	2	2	3	3	3	4	5
5-9조 원대		1	2	1	1	1	1		1	2	2	2	2	1
10-19조 원대				1	2	2	2	3	4	4	5	5	5	2
20-29조 원대							1	1	1	1	1	1	1	2
[5조 원 이상]	[	1	2	2	3	3	4	4	6	7	8	8	8	5]
(해당 범위의 자산총액을 갖는 지주회사의 비중 (%))														
1-4천억 원대	50	50	20					33	33	23				
5-9천억 원대											8	15	20	
1-4조 원대	50	25	40	33	25	25	20	22	17	23	25	23	27	50
5-9조 원대		25	40	33	25	25	20		8	15	17	15	13	10
10-19조 원대				34	50	50	40	34	34	31	42	39	33	20
20-29조 원대							20	11	8	8	8	8	7	20
[5조 원 이상]	[	25	40	67	75	75	80	45	50	54	67	62	53	50]

주: 1) 2001-2003년 7월, 2004년 5월, 2005-2007년 8월, 2008-2015년 9월 현재.
2) 2001년 – 일반지주회사 2개의 자산총액은 1천억 원 미만 (온미디어 643억 원, 동원엔터프라이즈 470억 원); 2012년 – 금융지주회사 1개의 자산총액은 30조 원대 (신한금융지주회사 30.8조 원).
출처: 〈부록 1〉.

둘째, 일반지주회사의 10% 정도는 각각 '5-9천억 원대'와 '1-4조 원대'의 자산을 보유하였다. 6개 연도에는 전자의 비중이 조금 더 컸고(2003-07, 2015년; 11-23% vs. 5-12%), 5개 연도에는 후자의 비중이 조금 더 컸으며(2010-14년; 10-13% vs. 13-15%), 나머지 3개 연도에는 두 범위의 비중이 같았다 (2001년 11%, 2008-09년 13%). 2015년 현재에는 130개 일반지주회사 중 20개(15%)는 '5-9천억 원대' 그리고 16개(12%)는 '1-4조 원대'의 자산을 가졌다.

셋째, 일반지주회사의 5% 내외(3-7%)는 '5-9조 원' 또는 '10-19조 원'의 자산을 보유하였다. '5-9조 원대' 보유 회사는 3개 연도(2001, 2005-06년)를 제외하고 매년 1-3개씩 있었으며, '10-19조 원대' 보유 회사는 2010년 처음 생긴 이후 2011년부터는 매년 2개씩이었다. 5조 원대 이상의 자산을 가진 지주회사는 모두 5개이다.

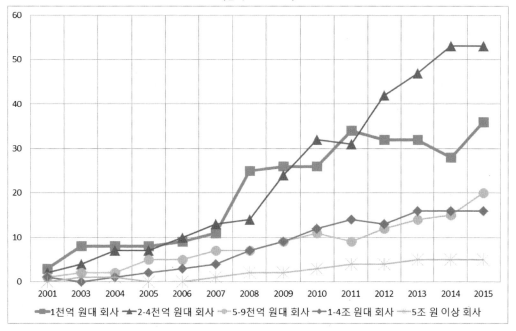

〈그림 1.4〉 일반지주회사의 자산총액 범위, 2001-2015년 (개)

(출처: <표 1.7>)

① ㈜LG: 5.8조 원(2003년), 6.2조 원(2004년), 5.6조 원(2008년), 7.0조 원(2009년),
　　　 8.0조 원(2010년), 7.3조 원(2011년), 7.5조 원(2012년), 7.7조 원(2013년),
　　　 7.9조 원(2014년), 8.1조 원(2015년)

② SK㈜: 6.5조 원(2007년), 9.5조 원(2008년), 9.6조 원(2009년), 10.2조 원(2010년),
　　　 11.0조 원(2011년), 11.2조 원(2012년), 11.5조 원(2013년), 11.3조 원(2014년),
　　　 18.0조 원(2015년)

③ ㈜GS: 5.2조 원(2010년), 5.9조 원(2011년), 5.4조 원(2012년), 5.3조 원(2013년),
　　　 5.4조 원(2014년), 5.9조 원(2015년)

④ SK이노베이션: 14.1조 원(2011년), 14.9조 원(2012년), 15.3조 원(2013년),
　　　　　　　 14.5조 원(2014년), 14.5조 원(2015년)

⑤ GS에너지: 5.0조 원(2013년), 5.3조 원(2014년), 5.4조 원(2015년)

이들 중 2개 지주회사는 10조 원 이상의 자산도 가졌는데, 1개(SK㈜)는 지주회사로 지정
된 이후 4년째(2010년)부터 그리고 1개(SK이노베이션)는 지주회사로 지정되었을 때(2011
년)부터 10조 원 이상이었다. 2001년 이후 일반지주회사가 보유한 가장 큰 금액은 '2015년

SK㈜의 18.0조 원'이다.

다음으로, 금융지주회사의 자산 규모는 일반지주회사보다 월등히 커서 대다수가 1조 원 이상이며, 5조 원 이상인 지주회사의 비중이 2005년 이후 50-80%를 차지하고 있다. 2015년 현재에는, 10개 금융지주회사 중 5개(50%)의 자산은 '1-4조 원대'이고 나머지 5개(50%)의 자산은 '5조 원 이상'이다.

'1천억 원대' 보유 금융지주회사는 6개 연도(2001-04, 2009-11년)에, '2-4천억 원대' 보유 회사는 3개 연도(2009-11년)에, 그리고 '5-9천억 원대' 보유 회사는 3개 연도(2012-14년)에만 있었다. 반면, '1-4조 원대' 보유 회사는 2001년 이후 매년 1-5개씩, 그리고 '5조 원 이상' 보유 회사는 2003년부터 매년 1-8개씩 있었다. 10조 원 이상의 자산을 갖는 금융지주회사는 모두 6개이다.

① 신한금융지주회사: 10.1조 원(2005년), 12.5조 원(2006년), 15.0조 원(2007년),
　　　　　　　　　　　25.3조 원(2008년), 25.9조 원(2009년), 27.1조 원(2010년),
　　　　　　　　　　　29.6조 원(2011년), 30.8조 원(2012년), 27.2조 원(2013년),
　　　　　　　　　　　27.4조 원(2014년), 27.1조 원(2015년)
② 우리금융지주: 12.0조 원(2006년), 13.8조 원(2007년), 15.3조 원(2008년),
　　　　　　　　　15.6조 원(2009년), 17.5조 원(2010년), 18.4조 원(2011년),
　　　　　　　　　18.1조 원(2012년), 18.4조 원(2013년), 18.0조 원(2014년)
③ KB금융지주: 13.1조 원(2008년), 16.6조 원(2009년), 18.7조 원(2010년),
　　　　　　　　18.9조 원(2011년), 18.5조 원(2012년), 18.4조 원(2013년),
　　　　　　　　18.7조 원(2014년), 19.2조 원(2015년)
④ 하나금융지주: 10.4조 원(2009년), 11.5조 원(2010년), 13.4조 원(2011년),
　　　　　　　　　16.6조 원(2012년), 16.2조 원(2013년), 18.2조 원(2014년),
　　　　　　　　　18.4조 원(2015년)
⑤ 산은금융지주: 16.8조 원(2010년), 17.9조 원(2011년), 17.5조 원(2012년),
　　　　　　　　　17.6조 원(2013년), 17.4조 원(2014년)
⑥ 농협금융지주: 17.1조원(2012년), 17.9조 원(2013년), 19.2조 원(2014년),
　　　　　　　　　20.3조 원(2015년)

이들 중 2개 지주회사는 20조 원 이상의 자산도 가졌는데, 1개(신한금융지주회사)는 2008년부터 그리고 1개(농협금융지주)는 2015년에 처음으로 20조 원 이상이었다. 2001년 이후 금융지주회사가 보유한 가장 큰 금액은 '2012년 신한금융지주회사의 30.8조 원'이다.

이 금액은 30조 원대 금액으로서는 유일하며, 일반·금융지주회사를 통틀어서 가장 큰 금액이다.

한편, 2015년 9월 현재의 140개 지주회사(일반 130개, 금융 10개) 자산총액의 분포는 다음과 같다.

① 130개 일반지주회사: '1천억 원대'(36개, 28%), '2-4천억 원대'(53개, 41%),
　　　　　　　　　　　'5-9천억 원대'(20개, 15%), '1-4조 원대'(16개, 12%),
　　　　　　　　　　　'5조 원 이상'(5개, 4%)
② 10개 금융지주회사: '1-4조 원대'(5개, 50%),
　　　　　　　　　　　'5조 원 이상'(5개, 50%) ['5-9조 원대'(1개, 10%),
　　　　　　　　　　　'10-19조 원대'(2개, 20%), '20-29조 원대'(2개, 20%)]

4.2 10대 일반지주회사

자산총액 기준 상위 10개 일반지주회사들을 좀 더 살펴보자 (<표 1.8>, <그림 1.5>; <표 1.9>, <표 1.10>, <표 1.11>; 제4장 참조).

1조 원 이상의 자산을 가진 지주회사들이 속속 등장하면서 이들이 10위권 내에 자리를 잡았다. 2001-2003년 1개, 2004-2005년 2개, 2006년 3개, 2007년 5개, 2008년 9개 등이며, 2009년부터는 10개 모두가 1조 원 이상의 자산을 그리고 2014년부터는 10개 모두가 2조 원 이상의 자산을 보유하였다. '10위 일반지주회사'의 자산총액은 2003년 1,660억 원, 2007년 6,880억 원, 2009년 1.1조 원, 2014년 2.4조 원 등으로 증가하였으며, 2015년 현재는 2.2조 원이다.

2001-2015년 사이 10대 일반지주회사에 속한 적이 있는 회사는 모두 34개이며, 이 중 22개는 18개 대규모사기업집단 소속이다. 22개 지주회사 중 3개(SK㈜, SK이노베이션, SK E&S)는 SK그룹에, 2개(㈜GS, GS에너지)는 GS그룹에, 2개(CJ㈜, CJ홈쇼핑)는 CJ그룹에, 그리고 나머지 15개는 각각 1개씩의 집단에 속하였다. 기업집단 소속 지주회사들은 규모가 커서 10대 지주회사의 대부분을 차지하였으며, 2005년 이후에는 1-5위를 그리고 2011년 이후에는 1-10위 모두를 차지하였다.

34개 지주회사 중 10개는 2015년 현재 존속하고 있고 나머지 24개는 2015년 이전에 존속하였다. 대규모집단 소속 22개 지주회사 중에서는 10개는 2015년에 존속하고 있고 12개는 그 이전에 존속하였으며, 집단 소속이 아닌 12개 지주회사는 2010년까지 존속하였다. 또 34개 지주회사 중 18개는 1-5위에 속한 적이 있었고 나머지 18개는 6-10위의 순위를 가졌다. 기업집단에 속한 22개 지주회사 중에서는 1-5위에 속한 회사(14개)가 더 많았고, 집단에 속하지 않은 12개 중에서는 6-10위에 속한 회사(8개)가 더 많았다. 한편, 기업집단 소속 22개 지주회사 중 18개는 1조 원 이상의 자산총액을 가진 적이 있었으며, 이 중 5개는 5조 원 이상을 가진 적이 있었다. 반면 집단 소속이 아닌 12개 중에서는 11개가 1조 원 미만의 자산을 가졌다.

지주회사별 주요 내용은 다음과 같다. 첫째, 상위 10위권에 속한 적이 있는 34개 일반지주회사 중 1-5위에 줄곧 속한 회사는 9개이다. 이 중 8개는 기업집단 소속이며, 8개 중 5개는 2015년 현재 존속하고 있다.

2001년 이후 2015년까지 줄곧 5위 이내에 든 회사는 LG그룹의 ㈜LG(이전 ㈜LGCI)가 유일하다. 1-3위를 유지하였다. 2001년 4월 설립 이후 2006년까지 1위 자리를 지켰으며, 2007년 이후에는 신설 SK㈜에 밀려 2위가 되었고 2011년 이후에는 신설 SK이노베이션이 1위가 되면서 3위로 밀려났다. ㈜LG는 2001년 이후 줄곧 자산총액 2조 원 이상을 유지한

〈표 1.8〉 10대 일반지주회사, 2001-2015년:
(1) 개관 (개, 억 원)

	2001	2003	2004	2005	2006	2007	2008	2009	2010	2011	2012	2013	2014	2015
일반지주회사 (개)	9	15	19	22	27	36	55	70	84	92	103	114	117	130
자산총액														
1-4조 원대	1		1	2	3	4	7	9	12	14	13	16	16	16
5-9조 원대		1	1			1	2	2	2	2	2	3	3	3
10-19조 원대									1	2	2	2	2	2
합	1	1	2	2	3	5	9	11	15	18	17	21	21	21
10대 지주회사 (개)	9	10	10	10	10	10	10	10	10	10	10	10	10	10
대규모집단 소속	2	3	5	8	7	9	7	8	9	10	10	10	10	10
기타	7	7	5	2	3	1	3	2	1					
자산총액 (억 원)														
1위	26,500	57,583	61,750	43,491	47,964	64,788	95,056	96,197	102,405	141,457	148,858	153,037	144,867	180,095
5위	1,403	2,805	3,831	7,212	7,546	13,705	21,594	27,811	27,914	38,228	35,598	50,453	53,143	53,629
10위	470	1,660	2,380	2,863	3,026	6,880	9,989	10,892	17,172	16,679	18,303	17,810	23,532	22,459

주: 2001년에는 9개만 지정됨; 10대 지주회사에 속한 적이 있는 회사는 34개 (공정거래법상 대규모사기업집단 소속 22개, 기타 12개).
출처: 〈표 1.7〉, 〈표 1.9〉.

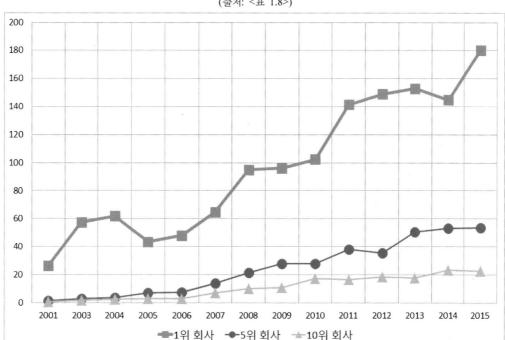

〈그림 1.5〉 10대 일반지주회사, 2001-2015년: 1·5·10위의 자산총액 (천억 원)

(출처: 〈표 1.8〉)

유일한 회사이기도 하다. 2001년 2.7조 원, 2004년 6.2조 원, 2009년 7조 원, 2010년 8조 원, 2015년 8.1조 원 등으로 증가하였다.

4개 지주회사는 설립 또는 전환 이후 2015년까지 줄곧 5위 이내에 들었다. SK그룹과 GS 그룹 소속 2개씩이다. SK㈜ 1-2위(1위 2007-10, 2015년; 2위 2011-14년), SK이노베이션 1-2위(1위 2011-14년; 2위 2015년), ㈜GS(이전 GS홀딩스) 2-4위(2위 2005-06년; 3위 2009-10년; 4위 2007-08, 2011-15년), GS에너지 5위(2012-15년) 등이다.

이들 4개 회사는 모두 5조 원 이상의 자산총액을 가진 적이 있었다. SK이노베이션은 2011년 지주회사 지정 이후 10조 원대를 유지한 유일한 회사이다. 14.1-15.3조 원을 가졌다. SK㈜는 2007년 지정 이후 5조 원대를 가진 유일한 회사이며, 6.5-9.6조 원을 가진 뒤 2010년부터는 10조 원 이상을 유지하고 있다. SK㈜의 2010년 '10.2조 원'은 2001년 이후 일반지주회사들 중 처음으로 10조 원을 넘어선 금액이며, 2015년의 '18.1조 원'은 2001년 이후 일반지주회사들 중 역대 최고치이다. GS㈜와 GS에너지는 각각 2조 원 이상(2.7-5.9조 원, 2005년 이후), 3조 원 이상(3.6-5.4조 원, 2012년 이후)을 유지하였다.

〈표 1.9〉 10대 일반지주회사, 2001-2015년:
(2) 연도별 현황: 순위 (위), 자산총액 (억 원), 계열회사 (개)

순위	지주회사	자산총액	계열회사	지주회사	자산총액	계열회사
	[2001년]			[2003년]		
1	㈜LGCI*	26,500	13	㈜LG*	57,583	37
2	SK엔론*	5,733	11	SK엔론*	7,016	14
3	화성사	2,625	1	대교네트워크	5,047	10
4	세아홀딩스	2,545	12	대우통신	3,874	2
5	엘파소코리아홀딩	1,403	1	세아홀딩스	2,805	11
6	C&M커뮤니케이션	1,254	13	화성사	2,634	1
7	대교네트워크	1,113	3	풀무원	2,049	18
8	온미디어	643	5	온미디어	1,841	11
9	동원엔터프라이즈	470	3	농심홀딩스*	1,839	4
10	-			C&M커뮤니케이션	1,660	21
	[2004년]			[2005년]		
1	㈜LG*	61,750	37	㈜LG*	43,491	33
2	삼성종합화학*	10,529	1	GS홀딩스*	26,646	12
3	SK엔론*	7,685	13	롯데물산*	9,707	4
4	대교네트워크	5,047	10	SK엔론*	8,068	12
5	세아홀딩스*	3,831	14	삼성종합화학*	7,212	1
6	대우통신	3,068	2	대교홀딩스	5,985	10
7	㈜STX	3,034	5	세아홀딩스*	5,304	15
8	농심홀딩스*	2,854	6	농심홀딩스*	3,594	6
9	화성사	2,634	1	㈜STX*	3,301	8
10	동화홀딩스	2,380	6	화성사	2,863	1
	[2006년]			[2007년]		
1	㈜LG*	47,964	28	SK㈜*	64,788	23
2	GS홀딩스*	29,871	15	㈜LG*	46,044	28
3	롯데물산*	11,461	4	금호산업*	38,868	21
4	SK E&S*	8,996	12	GS홀딩스*	32,729	14
5	삼성종합화학*	7,546	1	태평양*	13,705	4
6	대교홀딩스	6,614	11	SK E&S*	9,530	11
7	세아홀딩스*	6,423	14	CJ홈쇼핑*	8,562	13
8	하이마트홀딩스	5,461	4	삼성종합화학*	7,937	1
9	농심홀딩스*	4,191	6	세아홀딩스*	7,291	14
10	대상홀딩스	3,026	4	대교홀딩스	6,880	13
	[2008년]			[2009년]		
1	SK㈜*	95,056	35	SK㈜*	96,197	58
2	㈜LG*	55,988	29	㈜LG*	69,563	45
3	금호산업*	41,240	22	㈜GS*	44,557	24
4	GS홀딩스*	35,587	17	두산*	27,910	21

순위	지주회사	자산총액	계열회사	지주회사	자산총액	계열회사
5	CJ㈜*	21,594	43	CJ㈜*	27,811	50
6	㈜LS*	17,364	14	몰트어퀴지션	22,534	2
7	태평양	13,858	6	㈜LS*	16,180	19
8	웅진홀딩스	13,790	13	웅진홀딩스*	14,755	18
9	하이트홀딩스	10,801	11	태평양	14,325	6
10	SK E&S*	9,989	11	한진중공업홀딩스*	10,892	5
	[2010년]			[2011년]		
1	SK㈜*	102,405	62	SK이노베이션*	141,457	16
2	㈜LG*	80,141	45	SK㈜*	109,766	66
3	㈜GS*	51,718	27	㈜LG*	73,396	50
4	부영*	39,396	2	㈜GS*	59,309	31
5	CJ㈜*	27,914	46	CJ㈜*	38,228	49
6	두산*	27,484	23	두산*	31,876	20
7	㈜LS*	17,971	24	㈜LS*	20,711	26
8	몰트어퀴지션	17,943	2	부영*	19,249	2
9	웅진홀딩스*	17,838	20	웅진홀딩스*	18,494	19
10	하이트홀딩스*	17,172	13	하이트홀딩스*	16,679	12
	[2012년]			[2013년]		
1	SK이노베이션*	148,858	17	SK이노베이션*	153,037	12
2	SK㈜*	112,409	66	SK㈜*	114,966	63
3	㈜LG*	75,378	51	㈜LG*	77,036	54
4	㈜GS*	53,917	24	㈜GS*	53,429	30
5	GS에너지*	35,598	18	GS에너지*	50,453	17
6	CJ㈜*	34,280	47	두산*	30,901	19
7	두산*	31,776	20	CJ㈜*	30,241	54
8	부영*	22,133	3	부영*	25,951	3
9	웅진홀딩스*	19,857	23	㈜LS*	18,283	27
10	㈜LS*	18,303	27	하이트진로홀딩스*	17,810	11
	[2014년]			[2015년]		
1	SK이노베이션*	144,867	13	SK㈜*	180,095	67
2	SK㈜*	113,463	62	SK이노베이션*	145,086	13
3	㈜LG*	78,720	54	㈜LG*	80,538	55
4	㈜GS*	53,803	34	㈜GS*	58,962	37
5	GS에너지*	53,143	20	GS에너지*	53,629	18
6	두산*	32,916	14	SK E&S*	33,190	11
7	CJ㈜*	30,047	47	부영*	29,916	4
8	부영*	28,198	3	CJ㈜*	29,788	49
9	SK E&S*	28,094	13	한국타이어월드와이드*	25,064	8
10	한국타이어월드와이드*	23,532	9	삼성종합화학*	22,459	2

주: 1) 2001–2003년 7월, 2004년 5월, 2005–2007년 8월, 2008–2015년 9월 현재.
2) 대교네트워크 = 대교홀딩스, SK엔론 = SK E&S, ㈜LGCI = ㈜LG, GS홀딩스 = ㈜GS, 하이트홀딩스
= 하이트진로홀딩스.
3) * 공정거래법상 대규모사기업집단 소속.
출처: 〈부록 1〉, 〈부록 2〉.

〈표 1.10〉 10대 일반지주회사, 2001–2015년: (3) 34개 회사별 순위 (위)

(1) 대규모사기업집단 소속 22개 지주회사

	2001	2003	2004	2005	2006	2007	2008	2009	2010	2011	2012	2013	2014	2015
1-5위에 속한 8개														
SK㈜						1	1	1	1	2	2	2	2	1
SK이노베이션										1	1	1	1	2
㈜LG	1	1	1	1	1	2	2	2	2	3	3	3	3	3
㈜GS			2	2		4	4	3	3	4	4	4	4	4
GS에너지											5	5	5	5
금호산업						3	3							
롯데물산				3	3									
태평양						5	(7)	(9)						
1-5위에 속한 적이 있는 6개														
SK E&S	2	2	3	4	4	6	10						9	6
부영									4	8	8	8	8	7
CJ㈜							5	5	5	5	6	7	7	8
삼성종합화학			2	5	5	8								10
두산									4	6	6	7	6	6
세아홀딩스	(4)	(5)	5	7	7	9								
6-10위에 속한 8개														
한국타이어월드와이드													10	9
㈜LS							6	7	7	7	10	9		
하이트진로홀딩스							(9)		10	10		10		
웅진홀딩스							(8)	8	9	9	9			
한진중공업홀딩스								10						
CJ홈쇼핑						7								
농심홀딩스		9	8	8	9									
㈜STX			(7)	9										

(2) 기타 12개 지주회사

	2001	2003	2004	2005	2006	2007	2008	2009	2010	2011	2012	2013	2014	2015
1-5위에 속한 1개														
엘파소코리아홀딩	5													
1-5위에 속한 적이 있는 3개														
대교홀딩스	7	3	4	6	6	10								
화성사	3	6	9	10										
대우통신		4	6											

	2001	2003	2004	2005	2006	2007	2008	2009	2010	2011	2012	2013	2014	2015
6-10위에 속한 8개														
몰트어퀴지션								6	8					
하이마트홀딩스					8									
대상홀딩스					10									
동화홀딩스			10											
풀무원		7												
온미디어	8	8												
C&M커뮤니케이션	6	10												
동원엔터프라이즈	9													

주: 1) 2001-2003년 7월, 2004년 5월, 2005-2007년 8월, 2008-2015년 9월 현재.
　　2) 1-10위 순위만 표시함; 괄호 표시된 연도에는 해당 지주회사 소속 집단이 공정거래법상 대규모기업집단으로 지정되지 않음.
　　3) ㈜LG = 2001년 ㈜LGCI, ㈜GS = 2005-2008년 GS홀딩스, SK E&S = 2001-2005년 SK엔론, 하이트진로홀딩스 = 2008, 2010-2011년 하이트홀딩스, 대교홀딩스 = 2001-2004년 대교네트워크.
출처: 〈표 1.9〉, 〈부록 1〉, 〈부록 2〉.

〈표 1.11〉 10대 일반지주회사, 2001-2015년: (4) 34개 회사별 자산총액 (억 원)

(1) 대규모사기업집단 소속 22개 지주회사

	2001	2003	2004	2005	2006	2007	2008	2009	2010	2011	2012	2013	2014	2015
10조 원 이상을 가진 적이 있는 2개														
SK㈜						64,788	95,056	96,197	102,405	109,766	112,409	114,966	113,463	180,095
SK이노베이션										141,457	148,858	153,037	144,867	145,086
5-9조 원을 가진 적이 있는 3개														
㈜LG	26,500	57,583	61,750	43,491	47,964	46,044	55,988	69,563	80,141	73,396	75,378	77,036	78,720	80,538
㈜GS				26,646	29,871	32,729	35,587	44,557	51,718	59,309	53,917	53,429	53,803	58,962
GS에너지											35,598	50,453	53,143	53,629
1-4조 원을 가진 적이 있는 13개														
SK E&S	5,733	7,016	7,685	8,068	8,996	9,530	9,989						28,094	33,190
부영									39,396	19,249	22,133	25,951	28,198	29,916
CJ㈜							21,594	27,811	27,914	38,228	34,280	30,241	30,047	29,788
한국타이어월드와이드													23,532	25,064
삼성종합화학			10,529	7,212	7,546	7,937								22,459
두산							27,910	27,484	31,876	31,776	30,901	32,916		
㈜LS							17,364	16,180	17,971	20,711	18,303	18.283		
하이트진로홀딩스							(10,801)		17,172	16,679		17,810		
웅진홀딩스							(13,790)	14,755	17,838	18,494	19,857			
한진중공업홀딩스							10,892							
금호산업						38,868	41,240							
태평양						13,705	(13,858)	(14,325)						
롯데물산				9,707	11,461									

	2001	2003	2004	2005	2006	2007	2008	2009	2010	2011	2012	2013	2014	2015
1조 원 미만을 가진 4개														
CJ홈쇼핑						8,562								
세아홀딩스	(2,545)	(2,805)	3,831	5,304	6,423	7,291								
농심홀딩스		1,839	2,854	3,594	4,191									
㈜STX			(3,034)	3,301										

(2) 기타 12개 지주회사

	2001	2003	2004	2005	2006	2007	2008	2009	2010	2011	2012	2013	2014	2015
1-4조 원을 가진 적이 있는 1개														
몰트어퀴지션													22,534	17,943
1조 원 미만을 가진 11개														
대교홀딩스	1,113	5,047	5,047	5,985	6,614	6,880								
하이마트홀딩스					5,461									
대상홀딩스					3,026									
화성사	2,625	2,634	2,634	2,863										
대우통신		3,874	3,068											
동화홀딩스			2,380											
풀무원		2,049												
온미디어	643	1,841												
C&M커뮤니케이션	1,254	1,660												
엘파소코리아홀딩	1,403													
동원엔터프라이즈	470													

주: 1) 2001-2003년 7월, 2004년 5월, 2005-2007년 8월, 2008-2015년 9월 현재.
   2) 1-10위 해당 금액만 표시함; 괄호 표시된 연도에는 해당 지주회사 소속 집단이 공정거래법상 대규모기업집단으로 지정되지 않음.
   3) ㈜LG = 2001년 ㈜LGCI, ㈜GS = 2005-2008년 GS홀딩스, SK E&S = 2001-2005년 SK엔론, 하이트진로홀딩스 = 2008, 2010-2011년 하이트홀딩스, 대교홀딩스 = 2001-2004년 대교네트워크.
출처: 〈표 1.9〉, 〈부록 1〉, 〈부록 2〉.

1-5위에 속한 나머지 4개 지주회사 중, 기업집단 소속 3개는 금호산업(금호아시아나그룹), 롯데물산(롯데그룹), 태평양(태평양그룹, 2011년 이후 아모레퍼시픽그룹)이며, 1-2개 연도에만 관련되어 있었다. 금호산업 3위(3.9-4.1조 원; 2007-08년), 롯데물산 3위(1.0-1.1조 원; 2005-06년), 태평양 5위(1.4조 원; 2007년) 등이다. 1-5위에 줄곧 속한 9개 지주회사 중 기업집단 소속이 아닌 유일한 회사는 엘파소코리아홀딩이며, 2001년 5위(0.1조 원)였다.

둘째, 1-10위 관련 34개 일반지주회사 중 1-5위에 속한 적이 있는 회사는 9개이다. 이 중 6개는 기업집단 소속이며, 6개 중 4개는 2015년 현재 존속하고 있다.

이 4개는 SK E&S(이전 SK엔론, SK그룹), 부영(부영그룹), CJ㈜(CJ그룹), 그리고 삼성종합화학(삼성그룹)이다. 각각 9-5개 연도와 관련되어 있다. 공정거래법상 지주회사 1호인 SK E&S는 2001-2006년 2-4위(0.6-0.9조 원)였다가 이후 6-10위(1.0-3.3조 원; 2007-08,

2014-15년)로 순위가 낮아졌다. 또 부영은 4위(3.9조 원; 2010년)와 7-8위(1.9-3.0조 원; 2011-15년), CJ㈜는 5위(2.2-3.8조 원; 2008-11년)와 6-8위(3.0-3.4조 원; 2012-15년), 그리고 삼성종합화학은 2-5위(0.7-1.1조 원; 2004-06년)와 8-10위(0.8, 2.2조 원; 2007, 2015년)였다.

기업집단 소속의 나머지 2개는 두산(두산그룹)과 세아홀딩스(세아그룹)이다. 두산은 4위(2.8조 원; 2009년)와 6-7위(2.7-3.3조 원; 2010-14년), 그리고 세아홀딩스는 5위(0.4조 원; 2004년)와 7-9위(0.5-0.7조 원; 2005-07년)였다. 기업집단에 속하지 않은 3개 지주회사는 2007년까지의 기간에 관련되어 있었다. 대교홀딩스 3-10위(0.1-0.7조원; 2001-07년), 화성사 3-10위(0.3조 원; 2001-05년), 대우통신 4-6위(0.3-0.4조 원; 2003-04년) 등이다.

셋째, 1-10위 관련 34개 일반지주회사 중 절반가량인 나머지 16개는 6-10위에 속하였다. 16개 중 기업집단 소속이 8개이며, 이 중 1개는 2015년에 존속하고 있다. 한국타이어월드와이드(한국타이어그룹)로 9-10위(2.4-2.5조 원; 2014-15년)이다. 집단 소속 나머지 7개(㈜LS(LS그룹), 하이트진로홀딩스(하이트진로그룹), 웅진홀딩스(웅진그룹), 한진중공업홀딩스(한진중공업그룹), CJ홈쇼핑(CJ그룹), 농심홀딩스(농심그룹), ㈜STX(STX그룹))는 2013년까지의 기간 동안 1-6개 연도씩 관련되어 있었다: ㈜LS 6-10위(1.6-2.1조원; 2008-13년), 하이트진로홀딩스 10위(1.7-1.8조 원; 2010-11, 2013년), 웅진홀딩스 8-9위(1.5-2.0조원; 2009-12년), 한진중공업홀딩스 10위(1.1조원; 2009년), CJ홈쇼핑 7위(0.9조 원; 2007년), 농심홀딩스 8-9위(0.2-0.4조 원; 2003-06년), ㈜STX 9위(0.3조 원; 2005년).

기업집단에 속하지 않은 8개 지주회사는 2010년까지의 기간에 1-2개 연도씩 관련되어 있었다: 몰트어퀴지션 6-8위(1.8-2.3조 원; 2009-10년), 하이마트홀딩스 8위(0.5조 원; 2006년), 대상홀딩스 10위(0.3조 원; 2006년), 동화홀딩스 10위(0.2조 원; 2004년), 풀무원 7위(0.2조 원; 2003년), 온미디어 8위(0.01-0.2조 원; 2001-03년), C&M커뮤니케이션 6-10위(0.1-0.2조 원; 2001-03년), 동원엔터프라이즈 9위(470억 원; 2001년).

5. 존속 지주회사, 2001-2015년: (3) 지주비율

지주(持株)비율은 '지주회사가 소유하고 있는 자회사의 주식(지분(持分) 포함) 가액의 합계액'이 '지주회사 자산총액'에서 차지하는 비율이다. '50% 이상'이 공정거래법상 지주회사의 요건이며, 1999년의 제도 도입 이후 변함이 없다. 지주비율이라는 용어는 공정거래법 상에는 명시되어 있지 않으며, 공정거래위원회가 발표하는 자료에서 사용되고 있다.

2001년 이후 지주비율은 50%에서 109% 사이에서 다양한 분포를 보이고 있다. 일반지주회사는 50%대, 60%대, 70%대, 80%대, 90%대 등에 골고루 관련되어 있는 가운데 90%대가 가장 많으며, 금융지주회사에서의 비율은 대부분 90%대와 80%대이다 (<표 1.12>, <그림 1.6>).

첫째, 일반지주회사의 경우, 2001년 이후 모든 연도에서 '90%대'의 지주비율이 가장 큰 비중을 차지하고 있다. 28-48% 수준이다. 2003-2006년에는 절반 정도(41-48%)로 매우 높았으며, 2006년의 48%(27개 일반지주회사 중 13개)를 정점으로 2007년부터는 신설 지주회사의 수가 급증하면서 그 비중이 1/3 내외 수준(28-36%)으로 낮아졌다. 2015년 현재는 28%(130개 일반지주회사 중 37개)로 역대 최저치이다.

90%대 미만의 4개 범위와 관련된 비중은 10% 내외 수준에서 엇비슷하다. '80%대' 비율의 비중이 7%(2003년)에서 28%(2012년) 사이, '70%대' 비중이 5%(2005년)에서 22%(2001년) 사이, '60%대' 비중이 7%(2003년)에서 25%(2007년) 사이, 그리고 '50%대' 비중이 7%(2013년)에서 27%(2003년) 사이이다. 50%대의 비중은 감소하는 추세를 보이고 있는 반면 나머지 3개 범위 관련 비중은 대체로 증가하는 추세를 보이고 있다.

2015년 9월 현재의 130개 일반지주회사 지주비율의 분포를 보면, 90%대 비율을 갖는 지주회사가 37개(28%)로 가장 많고, 그다음이 80%대 33개(25%), 60%대 28개(22%), 70%대 17개(13%), 50%대 13개(10%) 등이다. 나머지 2개는 100-109%의 비율을 가졌다.

둘째, 금융지주회사의 경우는 대부분에서 지주비율이 80% 이상이었다. '90%대' 비율의 비중이 20%(2004년)에서 73%(2014년) 사이, 그리고 '80%대' 비중이 13%(2014년)에서 67%(2005년) 사이이다. 전자는 증가하는 추세를 그리고 후자는 감소하는 추세를 보이고 있다. 두 범위의 비중을 합하면 60%(2004년)에서 100%(2005, 2007년) 사이이다. 2015년 9월 현재의 10개 금융지주회사 중에서는, 90%대 비율의 회사가 6개(60%), 80%대가 3개(30%), 그리고 70%대가 1개(10%)이다.

셋째, 17개 지주회사(일반지주회사 9개, 금융지주회사 8개(*))의 경우, 2001년 이후 3개 연도(2002, 2004, 2012년)를 제외한 연도에서 1-4회씩 모두 20회에 걸쳐 지주비율이 100%(17회) 또는 100% 이상(3회)이었다. 100% 이상 비율은 모두 ㈜LG와 관련되어 있으며, 가장 높은 비율은 '2003년 103.7%'이다.

〈표 1.12〉 존속 지주회사의 지주비율 범위, 2001-2015년 (개, %)

* 존속 지주회사 (개)

	2001	2003	2004	2005	2006	2007	2008	2009	2010	2011	2012	2013	2014	2015
합	11	19	24	25	31	40	60	79	96	105	115	127	132	140
일반지주회사	9	15	19	22	27	36	55	70	84	92	103	114	117	130
금융지주회사	2	4	5	3	4	4	5	9	12	13	12	13	15	10

(1) 일반·금융지주회사의 지주비율 범위

(해당 범위의 지주비율을 갖는 지주회사의 수 (개))

	2001	2003	2004	2005	2006	2007	2008	2009	2010	2011	2012	2013	2014	2015
50-59%	1	4	6	5	3	6	10	13	15	14	11	8	15	13
60-69%	2	2	2	2	4	9	13	10	17	10	16	22	19	28
70-79%	3	1	1	1	4	3	5	13	11	19	18	25	20	18
80-89%	1	3	6	6	5	7	11	12	14	20	32	24	24	36
90-99%	3	8	9	10	15	14	19	29	37	40	38	44	51	43
100-109%	1	1		1		1	2	1	2	2		4	3	2

(해당 범위의 지주비율을 갖는 지주회사의 비중 (%))

	2001	2003	2004	2005	2006	2007	2008	2009	2010	2011	2012	2013	2014	2015
50-59%	9	21	25	20	10	15	17	16	16	13	9	6	11	9
60-69%	18	11	8	8	13	23	22	13	18	10	14	17	14	20
70-79%	27	5	4	4	13	8	8	16	11	18	16	20	15	13
80-89%	9	16	25	24	16	18	18	15	15	19	28	19	18	26
90-99%	27	42	38	40	48	35	32	37	39	38	33	35	39	31

(2) 일반지주회사의 지주비율 범위

(해당 범위의 지주비율을 갖는 지주회사의 수 (개))

	2001	2003	2004	2005	2006	2007	2008	2009	2010	2011	2012	2013	2014	2015
50-59%	1	4	5	5	3	6	10	13	15	14	11	8	15	13
60-69%	2	1	2	2	4	9	13	9	15	9	15	22	19	28
70-79%	2	1		1	3	3	5	12	11	18	18	24	19	17
80-89%	1	1	4	4	4	5	10	10	12	18	29	22	22	33
90-99%	3	7	8	9	13	12	16	25	30	33	30	35	40	37
100-109%		1		1		1	1		1			3	2	2

(해당 범위의 지주비율을 갖는 지주회사의 비중 (%))

	2001	2003	2004	2005	2006	2007	2008	2009	2010	2011	2012	2013	2014	2015
50-59%	11	27	26	23	11	17	18	19	18	15	11	7	13	10
60-69%	22	7	11	9	15	25	24	13	18	10	15	19	16	22
70-79%	22	7		5	11	8	9	17	13	20	17	21	16	13
80-89%	11	7	21	18	15	14	18	14	14	20	28	19	19	25
90-99%	33	47	42	41	48	33	29	36	36	36	29	31	34	28

(3) 금융지주회사의 지주비율 범위

	2001	2003	2004	2005	2006	2007	2008	2009	2010	2011	2012	2013	2014	2015
(해당 범위의 지주비율을 갖는 지주회사의 수 (개))														
50-59%			1											
60-69%		1						1	2	1	1			
70-79%	1		1		1			1		1		1	1	1
80-89%		2	2	2	1	2	1	2	2	2	3	2	2	3
90-99%		1	1	1	2	2	3	4	7	7	8	9	11	6
100-109%	1						1	1	1	2		1	1	
(해당 범위의 지주비율을 갖는 지주회사의 비중 (%))														
80-89%		50	40	67	25	50	20	22	17	15	25	15	13	30
90-99%		25	20	33	50	50	60	44	58	54	67	69	73	60

주: 1) 2001-2003년 7월, 2004년 5월, 2005-2007년 8월, 2008-2015년 9월 현재.
   2) 2009년: 일반지주회사 1개의 지주비율은 50% 미만 (동성홀딩스 47.2%).
출처: 〈부록 1〉.

〈그림 1.6〉 일반지주회사의 지주비율 범위, 2001-2015년 (개)

(출처: <표 1.12>)

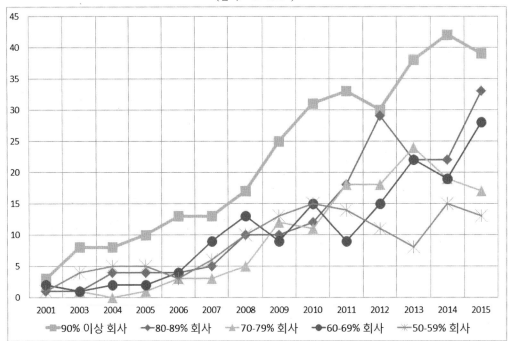

① 우리금융지주: 100% (* 2001년)
② ㈜LG: 103.7% (2003년), 101.6% (2005년), 103.3% (2007년)
③ ㈜TAS: 100% (2008, 2010년)
④ KB금융지주: 100% (* 2008년)
⑤ 한국스탠다드차타드금융지주: 100% (* 2009년)
⑥ 한국씨티금융지주: 100% (* 2010년)
⑦ BS금융지주: 100% (* 2011년)
⑧ DGB금융지주: 100% (* 2011년)
⑨ 케이엑스홀딩스: 100% (2013년)
⑩ 유라: 100% (2013년)
⑪ 고려에이치씨: 100% (2013년)
⑫ JB금융지주: 100% (* 2013년)
⑬ 동광주택산업: 100% (2014년)
⑭ 엠에스에스홀딩스: 100% (2014년)
⑮ 케이제이비금융지주: 100% (* 2014년)
⑯ 사이렌인베스트먼츠코리아: 100% (2015년)
⑰ 에스제이원: 100% (2015년)

넷째, 지주비율이 50% 미만인 경우는 1회 있었다 (2009년 동성홀딩스 47.2%).

이와 관련하여, '지주비율 50% 이상' 요건을 충족시키지 못하면 지주회사 지정에서 제외되는데, 50% 미만으로 줄어드는 이유는 비율의 계산식에서 분모(지주회사 자산총액)나 분자(지주회사가 소유하는 자회사 주식 가액의 합계액) 관련 금액에 변화가 생기기 때문이다.

위에서 설명한 것처럼(제3절), 지정에서 제외된 지주회사는 2011년 10월부터 2012년 9월 사이 12개(일반 10개, 금융 2개) 그리고 2014년 10월부터 2015년 9월 사이 14개(일반 9개, 금융 5개)였으며, 이들 중 지주비율 50% 미만인 회사가 각각 7개, 5개였다. 공정거래위원회 자료에는 앞의 7개 회사에서의 비율이 감소한 이유가 다음과 같이 소개되어 있다.

① 자산 증가, 자회사 주식가액 감소: 2개 (티이씨앤코, 넥슨코리아)
② 자산 증가: 2개 (SK E&S, 파라다이스글로벌)
③ 자산평가액 증가: 1개 (이지바이오)
④ 자회사 계열 제외: 1개 (㈜TAS)
⑤ 자회사 주식 전량 매각: 1개 (한국투자운용지주)

6. 존속 지주회사, 2001-2015년: (4) 계열회사 수

6.1 계열회사의 유형

지주회사와 관련이 있는 계열회사는 자회사(子會社), 손자회사(孫子會社) 및 증손회사(曾孫會社)의 3가지이다. 2개 이상의 회사가 동일한 기업집단에 속하는 경우 이들 회사는 서로 상대방의 '계열회사'라 한다. 자회사는 '지주회사에 의하여 사업내용을 지배받는 지주회사의 국내 계열회사', 손자회사는 '자회사에 의하여 사업내용을 지배받는 자회사의 국내 계열회사', 그리고 증손회사는 '손자회사에 의하여 발행 주식 총수가 소유되는 손자회사의 국내 계열회사(금융·보험업 영위 회사 제외)'이다 (공정거래법 제2조 1의2, 1의4, 2, 3, 제8조의 2 ④ 4, ⑤; 시행령 제2조 ③, ④; <표 1.1>, <부록 4> 참조).

계열회사는 자회사만 있는 경우, 자회사·손자회사가 있는 경우, 자회사·손자회사·증손회사가 있는 경우 등 세 부류가 있다. 2001년에는 첫 번째 부류만 있었고, 2003년과 2008년에 각각 두 번째 부류, 세 번째 부류가 새로 생겼다 (<표 1.13>, <그림 1.7>).

2003년 7월 현재의 15개 일반지주회사 중 '자회사만 보유하는 회사'가 8개 그리고 '자회사·손자회사를 보유하는 회사'가 7개였다. 2004년(10개 vs. 9개)과 2005년(10개 vs. 12개)에는 두 부류의 지주회사 수가 엇비슷하다가, 2006년(16개 vs. 11개)과 2007년(21개 vs. 15개)에는 전자가 좀 더 많아졌다. 그러다가 2008년 이후에는 '자회사만 보유하는 지주회사'에 비해 '자회사·손자회사를 보유하는 지주회사'가 월등하게 많아져 2010년(23개 vs. 49개)에는 2배 이상 그리고 2015년(23개 vs. 81개)에는 3배 이상의 차이가 났다. 이에 따라, '자회사만 보유하는 지주회사'의 비중은 2003년 53%에서 2006년 59%로 늘어난 후 점차 감소하여 2015년에는 최저치인 18%를 기록하였다. 이에 비해, '자회사·손자회사를 보유하는 지주회사'의 비중은 2003년 47%에서 2006년 41%로 가장 낮아진 뒤 점차 증가하여 2015년에는 최고치인 62%를 기록하였다.

2008년부터는 증손회사가 등장하기 시작하였다. 증손회사를 보유한 일반지주회사는 2008년에는 4개였으며 2009년 이후에는 10개 이상(11-18개)으로 그리고 2012년 이후에는 20개 이상(20-26개)으로 점차 늘어났다. '자회사·손자회사·증자회사를 보유하는 지주회사'의 비중은 2008년 7%에서 2009-2010년에는 15% 내외(14-16%)로 늘어났고 2011년 이후에는 20% 내외(18-21%) 수준이 유지되고 있다.

<表 1.13> 존속 지주회사 소속 계열회사의 유형, 2001-2015년 (개, %)

* 존속 지주회사 (개)

	2001	2003	2004	2005	2006	2007	2008	2009	2010	2011	2012	2013	2014	2015
합	11	19	24	25	31	40	60	79	96	105	115	127	132	140
일반지주회사	9	15	19	22	27	36	55	70	84	92	103	114	117	130
금융지주회사	2	4	5	3	4	4	5	9	12	13	12	13	15	10

(1) 일반·금융지주회사 소속 계열회사의 유형

	2001	2003	2004	2005	2006	2007	2008	2009	2010	2011	2012	2013	2014	2015
(해당 유형을 갖는 지주회사의 수 (개))														
자회사	11	8	11	10	16	21	20	23	26	28	27	33	31	27
자·손자회사		11	13	15	15	19	35	43	55	56	64	72	74	85
자·손자·증손회사							5	13	15	21	24	22	27	28
(해당 유형을 갖는 지주회사의 비중 (%))														
자회사	100	42	46	40	52	53	33	29	27	27	23	26	23	19
자·손자회사		58	54	60	48	47	58	54	57	53	56	57	56	61
자·손자·증손회사							9	17	16	20	21	17	21	20

(2) 일반지주회사 소속 계열회사의 유형

	2001	2003	2004	2005	2006	2007	2008	2009	2010	2011	2012	2013	2014	2015
(해당 유형을 갖는 지주회사의 수 (개))														
자회사	9	8	10	10	16	21	19	20	23	24	24	30	25	23
자·손자회사		7	9	12	11	15	32	39	49	50	58	64	69	81
자·손자·증손회사							4	11	12	18	21	20	23	26
(해당 유형을 갖는 지주회사의 비중 (%))														
자회사	100	53	53	45	59	58	35	28	28	26	23	26	21	18
자·손자회사		47	47	55	41	42	58	56	58	54	56	56	59	62
자·손자·증손회사							7	16	14	20	21	18	20	20

(3) 금융지주회사 소속 계열회사의 유형

	2001	2003	2004	2005	2006	2007	2008	2009	2010	2011	2012	2013	2014	2015
(해당 유형을 갖는 지주회사의 수 (개))														
자회사	2		1				1	3	3	4	3	3	6	4
자·손자회사		4	4	3	4	4	3	4	6	6	6	8	5	4
자·손자·증손회사							1	2	3	3	3	2	4	2
(해당 유형을 갖는 지주회사의 비중 (%))														
자회사	100		20				20	33	25	31	25	23	40	40
자·손자회사		100	80	100	100	100	60	45	50	46	50	62	33	40
자·손자·증손회사							20	22	25	23	25	15	27	20

출처: <부록 1>.

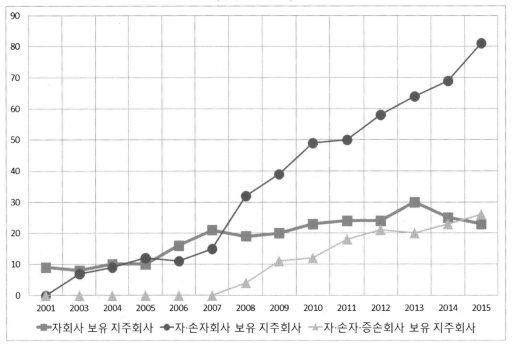

〈그림 1.7〉 일반지주회사 소속 계열회사의 유형, 2001-2015년 (개)

(출처: <표 1.13>)

① 2008년 4개 (55개 일반지주회사 중 7%): CJ㈜, CJ홈쇼핑, 티브로드수원방송,
　　 이지바이오시스템

② 2009년 11개 (70개 중 16%); SK㈜, ㈜LG, 두산, CJ㈜, ㈜LS, 웅진홀딩스,
　　 CJ오쇼핑(= CJ홈쇼핑), 티브로드홀딩스, 디와이홀딩스, 영앤선개발,
　　 디와이에셋

③ 2010년 12개 (84개 중 14%); SK㈜, ㈜LG, CJ㈜, 두산, ㈜LS, 웅진홀딩스, 몰트홀딩,
　　 티브로드홀딩스, 코오롱, 디와이홀딩스, 영앤선개발, 디와이에셋

④ 2011년 18개 (92개 중 20%): SK㈜, ㈜LG, ㈜GS, CJ㈜, 두산, ㈜LS, 웅진홀딩스,
　　 한진해운홀딩스, 코오롱, 동원엔터프라이즈, 티브로드홀딩스,
　　 대상홀딩스, 제일홀딩스, 이지바이오시스템, 디와이홀딩스, 영앤선개발,
　　 하림홀딩스, 아주L&F홀딩스

⑤ 2012년 21개 (103개 중 21%): SK㈜, ㈜LG, ㈜GS, CJ㈜, 두산, 웅진홀딩스, ㈜LS,
　　 코오롱, 한진해운홀딩스, 동원엔터프라이즈, 티브로드홀딩스,
　　 대상홀딩스, 더텍스트, 대명홀딩스, 제일홀딩스, 대웅, 디와이홀딩스,

와이엠에스에이, 자일자동차, 하림홀딩스, 케이아이지홀딩스
⑥ 2013년 20개 (114개 중 18%): SK㈜, ㈜LG, ㈜GS, 두산, CJ㈜, ㈜LS, 웅진홀딩스,
　　코오롱, 동원엔터프라이즈, 한진해운홀딩스, 제일홀딩스, 대성합동지주,
　　넥센, 대상홀딩스, 티브로드전주방송, 영앤선개발, 이지바이오,
　　디와이홀딩스, 케이아이지, 자일자동차
⑦ 2014년 23개 (117개 중 20%): SK㈜, ㈜LG, ㈜GS, 두산, CJ㈜,
　　한국타이어월드와이드, ㈜LS, 하이트진로홀딩스, 코오롱, 한라홀딩스,
　　한진해운홀딩스, 동원엔터프라이즈, 셀트리온홀딩스, 팔도, 넥센,
　　제일홀딩스, 와이비엠홀딩스, 대상홀딩스, 나이스홀딩스, 아세아,
　　케이아이지, 디와이홀딩스, 자일상용차
⑧ 2015년 26개 (130개 중 20%): SK㈜, ㈜LG, ㈜GS, CJ㈜, ㈜LS, 하이트진로홀딩스,
　　한진칼, 한라홀딩스, 코오롱, 동원엔터프라이즈, 셀트리온홀딩스,
　　사이렌홀딩스코리아, 제일홀딩스, 넥센, 대명홀딩스, 와이비엠홀딩스,
　　대상홀딩스, 대명화학, 아세아, 나이스홀딩스, 디와이홀딩스,
　　디앤비컴퍼니, 옐로모바일, 에스제이원, 자일상용차, 코암시앤시개발

한편, 금융지주회사의 경우에는 '자회사·손자회사를 보유하는 경우'가 가장 많았다. 2003, 2005-2007년(3-4개)의 4개 연도에는 지주회사 모두가 그랬고, 2004, 2008-2013년의 6개 연도(3-8개 vs. 1-4개)에는 '자회사·손자회사 보유 지주회사'가 '자회사 보유 지주회사'보다 더 많았다. 증손회사를 보유하는 금융지주회사는 2008년 이후 매년 1-4개씩이었다.

① 2008년 1개 (5개 금융지주회사 중 20%): 우리금융지주
② 2009년 2개 (9개 중 22%): 우리금융지주, 한국투자금융지주
③ 2010년 3개 (12개 중 25%): 우리금융지주, 하나금융지주, 한국투자금융지주
④ 2011년 3개 (13개 중 23%): KB금융지주, 우리금융지주, 한국투자금융지주
⑤ 2012년 3개 (12개 중 25%): KB금융지주, 우리금융지주, 한국투자금융지주
⑥ 2013년 2개 (13개 중 15%): KB금융지주, 한국투자금융지주
⑦ 2014년 4개 (15개 중 27%): KB금융지주, 하나금융지주, 산은금융지주,
　　　　　　　　　　　　　　한국투자금융지주
⑧ 2015년 2개 (10개 중 20%): KB금융지주, 하나금융지주

6.2 계열회사 수

지주회사의 수가 증가하면서 지주회사가 거느리는 계열회사(자회사, 손자회사, 증손회사)의 수 또한 증가하였다. 2011년까지는 자회사가 가장 많았으며, 손자회사는 2008년 이후 급증하여 2012년부터는 자회사보다 많아졌다. 증손회사는 2008년부터 생겼다 (<표 1.14>, <그림 1.8>, <그림 1.9>).

2003년의 경우 존속 지주회사는 19개(일반지주회사 15개, 금융지주회사 4개)이며, 이들은 모두 202개의 계열회사(일반 166개, 금융 36개)를 거느렸다. 이 중 152개는 자회사(일반 128개, 금융 24개), 나머지 50개는 손자회사(일반 38개, 금융 12개)였다. 지주회사 1개당 평균 계열회사 수는 10.6개(일반 11.1개, 금융 9개)였다.

8년이 지난 2011년 현재의 상황은 판이하게 달라졌다. 존속 지주회사 수는 105개(일반 92개, 금융 13개)로 2003년에 비해 5.5배 증가하여 처음으로 100개를 넘어섰다. 계열회사 수 또한 1,187개(일반 1,032개, 금융 155개)로 2003년에 비해 5.9배 증가하여 처음으로 1,000개를 넘어섰다. 계열회사 중 자회사는 575개(일반 499개, 금융 76개)로 3.8배 늘어난 반면 손자회사는 555개(일반 481개, 금융 74개)로 11.1배나 급증하였다. 또 증손회사도 57개(일반 52개, 금융 5개)가 새로 생겼다. 지주회사 1개당 평균 계열회사 수는 조금 늘어난 11.3개(일반 11.2개, 금융 11.9개)였다.

첫째, 지주회사의 총 계열회사 수는 2003년부터 2006년까지 202-258개 수준이다가 신설 지주회사가 급증하기 시작한 2007년 이후 계열회사 또한 급격하게 늘어났다. 2006년 258개에서 2007년 358개로 늘어났고 2009년까지는 2배 이상 더 늘어난 813개가 되었다. 2010년 991개로 더욱 늘어난 뒤 2011년(1,187개)에는 처음으로 1,000개를 넘어섰으며, 이후 조금 더 늘어나 2013년부터는 1,400개 수준이 유지되고 있다. 2015년 현재에는 최고치인 1,462개이며, 지주회사 140개를 합하면 1,602개이다.

둘째, 자회사는 2003-2006년 사이에는 152-196개 수준이다가 2007년 262개로 늘어났으며, 2008년(375개)에 100개 이상 증가한 이후 증가 폭은 매년 조금씩 줄어들어 2009년 462개, 2010-2011년 530-575개, 그리고 2012년 이후 623-689개였다. 2015년 현재에는 최고치인 689개이다.

〈표 1.14〉 존속 지주회사의 계열회사 수, 2001-2015년 (개)

* 존속 지주회사 (개)

		2001	2003	2004	2005	2006	2007	2008	2009	2010	2011	2012	2013	2014	2015
합	(a)	11	19	24	25	31	40	60	79	96	105	115	127	132	140
일반지주회사	(a1)	9	15	19	22	27	36	55	70	84	92	103	114	117	130
금융지주회사	(a2)	2	4	5	3	4	4	5	9	12	13	12	13	15	10

(1) 일반·금융지주회사의 계열회사 수

		2001	2003	2004	2005	2006	2007	2008	2009	2010	2011	2012	2013	2014	2015
자회사	(b)	69	152	160	159	196	262	375	462	530	575	623	680	668	689
손자회사	(c)		50	48	63	62	96	215	321	423	555	636	696	686	693
증손회사	(d)							9	30	38	57	90	74	80	80
합	(X=b+c+d)	69	202	208	222	258	358	599	813	991	1,187	1,349	1,450	1,434	1,462
	(a+X)	80	221	232	247	289	398	659	892	1,087	1,292	1,464	1,577	1,566	1,602
평균	(X÷a)	6.3	10.6	8.7	8.9	8.3	9.0	10.0	10.3	10.3	11.3	11.7	11.4	10.9	10.4
	(b÷a)	6.3	8.0	6.7	6.4	6.3	6.6	6.3	5.8	5.5	5.5	5.4	5.4	5.1	4.9

(2) 일반지주회사의 계열회사 수

		2001	2003	2004	2005	2006	2007	2008	2009	2010	2011	2012	2013	2014	2015
자회사	(b1)	62	128	134	137	167	233	334	402	457	499	542	592	574	616
손자회사	(c1)		38	36	48	46	81	197	292	370	481	549	599	578	658
증손회사	(d1)							8	27	31	52	85	72	72	78
합	(X1=b1+c1+d1)	62	166	170	185	213	314	539	721	858	1,032	1,176	1,263	1,224	1,352
	(a1+X1)	71	181	189	207	240	350	594	791	942	1,124	1,279	1,377	1,341	1,482
평균	(X1÷a1)	6.9	11.1	8.9	8.4	7.9	8.7	9.8	10.3	10.2	11.2	11.4	11.1	10.5	10.4
	(b1÷a1)	6.9	8.5	7.1	6.2	6.2	6.5	6.1	5.7	5.4	5.4	5.3	5.2	4.9	4.7

(3) 금융지주회사의 계열회사 수

		2001	2003	2004	2005	2006	2007	2008	2009	2010	2011	2012	2013	2014	2015
자회사	(b2)	7	24	26	22	29	29	41	60	73	76	81	88	94	73
손자회사	(c2)		12	12	15	16	15	18	29	53	74	87	97	108	35
증손회사	(d2)							1	3	7	5	5	2	8	2
합	(X2=b2+c2+d2)	7	36	38	37	45	44	60	92	133	155	173	187	210	110
	(a2+X2)	9	40	43	40	49	48	65	101	145	168	185	200	225	120
평균	(X2÷a2)	3.5	9.0	7.6	12.3	11.3	11.0	12.0	10.2	11.1	11.9	14.4	14.4	14.0	11.0
	(b2÷a2)	3.5	6.0	5.2	7.3	7.3	7.3	8.2	6.7	6.1	5.8	6.8	6.8	6.3	7.3

주: 2001-2003년 7월, 2004년 5월, 2005-2007년 8월, 2008-2015년 9월 현재.
출처: 〈부록 1〉.

<그림 1.8> 지주회사의 계열회사 수, 2001-2015년:
(1) 합, 자회사, 손자회사, 증손회사 (개)
(출처: <표 1.14>)

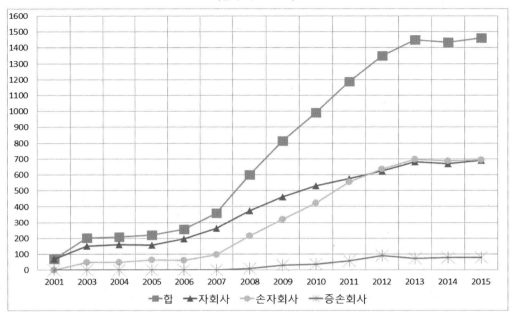

<그림 1.9> 지주회사의 계열회사 수, 2001-2015년:
(2) 합, 일반지주회사의 계열회사, 금융지주회사의 계열회사 (개)
(출처: <표 1.14>)

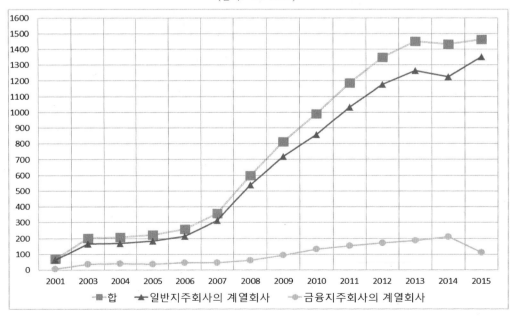

손자회사는 2006년까지는 50개 내외(48-63개)이던 것이 2007년 96개로 늘어났고, 2008년에는 215개로 2배 이상 급증하였다. 이후 2009-2011년의 3년 동안 매년 100개 이상씩 늘어나 2011년에는 555개가 되어 자회사 수와 엇비슷해졌다. 2012년에는 636개로 더욱 늘어나 자회사 수를 처음으로 넘어섰으며, 이후 690개 내외 수준을 유지하면서 자회사보다 10개 정도 많은 상태가 계속되었다. 최고치는 2013년의 696개였다.

2003년 현재 손자회사의 수(50개)는 자회사 수(152개)의 1/3 정도(33%)였으며, 이 수준은 2007년(96개 vs. 262개; 37%)까지 유지되었다. 이후 손자회사의 증가 정도가 더욱 빨라져 2008년 처음으로 손자회사 수(215개)가 자회사 수(375개)의 절반 이상(57%)이 되었고, 2009년(321개 vs. 462개, 69%)에는 2/3 이상으로, 그리고 2010년(423개 vs. 530개, 80%)에는 4/5 수준으로 더욱 늘어났다. 이 추세는 2011년(555개 vs. 575개, 97%)에 더욱 두드러져 손자회사와 자회사의 수가 엇비슷해졌고, 결국 2012년부터는 손자회사의 수가 더 많아졌다 (636-696개 vs. 623-689개).

한편, 증손회사는 2008년 9개가 처음 생긴 이후 2012년에는 최고치인 90개로 늘어났으며, 이후에는 조금 줄어 2015년 현재에는 80개이다.

셋째, 존속 지주회사 중 절대 다수는 일반지주회사이며, 따라서 계열회사의 대다수도 일반지주회사 소속이다. 일반지주회사는 2003년 15개이던 것이 2012년(103개)에는 100개를 넘어섰고 2015년 현재에는 최고치인 130개이다. 2003년에 비하면 8.7배 늘어난 수치이다. 반면 금융지주회사는 2003년 4개에서 2014년 15개로 최고치를 기록한 이후 2015년 현재에는 10개이다. 2003년에 비하면 3.8배(2014년) 늘어났다.

같은 기간 일반지주회사 소속 계열회사는 8.1배(2003년 166개 → 2015년 1,352개) 그리고 금융지주회사 소속 계열회사는 5.8배(2003년 36개 → 2014년 210개) 증가하였다. 2003년에는 전체 계열회사(202개) 중 일반지주회사 소속(166개)이 77%였는데, 2008년에는 90%(599개 중 539개)까지 늘어났다. 이후 조금 줄어들어 2014년에는 85%(1,434개 중 1,224개)로 낮아졌다가, 2015년에는 92%(1,462개 중 1,352개)로 다시 높아져 최고치를 기록하였다.

넷째, 지주회사 1개가 평균적으로 거느리는 총 계열회사 수는 2003년 이후 10개 내외이다. 2003년 10.6개이던 것이 2004-2007년에는 9개 이하로 내려갔고, 2008년부터 다시 10개 이상으로 늘어나 2012년에는 최고치인 11.7개를 기록하였다. 이후 수치는 다시 내려가 2015년 현재에는 10.4개이다. 반면 지주회사 1개가 평균적으로 거느리는 자회사 수는 2003

년 이후 감소 추세를 이어갔다. 2003년 8개이던 것이 2004-2008년에는 6개 수준 그리고 2009-2014년에는 5개 수준이 되었으며, 2015년 현재에는 최저치인 4.9개이다.

한편, 지주회사 1개가 평균적으로 거느리는 총 계열회사 및 자회사 수는, 2005년 이후 금융지주회사(10.2-12.3개; 5.8-8.2개)가 일반지주회사(7.9-11.4개; 4.7-6.5개)에 비해 조금 더 많은 편이다.

6.3 계열회사 수의 범위

6.3.1 계열회사 수의 분포

1개 지주회사가 거느리는 계열회사 수는 1개에서 67개에 이르기까지 다양한 분포를 보이고 있다. '10개 미만 계열회사' 보유 지주회사가 가장 많고, 그다음이 '10-19개' 보유 지주회사, '20개 이상' 보유 지주회사 순이다 (<표 1.15>, <그림 1.10>, <부록 1>).

먼저 일반지주회사의 경우를 살펴보면 다음과 같다. 첫째, 2/3 정도는 '10개 미만'의 계열회사를 가졌다. '10개 미만'의 계열회사를 갖는 지주회사의 비중은 2003년에는 절반 이하(전체 일반지주회사 15개 중 6개, 40%)였다가 2005년에는 2/3 이상(22개 중 15개, 68%)으로 늘어났으며, 이후 비중이 조금 줄어 2/3에 약간 못 미치는 수준(54-64%)이 유지되고 있다.

2007년까지는 '1-4개 회사' 보유 일반지주회사(5-12개)가 '5-9개 회사' 보유 일반지주회사(1-9개)보다 더 많았다. 반면 2008년 이후에는 5개 연도에서는 '5-9개' 보유 지주회사가 더 많았고(12-31개 vs. 23-41개; 2008-10, 2013-14년), 3개 연도에서는 '1-4개' 보유 지주회사가 더 많았다 (27-42개 vs. 25-37개; 2011-12, 2015년).

둘째, '10-19개'의 계열회사를 가지는 일반지주회사의 비중은 1/3 내외였다. 2003년에는 그 비중이 절반가량(전체 일반지주회사 15개 중 7개, 47%)이었는데, 이후 줄어들어 2006년(27개 중 10개, 37%)을 제외하고는 1/3 이하 수준(26-33%)이 유지되었다. 2013년(15개 vs. 15개)을 제외한 모든 연도에서 '10-14개 회사' 보유 지주회사가 '15-19개 회사' 보유 지주회사보다 많았다 (4-22개 vs. 1-15개).

<표 1.15> 존속 지주회사의 계열회사 수 범위, 2003-2015년 (개, %)

* 존속 지주회사 (개)

	2003	2004	2005	2006	2007	2008	2009	2010	2011	2012	2013	2014	2015
합	19	24	25	31	40	60	79	96	105	115	127	132	140
일반지주회사	15	19	22	27	36	55	70	84	92	103	114	117	130
금융지주회사	4	5	3	4	4	5	9	12	13	12	13	15	10

(1) 일반 · 금융지주회사의 계열회사 수 범위

(해당 범위의 계열회사를 보유하는 지주회사의 수 (개))													
1-4개	6	8	9	12	12	12	20	27	31	32	33	35	44
5-9개	2	7	7	6	11	25	29	29	28	29	41	45	41
[1-9개]	[8	15	16	18	23	27	49	56	59	61	74	80	85]
10-14개	7	6	4	8	12	14	14	22	17	19	17	21	22
15-19개	2	2	4	4	2	4	8	6	15	17	18	16	18
[10-19개]	[9	8	8	12	14	18	22	28	32	36	35	37	40]
20-29개	1			1	3	3	5	9	7	14	10	7	8
30-39개	1	1	1			1			4		4	3	2
40-49개					1	1	2	1	2			2	3
50-59개							2		1	1	3	1	1
60-69개								1	1	1	1	2	1
[20개 이상]	[2	1	1	1	3	5	8	12	14	18	18	15	15]
(해당 범위의 계열회사를 보유하는 지주회사의 비중 (%))													
1-9개	42	63	64	58	58	62	62	58	56	53	58	61	61
10-19개	47	33	32	39	35	30	28	29	31	31	28	28	28
20개 이상	11	4	4	3	7	8	10	13	13	16	14	11	11

(2) 일반지주회사의 계열회사 수 범위

(해당 범위의 계열회사를 보유하는 지주회사의 수 (개))													
1-4개	5	6	8	12	12	12	19	24	27	30	31	31	42
5-9개	1	6	7	4	9	23	25	26	25	26	37	41	37
[1-9개]	[6	12	15	16	21	35	44	50	52	56	68	72	79]
10-14개	6	5	4	8	11	13	12	20	15	16	15	19	22
15-19개	1	1	2	2	1	3	7	4	13	15	15	13	14
[10-19개]	[7	6	6	10	12	16	19	24	28	31	30	32	36]
20-29개	1			1	3	2	4	7	7	13	9	7	8
30-39개	1	1	1			1			2		4	3	2
40-49개					1	1	2	1	1			1	3
50-59개							2		1	1	2	1	1
60-69개								1	1	1	1	1	1
[20개 이상]	[2	1	1	1	3	4	7	10	12	16	16	13	15]

	2003	2004	2005	2006	2007	2008	2009	2010	2011	2012	2013	2014	2015
(해당 범위의 계열회사를 보유하는 지주회사의 비중 (%))													
1-9개	40	63	68	59	58	64	63	60	57	54	60	62	61
10-19개	47	32	27	37	33	29	27	29	30	30	26	27	28
20개 이상	13	5	5	4	9	7	10	11	13	16	14	11	11

(3) 금융지주회사의 계열회사 수 범위

	2003	2004	2005	2006	2007	2008	2009	2010	2011	2012	2013	2014	2015
(해당 범위의 계열회사를 보유하는 지주회사의 수 (개))													
1-4개	1	2	1				1	3	4	2	2	4	2
5-9개	1	1		2	2	2	4	3	3	3	4	4	4
[1-9개]	[2	3	1	2	2	2	5	6	7	5	6	8	6]
10-14개	1	1			1	1	2	2	2	3	2	2	
15-19개	1	1	2	2	1	1	1	2	2	2	3	3	4
[10-19개]	[2	2	2	2	2	2	3	4	4	5	5	5	4]
20-29개						1	1	2		1	1		
30-39개									2				
40-49개										1		1	
50-59개											1		
60-69개												1	
[20개 이상]	[					1	1	2	2	2	2	2	]
(해당 범위의 계열회사를 보유하는 지주회사의 비중 (%))													
1-9개	50	60	33	50	50	40	56	50	54	42	46	53	60
10-19개	50	40	67	50	50	40	33	33	31	42	39	33	40
20개 이상						20	11	17	15	16	15	14	

주: 2003년 7월, 2004년 5월, 2005-2007년 8월, 2008-2015년 9월 현재.
출처: 〈부록 1〉.

셋째, '20개 이상'의 계열회사를 가지는 일반지주회사는 2004-2008년에는 10% 미만이다가 2009년 10%(전체 일반지주회사 70개 중 10개)가 되었으며, 2010년 이후에는 11-16% 수준이다. 최고치는 2012년의 16%(103개 중 16개)였다. 2008년부터는 '40개 이상' 보유 지주회사가, 2009년부터는 '50개 이상' 보유 지주회사가, 그리고 2010년부터는 '60개 이상' 보유 지주회사가 차례로 생겨났다.

한편, 금융지주회사의 경우에는 대부분이 '20개 미만'의 계열회사를 가졌다. '10개 미만' 보유 지주회사(1-8개)가 '10-19개' 보유 지주회사(2-5개)보다 조금 더 많은 편이었다. '20개 이상'의 계열회사를 갖는 금융지주회사는 2008-2014년 사이에 매년 1-2개씩 있었다. 2012년에는 '40개 이상' 보유 지주회사가, 2013년에는 '50개 이상' 보유 지주회사가, 그리고 2014년에는 '60개 이상' 보유 지주회사가 각각 생겼다.

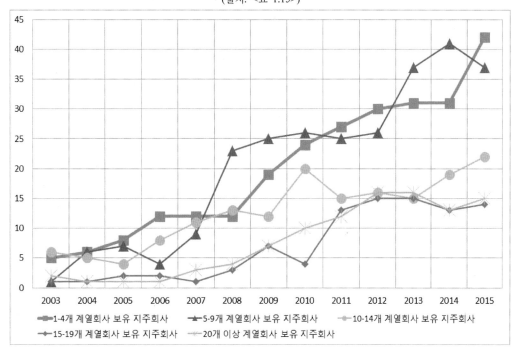

〈그림 1.10〉 일반지주회사의 계열회사 수 범위, 2001-2015년 (개)

(출처: <표 1.15>)

범례:
- ■ 1-4개 계열회사 보유 지주회사
- ▲ 5-9개 계열회사 보유 지주회사
- ● 10-14개 계열회사 보유 지주회사
- ◆ 15-19개 계열회사 보유 지주회사
- ✳ 20개 이상 계열회사 보유 지주회사

2015년 9월 현재의 140개 지주회사(일반 130개, 금융 10개)의 계열회사 보유 현황은 다음과 같다.

130개 일반지주회사 중에서는, 79개(61%)는 '10개 미만' 계열회사를, 36개(28%)는 '10-19개' 계열회사를, 그리고 나머지 15개(11%)는 '20개 이상' 계열회사를 보유하였다. '10개 미만' 계열회사 보유 79개 지주회사 중 42개는 '1-4개'를 그리고 나머지 37개는 '5-9개'를 보유하였다. 또 '10-19개' 계열회사 보유 36개 지주회사 중에서는 22개는 '10-14개'를 그리고 14개는 '15-19개'를 보유하였다. 한편 '20개 이상' 계열회사 보유 15개 지주회사 중에서는 절반 이상인 8개가 '20-29개'를 보유하였고, '40-49개' 보유 3개, '30-39개' 보유 2개, '50-59개' 보유 1개, 그리고 '60-69개' 보유 1개였다.

10개 금융지주회사 중에서는, 6개(60%)는 '10개 미만' 계열회사를 그리고 4개(40%)는 '10-19개' 계열회사를 보유하였다. 전자의 6개 지주회사 중 4개는 '5-9개'를 그리고 나머지 2개는 '1-4개'를 보유하였으며, 후자의 4개 지주회사는 모두 '15-19개'를 보유하였다.

6.3.2 20개 이상 계열회사를 보유한 지주회사

20개 이상의 계열회사를 보유하는 지주회사의 수는 2003-2007년에는 1-3개였으며 모두 일반지주회사였다. 2008년에는 5개(일반지주회사 4개, 금융지주회사 1개)로 늘어났고 여기에는 금융지주회사가 처음으로 1개 포함되었다. 2009년에는 8개(7개, 1개)로 더욱 늘어났으며, 2010년 이후에는 12-18개(10-16개, 2개) 수준이었다. 금융지주회사는 2008-2014년의 기간에만 있었다 (<표 1.16>).

모두 30개의 지주회사가 관련되어 있다. 일반지주회사 28개, 금융지주회사 2개이다. 28개 일반지주회사 중 12개는 대규모기업집단 소속이었으며, 이들은 상대적으로 긴 기간에 걸쳐 보다 많은 계열회사를 보유하였다.

첫째, 30개 지주회사 중 대다수인 20개(67%)는 '20-29개' 계열회사를 보유하였다. 나머지 10개 지주회사 중에서는, '60-69개' 계열회사를 보유한 적이 있는 지주회사가 2개(*SK ㈜, 우리금융지주), '50-59개' 보유 지주회사가 2개(*㈜LG, *CJ㈜), '40-49개' 보유 지주회사가 3개(옐로모바일, 제일홀딩스, 산은금융지주), 그리고 '30-39개' 보유 지주회사가 3개(*㈜GS, *코오롱, *대성합동지주)였다.

30개 이상 계열회사를 가진 적이 있는 10개 지주회사 중 6개(* 표시)는 대규모기업집단 소속이다. 집단 소속 12개의 절반(50%)이다. 반면 집단 소속이 아닌 18개 지주회사 중에서는 4개(22%)만 30개 이상의 계열회사를 가진 적이 있었다.

SK그룹 소속인 SK㈜는 가장 많은 6개 연도에 60개 이상의 계열회사를 보유하였다. 67개(2015년), 66개(2011-12년), 63개(2013년), 62개(2010년) 등이다. 이는 2001년 이후 2015년까지 지주회사가 보유한 계열회사 수 중 1-4위이다. 5위는 우리금융지주가 2014년에 보유한 61개이다.

둘째, 30개 지주회사 중 대다수인 18개(60%)는 '1-3개 연도'에만 20개 이상의 계열회사를 보유하였다. 나머지 12개 지주회사 중에서는, '4개 연도' 관련 지주회사가 3개(*서울도시개발, *두산, 대웅), '5개 연도' 관련 지주회사가 2개(제일홀딩스, 산은금융지주), '6개 연도' 관련 지주회사가 2개(*코오롱, *㈜LS), '7개 연도' 관련 지주회사가 2개(우리금융지주, *㈜GS), '8개 연도' 관련 지주회사가 1개(*CJ㈜), '9개 연도' 관련 지주회사가 1개(*SK㈜), 그리고 '13개 연도' 관련 지주회사가 1개(*㈜LG)이다.

<표 1.16> 20개 이상 계열회사를 보유한 30개 지주회사, 2001-2015년 (개)

(1) 60-69개를 보유한 적이 있는 2개 지주회사 (* 대규모사기업집단 소속, # 금융지주회사)

	2001	2003	2004	2005	2006	2007	2008	2009	2010	2011	2012	2013	2014	2015
SK(주)*						23	35	58	62	66	66	63	62	67
우리금융지주#							21	25	29	36	46	52	61	

(2) 50-59개를 보유한 적이 있는 2개 지주회사

	2001	2003	2004	2005	2006	2007	2008	2009	2010	2011	2012	2013	2014	2015
(주)LG*	37	37	33	28	28	29	45	45	50	51	54	54	55	
CJ(주)*							43	50	46	49	47	54	47	49

(3) 40-49개를 보유한 적이 있는 3개 지주회사

	2001	2003	2004	2005	2006	2007	2008	2009	2010	2011	2012	2013	2014	2015
옐로모바일														49
제일홀딩스										20	21	38	39	44
산은금융지주#									21	31	28	27	40	

(4) 30-39개를 보유한 적이 있는 3개 지주회사

	2001	2003	2004	2005	2006	2007	2008	2009	2010	2011	2012	2013	2014	2015
(주)GS*								24	27	31	24	30	34	37
코오롱*									29	30	29	30	30	34
대성합동지주*											28	30	22	

(5) 20-29개를 보유한 적이 있는 20개 지주회사

	2001	2003	2004	2005	2006	2007	2008	2009	2010	2011	2012	2013	2014	2015
(주)LS*									24	26	27	27	26	24
서울도시개발*											20	23	22	23
GS에너지*													20	
웅진홀딩스*											23	20		
금호산업*					21	22								
두산*							21	23	20	20				
C&M커뮤니케이션		21												
프라임개발							24	21						
대웅							23	22	22	22				
대상홀딩스									25	29				
농수산홀딩스									20	24				
아주L&F홀딩스									27	27	27			
자일자동차										20	20			
동원엔터프라이즈												21	20	20
반도홀딩스												28	28	26
나이스홀딩스												21		20
이지바이오												24		
풀무원													21	22
에이케이홀딩스														22
KC그린홀딩스														20

주: 20개 이상 계열회사만 표시함.
출처: <부록 1>.

4개 연도 이상 관련된 12개 지주회사 중 8개(* 표시)는 대규모기업집단 소속이다. 집단 소속 12개의 2/3(67%)에 해당한다. 반면 집단 소속이 아닌 18개 지주회사 중에서는 4개 (22%)만 4개 연도 이상과 관련이 있었다.

가장 긴 13개 연도 동안 20개 이상의 계열회사를 가진 LG그룹의 ㈜LG는 2003년부터 2015년까지 28-55개의 계열회사를 보유하였다. 2009-2010년에는 45개 그리고 2011년 이후에는 50-55개를 보유하였다. CJ그룹의 CJ㈜는 2008-2015년 사이 8개 연도 동안 43-54개를 보유하였으며, 2개 연도에 50개 이상을 보유하였다 (2009년 50개, 2013년 54개).

금융지주회사인 우리금융지주와 산은금융지주는 각각 7개 연도, 5개 연도 동안 20개 이상의 계열회사를 보유하였다. 우리금융지주는 2008-2014년 사이 21-61개를 보유하였으며, 2012년(46개), 2013년(52개), 2014년(61개) 등 3개 연도에 각각 40개, 50개, 60개 이상을 보유하였다. 또 산은금융지주는 2010-2014년 사이 21-40개의 계열회사를 가졌으며, 2014년 (40개)에는 40개 이상이었다.

한편, 제일홀딩스는 2011-2015년의 5개 연도에 20-44개의 계열회사를 가졌으며, 2015년 (44개)에는 40개 이상이었다. 대웅은 2009-2012년의 4개 연도에 22-23개의 계열회사를 보유하였다.

7. 맺음말

공정거래법상 지주회사는 '자산총액이 1,000억 원 이상(2002년 이후)이고, 자산총액의 50% 이상(1999년 이후, 지주비율)이 자회사의 주식가액의 합계액인 지주회사'이다.

첫째, 신설 지주회사는 설립이 허용된 첫 해인 1999년에는 없었으며, 2000년부터 매년 5-31개씩 생겼다. 2015년 9월 현재까지 신설된 지주회사는 모두 234개이며, 이 중 210개는 일반지주회사이고 24개는 금융지주회사이다.

둘째, 신설 지주회사 중 일부는 시간이 지남에 따라 자산총액 또는 지주비율의 법률상 요건을 충족하지 못하여 공정거래법상 지주회사에서 제외되었다. 존속 지주회사는 2001년 이후 매년 중반(5-9월) 현재 11-140개였다. 이 중 일반지주회사는 9-130개 그리고 금융지주회사는 2-15개이다. 2015년 9월 현재 존속 지주회사는 140개(일반 130개, 금융 10개)이다.

셋째, 자산총액의 법률상 요건은 100억 원 이상(1999-2000년), 300억 원 이상(2001년),

1,000억 원 이상(2002년 이후) 등 세 차례 변하였다. 2001년 이후 지주회사의 자산총액 규모는 점진적으로 증가하였으며, 1천억 원대와 20조 원대 사이에서 다양한 분포를 보이고 있다. 일반지주회사에서는 5천억 원 미만이 가장 큰 비중을 차지하고 있는 반면 금융지주회사의 대부분은 1조 원 이상을 가지고 있다. 한편, 일반지주회사의 경우, 1조 원 이상의 자산을 갖는 회사의 수가 매년 늘어나면서 이들이 상위 10위권 내에 자리를 잡았으며, 2010년부터는 10조 원 이상의 자산을 갖는 회사도 생겨났다. 2001-2015년 사이 10대 일반지주회사에 속한 적이 있는 회사는 모두 34개이며, 이 중 22개는 18개 대규모기업집단 소속이다.

넷째, 지주비율은 50% 이상이 법률상 요건이며, 1999년 이후 변함이 없다. 일반지주회사에서는 비율이 골고루 분포되어 있는 가운데 90%대 비율이 가장 많으며, 금융지주회사에서는 대부분이 90%대와 80%대이다.

다섯째, 계열회사에는 자회사, 손자회사 및 증손회사의 세 유형이 있다. 손자회사는 2003년부터 그리고 증손회사는 2008년부터 생겼다. 지주회사가 거느리는 총 계열회사는 2011년 처음으로 1,000개를 넘어섰으며, 2011년까지는 자회사가 그리고 2012년부터는 손자회사가 가장 많았다. 2015년 9월 현재 140개 지주회사의 총 계열회사는 1,462개(자회사 689개, 손자회사 693개, 증손회사 80개)이다. 한편, 1개 지주회사가 거느리는 계열회사는 67개에서 1개에 이르는 다양한 분포를 보이고 있는 가운데, 10개 미만 계열회사를 거느리는 지주회사가 가장 많다.

제2장

재벌과 지주회사체제: 개관

1. 머리말

1999년 2월 지주회사제도가 다시 허용된 이후 가장 먼저 제도를 도입한 것은 4위 재벌인 SK그룹이었다. 계열회사인 SK엔론(이후 SK E&S)이 2000년 1월 공정거래법상 지주회사 제1호로 지정되면서였다. 2001년에는 3위 재벌인 LG그룹이 지주회사체제를 채택하였다.

이후 매년 다수의 재벌들이 새로운 지배구조로서의 지주회사 실험 대열에 동참하였고 2000년대 중반 이후 큰 흐름을 형성하고 있다. 지주회사체제를 채택한 재벌은 2001년 2개 이던 것이 점차 증가하여 2007년(14개)에는 10개 이상으로 그리고 2011년(20개)에는 20개 이상으로 늘어났으며, 2015년 현재에는 최고치인 24개이다. 또 지주회사체제를 채택한 재 벌이 공정거래법상 대규모사기업집단들 중에서 차지하는 비중도 꾸준히 증가하였다. 2001 년 7%이던 것이 2007년(25%)에는 20% 이상으로 그리고 2010년(40%)에는 40% 이상으로 늘어났으며, 2015년 현재에는 역시 최고치인 48%이다.

2001년 이후 2015년까지 지주회사체제를 채택한 재벌은 모두 34개이며 소속 일반지주회 사는 51개이다. 34개 재벌 중 26개는 적극적인 지주회사체제를 그리고 나머지 8개는 소극 적인 지주회사체제를 채택하였다. 또 51개 일반지주회사 중 38개는 적극적인 지주회사체제 를 채택한 재벌 소속이고 나머지 13개는 소극적인 지주회사체제를 채택한 재벌 소속이다.

제2장부터 제4장까지의 3개장에서는 2001-2015년 사이 지주회사체제를 채택한 34개 재 벌과 소속 51개 일반지주회사와 관련된 주요 추세 및 특징을 분석한다. 제2장에서는 전반 적인 내용을 소개하며, 이어 34개 재벌의 연도별 현황(제3장)과 51개 일반지주회사의 연도 별 현황(제4장)을 차례로 서술한다. 분석에 앞서 몇 가지 사항을 설명한다.

첫째, 분석 대상인 '지주회사체제를 채택한 재벌'은 '공정거래법상 일반지주회사를 보유 한 공정거래법상 대규모사기업집단'이다.

공정거래위원회는 공정거래법에 따라 지정된 대규모기업집단(4월 현재)을 1987년부터 그리고 지주회사(5-9월 현재)를 2001년부터 발표해 오고 있다. 대규모기업집단에는 2001년까지는 사기업집단만 있었고 2002년부터는 공기업집단도 일부 포함되었으며, 지주회사의 대부분은 일반지주회사이고 일부는 금융지주회사이다. 대규모기업집단 중에서는 사기업집단만 지주회사를 보유하였다. 사기업집단 소속 지주회사의 절대 다수는 일반지주회사이고 일부 연도에는 금융지주회사도 1-3개씩 있으며, 금융지주회사만 보유한 사기업집단도 2개 있다. 이들 금융지주회사는 수적으로도 적고 일반지주회사와는 성격이 달라 분석에서 제외하였다.

둘째, '지주회사체제를 채택한 집단' 34개 중 33개는 '동일인(同一人)이 자연인인 대규모 사기업집단'이며, 이를 '재벌(財閥)'로 부르기로 한다.

대규모기업집단 중, 공기업집단의 동일인 즉 대표 주주는 모두 법인이며, 사기업집단의 동일인은 일부는 법인이고 대다수는 자연인이다. 일반지주회사를 보유한 사기업집단 34개 중에서는 1개(농협)를 제외하고는 동일인이 자연인이다. 자연인인 동일인은 보통 오너(owner)로 불리며, 오너 개인 또는 일가가 해당 집단의 소유와 경영을 장악하는 것이 보통이다. 지주회사체제는 자연인인 동일인이 본인 또는 가족의 소유·경영권을 강화하기 위해 선호하는 지배구조이다. 동일인이 법인인 1개 집단(농협)은 편의상 재벌로 부르기로 한다. 또, 대규모사기업집단은 일반적으로 '그룹'으로 불리며, 따라서 '재벌'을 경우에 따라서는 '그룹'이라는 용어로도 사용한다.

셋째, 지주회사체제는 '적극적인 지주회사체제'와 '소극적인 지주회사체제'의 두 부류가 있는데, 이는 지주회사체제의 완성 또는 성숙 정도를 나타내기 위해 고안된 용어이다.

이를 위해 '지주회사체제 달성 비율'이라는 새로운 지표를 계산하였다. '재벌 전체 계열회사 중 지주회사체제에 편입된 계열회사의 비중'이다. 이 비율이 30% 이상이면 적극적 지주회사체제로 그리고 30% 미만이면 소극적 지주회사체제로 분류하였다. '30% 기준'은 필자가 관련 연구를 진행하는 과정에서 적절한 것으로 판단한 일종의 '눈대중치'(rule of thumb)이며, 절대적인 기준은 아니다.

넷째, 분석 기간은 2001년과 2003-2015년의 14개 연도이며, 이용 자료는 공정거래위원회 자료이다. 2002년에는 자료가 발표되지 않았으며, 2016년 자료는 11월 초에 발표되었는데 여러 가지 사정으로 분석에 포함시키시 못하였나.

지주회사 관련 자료는 매년 중순 발표되었다. 2001-2003년 7월, 2004년 5월, 2005-2007년 8월, 2008-2015년 9월 등이다. 대규모기업집단 관련 자료는 매년 4월 기준이다. 이 두 자료를 결합하여 '지주회사체제를 채택한 재벌'과 '재벌 소속 일반지주회사'의 두 종류 자료를 연도별로 새로 구축하였다. 앞의 자료에는 그룹(이름, 순위, 계열회사), 지주회사체제(지주회사, 순위, 계열회사), 지주회사체제 달성 비율 등의 정보를 담았다. 또 뒤의 자료에는 지주회사 이름, 순위, 설립·전환 시기, 상장 여부, 자산총액, 지주비율, 부채비율, 계열회사(자회사, 손자회사, 증손회사) 등의 정보를 담았다 (<부록 2>; <부록 3> 참조).

다섯째, 분석을 위해 새로 구축된 자료는 공정거래위원회 자료를 일부는 그대로 취하고 일부는 가공·변형하였다. 자료에 담긴 정보와 관련된 몇 가지 사항은 다음과 같다.

① '그룹 순위'는 자산총액 기준이다. 공정거래위원회 자료에는 공기업집단과 사기업집단 전체의 순위가 제시되어져 있으며, 이들 중 사기업집단만의 순위를 별도로 부여하였다.

② '지주회사체제 채택 연도'는 해당 그룹이 대규모기업집단으로 지정되고(4월 기준) 동시에 공정거래법상 지주회사를 보유한(5-9월 기준) 연도이다.

③ '지주회사 이름'은 공정거래위원회의 발표 시점(5-9월) 현재의 이름이다.

④ '지주회사 순위'는 자산총액 기준이다. 공정거래위원회 자료에는 설립·전환일이 빠른 순서로 지주회사 명단이 제시되어져 있으며, 자산총액 순으로 재구성한 뒤 지주회사 순위를 새로 부여하였다.

⑤ '지주회사의 자산총액, 지주비율, 부채비율, 계열회사'는 이전 연도 12월 또는 해당 연도 지주회사 설립·전환일 현재의 수치이다.

⑥ '지주회사체제 달성 비율'은 그룹 전체 계열회사 중 지주회사체제에 편입된 계열회사의 비중이며, '[(지주회사 + 지주회사의 계열회사) ÷ 그룹 계열회사] × 100 (%)'으로 계산된다. 지주회사가 2개 이상인 경우 지주회사들 간의 독립성·종속성 여부를 고려하여 '(지주회사 + 지주회사의 계열회사)'를 계산하였으며, 공정거래위원회 자료 중 일부 잘못된 부분은 바로 잡았다. 특히, 그룹 계열회사 시점(4월)과 지주회사 계열회사 시점(이전 연도 12월 또는 해당 연도 지주회사 설립·전환일)이 다르므로 비율은 대체적인 것이며 100%를 넘는 경우가 있음에 유의할 필요가 있다.

아래에서는 '재벌과 지주회사체제'의 전반적인 현황을 살펴본다. 제2절(재벌과 지주회사체제, 1999-2015년)에서는 연도별 추세, 지주회사체제를 채택한 34개 재벌, 재벌 소속 51개 일반지주회사 등 3개 항목을, 그리고 제3절(재벌과 지주회사체제, 2015년)에서는 지주회사체제를 채택한 24개 재벌, 재벌 소속 29개 일반지주회사 등 2개 항목을 서술한다.

2001-2015년 사이, 지주회사체제를 채택한 재벌은 2-24개 사이에서 그리고 일반지주회

사는 2-30개 사이에서 증가 추세를 보였다. 총 34개 재벌 중 24개는 2015년 현재 지주회사 체제를 유지하고 있고, 34개 중 26개는 적극적인 지주회사체제를 채택하였으며, 34개 중 28 개는 2005년 이후에 지주회사체제를 채택하였다. 또 총 51개 일반지주회사 중 40개는 2015 년 현재 지주회사체제를 채택하고 있는 24개 재벌 소속이고, 51개 중 38개는 적극적인 지 주회사체제를 채택한 26개 재벌 소속이며, 51개 중 43개는 2005년 이후에 지주회사체제를 채택한 28개 재벌 소속이다.

2015년 현재에는, 24개 재벌 중 19개는 적극적인 지주회사체제를 채택하였으며, 24개 중 7개는 재벌 순위 10위 이내이다. 지주회사체제 달성 비율은 100-4% 사이 그리고 지주회사 체제 편입 계열회사는 68-3개 사이이다. 또 29개 일반지주회사 중 24개는 적극적인 지주회 사체제를 채택한 19개 재벌 소속이며, 29개의 자산총액은 18-0.2조 원 사이, 지주비율은 99-55% 사이, 계열회사는 67-1개 사이, 그리고 재벌 소속 시작 연도는 2001-2015년 사이이다.

2. 재벌과 지주회사체제, 1999-2015년

2.1 연도별 추세

'공정거래법상 일반지주회사를 보유한 공정거래법상 대규모사기업집단(재벌)'은 2001년 이후 매년 2-24개, 그리고 소속 일반지주회사는 매년 2-30개였다. 총수는 재벌 34개, 일반 지주회사 51개이다 (<표 2.1>, <그림 2.1>, <그림 2.2>, <그림 2.3>, <그림 2.4>).

먼저 재벌 관련 내용은 다음과 같다. 첫째, 일반지주회사를 가진 재벌은 2-24개 사이에서 점진적으로 증가하였다. 2001년 2개이던 것이 2003-2004년 4-6개, 2005-2006년 9개로 늘 어났으며 2007년(14개)에는 10개를 넘어섰다. 2008-2009년에는 11-13개로 조금 줄어들었 다가 2010년 17개로 다시 늘어났으며 2011년에는 20개가 되었다. 이후 조금씩 늘어나 2012-2013년 21개, 2014년 22개였으며, 2015년에는 24개로 최고치를 기록하였다. 2001년 이후 지주회사체제를 채택한 재벌은 모두 34개이며, 이 중 26개는 2015년 현재 존속하고 있고 나머지 8개는 2015년 이전에 공정거래법상 일반지주회사를 가진 적이 있었다.

둘째, 전체 공정거래법상 대규모사기업집단 중에서 일반지주회사를 보유한 재벌이 차지 하는 비중 또한 7-48% 사이에서 증가 추세를 보였다. 2001년 7%(30개 집단 중 2개)에 불과하던 것이 2005년 19%(48개 중 9개), 2007년 25%(55개 중 14개), 그리고 2009년 33%(39개 중 13개)로 늘어났으며, 2010년에는 40%(43개 중 17개)가 되었다. 2011-2014년 에는 41-44%(46-51개 중 20-22개)였으며, 2015년에는 48%(50개 중 24개)로 최고치를 기록하였다.

〈표 2.1〉 지주회사체제를 채택한 재벌, 1999-2015년 (개, %)

(1) 지주회사체제를 채택한 재벌

	1999	2001	2003	2004	2005	2006	2007	2008	2009	2010	2011	2012	2013	2014	2015	총수
공정거래법상 재벌 (A, 개)	30	30	42	45	48	52	55	68	39	43	46	51	51	50	50	
지주회사체제 채택 재벌 (a, 개)	0	2	4	6	9	9	14	11	13	17	20	21	21	22	24	34
적극적인 지주회사체제 (a1)	0	1	3	4	4	5	10	8	10	13	15	18	19	19	19	26
소극적인 지주회사체제 (a2)	0	1	1	2	5	4	4	3	3	4	5	3	2	3	5	8
a/A (%)	0	7	10	13	19	17	25	16	33	40	43	41	41	44	48	
a1/A (%)	0	3	7	9	8	10	18	12	26	30	33	35	37	38	38	

(2) 재벌 소속 일반지주회사

	1999	2001	2003	2004	2005	2006	2007	2008	2009	2010	2011	2012	2013	2014	2015	총수
공정거래법상 지주회사 (B, 개)	0	9	15	19	22	27	36	55	70	84	92	103	114	117	130	
재벌 소속 지주회사 (b, 개)	0	2	4	6	10	10	15	13	16	22	26	28	30	30	29	51
적극적인 지주회사체제 소속 (b1)	0	1	3	4	4	5	11	10	13	18	21	25	28	27	24	38
소극적인 지주회사체제 소속 (b2)	0	1	1	2	6	5	4	3	3	4	5	3	2	3	5	13
b/B (%)	0	22	27	32	45	37	42	24	23	26	28	27	26	26	22	
b1/B (%)	0	11	20	21	18	19	31	18	19	21	23	24	25	23	18	

주: 1) 재벌(=대규모사기업집단)은 4월 현재; 지주회사는 2001-2003년 7월, 2004년 5월, 2005-2007년 8월, 2008-2015년 9월 현재, 2000, 2002년 자료 없음.
2) 1999년과 2001년에는 30대 집단만 지정, 2003-2015년 공기업집단 제외.
3) 3개 연도(2001, 2004, 2006년)의 공정거래위원회 '지주회사' 자료에는 집단 소속 지주회사 표시 없음. '집단' 자료 및 다른 연도의 '지주회사' 자료로 보완함.
4) 사기업집단 중 금융 관련 집단인 한국투자금융그룹(2009-2013년)과 미래에셋그룹(2010년)은 분석에서 제외함.
5) 금융지주회사 중 대규모기업집단 소속: 2003년 1개(동원그룹 동원금융지주), 2004년 2개(삼성그룹 삼성에버랜드; 동원그룹 동원금융지주), 2009년 2개(한국투자금융그룹 한국투자금융지주, 한국투자운용지주), 2010년 3개(한국투자금융그룹 한국투자금융지주, 한국투자운용지주; 미래에셋그룹 미래에셋컨설팅), 2011년 2개(한국투자금융지주, 한국투자운용지주), 2012년 2개(한국투자금융지주; 농협그룹 농협금융지주), 2013년 2개(한국투자금융지주, 농협금융지주), 2014년 1개(농협금융지주), 2015년 1개(농협금융지주).
출처: 〈부록 2〉, 〈부록 3〉.

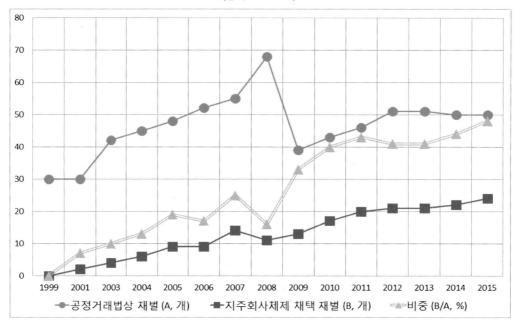

〈그림 2.1〉 지주회사체제를 채택한 재벌, 1999~2015년:
(1) 연도별 비중 (개, %)

(출처: <표 2.1>)

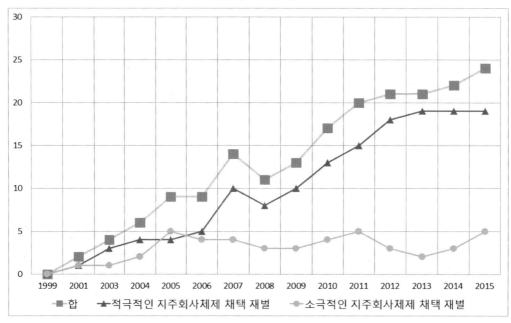

〈그림 2.2〉 지주회사체제를 채택한 재벌, 1999~2015년:
(2) 적극적인 지주회사체제 채택 재벌과 소극적인 지주회사체제 채택 재벌 (개)

(출처: <표 2.1>)

<그림 2.3> 재벌 소속 일반지주회사, 1999-2015년:
(1) 연도별 비중 (개, %)
(출처: <표 2.1>)

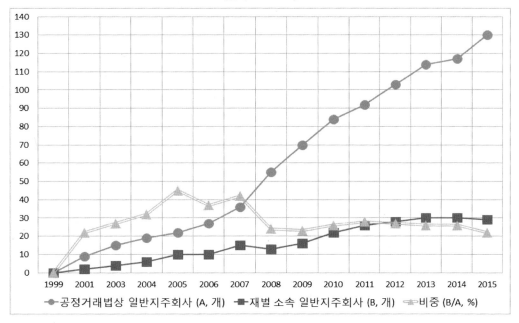

<그림 2.4> 재벌 소속 일반지주회사, 1999-2015년:
(2) 적극적인 지주회사체제 재벌 소속과 소극적인 지주회사체제 재벌 소속 (개)
(출처: <표 2.1>)

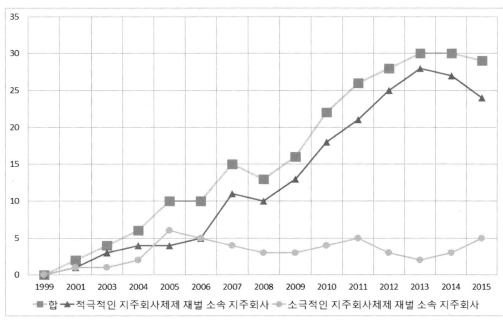

셋째, 2001-2015년 사이 지주회사체제를 채택한 34개 재벌 중 26개는 적극적인 지주회사체제를 채택하였다. 즉 재벌 전체 계열회사의 대다수가 일반지주회사 및 그 계열회사였다 (지주회사체제 달성 비율 30% 이상). 나머지 8개 재벌은 소극적인 지주회사체제를 채택하여 계열회사의 일부만이 지주회사체제에 편입되었다 (지주회사체제 달성 비율 30% 미만). 적극적인 지주회사체제를 채택한 26개 재벌 중 일부는 처음에는 소극적인 지주회사체제를 채택하였다가 이후에 적극적인 지주회사체제로 발전하였다.

적극적인 지주회사체제를 채택한 재벌은 1-19개 사이에서 점진적으로 증가하였다. 2001년 1개이던 것이 2003-2006년 3-5개로 늘어났으며 2007년에는 10개가 되었다. 2008년 8개로 줄어들었다가 2009-2012년 10-18개로 점진적으로 다시 늘어났으며, 2013년 이후에는 최고치인 19개가 유지되고 있다. 반면, 소극적인 지주회사체제를 채택한 재벌은 2002-2003년 1개이다가 2004년 이후에는 2-5개 사이에서 증가와 감소가 반복되고 있다. 최고치는 3개 연도(2005, 2011, 2015년)의 5개였다.

2001년(1개 vs. 1개)과 2005년(4개 vs. 5개)을 제외하고는 적극적인 지주회사체제를 채택한 재벌이 소극적인 지주회사체제를 채택한 재벌보다 많았다. 2006년까지(3-5개 vs. 1-4개)는 1-2개 차이가 나다가, 2007년부터 매년 격차가 더욱 벌어져 2007-2010년에는 5-9개 차이(8-13개 vs. 3-4개)가 그리고 2011년 이후에는 10-17개 차이(15-19개 vs. 2-5개)가 났다. 가장 큰 차이는 2013년의 17개(19개 vs. 2개)였다.

다음으로, 일반지주회사 관련 내용을 보면 다음과 같다. 첫째, 재벌에 소속된 일반지주회사는 2001년 이후 2-30개 사이에서 점진적으로 증가하였다. 2001년 2개이던 것이 2003-2004년에는 4-6개 그리고 2005-2009년에는 10-16개였다. 2010년(22개) 20개를 넘어섰고, 2011-2012년 26-28개로 더욱 늘어난 뒤 2013-2014년 최고치인 30개를 기록하였다. 2015년 현재에는 29개이다. 2001년 이후 재벌 소속 일반지주회사는 모두 51개이며, 이 중 29개는 2015년 현재 존속하고 있고 나머지 22개는 2015년 이전에 존속하였다.

2001-2004년에는 재벌 소속 일반지주회사의 수(2-6개)가 재벌 수(2-6개)와 같았다. 즉 재벌들이 각각 1개씩의 일반지주회사만 보유하였다. 그러다가 2005년부터 2개 이상 일반지주회사를 보유하는 재벌들이 생기면서 재벌 소속 일반지주회사의 수가 재벌 수보다 1-9개 많아졌으며 매년 격차가 더 벌어졌다. 2005-2007년 1개(재벌 소속 일반지주회사 10-15개 vs. 재벌 9-14개), 2008년 2개(13개 vs. 11개), 2009년 3개(16개 vs. 13개), 2010년 5개(22개 vs. 17개), 2011년 6개(26개 vs. 20개), 2012년 7개(28개 vs. 21개), 2013년 9개(최고치; 30

개 vs. 21개), 2014년 8개(30개 vs. 22개), 그리고 2015년 5개(29개 vs. 24개)였다.

둘째, 재벌 소속 일반지주회사가 전체 공정거래법상 일반지주회사 중에서 차지하는 비중은 22-45% 사이에서 '증가 후 감소'의 추세를 보였다. 2001년 22%(9개 일반지주회사 중 2개)이던 것이 2005년(45%, 22개 중 10개)과 2007년(42%, 36개 중 15개)에는 40% 이상이 되었는데, 이후 신설 지주회사가 급격하게 늘어나면서 그 비중이 25% 내외(22-28%)으로 낮아졌다. 2008년 24%(55개 중 13개)에서 2011년 28%(92개 중 26개)로 다소 높아졌다가 이후 낮아져 2015년 현재에는 22%(130개 중 29개)로 2001년과 같은 최저치이다.

셋째, 2001-2015년 사이 재벌에 소속된 51개 일반지주회사 중 38개는 적극적인 지주회사체제를 채택한 26개 재벌 소속이고 나머지 13개는 소극적인 지주회사체제를 채택한 8개 재벌 소속이다. 2001년(1개 vs. 1개)과 2005-2006년(4-5개 vs. 5-6개)을 제외하고는 적극적인 지주회사체제를 채택한 재벌 소속 지주회사가 소극적인 지주회사체제를 채택한 재벌 소속 지주회사보다 더 많았다. 2003-2004년(3-4개 vs. 1-2개)에는 2개 차이가 나다가 2007년부터 매년 격차가 벌어져 7-26개의 차이가 났다. 2007-2008년 7개(10-11개 vs. 3-4개), 2009-2011년 10-16개(13-21개 vs. 3-5개), 2012-2014년 22-26개(25-28개 vs. 2-3개), 2015년 19개(24개 vs. 5개) 등이다. 가장 큰 차이는 2013년의 26개(28개 vs. 2개)였다.

한편, 5개 대규모사기업집단(동원, 삼성, 농협, 한국투자금융, 미래에셋)은 2003-2004년과 2009-2015년의 9개 연도에 모두 6개의 금융지주회사를 가졌다. 이들 중 2개 집단(한국투자금융, 미래에셋)은 금융지주회사만 관련되어 있었고, 나머지 3개 집단은 일반지주회사도 보유하였다. 앞의 2개 집단 및 3개 금융지주회사(한국투자금융, 2009-13년; 미래에셋, 2010년), 그리고 뒤의 3개 집단 소속 3개 금융지주회사(동원, 2003-04년; 삼성 2004년; 농협, 2012-15년)는 분석에서 제외하였다.

① 2003년 1개 금융지주회사: 동원금융지주(동원그룹)
② 2004년 2개: 삼성에버랜드(삼성), 동원금융지주(동원)
③ 2009년 2개: 한국투자금융지주(한국투자금융), 한국투자운용지주(한국투자금융)
④ 2010년 3개: 한국투자금융지주(한국투자금융), 한국투자운용지주(한국투자금융), 미래에셋컨설팅(미래에셋)
⑤ 2011년 2개: 한국투자금융지주(한국투자금융), 한국투자운용지주(한국투자금융)
⑥ 2012년 2개: 한국투자금융지주(한국투자금융), 농협금융지주(농협)
⑦ 2013년 2개: 한국투자금융지주(한국투자금융), 농협금융지주(농협)

⑧ 2014년 1개: 농협금융지주(농협)
⑨ 2015년 1개: 농협금융지주(농협)

2.2 지주회사체제를 채택한 34개 재벌

2001년 이후 2015년까지 지주회사체제를 채택한 재벌은 모두 34개이다. 34개 중 24개는 2015년 현재 지주회사체제를 유지하고 있고, 34개 중 26개는 적극적인 지주회사체제를 채택하였으며, 34개 중 28개는 2005년 이후에 지주회사체제를 채택하였다 (<표 2.2>; <표 2.1>, <표 2.3>, <표 2.4> 참조).

첫째, 34개 재벌 중 2015년 현재의 24개 재벌의 대다수인 19개는 적극적인 지주회사체제(지주회사체제 달성 비율 30% 이상)를 그리고 나머지 5개는 소극적인 지주회사체제(30% 미만)를 채택하였다. 2015년 이전에 지주회사체제를 채택한 적이 있는 10개 재벌 중에서는, 7개는 적극적인 지주회사체제를 그리고 3개는 소극적인 지주회사체제를 가졌다.

둘째, 34개 재벌 중 적극적인 지주회사체제를 채택한 26개 재벌의 대다수인 19개는 2015년 현재 체제를 유지하고 있다. 순위 1-10위 재벌이 5개(SK, LG, GS, 농협, 한진), 11-30위 재벌이 4개(CJ, LS, 부영, 현대백화점), 31위 이하 재벌이 19개(코오롱, 한진중공업, 한라, 한국타이어, 세아, 태영, 아모레퍼시픽, 대성, 하이트진로, 한솔) 등이다. 2015년 이전에 적극적인 지주회사체제를 유지한 적이 있는 7개 재벌 중에서는 1-10위가 1개(금호아시아나), 11-30위가 2개(두산, STX), 그리고 31위 이하가 4개(동원, 웅진, 농심, 오리온)이다.

한편 2015년 현재 소극적인 지주회사체제를 채택하고 있는 재벌은 5개이며, 순위가 1-10위인 재벌이 2개(삼성, 롯데), 11-30위 2개(한화, 대림), 그리고 31위 이하 1개(태광)이다. 또 2015년 이전에 소극적인 지주회사체제를 채택했던 3개 재벌 중에서는, 1-10위 1개(현대자동차), 11-30위 1개(동부), 그리고 31위 이하 1개(대한전선)이다.

셋째, 34개 재벌 중 6개는 2000-2004년에, 13개는 2005-2009년에, 그리고 15개는 2010-2015년에 지주회사체제를 도입하였다. 지주회사제도가 허용된 1999년 및 2002년의 2개 연도를 제외한 나머지 15개 연도에서 매년 1-5개의 재벌이 지주회사체제를 도입하였다. 5개 재벌이 도입한 연도가 1개(2007년; CJ, 한진중공업, 금호아시아나, 오리온, 현대자동차), 4개 재벌 도입 연도가 1개(2010년: 한진, 코오롱, 하이트진로, 부영), 3개 재벌 도입 연도가 3개(2005년(GS, 한화, STX), 2011년(대성, 태광, 동부), 2015년(한솔, 롯데, 대림)),

〈표 2.2〉 지주회사체제를 채택한 34개 재벌, 1999-2015년

(1) 적극적 · 소극적 지주회사체제

	2015년 현재 존속	2015년 이전 존속
적극적인 지주회사체제	(19개)	(7개)
	1-10위: SK, LG, GS, 농협, 한진	금호아시아나
	11-30위: CJ, LS, 부영, 현대백화점	두산, STX
	31위 이하: 코오롱, 한진중공업, 한라, 한국타이어, 세아, 태영, 아모레퍼시픽, 대성, 하이트진로, 한솔	동원, 웅진, 농심, 오리온
소극적인 지주회사체제	(5개)	(3개)
	1-10위: 삼성, 롯데	현대자동차
	11-30위: 한화, 대림	동부
	31위 이하: 태광	대한전선

(2) 지주회사체제 채택 시기 (* 소극적인 지주회사체제)

1999-2004년 시작	(4개)	(2개)
	1999: -	-
	2000: SK	-
	2001: LG	-
	2002: -	-
	2003: -	동원, 농심
	2004: 세아, 삼성*	-
2005-2009년 시작	(6개)	(7개)
	2005: GS, 한화*	STX
	2006: 현대백화점	-
	2007: CJ, 한진중공업	금호아시아나, 오리온, 현대자동차*
	2008: LS	대한전선*
	2009: -	두산, 웅진
2010-2015년 시작	(14개)	(1개)
	2010: 한진, 코오롱, 하이트진로, 부영	-
	2011: 대성, 태광*	동부*
	2012: 농협, 태영	-
	2013: 아모레퍼시픽	-
	2014: 한국타이어, 한라	-
	2015: 한솔, 롯데*, 대림*	-

주: 1) 시작 연도는 공정거래법상 대규모기업집단으로서 일반지주회사를 보유한 첫 연도임.
   2) 아모레퍼시픽: 지주회사(태평양 → 아모레퍼시픽그룹)는 2007년 1월에 설립되어 존속하였으며, 그룹은 2007, 2013-2014
      년에 대규모기업집단으로 지정됨. 지주회사체제 시작 연도를 2013년으로 함.
   3) 롯데: 2005-2006년에 2개 지주회사(롯데물산, 롯데산업)가 있었으며, 2015년에 1개 지주회사(이지스일호)가 새로 설립됨. 지주회사체
      제 시작 연도를 2015년으로 함.
출처: 〈부록 2〉, 〈부록 3〉.

2개 재벌 도입 연도가 6개(2003-04, 2008-09, 2012, 2014년), 1개 재벌 도입 연도가 4개(2000-01, 2006, 2013년) 등이다.

지주회사체제 채택 시기를 좀 더 살펴보면 다음과 같다. (1) 지주회사체제를 최초로 도입한 재벌은 2000년의 SK그룹이다. 2001년 LG그룹이 두 번째로 지주회사체제를 도입하였으며, 2003년에는 동원과 농심이, 그리고 2004년에는 세아와 삼성이 그 뒤를 이었다.

따라서 지주회사체제를 채택한 34개 재벌 중 1/5가량(18%)인 6개만 2000년대 전반에 시작하였으며, 이들 중 4개(SK, LG, 세아, 삼성)는 2015년 현재에도 지주회사체제를 유지하고 있고 앞의 3개 재벌은 적극적인 지주회사체제를 채택하였다. 2015년 현재, SK그룹의 지주회사체제 역사가 15년으로 가장 오래되었고, 그 다음이 LG그룹 14년, 세아그룹과 삼성그룹 11년 등의 순이다.

(2) 34개 재벌 중 2/5가량(38%)인 13개는 2005-2009년 사이에 지주회사체제를 채택하였다. 2005년 3개(GS, 한화, STX), 2006년 1개(현대백화점), 2007년 5개(CJ, 한진중공업, 금호아시아나, 오리온, 현대자동차), 2008년 2개(LS, 대한전선), 2009년 2개(두산, 웅진) 등이다. 2007년의 5개 재벌은 연도별 채택 재벌 수로는 가장 많다.

13개 재벌 중 2015년 현재에도 지주회사체제를 유지하고 있는 재벌은 절반 이하인 6개(GS, 현대백화점, CJ, 한진중공업, LS, 한화)이며, 앞의 5개 재벌은 적극적인 지주회사체제를 채택하였다. 2015년 현재, 이들 6개 재벌의 지주회사체제 역사는 10년(GS, 한화), 9년(현대백화점), 8년(CJ, 한진중공업), 7년(LS) 등이다.

따라서 34개 재벌 중 10년 이상의 역사를 갖는 재벌은 1/5가량인 6개(SK, LG, 세아, GS, 삼성, 한화; 전체 34개 재벌 중 18%, 2015년 현재의 24개 재벌 중 25%)이며, 이 중 앞의 4개 재벌은 적극적인 지주회사체제를 채택하였다. 또 지주회사 도입 전 기간인 16년(1999-2015년)의 절반인 8년 또는 그 이상의 역사를 갖는 재벌은 1/3가량인 9개(SK, LG, 세아, GS, 현대백화점, CJ, 한진중공업, 삼성, 한화; 34개 재벌의 26%, 24개 재벌의 38%)이며, 이 중 앞의 7개 재벌은 적극적인 지주회사체제를 채택하였다.

(3) 34개 재벌 중 2/5 남짓(44%)인 나머지 15개는 2010-2015년 사이에 지주회사체제를 채택하였다. 2010년 4개(한진, 코오롱, 하이트진로, 부영), 2011년 3개(대성, 태광, 동부), 2012년 2개(농협, 태영), 2013년 1개(아모레퍼시픽), 2014년 2개(한국타이어, 한라), 2015년 2개(한솔, 롯데, 대림) 등이다. 2010년의 4개 재벌은 연도별 채택 재벌 수로는 2007년(5개)에 이어 두 번째로 많다.

아모레퍼시픽그룹의 경우, 소속 일반지주회사는 2007년 1월에 설립되어 2015년까지 존속한 반면 그룹은 2007-2008년과 2013-2015년에 대규모기업집단으로 지정되었다. 편의상 지주회사체제 시작 연도를 2013년으로 하였다. 또, 롯데그룹의 경우, 그룹은 1999년 이후 대규모기업집단으로 지정되었으며, 2007-2008년에 2개 지주회사를 보유한 이후 2015년에 또 다른 지주회사를 보유하였다. 편의상 시작 연도를 2015년으로 하였다.

2010-2015년 시작 15개 재벌 중 1개(동부)를 제외한 나머지 14개는 2015년 현재 지주회사체제를 유지하고 있으며, 14개 중 3개(태광, 롯데, 대림)를 제외한 11개는 적극적인 지주회사체제를 채택하였다. 2015년 현재 존속하는 14개 재벌 중 2010-2014년 시작 11개의 지주회사체제 역사는 5-1년이며, 2015년 시작 3개 재벌의 역사는 1년 미만이다.

따라서, 2008년에 시작한 1개 재벌(LS, 7년)을 함께 고려하면, 1/2가량인 15개 재벌(전체 34개 재벌 중 44%, 2015년 현재의 24개 재벌 중 63%)은 지주회사제도 도입 전 기간인 16년의 절반 미만(7년 이하)의 짧은 역사를 가지고 있다.

2.3 재벌 소속 51개 일반지주회사

2.3.1 재벌별·지주회사별 현황

2001년 이후 2015년까지 34개 재벌에 소속된 일반지주회사는 51개이다 (<표 2.3>, <표 2.4>; <표 2.2> 참조).

첫째, 51개 지주회사 중 40개(78%)는 2015년 현재의 24개 재벌 소속이고, 나머지 11개는 2015년 이전의 10개 재벌 소속이다.

둘째, 51개 지주회사 중 38개(75%)는 적극적인 지주회사체제를 채택한 26개 재벌 소속이며, 나머지 13개는 소극적인 지주회사체제를 채택한 8개 재벌 소속이다. 적극적인 지주회사체제 소속 38개 지주회사 중 30개는 2015년 현재의 19개 재벌 소속이고, 8개 지주회사는 2015년 이전의 7개 재벌 소속이다. 또, 소극적인 지주회사체제 소속 13개 지주회사 중 10개는 2015년 현재의 5개 재벌 소속이고 3개는 2015년 이전의 3개 재벌 소속이다.

셋째, 51개 지주회사 중 23개(45%)는 2010-2015년에 지주회사체제를 채택한 15개 재벌 소속이고, 20개(39%)는 2005-2009년에 지주회사체제를 채택한 13개 재벌 소속이며, 나머지 8개는 2000-2004년에 지주회사체제를 채택한 6개 재벌 소속이다.

넷째, 51개 지주회사 중 28개(55%)는 2-5개씩 각각 10개 재벌에 속하였고, 23개는 각각 1개씩 23개 재벌에 속하였으며, 전자의 28개 중 1개(온미디어; CJ 소속)는 다른 시기에 다른 1개 재벌(오리온)에 속하였다. 2-5개씩의 지주회사를 가진 10개 재벌 중에서는, 5개 지주회사 보유 재벌이 1개, 3개 보유 재벌이 5개, 그리고 2개 보유 재벌이 4개이다.

① CJ: 5개 지주회사 (CJ오쇼핑, CJ㈜, 오미디어홀딩스, 온미디어, 케이엑스홀딩스)
② SK: 3개 (SK E&S, SK㈜, SK이노베이션)
③ 대성: 3개 (대성홀딩스, 대성합동지주, 서울도시개발)
④ 태광: 3개 (티브로드홀딩스, 티브로드도봉강북방송, 티브로드전주방송)
⑤ 롯데: 3개 (롯데물산, 롯데산업, 이지스일호)
⑥ 두산: 3개 (두산, 두산모트롤홀딩스, 디아이피홀딩스)
⑦ GS: 2개 (㈜GS, GS에너지)
⑧ 한진: 2개 (한진해운홀딩스, 한진칼)
⑨ 부영: 2개 (부영, 동광주택산업)
⑩ 한화: 2개 (한화도시개발, 드림파마)

〈표 2.3〉 34개 재벌 소속 51개 일반지주회사, 2001-2015년:
재벌별·지주회사별·연도별 현황 (1)

(1) 2015년 현재 지주회사체제를 채택한 24개 재벌 [40개 지주회사]
① 적극적인 체제를 채택한 19개 재벌 [30개 지주회사]

그룹	연도	지주회사	〈표 2.4〉에서의 표기
ⓐ 2000-04년 채택 3개 재벌 (5개 지주회사)			
SK	2001-11, 14-15	SK E&S (SK엔론 2001-05)	SKE
	2007-15	SK㈜	SK
	2011-15	SK이노베이션	SK이
LG	2001-15	㈜LG (㈜LGCI 2001)	LG
세아	2004-07, 09-15	세아홀딩스	세아홀
ⓑ 2005-09년 채택 5개 재벌 (10개 지주회사)			
GS	2005-15	㈜GS (GS홀딩스 2005-08)	GS
	2012-15	GS에너지	GS에
현대백화점	2006-15	현대HC& (㈜HC& 2006-10)	현대H

그룹	연도	지주회사	〈표 2.4〉에서의 표기
CJ	2007-10	CJ오쇼핑 (CJ홈쇼핑 2007-08)	CJ오
	2008-15	CJ㈜	CJ
	2010	오미디어홀딩스	오미디
	2010	온미디어	온미디
	2013-15	케이엑스홀딩스	케이엑
한진중공업	2007-15	한진중공업홀딩스	한진중
LS	2008-15	㈜LS	LS

ⓒ 2010-15년 채택 11개 재벌 (15개 지주회사)

한진	2010-14	한진해운홀딩스	한진해
	2013-15	한진칼	한진칼
코오롱	2010-15	코오롱	코오롱
하이트진로	2010-15	하이트진로홀딩스 (하이트홀딩스 2010-11)	하이트
부영	2010-15	부영	부영
	2011-15	동광주택산업	동광주
대성	2011-12	대성홀딩스	대성홀
	2011-14	대성합동지주	대성합
	2011-15	서울도시개발	서울도
농협	2012-15	농협경제지주	농협경
(	2012-15	농협금융지주	농협금)
태영	2012-15	SBS미디어홀딩스	SBS
아모레퍼시픽	2007, 13-15	아모레퍼시픽그룹 (태평양 2007)	아모레
한국타이어	2014-15	한국타이어월드와이드	한국타
한라	2014-15	한라홀딩스	한라홀
한솔	2015	한솔홀딩스	한솔홀

② 소극적인 체제를 채택한 5개 재벌 [10개 지주회사]

ⓐ 2000-04년 채택 1개 재벌 (1개 지주회사)

삼성	2004-15	삼성종합화학	삼성종

ⓑ 2005-09년 채택 1개 재벌 (2개 지주회사)

한화	2005-06, 10-15	한화도시개발	한화도
	2007-09	드림파마	드림파

ⓒ 2010-15년 채택 3개 재벌 (7개 지주회사)

태광	2011-15	티브로드홀딩스 (티브로드 2015)	티브로
	2012-13	티브로드도봉강북방송	티브도
	2013	티브로드전주방송	티브전

그룹	연도	지주회사	〈표 2.4〉에서의 표기
롯데	2005-06	롯데물산	롯데물
	2005-06	롯데산업	롯데산
	2015	이지스일호	이지스
대림	2015	대림에너지	대림에

(2) 2015년 이전 지주회사체제를 채택한 10개 재벌 [11개 지주회사]
① 적극적인 체제를 채택한 7개 재벌 [8개 지주회사]

ⓐ 2000-04년 채택 2개 재벌 (2개 지주회사)

농심	2003-07	농심홀딩스	농심홀
동원	2003-04	동원엔터프라이즈	동원엔

ⓑ 2005-09년 채택 5개 재벌 (6개 지주회사)

두산	2009-14	두산	두산
	2009	두산모트롤홀딩스	두산모
	2010-14	디아이피홀딩스	디아이
STX	2005	㈜STX	STX
금호아시아나	2007-08	금호산업	금호산
오리온	2007	온미디어	온미디
웅진	2009-13	웅진홀딩스	웅진홀

② 소극적인 체제를 채택한 3개 재벌 [3개 지주회사]

ⓑ 2005-09년 채택 2개 재벌 (2개 지주회사)

현대자동차	2007	차산골프장지주회사	차산골
대한전선	2008-11	티이씨앤코	티이씨

ⓒ 2010-15년 채택 1개 재벌 (1개 지주회사)

동부	2011-12	동부인베스트먼트	동부인

주: 1) 연도는 지주회사가 공정거래법상 대규모기업집단에 소속된 연도임.
2) 아모레퍼시픽그룹 = 2007년 태평양그룹, 하이트진로그룹 = 2010년 하이트맥주그룹; 온미디어는 2007년 오리온그룹 소속, 2010년 CJ그룹 소속.
3) SK그룹: SK㈜는 2015년 모회사인 SK C&C에 합병되었고 SK C&C가 상호를 SK㈜로 변경하여 지주회사로 지정됨. 따라서 2015년의 SK㈜는 이전의 SK㈜와는 다르며 실제로는 2개 지주회사이지만 편의상 1개로 간주함.
4) 한화그룹: 한화도시개발은 2007년 드림파마에 합병되었으며 2009년에 드림파마에서 분할되어 새로 설립됨. 따라서 2009년의 한화도시개발은 이전의 한화도시개발과는 다르며 실제로는 2개 지주회사이지만 편의상 1개로 간주함.
5) 아모레퍼시픽그룹과 롯데그룹의 지주회사체제 시작 연도는 편의상 2013년, 2015년으로 함; 농협금융지주는 금융지주회사이며 참고로 포함시킴.
출처: 〈표 2.2〉, 〈표 2.4〉, 〈부록 2〉, 〈부록 3〉.

〈표 2.4〉 34개 재벌 소속 51개 일반지주회사, 2001-2015년:
재벌별 · 지주회사별 · 연도별 현황 (2)

(1) 2015년 현재 지주회사체제를 채택한 24개 재벌 [40개 지주회사]
① 적극적인 체제를 채택한 19개 재벌 [30개 지주회사]

그룹	2001-2004			2005-2009					2010-2015					
	2001	2003	2004	2005	2006	2007	2008	2009	2010	2011	2012	2013	2014	2015
ⓐ 2000-04년 채택 3개 재벌 (5개 지주회사)														
SK	SKE	SKE	SKE	SKE	SKE	SKE	SKE	SKE	SKE	SKE			SKE	SKE
					SK	SK	SK	SK	SK	SK	SK	SK	SK	SK
										SK이	SK이	SK이	SK이	SK이
LG	LG	LG	LG	LG	LG	LG	LG	LG	LG	LG	LG	LG	LG	LG
세아			세아홀	세아홀	세아홀	세아홀		세아홀	세아홀	세아홀	세아홀	세아홀	세아홀	세아홀
ⓑ 2005-09년 채택 5개 재벌 (10개 지주회사)														
GS				GS	GS	GS	GS	GS	GS	GS	GS	GS	GS	GS
											GS에	GS에	GS에	GS에
현대백화점					현대H	현대H	현대H	현대H	현대H	현대H	현대H	현대H	현대H	현대H
CJ					CJ오	CJ오	CJ오		CJ오					
						CJ	CJ		CJ	CJ	CJ	CJ	CJ	CJ
									오미디					
									온미디					
												케이엑	케이엑	케이엑
한진중공업					한진중	한진중	한진중		한진중	한진중	한진중	한진중	한진중	한진중
LS				LS	LS				LS	LS	LS	LS	LS	LS
ⓒ 2010-15년 채택 11개 재벌 (15개 지주회사)														
한진									한진해	한진해	한진해	한진해	한진해	
												한진칼	한진칼	한진칼
코오롱									코오롱	코오롱	코오롱	코오롱	코오롱	코오롱
하이트진로									하이트	하이트	하이트	하이트	하이트	하이트
부영									부영	부영	부영	부영	부영	부영
										동광주	동광주	동광주	동광주	동광주
대성									대성홀	대성홀				
											대성합	대성합	대성합	대성합
									서울도	서울도	서울도	서울도	서울도	
농협											농협경	농협경	농협경	농협경
											(농협금	농협금	농협금	농협금)
태영											SBS	SBS	SBS	SBS
아모레퍼시픽						아모레						아모레	아모레	아모레
한국타이어													한국타	한국타
한라													한라홀	한라홀
한솔														한솔홀

② 소극적인 체제를 채택한 5개 재벌 [10개 지주회사]

그룹	2001-2004			2005-2009					2010-2015					
	2001	2003	2004	2005	2006	2007	2008	2009	2010	2011	2012	2013	2014	2015
ⓐ 2000-04년 채택 1개 재벌 (1개 지주회사)														
삼성			삼성종	삼성종	삼성종	삼성종	삼성종	삼성종	삼성종	삼성종	삼성종	삼성종	삼성종	삼성종
ⓑ 2005-09년 채택 1개 재벌 (2개 지주회사)														
한화				한화도	한화도				한화도	한화도	한화도	한화도	한화도	한화도
						드림파	드림파	드림파						
ⓒ 2010-15년 채택 3개 재벌 (7개 지주회사)														
태광									티브로	티브로	티브로	티브로	티브로	
										티브도	티브도			
											티브전			
롯데				롯데물	롯데물									
				롯데산	롯데산									
														이지스
대림														대림에

(2) 2015년 이전 지주회사체제를 채택한 10개 재벌 [11개 지주회사]
① 적극적인 체제를 채택한 7개 재벌 [8개 지주회사]

그룹	2001	2003	2004	2005	2006	2007	2008	2009	2010	2011	2012	2013	2014	2015
ⓐ 2000-04년 채택 2개 재벌 (2개 지주회사)														
농심		농심홀	농심홀	농심홀	농심홀	농심홀								
동원		동원엔	동원엔											
ⓑ 2005-09년 채택 5개 재벌 (6개 지주회사)														
두산									두산	두산	두산	두산	두산	두산
									두산모					
										디아이	디아이	디아이	디아이	디아이
STX				STX										
금호아시아나						금호산	금호산							
오리온						온미디								
웅진									웅진홀	웅진홀	웅진홀	웅진홀	웅진홀	

② 소극적인 체제를 채택한 3개 재벌 [3개 지주회사]

그룹	2001	2003	2004	2005	2006	2007	2008	2009	2010	2011	2012	2013	2014	2015
ⓑ 2005-09년 채택 2개 재벌 (2개 지주회사)														
현대자동차						차산골								
대한전선					티이씨	티이씨		티이씨	티이씨					
ⓒ 2010-15년 채택 1개 재벌 (1개 지주회사)														
동부										동부인	동부인			

주: 일부 지주회사는 약자이며 원래 명칭은 〈표 2.3〉 참조.
출처: 〈부록 2〉, 〈부록 3〉.

2.3.2 2015년 현재 24개 재벌 소속 40개 지주회사:
(1) 적극적인 지주회사체제를 채택한 19개 재벌 소속 30개 지주회사

34개 재벌 소속 51개 일반지주회사 중 30개는 2015년 현재 적극적인 지주회사체제를 채택하고 있는 19개 재벌 소속이다. 이들 30개 지주회사 중 15개는 2010-2015년에 지주회사체제를 채택한 11개 재벌 소속이고, 10개는 2005-2009년에 채택한 5개 재벌 소속이며, 나머지 5개는 2000-2004년에 채택한 3개 재벌 소속이다. 또 30개 지주회사 중 17개는 2-5개씩 각각 6개 재벌(CJ 5개; SK와 대성 3개; GS, 한진 및 부영 2개)에 속하였고, 13개는 1개씩 13개 재벌에 속하였다.

먼저, 2-5개의 지주회사를 보유한 6개 재벌을 살펴보면 다음과 같다. 첫째, 가장 많은 5개 지주회사를 가진 CJ그룹은 2007년 처음 1개 지주회사(CJ오쇼핑)를 보유하였다. 이후 2010년에 3개를 가졌으며, 나머지 연도에는 1-2개씩을 가졌다. 총 수는 5개이다. 5개 지주회사 중 주축은 CJ㈜이며 2008년부터 2015년까지 가장 오랜 기간 존속하였다.

둘째, SK그룹은 2001-2006년에는 1개 지주회사(SK E&S)를 가졌으며, 2007년과 2011년에 각각 1개 지주회사(SK㈜, SK이노베이션)를 추가로 확보하여 2007년 이후의 지주회사는 매년 2-3개였다. SK E&S는 2012-2013년 지주회사에서 제외되었다가 2014년 다시 지정되었다. 또 SK㈜는 2015년 모회사인 SK C&C에 합병되었고 SK C&C가 상호를 SK㈜로 변경한 뒤 지주회사로 지정되었다. 따라서 2015년의 SK㈜는 이전의 SK㈜와는 다르며, 실제로는 2개 지주회사이지만 편의상 1개로 간주하였다. 한편 대성그룹의 경우에는, 2011-2012년에 3개 지주회사(대성홀딩스, 대성합동지주, 서울도시개발)를 보유한 후 앞의 2개가 차례로 지정에서 제외되어 2013년 이후에는 지주회사가 1-2개씩이었다.

셋째, GS그룹은 2005년부터 1개 지주회사(㈜GS)를 그리고 2012년부터 1개를 더 보유하였으며, 부영그룹은 2010년에 1개 지주회사(부영)를 그리고 2011년부터 1개를 더 보유하였다. 한진그룹의 경우에는, 2010년에 1개 지주회사(한진해운홀딩스)를 가진 후 2013년에 1개(한진칼)를 추가로 더 가졌는데, 한진해운홀딩스는 2015년 지주회사 지정에서 제외되었다.

한편, 1개씩의 지주회사를 가진 13개 재벌 중에서는, 2개 재벌(LG, 세아)은 2000-2004년에, 3개 재벌(현대백화점, 한진중공업, LS)은 2005-2009년에, 그리고 8개 재벌(코오롱, 하이트진로, 농협, 태영, 아모레퍼시픽, 한국타이어, 한라, 한솔)은 2010-2015년에 지주회사를 보유하기 시작하였다. 세아그룹의 세아홀딩스는 2008년 한 해 지주회사에서 제외되었으며,

아모레퍼시픽그룹은 2007년과 2013-2015년에 1개 지주회사를 상호를 바꾸어(태평양 → 아모레퍼시픽그룹) 보유하였다. 농협그룹은 1개 일반지주회사 외에 1개 금융지주회사를 더 보유하였다.

2.3.3 2015년 현재 24개 재벌 소속 40개 지주회사:
(2) 소극적인 지주회사체제를 채택한 5개 재벌 소속 10개 지주회사

34개 재벌 소속 51개 일반지주회사 중 10개는 2015년 현재 소극적인 지주회사체제를 채택하고 있는 5개 재벌 소속이다. 이들 10개 지주회사 중 7개는 2010-2015년에 지주회사체제를 채택한 3개 재벌 소속이고, 2개는 2005-2009년에 채택한 1개 재벌 소속이며, 나머지 1개는 2000-2004년에 채택한 1개 재벌 소속이다. 또 10개 지주회사 중 8개는 2-3개씩 각각 3개 재벌(태광과 롯데 3개; 한화 2개)에 속하였고, 나머지 2개는 1개씩 2개 재벌에 속하였다.

태광그룹은 2011년 1개 지주회사(티브로드홀딩스)가 생긴 후 2015년까지 존속하였으며, 2012-2013년에 1개 그리고 2013년에 다른 1개가 추가로 더 있었다. 롯데그룹은 2005-2006년에 2개 지주회사를 보유했다가 2015년에 제3의 지주회사(이지스일호)를 보유했는데, 지주회사체제 채택 시기는 편의상 2015년으로 하였다.

한화그룹의 경우에는 2005-2006년과 2010-2015년에 1개 지주회사(한화도시개발)를, 그리고 그 사이인 2007-2009년에는 다른 1개 지주회사(드림파마)를 가졌다. 앞의 한화도시개발은 드림파마에 합병되었고, 뒤의 한화도시개발은 드림파마에서 분할되어 신설되었다. 따라서 실제로는 한화도시개발이 2개(공식 상호는 각각 한화도시개발㈜, ㈜한화도시개발)이지만 편의상 1개로 간주하였다.

한편, 삼성그룹은 2004년 이후 1개 지주회사(삼성종합화학)를 보유하였고, 대림그룹은 2015년 처음으로 1개 지주회사(대림에너지)를 가졌다.

2.3.4 2015년 이전 10개 재벌 소속 11개 지주회사

34개 재벌 소속 51개 일반지주회사 중 11개는 2015년 이전에 지주회사체제를 채택한 10개 재벌 소속이다. 이들 11개 지주회사 중 8개는 적극적인 지주회사체제를 채택한 7재 재별 소속이고 3개는 소극적인 지주회사체제를 채택한 3개 재벌 소속이다. 또 11개 지주회사 중 8개는 2005-2009년에 지주회사체제를 채택한 7개 재벌(적극적 체제 5개, 소극적 체제 2개) 소속이고, 2개는 2000-2004년에 지주회사체제를 채택한 2개 재벌(적극적 체제) 소속이며, 나머지 1개는 2010-2015년에 지주회사체제를 채택한 1개 재벌(소극적 체제) 소속이다. 1개 재벌(두산)은 3개 지주회사를 가졌고, 9개 재벌은 각각 1개씩의 지주회사를 가졌다.

두산그룹은 2009년에 2개 지주회사(두산, 두산모트롤홀딩스)를 가졌는데, 앞의 지주회사는 2014년까지 존속하였고, 뒤의 지주회사는 2010년에 없어지고 대신 다른 지주회사가 생겨 2014년까지 존속하였다. 적극적인 지주회사체제를 채택한 나머지 6개 재벌 중, 2개 재벌(농심, 웅진)은 5개 연도에, 2개 재벌(동원, 금호아시아나)은 2개 연도에, 그리고 2개 재벌(STX, 오리온)은 1개 연도에 각각 1개씩의 지주회사를 보유하였다. 오리온그룹 소속(2007년) 지주회사 온미디어는 2010년에는 CJ그룹 소속이었다. 한편, 소극적인 지주회사체제를 채택한 3개 재벌 중, 1개 재벌(대한전선)은 4개 연도에, 1개 재벌(동부)은 2개 연도에, 그리고 1개 재벌(현대자동차)은 1개 연도에 각각 1개씩의 지주회사를 가졌다.

3. 재벌과 지주회사체제, 2015년

3.1 지주회사체제를 채택한 24개 재벌

3.1.1 동일인, 순위

2015년 9월 현재 공정거래법상 일반지주회사를 계열회사로 가지고 있는 대규모사기업집단(재벌)은 24개이다. 지주회사체제를 채택한 재벌 '24개'는 2001년 이후 가장 큰 수치이며, 2001년(2개)과 비교하면 12배이다. 공정거래법상 대규모사기업집단 중에서의 비중 또한 48%(50개 중 24개)로 역대 최고치이며, 2001년(7%) 비중의 7배이다 (<표 2.1> 참조).

24개 재벌 중 23개의 동일인은 자연인이며, 24개 중 7개는 재벌 순위 1-10위 그리고 6개는 11-30위였다. 또 24개 재벌 중 19개는 적극적인 지주회사체제를 채택하였으며 5개는 소극적인 지주회사체제를 채택하였다 (<표 2.5>).

〈표 2.5〉 지주회사체제를 채택한 24개 재벌, 2015년 9월:
(1) 대규모사기업집단 50개 vs. 지주회사체제 채택 집단 24개

(1) 50개 대규모사기업집단 중에서의 비중

		집단 순위 (위)				동일인 유형		합
		1-10	11-30	[1-30]	31 이하	자연인	법인	
대규모사기업집단	(A, 개)	10	20	30	20	41	9	50
지주회사체제 채택 집단	(a, 개)	7	6	13	11	23	1	24
적극적인 지주회사체제	(a1)	5	4	9	10	18	1	19
소극적인 지주회사체제	(a2)	2	2	4	1	5		5
	a/A (%)	70	30	43	55	56	11	48
	a1/A (%)	50	20	30	50	44	11	38

(2) 적극적인 지주회사체제 채택 19개 집단(**), 소극적인 지주회사체제 채택 5개 집단(*)

순위		그룹	자산총액 (조 원)	계열회사 (개)	동일인 자연인	법인
1	*	삼성	351.5	67	이건희	
2		현대자동차	194.1	51	정몽구	
3	**	SK	152.4	82	최태원	
4	**	LG	105.5	63	구본무	
5	*	롯데	93.4	80	신격호	
6		POSCO	84.5	51		㈜POSCO
7	**	GS	58.5	79	허창수	
8		현대중공업	57.5	27	정몽준	
9	**	농협	45.5	39		농업협동조합중앙회
10	**	한진	38.4	46	조양호	
11	*	한화	38.0	52	김승연	
12		KT	34.5	50		㈜KT
13		두산	33.1	22	박용곤	
14		신세계	27.0	29	이명희	
15	**	CJ	24.6	65	이재현	
16	**	LS	21.0	48	구태회	
17		대우조선해양	20.0	18		대우조선해양㈜
18		금호아시아나	18.8	26	박삼구	
19	*	대림	17.3	24	이준용	
20	**	부영	16.8	15	이중근	
21		동부	14.6	53	김준기	
22		현대	12.6	20	현정은	
23	**	현대백화점	12.2	32	정지선	
24		OCI	12.0	26	이수영	

순위	그룹		자산총액 (조 원)	계열회사 (개)	동일인	
					자연인	법인
25		효성	11.2	45	조석래	
26		대우건설	10.5	13		㈜대우건설
27		S-Oil	10.3	2		S-Oil㈜
28		영풍	10.3	22	장형진	
29		KCC	10.2	9	정몽진	
30		미래에셋	10.0	31	박현주	
31		동국제강	9.8	14	장세주	
32	**	코오롱	9.0	43	이웅열	
33	**	한진중공업	8.9	9	조남호	
34	**	한라	8.6	23	정몽원	
35	**	한국타이어	8.5	16	조양래	
36		KT&G	8.4	10		㈜KT&G
37		한국GM	8.2	2		한국GM㈜
38		홈플러스	8.1	4		홈플러스㈜
39		교보생명보험	7.9	13	신창재	
40	*	태광	7.3	32	이호진	
41	**	세아	6.8	21	이순형	
42		현대산업개발	6.7	16	정몽규	
43		이랜드	6.7	25	박성수	
44	**	태영	6.4	44	윤세영	
45		삼천리	6.0	15	이만득	
46	**	아모레퍼시픽	6.0	12	서경배	
47	**	대성	5.9	73	김영대	
48	**	하이트진로	5.7	12	박문덕	
49		중흥건설	5.6	43	정창선	
50	**	한솔	5.3	21	이인희	

주: 2015년 4월 지정된 대규모기업집단은 모두 61개이며, 나머지 11개는 공기업집단.
출처: 〈표 2.6〉, 공정거래위원회 홈페이지 자료.

먼저, 2015년 4월 현재 대규모기업집단으로 지정된 집단은 61개이며, 이 중 50개는 사기업집단이고 11개는 공기업집단이다. 50개 사기업집단 중 41개의 동일인은 자연인이며 나머지 9개의 동일인은 법인이다.

지주회사체제를 채택한 24개 재벌 중 거의 전부인 23개의 동일인은 자연인이며, 이는 자연인이 동일인인 41개 집단 전체의 56%에 해당한다. 이에 비해, 법인이 동일인인 나머지 1개 재벌(농협; 농협협동조합중앙회)이 법인이 동일인인 9개 집단 전체에서 차지하는 비중은 11%이다. 지주회사체제가 오너(owner)로 불리는 동일인(또는 대표 주주)이 본인이나 가족의 소유권과 경영권을 강화하기 위해 선호하는 지배구조임을 알 수 있다. 특히 적극적인 지주회사체제를 채택한 17개 재벌에서는 더욱 그러하다.

① 적극적인 지주회사체제를 채택한 17개 재벌 및 동일인: SK(최태원), LG(구본무), GS(허창수), 한진(조양호), CJ(이재현), LS(구태회), 부영(이중근), 현대백화점(정지선), 코오롱(이웅열), 한진중공업(조남호), 한라(정몽원), 한국타이어(조양래), 세아(이순형), 태영(윤세영), 아모레퍼시픽(서경배), 대성(김영대), 하이트진로(박문덕), 한솔(이인희)
② 소극적인 지주회사체제를 채택한 5개 재벌 및 동일인: 삼성(이건희), 롯데(신격호), 한화(김승연), 대림(이준용), 태광(이호진)

다음으로, 지주회사체제를 채택한 24개 재벌의 재벌 순위(자산총액 기준)를 살펴보면, 절반 이상인 13개는 1-30위 그리고 나머지 11개는 31위 이하이다. 전자의 13개 중에서는 7개가 1-10위이다. 자산총액 규모가 크고 한국경제에 보다 큰 영향력을 행사하고 있는 상위 재벌들이 보다 빈번하게 지주회사체제를 채택하고 있다.

첫째, 1-10위 대규모사기업집단 중 지주회사체제를 채택한 집단은 7개(70%; 3위 SK, 4위 LG, 7위 GS, 9위 농협, 10위 한진; 1위 삼성, 5위 롯데)이며, 이들 중 앞의 5개는 적극적인 지주회사체제를 채택하였다. 지주회사체제를 채택하지 않은 집단은 3개(2위 현대자동차, 6위 POSCO, 8위 현대중공업)이다. 현대자동차는 2007년에 소극적인 지주회사체제를 채택한 적이 있었고, POSCO의 동일인은 법인이다.

둘째, 11-30위의 20개 집단 중에서는 6개(30%; 15위 CJ, 16위 LS, 20위 부영, 23위 현대백화점; 11위 한화, 19위 대림)가 지주회사체제를 채택하였으며, 이들 중 앞의 4개는 적극적인 지주회사체제를 채택하였다. 1-30위 30개 집단 중에서는 13개(43%)가 지주회사체제를 채택하고 있다.

지주회사체제를 채택하지 않은 11-30위 14개 집단 중, 4개(12위 KT, 17위 대우조선해양, 26위 대우건설, 27위 S-Oil)의 동일인은 법인이고, 10개의 동일인(12위 두산, 14위 신세계, 18위 금호아시아나, 21위 동부, 22위 현대, 24위 OCI, 25위 효성, 28위 영풍, 29위 미래에셋)은 자연인이다. 두산(2009-14년)과 금호아시아나(2007-08년)는 적극적인 지주회사체제를 그리고 동부(2011-12년)는 소극적인 지주회사체제를 채택한 적이 있었다. 또 미래에셋은

2010년에 금융지주회사(미래에셋컨설팅)를 보유한 적이 있었다.

셋째, 31위 이하 20개 집단 중에서는 11개(55%; 32위 코오롱, 33위 한진중공업, 34위 한라, 35위 한국타이어, 41위 세아, 44위 태영, 46위 아모레퍼시픽, 47위 대성, 48위 하이트진로, 50위 한솔; 40위 태광)가 지주회사체제를 채택하였으며, 이들 중 1개(태광)를 제외하고는 모두 적극적인 지주회사체제를 채택하였다.

지주회사체제를 채택하지 않은 9개 집단 중, 3개(36위 KT&G, 37위 한국GM, 38위 홈플러스)의 동일인은 법인이며, 6개(31위 동국제강, 39위 교보생명보험, 42위 현대산업개발, 43위 이랜드, 45위 삼천리, 49위 중흥건설)의 동일인은 자연인이다.

3.1.2 지주회사체제 달성 비율, 지주회사체제 편입 계열회사 수, 지주회사 수

24개 재벌의 지주회사체제 달성 비율은 100-4% 사이 그리고 지주회사체제에 편입된 계열회사는 68-3개 사이이다. 또 24개 재벌 중 4개는 2-3개씩의 지주회사를 가졌다 (<표 2.6>, <그림 2.5>).

첫째, 24개 재벌의 '지주회사체제 달성 비율'([지주회사체제 편입 회사 수 ÷ 재벌 전체 계열회사 수] × 100)은 100%에서 4%에 이르기까지 다양하다. 이 비율이 30% 이상이면 적극적인 지주회사체제로 그리고 30% 미만이면 소극적인 지주회사체제로 분류된다. '30% 이상'은 지주회사체제의 완성도 또는 성숙도를 가늠하기 위해 잠정적으로 설정한 기준이다.

적극적인 지주회사체제를 채택한 19개 재벌의 비율은 100-33% 사이이다. 한진중공업(100%)이 가장 완벽한 지주회사체제를 구축하고 있다. 또 아모레퍼시픽(92%), 하이트진로(92%), 농협(90%), LG(89%), SK(83%), 코오롱(81%), 한진(80%) 등 7개 재벌에서는 그룹 계열회사의 4/5 이상이, 그리고 세아(76%)와 한라(70%)에서는 그룹 계열회사의 3/4 내외가 지주회사체제에 편입되어 있다. 이들 10개 재벌의 지주회사체제가 상대적으로 성숙한 것으로 볼 수 있다. 반면, 한국타이어(56%), LS(52%), 한솔(52%) 등 3개 재벌에서는 그룹 계열회사의 절반 남짓이 지주회사체제와 관련되어 있으며, 다른 6개 재벌에서의 비율은 50% 미만이다: GS(48%), 부영(47%), 한진(41%), 현대백화점(38%), 태영(36%), 대성(33%).

한편, 소극적인 지주회사체제를 채택한 5개 재벌 중에서는, 태광(22%)과 대림(21%)에서 전체 계열회사의 1/5 정도가 지주회사체제에 편입되어 있다. 그다음이 한화(12%)이며, 삼성(4%)과 롯데(4%)의 비율이 가장 낮다.

<표 2.6> 지주회사체제를 채택한 24개 재벌, 2015년 9월:
(2) 현황 (그룹 순위 순)

그룹 이름	순위	계열회사 (A, 개)	지주회사체제 지주회사 (a)	순위	계열회사 (b, 개)	a+b (B, 개)	지주회사체제 달성 비율 (B/A, %)
적극적인 지주회사체제 (19개)							
SK	3	82	SK㈜	1	67	68	
			SK이노베이션	2	13	14	
			SK E&S	6	11	12 [68]	83
LG	4	63	㈜LG	3	55	56	89
GS	7	79	㈜GS	4	37	38	
			GS에너지	5	18	19 [38]	48
농협	9	39	농협경제지주	14	15	16	
			농협금융지주	2	18	19 [35]	90
한진	10	46	한진칼	16	18	19	41
CJ	15	65	CJ㈜	8	49	50	
			케이엑스홀딩스	42	12	13 [52]	80
LS	16	48	㈜LS	11	24	25	52
부영	20	15	부영	7	4	5	
			동광주택산업	51	1	2 [7]	47
현대백화점	23	32	현대HC&	52	11	12	38
코오롱	32	43	코오롱	21	34	35	81
한진중공업	33	9	한진중공업홀딩스	20	8	9	100
한라	34	23	한라홀딩스	19	15	16	70
한국타이어	35	16	한국타이어월드와이드	9	8	9	56
세아	41	21	세아홀딩스	22	15	16	76
태영	44	44	SBS미디어홀딩스	37	15	16	36
아모레퍼시픽	46	12	아모레퍼시픽그룹	15	10	11	92
대성	47	73	서울도시개발	70	23	24	33
하이트진로	48	12	하이트진로홀딩스	13	10	11	92
한솔	50	21	한솔홀딩스	39	10	11	52
소극적인 지주회사체제 (5개)							
삼성	1	67	삼성종합화학	10	2	3	4
롯데	5	80	이지스일호	29	2	3	4
한화	11	52	한화도시개발	81	5	6	12
대림	19	24	대림에너지	85	4	5	21
태광	40	32	티브로드	47	6	7	22

주: 1) 그룹 순위는 2015년 4월 현재 공기업집단(11개)을 제외한 50개 대규모기업집단 중에서의 순위; 지주회사 순위는 2015년 9월 현재 130개 일반지주회사 중에서의 순위, '농협금융지주' 순위는 10개 금융지주회사 중에서의 순위.
2) 그룹 계열회사는 2015년 4월 현재; 지주회사 계열회사는 2014년 12월 현재 (대림에너지와 한솔홀딩스는 2015년 1월, SK㈜는 2015년 8월 현재).
3) SK이노베이션과 SK E&S는 SK㈜의 자회사, GS에너지는 ㈜GS의 자회사, 케이엑스홀딩스는 CJ㈜의 자회사.
출처: <부록 표 2.14>.

둘째, 24개 재벌의 '지주회사체제 편입 계열회사 수'는 68개에서 3개에 이르기까지 다양한 분포를 보이고 있다. 적극적인 지주회사체제를 채택한 19개 재벌은 68-7개 그리고 소극적인 지주회사체제를 채택한 5개 재벌은 7-3개와 관련되어 있다. 편입 계열회사 수가 많고 지주회사체제 달성 비율도 높으면 지주회사체제가 보다 성숙하고 보다 짜임새 있는 것으로 볼 수 있다.

적극적인 지주회사체제를 채택한 19개 재벌 중 8개에서는 20개 이상 계열회사가 지주회사체제에 편입되었다. SK(68개; 지주회사체제 달성 비율 83%)에서 유일하게 60개 이상이 편입되어 있고, LG(56개; 89%)와 CJ(52개; 80%)에서는 50개 이상이다. 또 GS(38개; 48%), 농협(35개; 90%) 및 코오롱(35개; 81%)에서는 30개 이상이, 그리고 LS(25개; 52%)와 대성(24개; 33%)에서는 20개 이상이 지주회사체제에 편입되었다. 이들 8개 재벌 중 5개(SK, LG, CJ, 농협, 코오롱)의 지주회사체제 달성 비율은 80-90%로 매우 높으며, 따라서 이들 5개 재벌의 지주회사체제가 상대적으로 완벽한 셈이다. 특히 50개 이상의 계열회사가 편입된 앞의 3개 재벌이 더욱 그렇다.

적극적인 지주회사체제를 채택한 19개 재벌 중 8개에서는 11-19개 계열회사가 지주회사체제에 편입되었다. 한진(19개; 41%), 한라(16개; 70%), 세아(16개; 76%), 태영(16개; 36%), 현대백화점(12개; 38%), 아모레퍼시픽(11개; 92%), 하이트진로(11개; 92%), 한솔(11개; 52%) 등이다. 이들 중에서는 4개 재벌(한라, 세아, 아모레퍼시픽, 하이트진로)의 지주회사체제 달성 비율이 70-92%로 높다.

적극적인 지주회사체제를 채택한 19개 재벌 중 나머지 3개에서는 7-9개 계열회사가 지주회사체제에 편입되었다. 한진중공업(9개; 100%), 한국타이어(9개; 56%), 그리고 부영(7개; 47%)이다. 지주회사체제 달성 비율이 가장 높은 100%인 한진중공업그룹의 계열회사는 9개로 매우 적다. 80-90%이면서 20개 이상 계열회사가 편입된 5개 재벌 그리고 비율이 70-92%이면서 10개 이상이 편입된 4개 재벌과 비교하면, 한진중공업그룹의 지주회사체제는 짜임새가 단순한 셈이다.

한편, 소극적인 지주회사체제를 채택한 5개 재벌에서는 7-3개 계열회사가 지주회사체제에 편입되어 있다. 태광(7개; 22%), 한화(6개; 12%), 대림(5개; 21%), 삼성(3개; 4%), 롯데(3개; 4%) 등이다. 삼성과 롯데는 편입 회사 수도 가장 적고 지주회사체제 달성 비율도 가장 낮다.

셋째, 24개 재벌 중 1개(SK)는 3개 지주회사를 보유하였고, 4개(GS, CJ, 부영; 농협)는 각각 2개씩의 지주회사를 보유하였다. 5개 재벌 모두 적극적인 지주회사체제를 채택하고

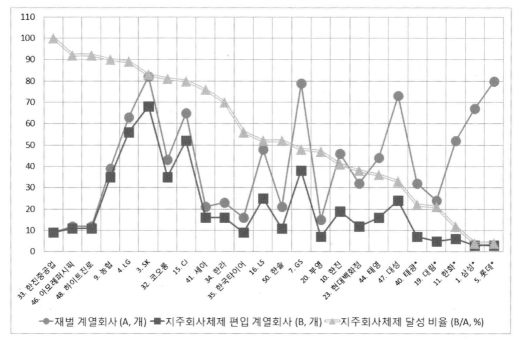

〈그림 2.5〉재벌과 지주회사체제, 2015년 9월: 지주회사체제 달성 비율 (개, %)

(* 소극적인 지주회사체제 채택 재벌; 출처: <표 2.6>)

있다. 5개 재벌 중 3개(SK, GS, CJ)에서는 지주회사들 간에 종속 관계가 형성되어 있는 반면 2개(부영, 농협)에서는 지주회사들이 상호 독립적이다. 나머지 20개 재벌은 각각 1개씩의 지주회사를 가지고 있다 (<표 2.6>, <표 2.8>).

먼저, SK그룹은 SK㈜, SK이노베이션, SK E&S 등 3개 지주회사를 가지고 있으며, 이들은 각각 67개(자회사 12개 + 손자회사 45개 + 증손회사 10개), 13개(9+4+0), 11개(10+1+0)의 계열회사를 거느리고 있다. SK이노베이션과 SK E&S는 SK㈜의 자회사이며, 앞의 두 지주회사의 자회사 19개(9+10)는 SK㈜의 손자회사가 된다. 또 앞의 두 지주회사의 손자회사 5개(4+1) 중 자회사 보유 지분이 100%인 4개(3+1)는 SK㈜의 증손회사가 된다. 따라서 SK이노베이션 및 '계열회사 13개 중 12개(9+3+0)' 그리고 SK E&S 및 '계열회사 11개 (10+1+0)'는 SK㈜의 계열회사 '67개'에 포함되어 있다 (지주회사체제 편입 계열회사 68개; 지주회사체제 달성 비율 83%). 즉 '지주회사 1개(SK㈜) → [지주회사 겸 자회사 1개(SK이노베이션) → 손자회사 9개 → 증손회사 3개] + [지주회사 겸 자회사 1개(SK E&S) → 손자회사 10개 → 증손회사 1개] + [자회사 10개 → 손자회사 26개 → 증손회사 6개]'의 구조이다.

GS그룹에서는 GS에너지가 ㈜GS의 자회사이다. 각각 18개(자회사 13개 + 손자회사 5개 + 증손회사 0개), 37개(7+25+5) 계열회사를 거느리고 있으며, GS에너지와 18개 계열회사는 ㈜GS의 '37개'에 포함되어 있다 (지주회사체제 편입 계열회사 38개, 지주회사체제 달성 비율 48%). 즉 '지주회사 1개(㈜GS) → [지주회사 겸 자회사 1개(GS에너지) → 손자회사 13개 → 증손회사 5개] + [자회사 6개 → 손자회사 12개]'의 구조이다.

CJ그룹에서는 케이엑스홀딩스가 CJ㈜의 자회사이다. 각각 12개(자회사 2개 + 손자회사 10개 + 증손회사 0개), 49개(9+32+8) 계열회사를 거느리고 있으며, 케이엑스홀딩스 및 '12개 계열회사 중 2개(2+0+0)'는 CJ㈜의 '49개'에 포함되어 있다. 한편, 케이엑스홀딩스의 손자회사 10개 중 2개(*)는 지분이 100%여서 CJ㈜의 증손회사 자격이 있는데, 공정거래위원회 자료에는 '49개'에 포함되어 있지 않아 추가하였다 (지주회사체제 편입 계열회사 52개, 지주회사체제 달성 비율 80%; CJ㈜의 계열회사는 공식 자료인 '49개'를 유지함). 즉 '지주회사 1개(CJ㈜) → [지주회사 겸 자회사 1개(케이엑스홀딩스) → 손자회사 2개 → 증손회사 2개(*)] + [자회사 8개 → 손자회사 30개 → 증손회사 8개]'의 구조이다.

위의 3개 재벌에서와는 다르게 부영그룹과 농협그룹의 2개 지주회사는 서로 독립적이다. 부영그룹에서는 부영과 동광주택이 각각 4개(자회사 1개 + 손자회사 3개), 1개(1+0) 계열회사를 가지고 있다 (지주회사체제 편입 계열회사 7개, 지주회사체제 달성 비율 47%). '[지주회사 1개(부영) → 자회사 1개 → 손자회사 3개] + [지주회사 1개(동광주택산업) → 자회사 1개]'의 구조이다. 또 농협그룹에서는 농협경제지주와 농협금융지주가 각각 15개(14+1+0), 18개(9+9+0) 계열회사를 가지고 있다 (체제 편입 회사 35개, 체제 달성 비율 90%). '[지주회사 1개(농협경제지주) → 자회사 14개 → 손자회사 1개] + [지주회사 1개(농협금융지주) → 자회사 9개 → 손자회사 9개]'의 구조이다.

3.2 재벌 소속 29개 일반지주회사

3.2.1 순위

2015년 9월 현재 지주회사체제를 채택한 24개 재벌에 소속된 일반지주회사는 모두 29개이다. 재벌 소속 지주회사 '29개'는 2001년 이후 2013-2014년의 '30개'에 이어 두 번째로 큰 수치이며, 2001년(2개)과 비교하면 15배이다. 반면 전체 공정거래법상 일반지주회사 중에서의 비중은 22%(130개 중 29개)로 2001년(22%)과 같은 역대 최저치이다 (<표 2.1> 참조).

29개 일반지주회사의 순위(자산총액 기준)는 전체 130개 중 1위에서 85위 사이에 분포되어 있다. 1-10위 10개, 11-30위 10개, 31위 이하 9개 등이다. 또 29개 지주회사 중 24개는 적극적인 지주회사체제를 채택한 19개 재벌 소속이고 5개는 소극적인 지주회사체제를 채택한 5개 재벌 소속이며, 29개 지주회사 중 9개는 2-3개씩 4개 재벌(SK, GS, CJ, 부영) 소속이고 20개는 1개씩 20개 재벌 소속이다 (<표 2.7>, <표 2.8>; <표 2.6> 참조).

첫째, '1-10위' 지주회사는 10개이다. SK㈜(1위), SK이노베이션(2위), ㈜LG(3위), ㈜GS(4위), GS에너지(5위), SK E&S(6위), 부영(7위), CJ㈜(8위), 한국타이어월드와이드(9위), 삼성종합화학(10위) 등이다. 3개 지주회사(SK㈜, SK이노베이션, SK E&S)는 1개 재벌(SK)에 그리고 2개 지주회사(㈜GS, GS에너지)는 다른 1개 재벌(GS)에 속해 있다. 10개 지주회사 중 1개(삼성종합화학)는 소극적인 지주회사체제를 채택한 재벌(삼성) 소속이다.

'11-30위' 지주회사는 10개이다. 7개는 11-20위 그리고 3개는 21-30위이다. ㈜LS(11위), 하이트진로홀딩스(13위), 농협경제지주(14위), 아모레퍼시픽그룹(15위), 한진칼(16위), 한라홀딩스(19위), 한진중공업홀딩스(20위), 코오롱(21위), 세아홀딩스(22위), 이지스일호(29위) 등이다. 1개(이지스일호)는 소극적인 지주회사체제를 채택한 재벌(롯데) 소속이다. 130개 전체 일반지주회사 중에서의 비중을 보면, 상위 10개의 전부(100%), 상위 20개의 4/5 이상 (17개, 85%), 그리고 상위 30개의 2/3(20개, 67%)가 재벌 소속이다. 재벌 소속 지주회사의 자산총액 규모가 매우 크다는 것을 알 수 있다.

29개 지주회사 중 나머지 9개는 '31위 이하'이다. 4개는 31-50위 그리고 5개는 51위 이하이다: SBS미디어홀딩스(37위), 한솔홀딩스(39위), 케이엑스홀딩스(42위), 티브로드(47위), 동광주택산업(51위), 현대HC&(52위), 서울도시개발(70위), 한화도시개발(81위), 대림에너지(85위). 케이엑스홀딩스는 CJ㈜(8위)와 함께 1개 재벌(CJ) 소속이고, 동광주택산업은 부영(7위)와 함께 다른 1개 재벌(부영) 소속이다. 9개 지주회사 중 3개(티브로드, 한화도시개발, 대림에너지)는 소극적인 지주회사체제를 채택한 3개 재벌(태광, 한화, 대림) 소속이다.

둘째, 적극적인 지주회사를 채택한 19개 재벌 소속 24개 지주회사 중 대다수(75%)인 18개의 순위는 1-30위이다. 9개는 1-10위, 7개는 11-20위, 그리고 2개는 21-30위이다. 반면 소극적인 지주회사를 채택한 5개 재벌 소속 5개 지주회사 중에서는 절반 이하인 2개(삼성종합화학, 이지스일호)가 1-30위이고 나머지 3개(티브로드, 한화도시개발, 대림에너지)는 31위 이하이다.

한편, 1-30위 30개 일반지주회사 중 재벌 소속이 아닌 지주회사는 11-20위 3개 그리고 21-30위 7개이다 (사이렌인베스트먼츠코리아, 몰트홀딩, 삼양홀딩스; 동원엔터프라이즈, 센트리온홀딩스, 사이렌홀딩스코리아, 웅진, 스마일케이트홀딩스, 파라다이스글로벌, 대교홀딩스). 23위 동원엔터프라이즈(2003-04년 동원그룹)와 26위 웅진(이전 웅진홀딩스, 2009-13년 웅진그룹)은, 소속 집단이 2015년 이전에 공정거래법상 대규모사기업집단에 지정된 적이 있었고 따라서 해당 연도에 '지주회사체제를 채택한 재벌 소속'으로 분류하였다.

셋째, 24개 재벌 순위와 29개 지주회사 순위를 함께 고려하면, 상위 재벌에 속하는 지주회사의 순위가 높은 편이다 (* 표시는 소극적인 지주회사체제).

'재벌 순위 1-10위 7개 재벌' 소속의 10개 지주회사 중 4개 재벌 소속 7개 지주회사의 순위는 1-10위였다. 3위 SK그룹(1위 SK㈜, 2위 SK이노베이션, 6위 SK E&S), 4위 LG그룹(3위 ㈜LG), 7위 GS그룹(4위 ㈜GS, 5위 GS에너지), 1위 삼성그룹(* 10위 삼성종합화학) 등이다. 나머지 3개 재벌 소속 3개 지주회사의 순위도 높은 편이다. 9위 농협그룹(14위 농협경제지주), 10위 한진그룹(16위 한진칼), 그리고 5위 롯데그룹(* 29위 이지스일호)이다. 농협그룹 소속 금융지주회사인 농협금융지주의 순위 또한 전체 10개 금융지주회사 중 2위로 매우 높다.

<표 2.7> 24개 재벌 소속 29개 일반지주회사, 2015년 9월:
(1) 일반지주회사 130개 vs. 재벌 소속 29개

(1) 130개 일반지주회사 중에서의 비중

	지주회사 순위 (위)						합
	1-10	11-20	21-30	[1-30]	31-50	51-130	
일반지주회사 (A, 개)	10	10	10	30	20	80	130
재벌 소속 일반지주회사 (a, 개)	10	7	3	20	4	5	29
적극적인 지주회사체제 재벌 소속 (a1)	9	7	2	18	3	3	24
소극적인 지주회사체제 재벌 소속 (a2)	1		1	2	1	2	5
a/A (%)	100	70	30	67	20	6	22
a1/A (%)	90	70	20	60	15	4	18

(2) 30대 일반지주회사 (** 적극적인 지주회사체제 채택 재벌 소속, * 소극적인 지주회사체제 채택 재벌 소속)

순위	지주회사	설립·전환 시기 (연.월)	상장 여부	자산 총액 (억 원)	지주 비율 (%)	부채 비율 (%)	계열회사 (개)			
							합	자	손자	증손
1	** SK㈜	2015.8	O	180,095	74.3	47.1	67	12	45	10
2	** SK이노베이션	2011.1	O	145,086	64.5	11.7	13	9	4	-
3	** ㈜LG	2001.4	O	80,538	85.6	3.7	55	16	36	3
4	** ㈜GS	2004.7	O	58,962	90.0	23.3	37	7	25	5
5	** GS에너지	2012.1	X	53,629	82.9	50.6	18	13	5	-
6	** SK E&S	2000.1	X	33,190	55.1	92.5	11	10	1	-
7	** 부영	2009.12	X	29,916	96.7	30.3	4	1	3	-
8	** CJ㈜	2007.9	O	29,788	89.8	12.5	49	9	32	8
9	** 한국타이어월드와이드	2013.7	O	25,064	76.1	3.8	8	3	5	-
10	* 삼성종합화학	2004.1	X	22,459	57.0	24.2	2	2	-	-
11	** ㈜LS	2008.7	O	21,508	82.8	23.4	24	6	17	1
12	사이렌인베스트먼츠코리아	2014.10	X	20,512	100.0	181.2	3	1	2	-
13	** 하이트진로홀딩스	2008.7	O	17,773	98.6	86.6	10	3	6	1
14	** 농협경제지주	2012.3	X	17,666	83.6	0.7	15	14	1	-
15	** 아모레퍼시픽그룹	2007.1	O	16,807	73.3	2.8	10	9	1	-
16	** 한진칼	2013.8	O	15,311	84.9	24.9	18	7	9	2
17	몰트홀딩	2010.1	X	13,581	97.2	2.9	1	1	-	-
18	삼양홀딩스	2011.11	O	13,097	56.5	27.0	10	8	2	-
19	** 한라홀딩스	2014.9	O	12,476	88.6	48.7	15	4	7	4
20	** 한진중공업홀딩스	2007.8	O	11,243	91.0	6.2	8	4	4	-
21	** 코오롱	2010.1	O	10,665	81.8	106.7	34	8	23	3
22	** 세아홀딩스	2001.7	O	9,699	80.7	20.8	15	11	4	-
23	동원엔터프라이즈	2001.4	X	9,312	83.3	67.5	20	7	9	4
24	셀트리온홀딩스	2010.11	X	8,414	95.8	99.1	4	2	1	1
25	사이렌홀딩스코리아	2014.10	X	8,150	99.7	0.2	4	1	1	2
26	웅진	2008.1	O	7,985	53.4	146.9	11	8	3	-
27	스마일게이트홀딩스	2011.1	X	6,829	65.7	4.2	12	6	6	-
28	파라다이스글로벌	2015.1	X	6,792	52.8	33.3	7	5	2	-
29	* 이지스일호	2014.9	X	6,307	95.2	587.9	2	1	1	-
30	대교홀딩스	2001.6	X	6,266	88.0	1.2	9	5	4	-

출처: 〈부록 표 1.15〉, 〈부록 표 2.14〉.

<표 2.8> 24개 재벌 소속 29개 일반지주회사, 2015년 9월:
(2) 현황 (지주회사 순위 순)

지주회사	순위	설립·전환 시기 (연.월)	상장 여부	자산 총액 (억 원)	지주 비율 (%)	부채 비율 (%)	계열회사 (개)			
							합	자	손자	증손
적극적인 지주회사체제 19개 재벌 소속 (24개)										
SK㈜	1	2015.8	O	180,095	74.3	47.1	67	12	45	10
SK이노베이션	2	2011.1	O	145,086	64.5	11.7	13	9	4	-
㈜LG	3	2001.4	O	80,538	85.6	3.7	55	16	36	3
㈜GS	4	2004.7	O	58,962	90.0	23.3	37	7	25	5
GS에너지	5	2012.1	X	53,629	82.9	50.6	18	13	5	-
SK E&S	6	2000.1	X	33,190	55.1	92.5	11	10	1	-
부영	7	2009.12	X	29,916	96.7	30.3	4	1	3	-
CJ㈜	8	2007.9	O	29,788	89.8	12.5	49	9	32	8
한국타이어월드와이드	9	2013.7	O	25,064	76.1	3.8	8	3	5	-
㈜LS	11	2008.7	O	21,508	82.8	23.4	24	6	17	1
하이트진로홀딩스	13	2008.7	O	17,773	98.6	86.6	10	3	6	1
농협경제지주	14	2012.3	X	17,666	83.6	0.7	15	14	1	-
아모레퍼시픽그룹	15	2007.1	O	16,807	73.3	2.8	10	9	1	-
한진칼	16	2013.8	O	15,311	84.9	24.9	18	7	9	2
한라홀딩스	19	2014.9	O	12,476	88.6	48.7	15	4	7	4
한진중공업홀딩스	20	2007.8	O	11,243	91.0	6.2	8	4	4	-
코오롱	21	2010.1	O	10,665	81.8	106.7	34	8	23	3
세아홀딩스	22	2001.7	O	9,699	80.7	20.8	15	11	4	-
SBS미디어홀딩스	37	2008.3	O	5,356	89.5	0.9	15	7	8	-
한솔홀딩스	39	2015.1	O	5,229	86.9	5.3	10	7	3	-
케이엑스홀딩스	42	2013.3	X	4,928	92.9	0.0	12	2	10	-
동광주택산업	51	2011.1	X	4,341	98.7	27.3	1	1	-	-
현대HC&	52	2006.1	O	4,159	89.9	2.7	11	9	2	-
서울도시개발	70	2011.1	X	2,895	99.5	9.8	23	3	20	-
소극적인 지주회사체제 5개 재벌 소속 (5개)										
삼성종합화학	10	2004.1	X	22,459	57.0	24.2	2	2	-	-
이지스일호	29	2014.9	X	6,307	95.2	587.9	2	1	1	-
티브로드	47	2008.11	X	4,797	86.1	1.3	6	4	2	-
한화도시개발	81	2009.12	X	2,471	82.8	25.4	5	5	-	-
대림에너지	85	2015.1	X	2,360	79.6	0.4	4	3	1	-
농협금융지주	2	2012.3	X	203,455	98.9	18.4	18	9	9	-

주: 1) 지주회사 명단은 2015년 9월, 재무현황 및 계열회사는 2014년 12월 또는 설립·전환일(2015년 설립·전환된 경우) 현재 (계열회사 –
대림에너지와 한솔홀딩스는 2015년 1월, SK㈜는 2015년 8월 현재).
2) 농협금융지주: 금융지주회사이며 참고로 포함시킴, 순위는 금융지주회사들 중에서의 순위.
출처: 〈부록 표 2.14〉.

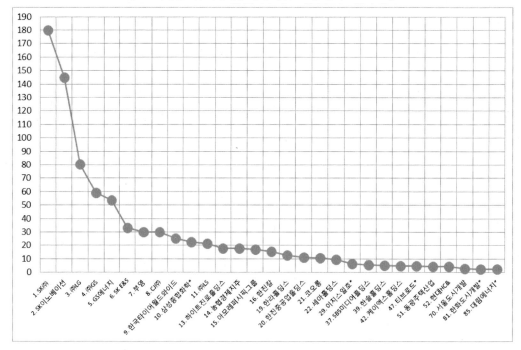

〈그림 2.6〉 재벌과 지주회사체제, 2015년 9월: 지주회사의 자산총액 (천억 원)

(* 소극적인 지주회사체제 채택 재벌 소속; 출처: <표 2.8>)

이에 비해, '11-30위 6개 재벌' 소속 8개 지주회사의 순위는 7-85위 사이에서 다양하다. 3개는 7-11위 그리고 5개는 42-85위이다: 15위 CJ그룹 (8위 CJ㈜, 42위 케이엑스홀딩스), 16위 LS그룹 (11위 ㈜LS), 20위 부영그룹 (7위 부영, 51위 동광주택산업), 23위 현대백화점그룹 (52위 현대HC&), 11위 한화그룹(* 81위 한화도시개발), 19위 대림그룹 (* 85위 대림에너지).

또 '31-50위 11개 재벌' 소속의 11개 지주회사 중에서는, 7개는 9-22위이고 4개는 37-70위이다: 32위 코오롱그룹 (21위 코오롱), 33위 한진중공업그룹 (20위 한진중공업홀딩스), 34위 한라그룹 (19위 한라홀딩스), 35위 한국타이어그룹 (9위 한국타이어월드와이드), 41위 세아그룹 (22위 세아홀딩스), 44위 태영그룹 (37위 SBS미디어홀딩스), 46위 아모레퍼시픽그룹 (15위 아모레퍼시픽그룹), 47위 대성그룹 (70위 서울도시개발), 48위 하이트진로그룹 (13위 하이트진로홀딩스), 50위 한솔그룹 (39위 한솔홀딩스), 40위 태광그룹 (* 47위 티브로드).

3.2.2 자산총액, 지주비율, 계열회사 수, 재벌 소속 시작 시기

재벌 소속 29개 일반지주회사의 자산총액은 18-0.2조 원 사이, 지주비율은 99-55% 사이, 계열회사는 67-1개 사이, 그리고 재벌 소속 시작 시기는 2001-2015년 사이이다 (<표 2.7>, <표 2.8>, <그림 2.6>; <표 2.3>, <표 2.4> 참조).

첫째, 29개 지주회사의 자산총액은 18.0조 원에서 2,360억 원에 이르는 다양한 분포를 보이고 있다. 공정거래법상 지주회사의 기준은 '1,000억 원 이상'이다.

10조 원 이상을 보유한 회사가 2개, 5-9조 원 보유 회사 3개, 1-4조 원 보유 회사 13개, 5-9천억 원 보유 회사 4개, 2-4천억 원 보유 회사 7개 등이다. 2015년 9월 현재의 130개 전체 일반지주회사 중 1조 원 이상을 보유한 회사는 21개이며, 이 중 3개(12위 사이렌인베스트먼트, 17위 몰트홀딩, 18위 삼양홀딩스)를 제외한 18개가 재벌 소속이다.

10조 원 이상의 자산을 가진 2개 지주회사는 SK그룹 소속으로 SK이노베이션(18.0조 원, 1위)과 SK㈜(14.5조 원, 2위)이다. ㈜LG(8.1조 원, 3위), ㈜GS(5.9조 원, 4위) 및 GS에너지(5.4조 원, 5위)의 자산은 5조 원 이상이었다. 1위 지주회사의 규모가 5위의 3.3배이다.

그다음으로 2-3조 원대 보유 지주회사가 6개(6위 SK E&S, 7위 부영, 8위 CJ㈜, 9위 한국타이어월드와이드, 10위 삼성종합화학, 11위 ㈜LS), 그리고 1조 원대 보유 지주회사가 7개이다 (13위 하이트진로, 14위 농협경제지주, 15위 아모레퍼시픽그룹, 16위 한진칼, 19위 한라홀딩스, 20위 한진중공업홀딩스, 21위 코오롱). 10위 삼성종합화학(2.2조 원)과 비교하면, 1위 SK㈜(18.0조 원)와 5위 GS에너지(5.4조 원)의 자산은 각각 8.2배, 2.5배이다.

1조 원 미만의 자산을 가진 나머지 11개 일반지주회사 중에서는 9천억 원대 보유 회사가 1개(22위 세아홀딩스), 6천억 원대 1개(29위 이지스일호), 5천억 원대 2개(37위 SBS미디어홀딩스, 39위 한솔홀딩스), 4천억 원대 4개(42위 케이엑스홀딩스, 47위 티브로드, 51위 동광주택산업, 52위 현대HC&), 그리고 2천억 원대 3개(70위 서울도시개발, 81위 한화도시개발, 85위 대림에너지)이다.

둘째, 29개 일반지주회사의 지주비율([소유하고 있는 자회사의 주식(지분 포함)가액의 합계액 ÷ 지주회사의 자산총액] × 100)은 99.5%에서 55.1% 사이의 분포를 보이고 있다. 공정거래법상 지주회사의 기준은 '50% 이상'이다.

90%대 비율인 회사가 8개(최고치는 서울도시개발 99.5%)이고, 80%대 회사가 14개이며, 80% 미만 회사는 7개이다: 70%대 회사 4개(대림에너지, 한국타이어월드와이드, SK㈜, 아

모레퍼시픽그룹), 60%대 회사 1개(SK이노베이션), 50%대 회사 2개(삼성종합화학, SK E&S). 후자의 7개 지주회사 중에는 SK그룹 소속 3개(SK㈜, SK이노베이션, SK E&S)가 모두 포함되어 있으며, SK E&S의 비율(55.1%)은 29개 지주회사들 중 가장 낮다.

셋째, 29개 일반지주회사가 거느리는 계열회사(자회사, 손자회사, 증손회사)의 수는 67개에서 1개에 이르기까지 다양하다.

20개 이상 계열회사를 보유한 지주회사가 7개, 10-19개 보유 회사가 13개, 그리고 10개 미만 보유 회사가 9개이다. 20개 이상 보유 7개 지주회사 중에서는, 60-69개 보유 1개(SK㈜ 67개), 50-59개 보유 1개(㈜LG 55개), 40-49개 보유 1개(CJ㈜ 49개), 30-39개 보유 2개(㈜GS 37개; 코오롱 34개), 20-29개 보유 2개(㈜LS 24개; 서울도시개발 23개) 등이다.

또 29개 지주회사 중 9개(SK㈜, ㈜LG, CJ㈜, ㈜GS, 코오롱, ㈜LS, 한진칼, 한라홀딩스, 하이트진로홀딩스)는 자회사, 손자회사 및 증손회사를 모두 가지고 있고, 17개는 자회사와 손자회사를 가지고 있으며, 나머지 3개(한화도시개발, 삼성종합화학, 동광주택산업)는 자회사만 가지고 있다. 세 유형의 계열회사를 모두 가지고 있는 9개 지주회사 중 앞의 6개는 20개 이상의 계열회사를 가지고 있으며, 20개 이상 계열회사를 가지고 있는 7개 지주회사 중에서는 1개(서울도시개발)만 증손회사를 가지고 있지 않다.

2-3개의 지주회사가 1개 재벌에 속하는 4개 재벌의 경우 지주회사들이 서로 독립적이거나 종속적이다. 부영그룹의 2개 지주회사(부영, 동광주택산업)는 독립적이다. 반면, SK그룹의 3개 지주회사(SK㈜, SK이노베이션, SK E&S), GS그룹의 2개 지주회사(㈜GS, GS에너지), 그리고 CJ그룹의 2개 지주회사(CJ㈜, 케이엑스홀딩스)에서는, 각각 첫 지주회사가 다른 지주회사의 모회사이다. 따라서 모회사 겸 지주회사의 계열회사(자회사, 손자회사, 증손회사)에는 자회사 겸 지주회사 및 계열회사 일부(자회사 전부, 손자회사 중 자회사 지분 100% 회사)가 포함되어 있다.

넷째, 29개 일반지주회사가 재벌에 소속되기 시작한 시기는 '2001-2004년' 4개, '2005-2009년' 8개, 그리고 '2010-2015년' 17개이다: ① 2001년(㈜LG, SK E&S), 2004년(세아홀딩스, 삼성종합화학); ② 2005년(㈜GS, 한화도시개발), 2006년(현대HC&), 2007년(SK㈜, 한진중공업홀딩스, 아모레퍼시픽그룹), 2008년(CJ㈜, ㈜LS); ③ 2010년(코오롱, 하이트진로홀딩스, 부영), 2011년(SK이노베이션, 동광주택산업, 서울도시개발, 티브로드), 2012년(GS에너지, 농협경제지주, SBS미디어홀딩스), 2013년(케이엑스홀딩스, 한진칼), 2014년(한국타이어월드와이드, 한라홀딩스), 2015년(한솔홀딩스, 이지스일호, 대림에너지).

재벌 소속 기간은 14-1년이다.

일부 지주회사의 경우, 지주회사 지정 연도(설립·전환 연도)와 재벌 소속 연도가 다소 차이가 난다 (제2장 제2절, 제4장 제5절 참조). SK E&S(이전 SK엔론)의 경우, 2000년에 공정거래법상 지주회사 제1호로 지정되어 재벌에 소속되었는데, 전체 분석 기간의 시작이 2001년이어서 재벌 소속 연도를 2001년으로 하였다.

4. 맺음말

지주회사체제를 채택한 재벌은 '공정거래법상 일반지주회사를 보유한 공정거래법상 대규모사기업집단'이다.

첫째, 2001년부터 2015년까지 지주회사체제를 채택한 재벌은 2-24개 사이에서 그리고 재벌 소속 일반지주회사는 2-30개 사이에서 증가 추세를 보였다.

지주회사체제를 채택한 재벌의 수는 2015년 24개로 최고치를 기록하였으며, 전체 공정거래법상 대규모사기업집단 중에서의 비중 또한 2015년에 48%(50개 중 24개)로 최고치였다. 반면, 재벌 소속 일반지주회사는 2013-2014년에 최고치인 30개를 기록한 이후 2015년에는 29개이며, 전체 공정거래법상 일반지주회사 중에서의 비중은 2015년 22%(130개 중 29개)로 2001년과 같은 최저치이다.

둘째, 2001-2015년 사이 지주회사체제를 채택한 재벌은 모두 34개이다.

34개 재벌 중 24개는 2015년 현재 지주회사체제를 채택하고 있고 10개는 2015년 이전에 채택한 적이 있었으며, 34개 재벌 중 26개는 적극적인 지주회사체제를 그리고 8개는 소극적인 지주회사체제를 채택하였다. 또 34개 재벌 중 6개는 2000-2004년에, 13개는 2005-2009년에, 그리고 15개는 2010-2015년에 지주회사체제를 도입하였다. 지주회사제도가 허용된 1999년 및 2002년의 2개 연도를 제외한 나머지 15개 연도에서 매년 1-5개의 재벌이 지주회사체제를 도입하였다.

셋째, 2001-2015년 사이 34개 재벌에 소속된 일반지주회사는 51개이다.

51개 지주회사 중 40개는 2015년 현재의 24개 재벌 소속이고 11개는 2015년 이전의 10개 재벌 소속이며, 51개 지주회사 중 38개는 적극적인 지주회사체제를 채택한 26개 재벌에 그리고 13개는 소극적인 지주회사체제를 채택한 8개 재벌에 소속되었다. 또 51개 지주회사 중 8개는 2000-2004년에 지주회사체제를 채택한 6개 재벌 소속이고, 20개는 2005-2009년에 채택한 13개 재벌 소속이며, 23개는 2010-2015년에 채택한 15개 재벌 소속이다. 한편, 51개 지주회사 중 28개는 2-5개씩 각각 10개 재벌에 속하였고, 23개는 각각 1개씩 23개 재벌에 속하였다.

넷째, 2015년 9월 현재 지주회사체제를 채택한 재벌은 24개이며, 소속 일반지주회사는 29개이다.

24개 재벌 중 19개는 적극적인 지주회사체제를 그리고 5개는 소극적인 지주회사체제를 채택하였으며, 24개 재벌 중 7개는 재벌 순위 1-10위, 6개는 11-30위, 그리고 11개는 31위 이하이다. 또 지주회사체제 달성 비율은 100-4% 사이 그리고 지주회사체제에 편입된 계열회사는 68-3개 사이이다. 4개 재벌은 2-3개씩의 지주회사를 가졌다.

한편, 29개 일반지주회사 중 24개는 적극적인 지주회사체제를 채택한 19개 재벌 소속이고 5개는 소극적인 지주회사체제를 채택한 5개 재벌 소속이다. 9개 지주회사는 2-3개씩 4개 재벌에 소속되어 있다. 29개 지주회사의 순위는 1-10위 10개, 11-30위 10개, 그리고 31위 이하 9개이며, 자산총액은 18-0.2조 원 사이, 지주비율은 99-55% 사이, 계열회사는 67-1개 사이, 그리고 재벌 소속 시작 연도는 2001-2015년 사이이다.

제3장

지주회사체제를 채택한 재벌: 연도별 현황

1. 머리말

2001년 이후 2015년까지 지주회사체제를 채택한 재벌은 모두 34개이며, 매년 2-24개 사이에서 점진적으로 증가하였다. 2001년 2개이던 것이 2003-2006년 4-9개로 늘어났으며 2007년(14개)에는 10개를 넘어섰다. 2008-2009년에는 11-13개로 조금 줄어들었다가 2010년 17개로 다시 늘어났으며 2011년에는 20개가 되었다. 이후 조금씩 늘어나 2012-2014년 21-22개였으며, 2015년에는 24개로 최고치를 기록하였다.

지주회사체제를 채택한 재벌이 전체 공정거래법상 대규모사기업집단 중에서 차지하는 비중 또한 7-48% 사이에서 증가 추세를 보였다. 2001년 7%(30개 집단 중 2개)에 불과하던 것이 2005년 19%(48개 중 9개), 2007년 25%(55개 중 14개), 그리고 2009년 33%(39개 중 13개)로 늘어났으며, 2010년에는 40%(43개 중 17개)가 되었다. 2011-2014년 41-44%(46-51개 중 20-22개)로 더욱 늘어난 후 2015년에는 48%(50개 중 24개)로 최고치를 기록하였다.

2001-2015년 사이 지주회사체제를 채택한 34개 재벌 중 대다수인 26개는 적극적인 지주회사체제를 그리고 8개는 소극적인 지주회사체제를 채택하였다. 적극적인 지주회사체제를 채택한 재벌은 1-19개 사이에서 점진적으로 증가하였다. 2001년 1개이던 것이 2003-2006년 3-5개로 늘어났으며 2007년에는 10개가 되었다. 2008년 8개로 줄어들었다가 2009-2012년 10-18개로 점진적으로 다시 늘어났으며, 2013년 이후에는 최고치인 19개가 유지되고 있다. 반면, 소극적인 지주회사체제를 채택한 재벌은 2002-2003년 1개이다가 2004년 이후에는 2-5개 사이에서 증가와 감소가 반복되었다. 최고치는 3개 연도(2005, 2011, 2015년)의 5개였다.

2001년(1개 vs. 1개)과 2005년(4개 vs. 5개)을 제외하고는 적극적인 지주회사체제를 채택한 재벌이 소극적인 지주회사체제를 채택한 재벌보다 많았다. 2006년까지(3-5개 vs. 1-4개)는 1-2개 차이가 나다가, 2007년부터 매년 격차가 더욱 벌어져 2007-2010년에는 5-9개 차이(8-13개 vs. 3-4개)가 그리고 2011년 이후에는 10-17개 차이(15-19개 vs. 2-5개)가 났다. 가장 큰 차이는 2013년의 17개(19개 vs. 2개)였다.

아래에서는 지주회사체제를 채택한 재벌의 연도별 현황을 4개 측면에서 분석한다. 재벌 순위, 지주회사 수, 지주회사체제 달성 비율, 지주회사체제 편입 계열회사 수 등이다. 제2절 에서는 4개 측면의 전반적인 추세와 특징을 정리하며, 이어서 4개 절(제3절-제6절)에 걸쳐 차례로 상세하게 살펴본다.

2. 지주회사체제를 채택한 재벌, 2001-2015년: 개관

2001-2015년 사이 지주회사체제를 채택한 재벌은 34개이다 (<표 3.1>, <그림 3.1>, <그 림 3.2>, <그림 3.3>, <그림 3.4>).

첫째, 34개 재벌 중 10개는 1-10위 '순위'에 그리고 11개는 11-30위에 속한 적이 있으며, 나머지 13개는 31위 이하였다. 둘째, 34개 재벌 중 10개는 2개 이상씩의 '지주회사 수'를 가진 적이 있으며, 24개는 1개씩의 지주회사만 가졌다. 셋째, 34개 재벌 중 13개는 70% 이 상의 '지주회사체제 달성 비율'을, 8개는 50-69%의 비율을, 그리고 6개는 30-49%의 비율 을 가진 적이 있으며, 나머지 7개는 30% 미만의 비율을 가졌다. 넷째, 34개 재벌 중 7개는 30개 이상 '지주회사체제 편입 계열회사 수'를 그리고 18개는 10-29개 회사를 가진 적이 있으며, 나머지 9개는 10개 미만 회사를 가졌다.

2.1 재벌 순위

2001-2015년 사이 지주회사체제를 채택한 34개 재벌 중 10개는 공정거래법상 사기업집 단 중에서의 순위(자산총액 기준) 1-10위에 그리고 11개는 11-30위에 속한 적이 있었다. 나 머지 13개 재벌은 31위 이하였다. 연도별로 보면, 지주회사체제를 채택한 재벌 수가 2-24개 사이에서 점진적으로 증가 추세를 보이는 가운데, 3개 범위의 순위에 속하는 재벌의 수 또 한 증가 추세를 보였다. '1-10위' 재벌은 2001년 이후 2-7개 사이, '11-30위' 재벌은 2006 년 이후 1-7개 사이, 그리고 '31위 이하' 재벌은 2003년 이후 1-11개 사이였다.

2001년에는 지주회사체제를 채택한 재벌 2개가 모두 1-5위였다. 2003-2004년에는 지주회사체제를 채택한 재벌이 4-6개로 늘어났으며, 이들 중 절반(2-3개)은 1-5위 그리고 나머지 절반(2-3개)은 31위 이하로 순위가 크게 양분되어 있었다.

하지만 2005년 이후 지주회사체제를 채택한 재벌이 9-24개로 매년 조금씩 늘어나면서 2005년부터는 6-10위에 속하는 재벌이, 2006년부터는 11-20위에 속하는 재벌이, 그리고

〈표 3.1〉 지주회사체제를 채택한 재벌, 2001-2015년: 개관 (개, %)

* 지주회사체제를 채택한 재벌 (개)

	2001	2003	2004	2005	2006	2007	2008	2009	2010	2011	2012	2013	2014	2015	총수
지주회사체제 채택 재벌	2	4	6	9	9	14	11	13	17	20	21	21	22	24	34
적극적인 지주회사체제	1	3	4	4	5	10	8	10	13	15	18	19	19	19	26
소극적인 지주회사체제	1	1	2	5	4	4	3	3	4	5	3	2	3	5	8

(1) 재벌 순위

	2001	2003	2004	2005	2006	2007	2008	2009	2010	2011	2012	2013	2014	2015	총수
(해당 범위의 순위를 갖는 재벌의 수 (개))															
1-5위	2	2	3	4	4	4	3	3	3	3	3	3	3	4	5
6-10위				2	1	2	2	1	2	3	3	3	3	3	5
[1-10위]	[2	2	3	6	5	6	5	4	5	6	6	6	6	7	10]
11-20위					1	2	3	4	4	4	4	4	4	5	6
21-30위						1	2	2	2	2	3	2	2	1	5
[11-30위]					[1	3	5	6	6	6	7	6	6	6	11]
31위 이하		2	3	3	3	5	1	3	6	8	8	9	10	11	13
(해당 범위의 순위를 갖는 재벌의 비중 (%))															
1-10위	100	50	50	67	56	43	45	31	30	30	29	29	27	29	30
11-30위					11	21	46	46	35	30	33	28	27	25	32
31위 이하		50	50	33	33	36	9	23	35	40	38	43	46	46	38

(2) 지주회사 수

	2001	2003	2004	2005	2006	2007	2008	2009	2010	2011	2012	2013	2014	2015	총수
(해당 범위의 지주회사를 갖는 재벌의 수 (개))															
4개									1						1
3개										2	1	1	1	1	3
2개				1	1	1	2	3	2	2	6	8	7	4	6
[2개 이상]				[1	1	1	2	3	3	4	7	9	8	5	10]
1개	2	4	6	8	8	13	9	10	14	16	14	12	14	19	24
(해당 범위의 지주회사를 갖는 재벌의 비중 (%))															
2개 이상				11	11	7	18	23	18	20	33	43	36	21	29
1개	100	100	100	89	89	93	82	77	82	80	67	57	64	79	71

(3) 지주회사체제 달성 비율

(해당 범위의 지주회사체제 달성 비율을 갖는 재벌의 수 (개))

	2001	2003	2004	2005	2006	2007	2008	2009	2010	2011	2012	2013	2014	2015	총수
90% 이상					1	2	1	2	2	1	1	3	4	4	6
80-89%			1	1			2	2	5	4	4	5	3	4	5
70-79%		1				1	1	2	1	3	4	2	1	2	2
[70% 이상]		[1	1	1	1	3	4	6	8	8	9	10	8	10	13]
60-69%				1	1	2	1	2	1	2	1	2	4		3
50-59%		2	3	2	1	1			1	1	2	2	3	3	5
[50-69%]		[2	3	3	2	3	1	2	2	3	3	4	7	3	8]
40-49%					1	3	2	1	2	2	1	1	4	3	5
30-39%	1				1	1	1	1	1	2	5	4		3	1
[30-49%]	[1				2	4	3	2	3	4	6	5	4	6	6]
30% 미만	1	1	2	5	4	4	3	3	4	5	3	2	3	5	7

(해당 범위의 지주회사체제 달성 비율을 갖는 재벌의 비중 (%))

	2001	2003	2004	2005	2006	2007	2008	2009	2010	2011	2012	2013	2014	2015	총수
70% 이상		25	17	11	11	21	37	46	47	40	43	48	36	42	38
50-69%		50	50	33	22	21	9	15	12	15	14	19	32	12	24
30-49%	50				22	29	27	16	18	20	29	24	18	25	18
30% 미만	50	25	33	56	45	29	27	23	23	25	14	9	14	21	20

(4) 지주회사체제 편입 계열회사 수

(해당 범위의 지주회사체제 편입 계열회사를 갖는 재벌의 수 (개))

	2001	2003	2004	2005	2006	2007	2008	2009	2010	2011	2012	2013	2014	2015	총수
60-69개									1	1	2	1	1	1	2
50-59개							1	2	1	2	1	3	2	2	2
40-49개							1	1	1	1	1		1		
30-39개		1	1	1		1	1		1	2	1	2	2	3	3
[30개 이상]		[1	1	1		1	3	3	4	6	5	6	6	6	7]
20-29개					1	2	1	3	4	3	5	5	3	2	5
10-19개	2	2	3	3	4	5	3	3	4	6	7	6	9	8	13
[10-29개]	[2	2	3	3	5	7	4	6	8	9	12	11	12	10	18]
10개 미만		1	2	5	4	6	4	4	5	5	4	4	4	8	9

(해당 범위의 지주회사체제 편입 계열회사를 갖는 재벌의 비중 (%))

	2001	2003	2004	2005	2006	2007	2008	2009	2010	2011	2012	2013	2014	2015	총수
30개 이상		25	17	11		7	27	23	24	30	24	29	27	25	21
10-29개	100	50	50	33	56	50	36	46	47	45	57	52	55	42	53
10개 미만		25	33	56	44	43	37	31	29	25	19	19	18	33	26

주: 1) 1999년에는 지주회사체제 채택 재벌 없음. 2000·2002년 자료 없음.
   2) 2001-2003년 7월, 2004년 5월, 2005-2007년 8월, 2008-2015년 9월 현재.
   3) 총수: 해당 범위에 속한 적이 있는 재벌의 수이며, 상위 범위에 속한 적이 있는 재벌 기준.
출처: 〈표 2.1〉, 〈부록 2〉, 〈부록 3〉.

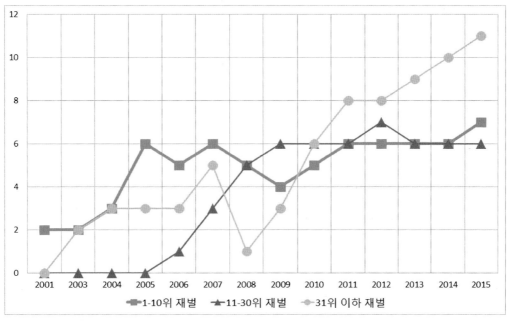

〈그림 3.1〉 지주회사체제를 채택한 재벌, 2001-2015년:
(1) 재벌 순위 (개)
(출처: <표 3.1>)

■ 1-10위 재벌   ▲ 11-30위 재벌   ○ 31위 이하 재벌

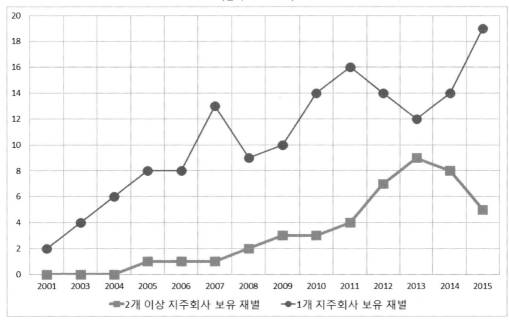

〈그림 3.2〉 지주회사체제를 채택한 재벌, 2001-2015년:
(2) 지주회사 수 (개)
(출처: <표 3.1>)

■ 2개 이상 지주회사 보유 재벌   ● 1개 지주회사 보유 재벌

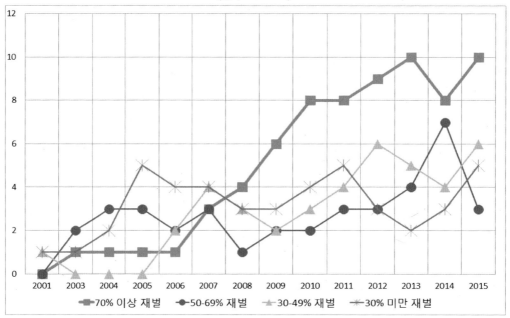

〈그림 3.3〉 지주회사체제를 채택한 재벌, 2001-2015년:
(3) 지주회사체제 달성 비율 (개)

(출처: <표 3.1>)

━■━70% 이상 재벌   ━●━50-69% 재벌   ━▲━30-49% 재벌   ━✳━30% 미만 재벌

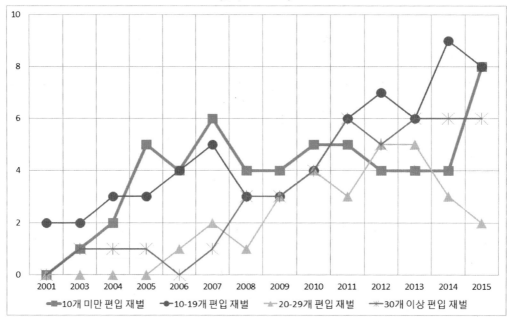

〈그림 3.4〉 지주회사체제를 채택한 재벌, 2001-2015년:
(4) 지주회사체제 편입 계열회사 수 (개)

(출처: <표 3.1>)

━■━10개 미만 편입 재벌   ━●━10-19개 편입 재벌   ━▲━20-29개 편입 재벌   ━✳━30개 이상 편입 재벌

2007년부터는 21-30위에 속하는 재벌이 각각 생겼다. 따라서 2007년부터는 지주회사체제를 채택한 재벌의 순위가 다양해져 5개 범위(1-5위, 6-10위, 11-20위, 21-30위, 31위 이하)에 속하게 되었다.

첫째, '1-5위' 재벌은 2001-2003년 2개 그리고 2004년 이후 3-4개이다. 또 '6-10위' 재벌은 2005-2010년 1-2개이다가 2011년 이후 3개이다. '1-10위' 전체로 보면, 2001-2004, 2009년에는 2-4개였고, 2005-2008, 2010-2015년에는 5-7개였다. 상위 재벌들의 지주회사체제에 대한 관심이 매우 높음을 알 수 있다. 1-10위에 속한 적이 있는 재벌 전체 수는 10개이며, 이 중 5개는 1-5위에 그리고 5개는 6-10위에 속한 적이 있었다. 3개 범위 순위 중 '1-10위'의 비중은 점차 감소하였으며, 2007년까지(100-43%)는 비중이 가장 컸지만 2008년 이후(45-27%)에는 다른 2개 범위(11-30위, 31위 이하)와 비슷하거나 작아졌다.

둘째, '11-20위' 재벌은 2006-2008년 1-3개이던 것이 2009년부터는 4-5개이며, '21-30위' 재벌은 2007년 1개, 2008-2014년 2-3개, 2015년 1개 등으로 변하였다. '11-30위' 전체로 보면, 2006-2007년 1-3개 그리고 2008년 이후 5-7개이다. 11-30위에 속한 적이 있는 재벌 전체 수는 11개이며, 이 중 6개는 11-20위에 그리고 5개는 21-30위에 속한 적이 있었다. 3개 범위 순위 중 '11-30위'의 비중은 2008-2009년(46%)에는 가장 컸으며, 2010년 이후 (35-25%)에는 줄어들어 다른 2개 범위(1-10위, 31위 이하)에 비해 비슷하거나 작아졌다.

셋째, '31위 이하' 재벌은 2003-2007년에는 2-5개 사이에서 조금씩 증가하였는데 2008년에는 1개로 3개 범위의 순위 중 관련 재벌이 가장 적었다. 하지만 2009년 3개로 늘어났고, 2010년 이후 지주회사체제를 채택한 재벌이 17-24개로 크게 늘어나면서 31위 이하 재벌도 6-11개로 늘어났다. 이에 따라, '31위 이하'의 비중은 2011년 이후(38-46%) 다른 2개 범위 (1-10위, 11-30위)보다 컸다. 31위 이하 재벌은 모두 13개이다.

2.2 지주회사 수

2001-2015년 사이 지주회사체제를 채택한 34개 재벌 중 대다수인 24개는 1개 지주회사를 가졌으며, 나머지 10개는 2개 이상 지주회사를 가진 적이 있었다. 연도별로 보면, 지주회사체제를 채택한 재벌의 수가 2-24개로 증가 추세를 보이는 가운데, 두 범위의 지주회사 수를 갖는 재벌의 수 또한 증가 추세를 보였다. '1개 지주회사' 보유 재벌은 2001년 이후 2-19개 사이, 그리고 '2개 이상 지주회사' 보유 재벌은 2005년 이후 1-9개 사이였다.

2001-2004년에는 지주회사체제를 채택한 재벌 2-6개가 모두 1개씩의 지주회사를 가졌다. 2005년 들어 2개 지주회사를 갖는 재벌이 처음 생겼으며, 지주회사체제를 채택한 재벌이 20개를 넘기 시작한 2011년에는 3개 지주회사를 갖는 재벌도 생겼다. 4개 지주회사를 갖는 재벌은 2010년에 한 번 생긴 적이 있었으며, 2011년 이후에는 지주회사의 수가 3개 범위(3개, 2개, 1개)에 속하게 되었다.

첫째, '3개 지주회사' 보유 재벌은 2011년 2개였다가 2012년 이후에는 1개이다. 또 '2개 지주회사' 보유 재벌은 2005-2007년 1개, 2008-2011년 2-3개, 2012-2014년 6-8개, 2015년 4개 등으로 변하였다. '2개 이상 지주회사' 보유 재벌 전체로 보면, 2005-2007년 1개, 2008-2011년 2-4개, 2012-2014년 7-9개, 그리고 2015년 5개였다. 2개 이상 지주회사를 보유한 적이 있는 재벌 전체 수는 10개이며, 이 중 6개는 2개 지주회사를, 3개는 3개 지주회사를, 그리고 1개는 4개 지주회사를 가진 적이 있었다.

둘째, '1개 지주회사' 보유 재벌은 모두 24개이다. 2001-2003년 2-4개, 2004-2006년 6-8개, 2007년 13개 등으로 늘어났으며, 2008-2009년 9-10개로 다소 줄었다가 2010년 이후에는 12-19개 사이에서 증가와 감소가 반복되었다. '1개 지주회사' 보유 재벌은 '2개 이상 지주회사' 보유 재벌보다 월등하게 많았는데, 지주회사 수의 범위가 3개(3개, 2개 1개)로 유지된 2011년 이후에는 전자와 후자가 차지하는 비중의 격차가 상대적으로 줄어들었다. 격차가 가장 줄어든 연도는 2013년(1개 지주회사 보유 재벌 57%(12개) vs. 2개 이상 지주회사 보유 재벌 43%(9개))이며, 그다음이 2014년(64%(14개) vs. 36%(8개))과 2012년(67%(14개) vs. 33%(7개))이다.

2.3 지주회사체제 달성 비율

2001-2015년 사이 지주회사체제를 채택한 34개 재벌 중 13개는 지주회사체제 달성 비율 70% 이상을, 8개는 50-69%를, 그리고 6개는 30-49%를 가진 적이 있었으며, 나머지 7개의 비율은 30% 미만이었다. 지주회사체제 달성 비율은 '([체제에 편입된 계열회사 수 ÷ 재벌 전체 계열회사 수] × 100)'으로 계산되며, 30% 이상이면 적극적인 지주회사체로 그리고 30% 미만이면 소극적인 지주회사체제로 분류된다.

연도별로 보면, 지주회사체제를 채택한 재벌의 수는 2-24개 사이에서 증가 추세를 보이는 가운데, 4개 범위의 비율 중 첫 번째 범위에 속하는 재벌의 수는 증가 추세를 보였고 다른 3개 범위에 속하는 재벌의 수는 비슷한 수준이 유지되었다. '70% 이상' 재벌은 2003년 이후 1-10개 사이, '50-69%' 재벌은 2003년 이후 1-7개 사이, '30-49%' 재벌은 2001년 및 2006년 이후 1-6개 사이, 그리고 '30% 미만' 재벌은 2001년 이후 1-5개 사이였다.

2001년에는 지주회사체제를 채택한 2개 재벌 중 1개는 '30-49%'를 그리고 다른 1개는 '30% 미만'을 가졌다. 2003-2005년에는 '30-49%' 보유 재벌은 없었고, 대신 '70% 이상'과 '50-69%' 보유 재벌이 생겼다. '30-49%' 보유 재벌은 2006년에 다시 생겼으며, 이에 따라 2006년 이후에는 지주회사체제 달성 비율이 4개 범위(70% 이상, 50-69%, 30-49%, 30% 미만)에 속하게 되었다.

첫째, '70% 이상' 재벌은 2003-2006년 1개, 2007-2009년 3-6개, 2010-2013년 8-10개 등으로 늘어났으며, 2014년 8개로 줄었다가 2015년에 10개로 다시 늘어났다. 4개 범위 중 '70% 이상' 재벌의 비중은 2008년 이후 크게 늘어나 2/5 내외(36-48%)를 차지하였다.

이들 중, '70-79%' 재벌은 1-4개 사이에서 증가와 감소가 반복되었고(2003, 2007-15년), '80-89%' 재벌은 1-5개 사이에서 증가와 감소가 반복되었으며(2004-05, 2008-15년), '90% 이상' 재벌은 1-2개이다가(2006-12년) 3-4개로 늘어났다(2013-15년). 70% 이상 비율을 가진 적이 있는 재벌은 모두 13개이며, 이 중 6개는 '90% 이상'을, 5개는 '80-89%'를, 그리고 2개는 '70-79%'를 가진 적이 있었다.

둘째, '50-69%' 재벌은 2003-2012년에 1-3개였으며 2013-2014년에 4-7개로 늘어났다가 2015년 현재에는 3개이다. 이 중 '50-59%' 재벌은 1-3개(2003-07, 2010-15년) 그리고 '60-69%' 재벌은 1-4개(2005-14년)였다. 50-69% 비율을 가진 적이 있는 재벌은 모두 8개이며, 이 중 5개는 '50-59%'를 그리고 3개는 '60-69%'를 가진 적이 있었다.

셋째, '30-49%' 재벌은 2001년에는 1개였고, 2006-2011, 2014년에는 2-4개였으며, 2012-2013, 2015년에는 5-6개였다. 이 중 '40-49%'는 2006, 2008-2013년 1-2개 그리고 2007, 2014-2015년 3-4개였다. 또, '30-39%'는 2001, 2006-2010년 1개 그리고 2011-2013, 2015년 2-5개였다. 30-49% 비율을 가진 적이 있는 재벌은 모두 6개이며, 이 중 5개는 '40-49%'를 그리고 1개는 '30-39%'를 가진 적이 있었다.

넷째, 소극적인 지주회사체제에 속하는 '30% 미만' 재벌은 2001-2004년 1-2개 그리고 2005년 이후 3-5개(2013년은 2개)이다. 총 수는 7개이다. 4개 범위 중 '30% 미만' 재벌의 비중은 2007년 이후 크게 줄어들어, 2007-2011, 2015년에는 25% 내외(21-29%) 그리고 2012-2014년에는 10% 내외(9-14%)였다. 특히, 2008년부터(9-27%)는 '70% 이상' 재벌의 비중(36-48%)에 비해 많이 작아졌다.

2.4 지주회사체제 편입 계열회사 수

2001-2015년 사이 지주회사체제를 채택한 34개 재벌 중 7개는 지주회사체제 내에 30개 이상 계열회사를 그리고 18개는 10-29개 계열회사를 편입한 적이 있었다. 나머지 9개 재벌은 10개 미만 계열회사를 편입하였다. 지주회사체제 편입 계열회사는 지주회사 및 계열회사이며, 후자의 계열회사에는 자회사, 손자회사 및 증손회사가 포함된다. 지주회사체제 편입 회사 수에 따라 지주회사체제 달성 비율이 결정된다. 편입 회사 수가 많고 체제 달성 비율이 높으면 지주회사체제가 보다 성숙하게 그리고 보다 짜임새 있게 구축된 것으로 볼 수 있다.

연도별로 보면, 지주회사체제를 채택한 재벌이 2-24개 사이에서 증가하는 가운데, 3개 범위의 지주회사체제 편입 계열회사 수 중 첫 두 범위에 속하는 재벌의 수는 증가하였고 세 번째 범위에 속하는 재벌의 수는 비슷한 수준이 유지되었다. '30개 이상 계열회사' 편입 재벌은 1-6개 사이, '10-29개' 편입 재벌은 2-12개 사이, 그리고 '10개 미만' 편입 재벌은 1-8개 사이였다.

2001년에는 지주회사체제를 채택한 2개 재벌이 모두 '10-29개' 편입 회사를 가졌다. 또 2006년에는 9개 재벌 중 5개는 '10-29개' 편입 회사를 그리고 4개는 '10개 미만' 편입 회사를 가졌다. 이 2개 연도를 제외하고는 지주회사체제 편입 계열회사 수는 3개 범위(30개 이상, 10-29개, 10개 미만)에 속하였다.

첫째, '30개 이상' 편입 재벌은 2003-2005, 2007년 1개, 2008-2010년 3-4개, 2011-2015년 5-6개 등으로 늘어났다. 3개 범위 중 '30개 이상' 편입 재벌이 차지하는 비중은 2008년 이후 25% 내외(23-30%)이다. 이들 중, '30-39개' 편입 재벌은 2003-2005, 2007-2008, 2010-2015년 1-3개, '40-49개'는 2008-2013년 1개, '50-59개'는 2008년 이후 1-3개, 그리고 '60-69개'는 2010년 이후 1-2개이다. 30개 이상 계열회사를 편입한 적이 있는 재벌은 모두 7개이며, 이 중 2개는 '60-69개'를, 2개는 '50-59개'를, 그리고 3개는 '30-39개'를 편입한 적이 있었다.

둘째, '10-29개' 편입 재벌은 2001-2005년 2-3개, 2006-2011년 4-9개, 2012년 이후 10-12개 등으로 증가하였다. 3개 범위 중에서의 비중이 2개 연도(2005, 2008년)를 제외하고는 가장 높다 (2001년 100%, 다른 연도 42-57%). 이들 중 '10-19개' 편입 재벌은 2001-2010년 2-5개 그리고 2011년 이후 6-9개이며, '20-29개' 재벌은 2006년 이후 1-5개이다. 10-29개 계열회사를 편입한 적이 있는 재벌은 모두 18개이며, 이 중 5개는 '20-29개'를 그리고 대다수인 13개는 '10-19개'를 편입한 적이 있었다.

셋째, '10개 미만' 편입 재벌은 2003-2004년 1-2개 그리고 2005년 이후 4-8개였다. 총수는 9개이다. 3개 범위 중에서의 비중은 2003-2004년 및 2009년 이후 33% 이하(18-33%)였으며, 2011-2014년(18-25%)에는 '30개 이상' 편입 재벌(24-30%)보다 작았다.

3. 재벌 순위

3.1 34개 재벌, 2001-2015년

2001-2015년 사이 지주회사체제를 채택한 34개 재벌 중 10개는 공정거래법상 사기업집단 중에서의 순위 1-10위에 그리고 11개는 11-30위에 속한 적이 있었다. 나머지 13개 재벌은 31위 이하였다. 3개 범위의 순위에 속하는 재벌은 증가 추세를 보였다. '1-10위' 재벌은 2001년 이후 2-7개 사이, '11-30위' 재벌은 2006년 이후 1-7개 사이, 그리고 '31위 이하' 재벌은 2003년 이후 1-11개 사이였다.

2007년부터는 재벌의 순위가 보다 다양해져 5개 범위(1-5위, 6-10위, 11-20위, 21-30위, 31위 이하)에 속하게 되었다. '1-10위' 10개 재벌 중 5개는 '1-5위'에 그리고 5개는 '6-10위'에 속한 적이 있었다. '11-30위' 11개 재벌 중에서는 6개는 '11-20위'에 그리고 5개는 '21-30위'에 속한 적이 있었다. 한편, '31위 이하' 재벌은 2010년 이후 다른 2개 범위(1-10위, 11-30위)보다 큰 비중을 차지하였다 (<표 3.2>, <표 3.3>, <그림 3.5>, <그림 3.6>, <그림 3.7>).

3.1.1 '1-10위' 10개 재벌

첫째, 1-10위에 속한 적이 있는 재벌은 10개이다. 5개(SK, LG; 삼성, 롯데, 현대자동차)는 1-5위에 그리고 5개(GS, 농협, 한진, 금호아시아나; 한화)는 6-10위에 속한 적이 있었다.

앞의 5개 재벌은 모두 1-5위를 유지하였고, 뒤의 5개 재벌 중에서는 2개(농협; 한화)가 10위 밖의 순위를 가진 적이 있었다.

10개 재벌 중 6개는 적극적인 지주회사체제를 그리고 4개(삼성, 롯데, 한화, 현대자동차)는 소극적인 지주회사체제를 채택하였으며, 10개 재벌 중 8개는 2015년 현재 지주회사체제를 채택하고 있고 2개(금호아시아나; 현대자동차)는 그 이전에 채택한 적이 있었다.

둘째, 적극적인 지주회사체제를 채택한 6개 재벌 중 SK와 LG는 1-5위를 줄곧 유지하였다. 이들은 서로 경쟁 관계였다. 2001-2005년에는 LG(2-3위)가 SK(3-4위)보다 순위가 앞섰으나, 2006년부터는 SK는 3위 그리고 LG는 4위이다. 두 재벌은 각각 2000년과 2001년에

〈표 3.2〉 지주회사체제를 채택한 34개 재벌의 순위, 2001-2015년:
(1) 해당 범위의 순위를 갖는 재벌의 수 및 비중 (개, %)

* 지주회사체제를 채택한 재벌 (개)

	2001	2003	2004	2005	2006	2007	2008	2009	2010	2011	2012	2013	2014	2015	총수
지주회사체제 채택 재벌	2	4	6	9	9	14	11	13	17	20	21	21	22	24	34
적극적인 지주회사체제	1	3	4	4	5	10	8	10	13	15	18	19	19	19	26
소극적인 지주회사체제	1	1	2	5	4	4	3	3	4	5	3	2	3	5	8

(1) 해당 범위의 순위를 갖는 재벌의 수 (개)

	2001	2003	2004	2005	2006	2007	2008	2009	2010	2011	2012	2013	2014	2015	총수
1-5위	2	2	3	4	4	4	3	3	3	3	3	3	3	4	5
6-10위				2	1	2	2	1	2	3	3	3	3	3	5
[1-10위]	[2	2	3	6	5	6	5	4	5	6	6	6	6	7	10]
11-20위					1	2	3	4	4	4	4	4	4	5	6
21-30위						1	2	2	2	2	3	2	2	1	5
[11-30위]					[1	3	5	6	6	6	7	6	6	6	11]
31위 이하		2	3	3	3	5	1	3	6	8	8	9	10	11	13

(2) 해당 범위의 순위를 갖는 재벌의 비중 (%)

	2001	2003	2004	2005	2006	2007	2008	2009	2010	2011	2012	2013	2014	2015	총수
1-10위	100	50	50	67	56	43	45	31	30	30	29	29	27	29	30
11-30위					11	21	46	46	35	30	33	28	27	25	32
31위 이하		50	50	33	33	36	9	23	35	40	38	43	46	46	38

주: 총수: 해당 범위에 속한 적이 있는 재벌의 수이며, 상위 범위에 속한 적이 있는 재벌 기준.
출처: 〈표 3.1〉.

〈표 3.3〉 지주회사체제를 채택한 34개 재벌의 순위, 2001-2015년: (2) 재벌별 순위 (위)

(1) 1-5위에 속한 적이 있는 5개 재벌 (* 소극적인 지주회사체제 채택 재벌)

	2001	2003	2004	2005	2006	2007	2008	2009	2010	2011	2012	2013	2014	2015
SK	4	3	4	4	3	3	3	3	3	3	3	3	3	3
LG	3	2	2	3	4	4	4	4	4	4	4	4	4	4
삼성*			1	1	1	1	1	1	1	1	1	1	1	1
롯데*				5	5									5
현대자동차*						2								

(2) 6-10위에 속한 적이 있는 5개 재벌

	2001	2003	2004	2005	2006	2007	2008	2009	2010	2011	2012	2013	2014	2015
GS				9	8	8	7	8	7	8	8	8	8	7
농협											34	9	9	9
한진									10	9	9	10	10	10
한화*				10	11	12	12	13	13	10	10	11	11	11
금호아시아나						9	10							

(3) 11-20위에 속한 적이 있는 6개 재벌

	2001	2003	2004	2005	2006	2007	2008	2009	2010	2011	2012	2013	2014	2015
CJ						19	17	19	18	16	14	15	15	15
LS							18	17	15	15	15	17	16	16
부영									24	23	23	23	21	20
대림*														19
두산								12	12	12	12	13	13	
동부*										20	19			

(4) 21-30위에 속한 적이 있는 5개 재벌

	2001	2003	2004	2005	2006	2007	2008	2009	2010	2011	2012	2013	2014	2015
현대백화점					31	27	31	33	34	30	28	26	25	23
코오롱									36	33	30	32	31	32
한진중공업					32	29	29	29	31	36	33	33	33	
STX			28											
대한전선*							30	25	31	39				

(5) 31위 이하 13개 재벌

	2001	2003	2004	2005	2006	2007	2008	2009	2010	2011	2012	2013	2014	2015
한라													35	34
한국타이어													38	35
세아			33	32	36	38		38	44	44	42	42	44	41
태영											48	48	46	44
아모레퍼시픽						48						52	48	46
대성										43	41	37	40	47
하이트진로									38	42	44	47	47	48
한솔														50
태광*										46	43	43	39	40
동원		32	31											
웅진								34	33	32	31	49		
농심		42	39	43	44	46								
오리온						54								

주: 아모레퍼시픽 = 2007년 태평양, 하이트진로 = 2010년 하이트맥주.
출처: 〈부록 2〉, 〈부록 3〉.

〈그림 3.5〉 적극적인 지주회사체제를 채택한 재벌의 순위, 2001-2015년:
(1) 1-10위에 속한 적이 있는 5개 재벌 (위)

(출처: <표 3.3>)

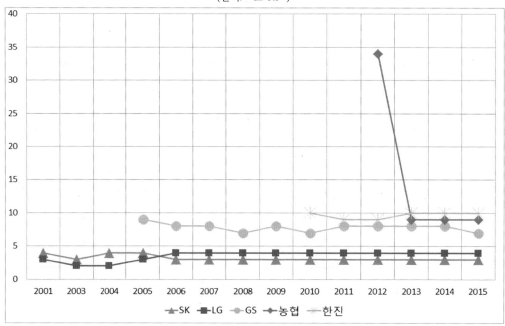

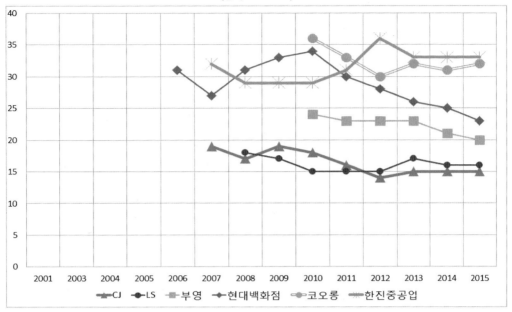

〈그림 3.6〉 적극적인 지주회사체제를 채택한 재벌의 순위, 2001-2015년:
(2) 11-30위에 속한 적이 있는 6개 재벌 (위)

(출처: <표 3.3>)

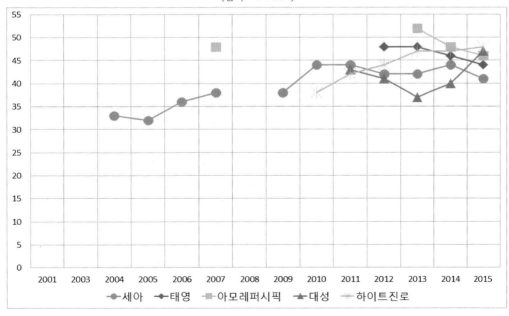

〈그림 3.7〉 적극적인 지주회사체제를 채택한 재벌의 순위, 2001-2015년:
(3) 31위 이하 5개 재벌 (위)

(출처: <표 3.3>)

재벌 중에서는 첫 번째, 두 번째로 지주회사체제를 도입하였다. SK는 2006년까지는 소극적인 지주회사체제를 유지하다가 2007년부터 적극적인 체제로 전환하였고, LG는 2001년 처음부터 적극적인 체제를 채택하였다.

GS와 한진의 순위는 줄곧 6-10위였다. GS는 2005년 이후 7-9위 그리고 한진은 2010년 이후 9-10위이다. GS에서는 2005년 첫 해에는 소극적인 지주회사체제였다가 2006년에 적극적인 체제로 바뀌었다. 농협은 2012년 처음 지주회사체제를 도입했을 때는 34위였는데 2013년 9위로 급상승한 뒤 같은 순위를 유지하였다. 한편, 금호아시아나는 지주회사체제를 유지한 2007-2008년에 순위가 9-10위였다.

셋째, 소극적인 지주회사체제를 채택한 4개 재벌 중 삼성은 2004년 이후 줄곧 1위이다. 한화의 순위는 2005년 이후 3개 연도(2005, 2011-12년)에서 10위였고 나머지 8개 연도에서는 10위 밖(11-13위)이었다. 롯데의 경우는 2005-2006년에 지주회사체제를 채택했다가 2015년에 다시 채택했는데 순위는 5위이다. 현대자동차는 지주회사체제를 채택한 2007년의 순위가 2위였다.

3.1.2 '11-30위' 11개 재벌

첫째, 11-30위에 속한 적이 있는 재벌은 11개이다. 6개(CJ, LS, 부영, 두산; 대림, 동부)는 11-20위에 그리고 5개(현대백화점, 코오롱, 한진중공업, STX; 대한전선)는 21-30위에 속한 적이 있었다. 앞의 6개 재벌 중 1개(부영)를 제외한 5개는 11-20위를 줄곧 유지하였으며, 뒤의 5개 재벌 중에서는 1개(STX)만 21-30위를 유지하였다.

11개 재벌 중 8개는 적극적인 지주회사체제를 그리고 3개(대림, 동부, 대한전선)는 소극적인 지주회사체제를 채택하였으며, 11개 재벌 중 7개는 2015년 현재 지주회사체제를 채택하고 있고 4개(두산, STX; 동부, 대한전선)는 그 이전에 채택한 적이 있었다.

둘째, 적극적인 지주회사체제를 채택한 8개 재벌 중 CJ와 LS는 15위 내외 순위를 유지하였다. CJ는 2007년 이후 14-19위 사이에서 순위가 상승하였으며, LS는 2008년 이후 15-18위이다. 두산은 지주회사체제를 유지한 2009-2014년의 순위가 12-13위였다. 부영의 경우, 2010-2014년에는 20위 밖(21-24위)에 있다가 2015년 처음으로 11-20위(20위)에 속하게 되었다. CJ와 부영은 첫 해(2007년, 2010년)에는 소극적인 지주회사체제를 채택하였으며, 이듬해부터 적극적인 체제를 구축하기 시작하였다.

현대백화점, 코오롱 및 한진중공업의 순위는 30위 내외였다. 현대백화점은 2006년 이후 23-34위 사이(23-30, 31-34위)에서 순위가 상승하였고, 한진중공업은 2007년 이후 29-36위 사이(29, 31-36위)에서 하락하였으며, 코오롱은 2010년 이후 30-36위(30, 31-36위)였다. STX는 지주회사체제를 채택한 2005년의 순위가 28위였다.

셋째, 소극적인 지주회사체제를 채택한 3개 재벌 중, 대림은 2015년에 19위, 동부는 2011-2012년에 19-20위, 그리고 대한전선은 2008-2011년에 25-39위(25-30, 31-39위)였다.

3.1.3 '31위 이하' 13개 재벌

첫째, 순위가 31위 이하인 재벌은 13개이다. 1개(태광)는 소극적인 지주회사체제를 그리고 나머지 12개(한라, 한국타이어, 세아, 태영, 아모레퍼시픽, 대성, 하이트진로, 한솔, 동원, 웅진, 농심, 오리온)는 적극적인 지주회사체제를 채택하였다. 13개 재벌 중 9개는 2015년 현재 지주회사체제를 채택하고 있고, 4개(동원, 웅진, 농심, 오리온)는 그 이전에 채택한 적이 있었다.

둘째, 2015년 현재 적극적인 지주회사체제를 채택하고 있는 8개 중에서는, 한라(34-35위, 2014-15년)와 한국타이어(35-38위, 2014-15년)의 순위가 35위 내외로 높은 편이다. 세아, 하이트진로 및 대성의 순위는 40위 내외였다. 세아는 2004년 이후 32-44위(32-38, 41-44위), 하이트진로는 2010년 이후 38-48위(38, 42-48위), 대성은 2011년 이후 37-47위(37, 40-47위) 등이다. 또 태영은 44-48위(2012년 이후), 아모레퍼시픽은 46-52위(2007, 2013-15년), 그리고 한솔은 50위(2015년)였다. 한편, 2015년 현재 소극적인 지주회사체제를 채택하고 있는 태광의 순위는 2011년 이후 39-46위(39, 40-46위)이다.

셋째, 2015년 이전에 적극적인 지주회사체제를 채택한 4개 재벌 중에서는 동원(31-32위, 2003-04년)의 순위가 가장 높고, 그다음이 웅진(31-49위, 2009-13년), 농심(39-46위, 2003-07년), 오리온 54위(2007년) 등의 순이다. '54위'는 2001년 이후 지주회사체제를 채택한 34개 재벌의 순위들 중 가장 낮은 순위이다. '52위'(아모레퍼시픽, 2013년)와 '50위'(한솔, 2015년)도 각각 한 차례씩 있었다.

3.2 24개 재벌, 2015년

2015년 9월 현재 지주회사체제를 채택하고 있는 재벌은 24개이다. 2001년 이후 역대 최고치이다. 전체 공정거래법상 대규모사기업집단 중에서 차지하는 비중 또한 48%(50개 중 24)로 가장 높다. 24개 재벌 중 19개는 적극적인 지주회사체제를 그리고 5개는 소극적인 지주회사체제를 채택하고 있다. 2015년의 '19개'는 2013-2014년과 함께 가장 큰 수치이며, 2015년의 '5개'도 2005, 2011년과 함께 가장 큰 수치이다 (<표 3.4>, <그림 3.8>; <표 2.1>, <표 3.2>, <표 3.3> 참조).

24개 재벌의 순위(자산총액 기준)는 1위에서 50위 사이이다. 7개는 1-10위, 6개는 11-30위, 그리고 11개는 31위 이하이다. 2015년의 '7개'는 2001년 이후 최고치이며, 앞의 두 범위를 합한 '13개' 역시 2012년과 함께 가장 큰 수치이다. 자산총액이 크고 한국경제에서 보다 큰 영향력을 행사하고 있는 상위 재벌들이 지주회사체제에 대해 큰 관심을 가지고 있음을 알 수 있다. 한편, 31위 이하 '11개'도 2001년 이후 가장 큰 수치이다.

적극적인 지주회사체제를 채택하고 있는 19개 재벌의 순위는 3위에서 50위 사이이다. '1-10위' 5개, '11-30위' 4개, 그리고 '31위 이하' 10개이다: ① SK(3위), LG(4위), GS(7위), 농협(9위), 한진(10위); ② CJ(15위), LS(16위), 부영(20위), 현대백화점(23위); ③ 코오롱(32위), 한진중공업(33위), 한라(34위), 한국타이어(35위), 세아(41위), 태영(44위), 아모레퍼시픽(46위), 대성(47위), 하이트진로(48위), 한솔(50위).

<표 3.4> 지주회사체제를 채택한 24개 재벌의 순위, 2015년 9월 (개, %)

(1) 해당 범위의 순위를 갖는 재벌의 비중

		1-30위			31위 이하	합
		1-10위	11-30위	합		
대규모사기업집단	(A, 개)	10	20	30	20	50
지주회사체제 채택 재벌	(a, 개)	7	6	13	11	24
적극적인 지주회사체제	(a1)	5	4	9	10	19
소극적인 지주회사체제	(a2)	2	2	4	1	5
	a/A (%)	70	30	43	55	48
	a1/A (%)	50	20	30	50	38

(2) 24개 재벌: '재벌 순위' 순

그룹			지주회사체제				지주회사체제
이름	순위	계열회사 (A, 개)	지주회사 (a)	순위	계열회사 (b, 개)	a+b (B, 개)	달성 비율 (B/A, %)
적극적인 지주회사체제 (19개)							
SK	3	82	SK㈜	1	67	68	
			SK이노베이션	2	13	14	
			SK E&S	6	11	12 [68]	83
LG	4	63	㈜LG	3	55	56	89
GS	7	79	㈜GS	4	37	38	
			GS에너지	5	18	19 [38]	48
농협	9	39	농협경제지주	14	15	16	
			농협금융지주	2	18	19 [35]	90
한진	10	46	한진칼	16	18	19	41
CJ	15	65	CJ㈜	8	49	50	
			케이엑스홀딩스	42	12	13 [52]	80
LS	16	48	㈜LS	11	24	25	52
부영	20	15	부영	7	4	5	
			동광주택산업	51	1	2 [7]	47
현대백화점	23	32	현대HC&	52	11	12	38
코오롱	32	43	코오롱	21	34	35	81
한진중공업	33	9	한진중공업홀딩스	20	8	9	100
한라	34	23	한라홀딩스	19	15	16	70
한국타이어	35	16	한국타이어월드와이드	9	8	9	56
세아	41	21	세아홀딩스	22	15	16	76
태영	44	44	SBS미디어홀딩스	37	15	16	36
아모레퍼시픽	46	12	아모레퍼시픽그룹	15	10	11	92
대성	47	73	서울도시개발	70	23	24	33
하이트진로	48	12	하이트진로홀딩스	13	10	11	92
한솔	50	21	한솔홀딩스	39	10	11	52
소극적인 지주회사체제 (5개)							
삼성	1	67	삼성종합화학	10	2	3	4
롯데	5	80	이지스일호	29	2	3	4
한화	11	52	한화도시개발	81	5	6	12
대림	19	24	대림에너지	85	4	5	21
태광	40	32	티브로드	47	6	7	22

주: 1) 그룹 순위는 2015년 4월 현재 공기업집단(11개)을 제외한 50개 대규모사기업집단 중에서의 순위; 지주회사 순위는 2015년 9월 현재 130개 일반지주회사 중에서의 순위, '농협금융지주' 순위는 10개 금융지주회사 중에서의 순위.
2) 그룹 계열회사는 2015년 4월 현재; 지주회사 계열회사는 2014년 12월 현재 (대림에너지와 한솔홀딩스는 2015년 1월, SK㈜는 2015년 8월 현재).
3) SK이노베이션과 SK E&S는 SK㈜의 자회사, GS에너지는 ㈜GS의 자회사, 케이엑스홀딩스는 CJ㈜의 자회사.
출처: 〈부록 표 2.14〉.

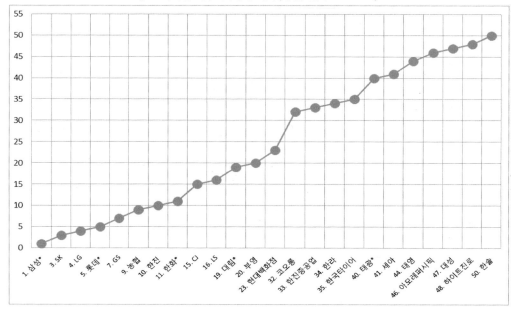

〈그림 3.8〉 지주회사체제를 채택한 24개 재벌의 순위, 2015년 9월 (위)

(* 소극적인 지주회사체제 채택 재벌; 출처: <표 3.4>)

소극적인 지주회사체제를 채택하고 있는 5개 재벌의 순위는 1위에서 40위 사이이다. '1-10위' 2개, '11-30위' 2개, 그리고 '31위 이하' 1개이다. ① 삼성(1위), 롯데(5위); ② 한화(11위), 대림(19위); ③ 태광(40위).

이들 중, SK와 LG는 2001년 이후 1-5위 순위를 유지하고 있으며, 2006년 이후 각각 3위와 4위이다. 한솔과 대림은 2015년에 처음 지주회사체제를 채택하였으며, 롯데는 2005-2006년에 채택했다가 2015년에 다시 채택하였다.

4. 지주회사 수

4.1 34개 재벌, 2001-2015년

2001-2015년 사이 지주회사체제를 채택한 34개 재벌 중 대다수인 24개는 1개 지주회사를 가졌으며, 나머지 10개는 2개 이상 지주회사를 가진 적이 있었다. 두 범위의 지주회사

수를 갖는 재벌의 수는 증가 추세를 보였다. '1개 지주회사' 보유 재벌은 2001년 이후 2-19개 사이, 그리고 '2개 이상 지주회사' 보유 재벌은 2005년 이후 1-9개 사이였다.

2011년 이후에는 지주회사의 수가 3개 범위(3개, 2개, 1개)에 속하게 되었다. 2개 이상 지주회사를 보유한 적이 있는 10개 재벌 중, 6개는 2개 지주회사를, 3개는 3개 지주회사를, 그리고 1개는 4개 지주회사를 가진 적이 있었다. 4개 지주회사를 갖는 재벌은 2010년에 한 차례 생긴 적이 있었다. '1개 지주회사' 보유 재벌은 '2개 이상 지주회사' 보유 재벌보다 월등하게 많았는데, 지주회사 수의 범위가 3개(3개, 2개 1개)로 유지된 2011년 이후에는 전자와 후자가 차지하는 비중의 격차가 상대적으로 줄어들었다 (<표 3.5>, <표 3.6>).

4.1.1 '2개 이상 지주회사' 보유 10개 재벌

첫째, 2개 이상 지주회사를 보유한 적이 있는 재벌은 10개이다. 1개(CJ)는 4개 지주회사를, 3개(SK, 대성; 태광)는 3개 지주회사를, 그리고 6개(부영, GS, 농협, 한진, 두산; 롯데)는 2개 지주회사를 가진 적이 있었다. 이들 중 2개 재벌(농협, 두산)은 줄곧 2개 지주회사를 유지하였고, 다른 8개 재벌은 낮은 범위의 지주회사 수를 가진 적이 있었다.

10개 재벌 중 8개는 적극적인 지주회사체제를 그리고 2개(태광, 롯데)는 소극적인 지주회사체제를 채택하였으며, 10개 중 1개(두산)를 제외한 9개는 2015년 현재 지주회사체제를 채택하고 있다.

둘째, CJ는 2010년에 한 번 4개 지주회사를 가진 적이 있었으며, 2007년 이후의 다른 연도에는 1-2개의 지주회사를 가졌다. 연도별로는 1-4개씩이며, 지주회사의 총 수는 5개이다.

셋째, SK는 2001년 이후 3개 연도(2011, 2014-15년)에 3개의 지주회사를 가졌으며, 다른 연도에는 1-2개를 가졌다. 대성과 태광은 2011년 이후 각각 2개 연도(2011-12년), 1개 연도(2013년)에 3개 지주회사를 가졌으며, 다른 연도에는 1-2개를 가졌다.

넷째, 2개 지주회사를 보유한 적이 있는 6개 재벌 중 농협은 2012년 이후 그리고 두산은 2009-2014년에 2개 지주회사를 줄곧 유지하였다. 다른 4개 재벌은 일부 연도에만 2개 지주회사를 가졌다. 부영은 2010년 이후 5개 연도(2011-15년), GS는 2005년 이후 4개 연도(2012-15년), 한진은 2010년 이후 2개 연도(2013-14년), 그리고 롯데는 2005-2006, 2015년 중 처음 2개 연도이다. 한편, 두산과 롯데의 경우, 보유 지주회사는 매년 각각 2개, 1-2개인데, 총수는 3개이다.

<표 3.5> 지주회사체제를 채택한 34개 재벌 소속 지주회사 수, 2001-2015년:
(1) 해당 범위의 지주회사를 갖는 재벌의 수 및 비중 (개, %)

* 지주회사체제를 채택한 재벌 (개)

	2001	2003	2004	2005	2006	2007	2008	2009	2010	2011	2012	2013	2014	2015	총수
지주회사체제 채택 재벌	2	4	6	9	9	14	11	13	17	20	21	21	22	24	34
적극적인 지주회사체제	1	3	4	4	5	10	8	10	13	15	18	19	19	19	26
소극적인 지주회사체제	1	1	2	5	4	4	3	3	4	5	3	2	3	5	8

(1) 해당 범위의 지주회사를 갖는 재벌의 수 (개)

	2001	2003	2004	2005	2006	2007	2008	2009	2010	2011	2012	2013	2014	2015	총수
4개									1						1
3개										2	1	1	1	1	3
2개				1	1	1	2	3	2	2	6	8	7	4	6
[2개 이상]				[1	1	1	2	3	3	4	7	9	8	5	10]
1개	2	4	6	8	8	13	9	10	14	16	14	12	14	19	24

(2) 해당 범위의 지주회사를 갖는 재벌의 비중 (%)

	2001	2003	2004	2005	2006	2007	2008	2009	2010	2011	2012	2013	2014	2015	총수
2개 이상				11	11	7	18	23	18	20	33	43	36	21	29
1개	100	100	100	89	89	93	82	77	82	80	67	57	64	79	71

주: 총수: 해당 범위에 속한 적이 있는 재벌의 수이며, 상위 범위에 속한 적이 있는 재벌 기준.
출처: <표 3.1>.

<표 3.6> 지주회사체제를 채택한 34개 재벌 소속 지주회사 수, 2001-2015년:
(2) 재벌별 지주회사 수 (개)

(1) 4개 지주회사를 가진 적이 있는 1개 재벌 (* 소극적인 지주회사체제 채택 재벌)

	2001	2003	2004	2005	2006	2007	2008	2009	2010	2011	2012	2013	2014	2015	총수
CJ						1	2	2	4	1	1	2	2	2	5

(2) 3개 지주회사를 가진 적이 있는 3개 재벌

	2001	2003	2004	2005	2006	2007	2008	2009	2010	2011	2012	2013	2014	2015	총수
SK	1	1	1	1	1	2	2	2	2	3	2	2	3	3	3
대성										3	3	2	2	1	3
태광*										1	2	3	1	1	3

(3) 2개 지주회사를 가진 적이 있는 6개 재벌

	2001	2003	2004	2005	2006	2007	2008	2009	2010	2011	2012	2013	2014	2015	총수
부영									1	2	2	2	2	2	2
GS				1	1	1	1	1	1	1	2	2	2	2	2
농협											2	2	2	2	2
한진									1	1	1	2	2	1	2
롯데*				2	2									1	3
두산								2	2	2	2	2	2		3

(4) 1개 지주회사를 가진 24개 재벌

	2001	2003	2004	2005	2006	2007	2008	2009	2010	2011	2012	2013	2014	2015	총수
LG	1	1	1	1	1	1	1	1	1	1	1	1	1	1	1
세아			1	1	1	1		1	1	1	1	1	1	1	1
현대백화점					1	1	1	1	1	1	1	1	1	1	1
한진중공업						1	1	1	1	1	1	1	1	1	1
LS								1	1	1	1	1	1	1	1
코오롱									1	1	1	1	1	1	1
하이트진로									1	1	1	1	1	1	1
태영											1	1	1	1	1
아모레퍼시픽						1					1	1	1	1	1
한국타이어												1	1	1	1
한라												1	1	1	1
한솔													1	1	1
한화*				1	1	1	1	1	1	1	1	1	1	1	2
삼성*			1	1	1	1	1	1	1	1	1	1	1	1	1
대림*													1	1	1
웅진									1	1	1	1	1		1
농심		1	1	1	1	1									1
금호아시아나						1	1								1
동원		1	1												1
오리온						1									1
STX				1											1
대한전선*							1	1	1	1					1
동부*										1	1				1
현대자동차*						1									1

주: 아모레퍼시픽 = 2007년 태평양, 하이트진로 = 2010년 하이트맥주.
출처: 〈부록 2〉, 〈부록 3〉.

4.1.2 '1개 지주회사' 보유 24개 재벌

첫째, 1개 지주회사를 보유한 재벌은 24개이다. 24개 재벌 중 18개는 적극적인 지주회사 체제를 그리고 6개는 소극적인 지주회사체제를 채택하였으며, 24개 중 15개는 2015년 현재 지주회사체제를 채택하고 있고 9개는 그 이전에 채택한 적이 있었다.

둘째, 적극적인 지주회사체제를 채택한 18개 재벌 중 12개는 2015년 현재 지주회사체제를 채택하고 있다: LG(2001년 이후), 세아(2004-07, 2009-15년), 현대백화점(2006년 이후), 한진중공업(2007년 이후), LS(2008년 이후), 코오롱(2010년 이후), 하이트진로(2010년 이후), 태영(2012년 이후), 아모레퍼시픽(2007, 2013-15년), 한국타이어(2014년 이후), 한라(2014년 이후), 한솔(2015년). 나머지 6개는 2015년 이전에 지주회사체제를 채택한 적이 있었다. 웅진(2009-13년), 농심(2003-07년), 금호아시아나(2007-08년), 동원(2003-04년), 오리온(2007년), STX(2005년) 등이다.

셋째, 소극적인 지주회사체제를 채택한 6개 재벌 중에서는, 3개는 2015년 현재 지주회사체제를 채택하고 있고, 3개는 그 이전에 채택한 적이 있었다: 한화(2005년 이후), 삼성(2004년 이후), 대림(2015년); 대한전선(2008-11년), 동부(2011-12년), 현대자동차(2007년). 한화의 경우, 보유 지주회사는 매년 1개인데 총 수는 2개이다.

4.2 24개 재벌, 2015년

2015년 현재 지주회사체제를 채택하고 있는 재벌은 24개이다. 2001년 이후 가장 많다. 24개 재벌 중 1개는 3개 지주회사를, 4개는 2개 지주회사를, 그리고 나머지 19개는 1개 지주회사를 보유하고 있다. 2개 이상 지주회사 보유 재벌 수 '5개'는 이전 3개 연도(7-9개, 2012-14년)에 비해 줄어든 수치이다. 반면 1개 지주회사 보유 재벌 수 '19개'는 2001년 이후 가장 큰 수치이다 (<표 3.7>; <표 2.1>, <표 3.5>, <표 3.6> 참조).

2-3개 지주회사를 보유하고 있는 5개 재벌은 모두 적극적인 지주회사체제를 채택하고 있다. SK는 유일하게 3개 지주회사(SK㈜, SK이노베이션, SK E&S)를 가지고 있다. 뒤의 2개 지주회사는 앞의 지주회사의 자회사이다. 즉 'SK㈜ → SK이노베이션 + SK E&S'의 구조이다.

2개 지주회사를 가지고 있는 GS와 CJ에서도 1개 지주회사가 다른 1개 지주회사의 자회사이다. 즉, '㈜GS → GS에너지', 'CJ㈜ → 케이엑스홀딩스'의 구조이다. CJ는 2010년에 4개 지주회사를 가진 적이 있다. 반면, 부영(부영, 동광주택산업)과 농협(농협경제지주, 농협금융지주)에서는 2개 지주회사가 서로 독립적이다. 농협의 경우, 2개 지주회사 중 1개는 일반지주회사이고 1개는 금융지주회사이다.

1개 지주회사를 보유하는 19개 재벌 중에서는, 14개는 적극적인 지주회사체제를 그리고 5개는 소극적인 지주회사체제를 채택하고 있다. 앞의 14개 재벌 중 2개(한진, 대성) 그리고 뒤의 5개 재벌 중 2개(롯데, 태광)는 이전 연도에 2-3개의 지주회사를 가진 적이 있었다.

대성과 롯데는 이전 연도에 줄곧 각각 3-2개, 2개 지주회사를 가졌으며(2011-12년 대성홀딩스·대성합동지주·서울도시개발, 2013-14년 뒤 2개 회사; 2005-06년 롯데산업·롯데물산), 한진과 태광은 이전 연도 중 일부에서 각각 2개, 2-3개의 지주회사를 가졌다(2013-14년 한진해운홀딩스·한진칼; 2012년 티브로드·티브로드도봉강북방송, 2013년 티브로드전주방송 추가). 롯데의 경우에는 이전 연도와는 다른 지주회사(이지스일호)가 2015년에 새로 생겼으며, 다른 3개 재벌(대성, 한진, 태광)에서는 이전의 2-3개 지주회사 중 1개(서울도시개발, 한진칼, 티브로드)가 2015년에 존속하였다.

〈표 3.7〉 지주회사체제를 채택한 24개 재벌, 2015년 9월: 지주회사 수 (개, %)

(1) 해당 범위의 지주회사를 갖는 재벌의 비중

	2개 이상			1개	합
	3개	2개	합		
지주회사체제 채택 재벌 (a, 개)	1	4	5	19	24
적극적인 지주회사체제	1	4	5	14	19
소극적인 지주회사체제				5	5
(a, %)			21	79	100

(2) 2개 이상 지주회사를 보유한 5개 재벌 중 다음 유형에 속하는 재벌의 수

일반지주회사 → 일반지주회사·자회사 + 일반지주회사·자회사	일반지주회사 → 일반지주회사·자회사	일반지주회사 + 일반지주회사	일반지주회사 + 금융지주회사
1개	2개	1개	1개
[SK]	[GS, CJ]	[부영]	[농협]

(3) 24개 재벌: '지주회사 수' 순

그룹			지주회사체제				지주회사체제
이름	순위	계열회사 (A, 개)	지주회사 (a)	순위	계열회사 (b, 개)	a+b (B, 개)	달성 비율 (B/A, %)
적극적인 지주회사체제 (19개)							
SK	3	82	SK㈜	1	67	68	
			SK이노베이션	2	13	14	
			SK E&S	6	11	12 [68]	83
GS	7	79	㈜GS	4	37	38	
			GS에너지	5	18	19 [38]	48
농협	9	39	농협경제지주	14	15	16	
			농협금융지주	2	18	19 [35]	90
CJ	15	65	CJ㈜	8	49	50	
			케이엑스홀딩스	42	12	13 [52]	80
부영	20	15	부영	7	4	5	
			동광주택산업	51	1	2 [7]	47
LG	4	63	㈜LG	3	55	56	89
한진	10	46	한진칼	16	18	19	41
LS	16	48	㈜LS	11	24	25	52
현대백화점	23	32	현대HC&	52	11	12	38
코오롱	32	43	코오롱	21	34	35	81
한진중공업	33	9	한진중공업홀딩스	20	8	9	100
한라	34	23	한라홀딩스	19	15	16	70
한국타이어	35	16	한국타이어월드와이드	9	8	9	56
세아	41	21	세아홀딩스	22	15	16	76
태영	44	44	SBS미디어홀딩스	37	15	16	36
아모레퍼시픽	46	12	아모레퍼시픽그룹	15	10	11	92
대성	47	73	서울도시개발	70	23	24	33
하이트진로	48	12	하이트진로홀딩스	13	10	11	92
한솔	50	21	한솔홀딩스	39	10	11	52
소극적인 지주회사체제 (5개)							
삼성	1	67	삼성종합화학	10	2	3	4
롯데	5	80	이지스일호	29	2	3	4
한화	11	52	한화도시개발	81	5	6	12
대림	19	24	대림에너지	85	4	5	21
태광	40	32	티브로드	47	6	7	22

주: 1) 그룹 순위는 2015년 4월 현재 공기업집단(11개)을 제외한 50개 대규모사기업집단 중에서의 순위; 지주회사 순위는 2015년 9월 현재 130개 일반지주회사 중에서의 순위, '농협금융지주' 순위는 10개 금융지주회사 중에서의 순위.

2) 그룹 계열회사는 2015년 4월 현재; 지주회사 계열회사는 2014년 12월 현재 (대림에너지와 한솔홀딩스는 2015년 1월, SK㈜는 2015년 8월 현재).

3) SK이노베이션과 SK E&S는 SK㈜의 자회사, GS에너지는 ㈜GS의 자회사, 케이엑스홀딩스는 CJ㈜의 자회사.

출처: 〈부록 표 2.14〉.

5. 지주회사체제 달성 비율

5.1 34개 재벌, 2001-2015년

2001-2015년 사이 지주회사체제를 채택한 34개 재벌 중 13개는 지주회사체제 달성 비율 70% 이상을, 8개는 50-69%를, 그리고 6개는 30-49%를 가진 적이 있었으며, 나머지 7개의 비율은 30% 미만이었다. 지주회사체제 달성 비율은 '([체제에 편입된 계열회사 수 ÷ 재벌 전체 계열회사 수] × 100)'으로 계산되며, 30% 이상이면 적극적인 지주회사체로 그리고 30% 미만이면 소극적인 지주회사체제로 분류된다.

4개 범위의 비율 중 첫 번째 범위에 속하는 재벌은 증가 추세를 보였고 다른 3개 범위에 속하는 재벌은 비슷한 수준이 유지되었다. '70% 이상' 재벌은 2003년 이후 1-10개 사이, '50-69%' 재벌은 2003년 이후 1-7개 사이, '30-49%' 재벌은 2001년 및 2006년 이후 1-6개 사이, 그리고 '30% 미만' 재벌은 2001년 이후 1-5개 사이였다. 4개 범위의 비율이 모두 관련된 것은 2006년 이후이다.

'70% 이상' 비율의 13개 재벌 중 6개는 '90% 이상'을, 5개는 '80-89%'를, 그리고 2개는 '70-79%'를 가진 적이 있었다. '50-69%' 비율의 8개 재벌 중에서는 5개는 '50-59%'를 그리고 3개는 '60-69%'를 가진 적이 있었으며, '30-49%' 비율의 6개 재벌 중에서는 5개는 '40-49%'를 그리고 1개는 '30-39%'를 가진 적이 있었다. '70% 이상' 재벌의 비중은 2008년 이후 크게 늘어나 2/5 내외(36-48%)를 차지하였다 (<표 3.8>, <표 3.9>, <그림 3.9>, <그림 3.10>, <그림 3.11>).

5.1.1 '70% 이상 비율' 보유 13개 재벌

첫째, 70% 이상의 지주회사체제 달성 비율을 가진 적이 있는 재벌은 13개이다. 6개(한진중공업, 아모레퍼시픽, 하이트진로, 농협, LG, CJ)는 90% 이상을, 5개(SK, 코오롱, 세아, 두산, 웅진)는 80-89%를, 그리고 2개(한라, 대성)는 70-79%를 가진 적이 있었다. 2개(두산, 웅진)를 제외한 11개는 2015년 현재 지주회사체제를 유지하고 있다. 또 13개 재벌 중 5개는 2개 이상 지주회사를 가진 적이 있다 (CJ 4개 지주회사, SK 3개, 대성 3개, 농협 2개, 두산 2개).

둘째, 90% 이상 비율을 가진 적이 있는 6개 재벌 중 한진중공업은 유일하게 100%를 줄곧 유지하였다. 첫 해인 2007년의 경우 비율이 125%로 계산되었는데, 이는 재벌 전체 계열회사 수(4월)와 체제 편입 계열회사 수(이전 연도 12월)의 기준 시점이 다르기 때문에 생긴 결과이다. 아모레퍼시픽과 CJ 또한 각각 2개 연도(2013-14년, 100%), 1개 연도(2010년, 107%)에 100%를 가진 적이 있었다.

〈표 3.8〉 34개 재벌의 지주회사체제 달성 비율, 2001-2015년:
(1) 해당 범위의 비율을 갖는 재벌의 수 및 비중 (개, %)

* 지주회사체제를 채택한 재벌 (개)

	2001	2003	2004	2005	2006	2007	2008	2009	2010	2011	2012	2013	2014	2015	총수
지주회사체제 채택 재벌	2	4	6	9	9	14	11	13	17	20	21	21	22	24	34
적극적인 지주회사체제	1	3	4	4	5	10	8	10	13	15	18	19	19	19	26
소극적인 지주회사체제	1	1	2	5	4	4	3	3	4	5	3	2	3	5	8
(1) 해당 범위의 비율을 갖는 재벌의 수 (개)															
90% 이상					1	2	1	2	2	1	1	3	4	4	6
80-89%			1	1			2	2	5	4	4	5	3	4	5
70-79%		1				1	1	2	1	3	4	2	1	2	2
[70% 이상]		[1	1	1	1	3	4	6	8	8	9	10	8	10	13]
60-69%				1	1	2	1	2	1	2	1	2	4		3
50-59%		2	3	2	1	1			1	1	2	2	3	3	5
[50-69%]		[2	3	3	2	3	1	2	2	3	3	4	7	3	8]
40-49%					1	3	2	1	2	2	1	1	4	3	5
30-39%	1				1	1	1	1	1	2	5	4		3	1
[30-49%]	[1				2	4	3	2	3	4	6	5	4	6	6]
30% 미만	1	1	2	5	4	4	3	3	4	5	3	2	3	5	7
(2) 해당 범위의 비율을 갖는 재벌의 비중 (%)															
70% 이상		25	17	11	11	21	37	46	47	40	43	48	36	42	38
50-69%		50	50	33	22	21	9	15	12	15	14	19	32	12	24
30-49%	50				22	29	27	16	18	20	29	24	18	25	18
30% 미만	50	25	33	56	45	29	27	23	23	25	14	9	14	21	20

주: 총수: 해당 범위에 속한 적이 있는 재벌의 수이며, 상위 범위에 속한 적이 있는 재벌 기준.
출처: 〈표 3.1〉.

<표 3.9> 34개 재벌의 지주회사체제 달성 비율, 2001-2015년:
(2) 재벌별 비율 (%)

(1) 90% 이상 비율을 가진 적이 있는 6개 재벌 (* 소극적인 지주회사체제 채택 재벌)

	2001	2003	2004	2005	2006	2007	2008	2009	2010	2011	2012	2013	2014	2015
한진중공업						125	100	100	100	100	100	100	100	100
아모레퍼시픽						71						100	100	92
하이트진로									88	87	87	86	92	92
농협											68	82	84	90
LG	33	76	83	89	97	94	83	88	87	86	83	90	90	89
CJ						22	76	84	107	77	57	67	68	80
(2) 80-89% 비율을 가진 적이 있는 5개 재벌														
SK	26	25	24	26	23	60	73	77	84	78	71	79	79	83
코오롱									81	79	75	82	84	81
세아			54	57	65	68		70	68	71	71	78	82	76
두산								85	76	84	88	80	68	
웅진								66	88	65	83	84		
(3) 70-79% 비율을 가진 적이 있는 2개 재벌														
한라													57	70
대성									67	71	66	61	33	
(4) 60-69% 비율을 가진 적이 있는 3개 재벌														
한국타이어													63	56
LS							63	63	57	57	56	57	53	52
STX				64										
(5) 50-59% 비율을 가진 적이 있는 5개 재벌														
한솔														52
한진									32	35	36	56	52	41
동원		59	59											
농심		50	58	58	58	47								
금호아시아나						58	44							
(6) 40-49% 비율을 가진 적이 있는 5개 재벌														
GS					26	32	31	32	39	41	42	34	39	44	48
부영									20	31	35	38	43	47
현대백화점					43	46	44	45	48	46	34	37	43	38
태영											45	48	43	36
오리온						45								

(7) 30-39% 비율을 가진 적이 있는 1개 재벌

	2001	2003	2004	2005	2006	2007	2008	2009	2010	2011	2012	2013	2014	2015
태광*										22	34	34	24	22

(8) 30% 미만 비율을 가진 7개 재벌

	2001	2003	2004	2005	2006	2007	2008	2009	2010	2011	2012	2013	2014	2015
대림*														21
한화*				7	6	18	15	14	19	20	19	18	14	12
롯데*				17	16									4
삼성*			3	3	3	3	3	3	3	3	2	3	3	4
대한전선*							20	16	19	22				
현대자동차*					6									
동부*										5	5			

주: 아모레퍼시픽 = 2007년 태평양, 하이트진로 = 2010년 하이트맥주.
출처: 〈부록 2〉, 〈부록 3〉.

<그림 3.9> 재벌의 지주회사체제 달성 비율, 2001-2015년:
(1) 90% 이상 비율을 가진 적이 있는 5개 재벌 (%)

(출처: <표 3.9>)

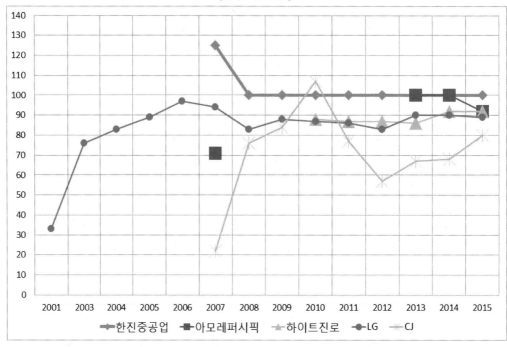

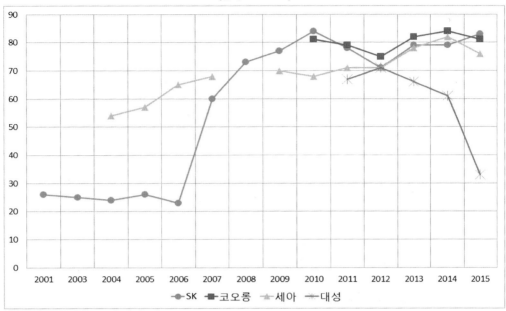

〈그림 3.10〉 재벌의 지주회사체제 달성 비율, 2001-2015년:
(2) 70-89% 비율을 가진 적이 있는 4개 재벌 (%)

(출처: <표 3.9>)

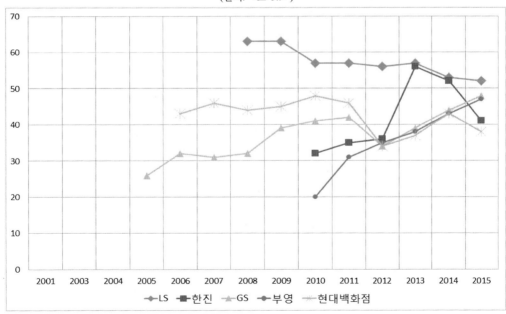

〈그림 3.11〉 재벌의 지주회사체제 달성 비율, 2001-2015년:
(3) 40-69% 비율을 가진 적이 있는 5개 재벌 (%)

(출처: <표 3.9>)

CJ는 2007년 첫 해에는 소극적인 지주회사체제(22%)를 채택하였으며 이듬해부터 적극적인 체제(57-107%)로 전환하였다. LG는 처음부터 적극적인 체제를 채택하기는 하였지만, 첫 해인 2001년의 비율은 33%로 매우 낮았으며, 이듬해부터 76-97%의 높은 비율이 유지되었다. 하이트진로는 2010년 이후 86-92%, 아모레퍼시픽은 2007년 및 2013년 이후 71-100%, 그리고 농협은 2012년 이후 68-90% 비율을 가졌다.

셋째, 80-89% 비율을 가진 적이 있는 5개 재벌 중, SK는 초기에는 소극적인 지주회사체제(23-26%, 2001-06년)를 유지하다가 2007년부터 적극적인 지주회사체제(60-84%)를 구축하였다. 세아는 54-82%(2004-07년 및 2009년 이후) 그리고 코오롱은 75-84%(2010년 이후) 비율을 가졌다. 또 2015년 이전에 지주회사체제를 채택한 2개 재벌 중 두산은 68-88%(2009-14년) 그리고 웅진은 65-88%(2009-13년) 비율을 가졌다.

넷째, 70-79% 비율을 가진 적이 있는 2개 재벌 중 대성의 비율은 2011년 이후 61-71%이다가 2015년에 33%로 크게 낮아졌다. 한라의 비율은 2014년 이후 57-70%였다.

5.1.2 '50–69% 비율' 보유 8개 재벌

50-69% 비율을 가진 적이 있는 재벌은 8개이다. 3개(한국타이어, LS, STX)는 60-69%를 그리고 5개(한솔, 한진, 동원, 농심, 금호아시아나)는 50-59%를 가진 적이 있었다. 4개(한국타이어, LS, 한솔, 한진)는 2015년 현재 지주회사체제를 채택하고 있고, 다른 4개(STX, 동원, 농심, 금호아시아나)는 그 이전에 채택한 적이 있었다. 또 1개 재벌(한진)은 2개 지주회사를 가진 적이 있다.

60-69%를 가진 적이 있는 3개 재벌 중, 한국타이어는 2014년 이후 56-63%, LS는 2008년 이후 52-63%, 그리고 STX는 2005년 64% 비율을 가졌다. 한편, 50-59% 비율을 가진 적이 있는 5개 재벌 중, 한진의 비율은 2010년 이후 32-56% 그리고 한솔의 비율은 2015년 52%였다. 2015년 이전에 지주회사체제를 채택한 3개 재벌의 비율은 44-59%였다. 동원 59%(2003-04년), 농심 47-58%(2003-07년), 금호아시아나 44-58%(2007-08년) 등이다.

5.1.3 '30–49% 비율' 보유 6개 재벌

30-49% 비율을 가진 적이 있는 재벌은 6개이다. 5개(GS, 부영, 현대백화점, 태영, 오리

온)는 40-49%를 그리고 1개(태광)는 30-39%를 가진 적이 있었다. 5개 재벌 중 1개(오리온)를 제외한 4개는 2015년 현재 지주회사체제를 유지하고 있다. 또 5개 재벌 중 3개는 2개 이상 지주회사를 가진 적이 있다 (태광 3개 지주회사, GS 2개, 부영 2개).

GS와 부영은 첫 해에는 소극적인 지주회사체제(2005년 26%; 2010년 20%)를 채택했다가 이듬해부터 적극적인 체제(31-48%; 31-47%)를 구축하기 시작하였다. 현대백화점은 2006년 이후 34-48%, 태영은 2012년 이후 36-48%, 그리고 오리온은 2007년 45% 비율을 가졌다.

한편, 30-39%를 가진 적이 있는 태광은, 3개 연도에는 22-24%(2011, 2014-15년) 그리고 2개 연도에는 34%(2012-13년)였다. 30% 미만 관련 기간이 더 길고 2015년 현재 소극적인 지주회사체제를 채택하고 있어, 전체 기간에서 소극적인 체제를 채택한 재벌로 분류하였다.

5.1.4 '30% 미만 비율' 보유 7개 재벌

소극적인 지주회사체제로 분류되는 30% 미만 비율 보유 재벌은 7개이다. 4개(대림, 한화, 롯데, 삼성)는 2015년 현재 지주회사체제를 채택하고 있고, 3개(대한전선, 현대자동차, 동부)는 그 이전에 채택한 적이 있었다. 또 1개 재벌(롯데)은 2개 지주회사를 가진 적이 있다.

대한전선(16-22%, 2008-11년), 대림(21%, 2015년), 한화(6-20%, 2005-15년) 등 3개 재벌은 20-29% 비율을 가진 적이 있었으며, 롯데(4-17%, 2005-06, 2015년)는 10-19% 비율을 가진 적이 있었다. 현대자동차(6%, 2007년), 동부(5%, 2011-12년), 삼성(3-4%, 2004-15년) 등 3개 재벌은 10% 미만 비율을 유지하였다. 삼성의 '3%'(2004-14년)는 2001년 이후 34개 재벌이 가진 비율 중 가장 낮은 수치이다. 그다음이 삼성 4%(2015년), 롯데 4%(2015년), 동부 5%(2011-12년) 등이다.

5.2 24개 재벌, 2015년

2015년 9월 현재 지주회사체제를 채택하고 있는 재벌은 24개이다. 19개는 적극적인 지주회사체제를 그리고 5개는 소극적인 지주회사체제를 채택하였다. '24개'는 2001년 이후 가장 큰 수치이며, '19개'는 2013-2014년 함께 그리고 '5개'는 2005, 2011년과 함께 가장 큰 수치이다 (<표 3.10>, <그림 3.12>; <표 2.1>, <표 3.8>, <표 3.9> 참조).

24개 재벌의 지주회사체제 달성 비율은 100%에서 4%에 이르는 다양한 분포를 보이고 있다. 적극적인 지주회사체제를 채택한 19개 재벌의 비율은 100-33% 그리고 소극적인 지주회사체제를 채택한 5개 재벌의 비율은 22-4%이다. 전자의 19개 재벌 중 10개의 비율은 70% 이상, 3개의 비율은 50-69%, 그리고 6개의 비율은 30-49%이다. 70% 이상 비율 재벌 '10개'는 2013년과 함께 최고치이며, 30-49% 비율 재벌 '6개'는 2012년과 함께 최고치이다.

첫째, 70% 이상 비율을 갖는 10개 재벌 중, 1개(한진중공업)는 100%, 3개(아모레퍼시픽, 하이트진로, 농협)는 90-92%, 4개(LG, SK, 코오롱, CJ)는 80-89%, 그리고 2개(세아, 한라)는 70-76%이다.

유일하게 100%인 한진중공업에서는 9개 그룹 계열회사 모두가 지주회사체제에 편입되어 있다. 한진중공업은 100%를 줄곧(2007년 이후) 유지해 오고 있는 유일한 재벌이다.

아모레퍼시픽(92%)과 하이트진로(92%)도 12개의 비교적 적은 계열회사를 가지고 있는데, 이들 중 1개를 제외한 11개가 지주회사체제에 편입되어 있다. 농협(90%)에서는 39개 전체 계열회사 중 35개가 2개 지주회사(농협경제지주, 농협금융지주) 및 계열회사이다.

SK는 24개 재벌 중 가장 많은 그룹 계열회사(82개)를 가지고 있으며, 이들 중 가장 많은 계열회사(68개, 83%)가 3개 지주회사(SK㈜, SK이노베이션, SK E&S)와 관련되어 있다. CJ(2개 지주회사 CJ㈜와 케이엑스홀딩스)와 LG도 60개 이상(65개, 63개)의 많은 계열회사 중 80% 이상(52개, 80%; 56개 89%)이 지주회사체제에 편입되어 있다. 코오롱의 비율은 81%(43개 중 35개)이다. 70%대의 2개 재벌 중 세아는 76%(21개 중 16개) 그리고 한라는 70%(23개 중 16개)이며, 이들의 전체 계열회사는 20여개로 적은 편이다.

〈표 3.10〉 24개 재벌의 지주회사체제 달성 비율, 2015년 9월 (개, %)

(1) 해당 범위의 지주회사체제 달성 비율을 갖는 재벌의 비중

		70–100%					50–69%			30–49%			30% 미만	합
		100	90–99	80–89	70–79	합	60–69	50–59	합	40–49	30–39	합		
지주회사체제 채택 재벌	(a, 개)	1	3	4	2	10		3	3	3	3	6	5	24
적극적인 지주회사체제		1	3	4	2	10		3	3	3	3	6		19
소극적인 지주회사체제													5	5
	(a, %)					42			12			25	21	100

(2) 24개 재벌: '지주회사체제 달성 비율' 순

그룹 이름	순위	계열회사 (A, 개)	지주회사체제 지주회사 (a)	순위	계열회사 (b, 개)	a+b (B, 개)	지주회사체제 달성 비율 (B/A, %)
적극적인 지주회사체제 (19개)							
한진중공업	33	9	한진중공업홀딩스	20	8	9	100
아모레퍼시픽	46	12	아모레퍼시픽그룹	15	10	11	92
하이트진로	48	12	하이트진로홀딩스	13	10	11	92
농협	9	39	농협경제지주	14	15	16	
			농협금융지주	2	18	19 [35]	90
LG	4	63	㈜LG	3	55	56	89
SK	3	82	SK㈜	1	67	68	
			SK이노베이션	2	13	14	
			SK E&S	6	11	12 [68]	83
코오롱	32	43	코오롱	21	34	35	81
CJ	15	65	CJ㈜	8	49	50	
			케이엑스홀딩스	42	12	13 [52]	80
세아	41	21	세아홀딩스	22	15	16	76
한라	34	23	한라홀딩스	19	15	16	70
한국타이어	35	16	한국타이어월드와이드	9	8	9	56
LS	16	48	㈜LS	11	24	25	52
한솔	50	21	한솔홀딩스	39	10	11	52
GS	7	79	㈜GS	4	37	38	
			GS에너지	5	18	19 [38]	48
부영	20	15	부영	7	4	5	
			동광주택산업	51	1	2 [7]	47
한진	10	46	한진칼	16	18	19	41
현대백화점	23	32	현대HC&	52	11	12	38
태영	44	44	SBS미디어홀딩스	37	15	16	36
대성	47	73	서울도시개발	70	23	24	33
소극적인 지주회사체제 (5개)							
태광	40	32	티브로드	47	6	7	22
대림	19	24	대림에너지	85	4	5	21
한화	11	52	한화도시개발	81	5	6	12
삼성	1	67	삼성종합화학	10	2	3	4
롯데	5	80	이지스일호	29	2	3	4

주: 1) 그룹 순위는 2015년 4월 현재 공기업집단(11개)을 제외한 50개 대규모사기업집단 중에서의 순위; 지주회사 순위는 2015년 9월 현재 130개 일반지주회사 중에서의 순위. '농협금융지주' 순위는 10개 금융지주회사 중에서의 순위.

2) 그룹 계열회사는 2015년 4월 현재; 지주회사 계열회사는 2014년 12월 현재 (대림에너지와 한솔홀딩스는 2015년 1월, SK㈜는 2015년 8월 현재).

3) SK이노베이션과 SK E&S는 SK㈜의 자회사. GS에너지는 ㈜GS의 자회사. 케이엑스홀딩스는 CJ㈜의 자회사.

출처: 〈부록 표 2.14〉.

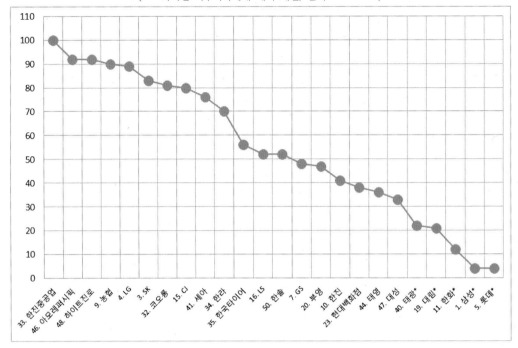

〈그림 3.12〉 24개 재벌의 지주회사체제 달성 비율, 2015년 9월 (%)

(* 소극적인 지주회사체제 채택 재벌; 출처: <표 3.10>)

둘째, 60%대 비율을 갖는 재벌은 없으며, 50%대 재벌이 3개(한국타이어 56%, LS 52%, 한솔 52%), 40%대 재벌이 3개(GS 48%, 부영 47%, 한진 41%), 그리고 30%대 재벌이 3개 (현대백화점 38%, 태영 36%, 대성 33%)이다. GS와 부영의 지주회사는 2개씩이다 (㈜GS, GS에너지; 부영, 동광주택산업).

GS의 경우, 그룹 계열회사(79개)는 24개 재벌 중 세 번째로 많으며, 이 중 절반 이하인 38개(48%)가 2개 지주회사 및 계열회사이다. 또 대성의 계열회사(73개)는 24개 재벌 중 네 번째로 많으며, 이 중 1/3인 24개(33%)만 지주회사체제에 편입되어 있다. '33%'는 적극적 인 지주회사체제를 채택한 19개 재벌 중에서는 가장 낮은 수치이다.

셋째, 소극적인 지주회사체제(30% 미만)를 채택한 5개 재벌 중 태광(22%)과 대림(21%) 의 비율은 20% 이상이다. 한화는 12%, 그리고 삼성과 롯데는 가장 낮은 4%이다. 롯데의 계열회사는 24개 재벌 중 두 번째로 많은 80개이며 이 중 3개만 지주회사 및 계열회사이다. 삼성과 한화에서도 67개, 52개의 많은 계열회사들 중 3개, 6개만 지주회사체제에 편입되어 있다.

6. 지주회사체제 편입 계열회사 수

6.1 34개 재벌, 2001-2015년

2001-2015년 사이 지주회사체제를 채택한 34개 재벌 중 7개는 지주회사체제 내에 30개 이상 계열회사를 그리고 18개는 10-29개 계열회사를 편입한 적이 있었다. 나머지 9개 재벌은 10개 미만 계열회사를 편입하였다. 지주회사체제 편입 계열회사는 지주회사 및 계열회사이며, 후자의 계열회사에는 자회사, 손자회사 및 증손회사가 포함된다. 지주회사체제 편입 회사 수에 따라 지주회사체제 달성 비율이 결정된다. 편입 회사 수가 많고 체제 달성 비율이 높으면 지주회사체제가 보다 성숙하게 그리고 보다 짜임새 있게 구축된 것으로 볼 수 있다.

3개 범위의 지주회사체제 편입 계열회사 수 중 첫 두 범위에 속하는 재벌은 증가하였고 세 번째 범위에 속하는 재벌은 비슷한 수준이 유지되었다. '30개 이상 계열회사' 편입 재벌은 2003-2005년 및 2007년 이후 1-6개 사이, '10-29개' 편입 재벌은 2001년 이후 2-12개 사이, 그리고 '10개 미만' 편입 재벌은 2003년 이후 1-8개 사이였다. 2개 연도(2001, 2006년) 외에 는 체제 편입 계열회사 수가 3개 범위(30개 이상, 10-29개, 10개 미만) 모두에 속하였다.

'30개 이상' 편입 7개 재벌 중 2개는 '60-69개'를, 2개는 '50-59개'를, 그리고 3개는 '30-39개'를 편입한 적이 있었다. '10-29개' 편입 18개 재벌 중에서는 5개는 '20-29개'를 그 리고 13개는 '10-19개'를 편입한 적이 있었다. 3개 범위 중 '10-29개'의 비중이 2개 연도 (2005, 2008년)를 제외하고는 가장 높았으며(2001년 100%, 다른 연도 42-57%), '10개 미 만'의 비중은 2003-2004년 및 2009년 이후 33% 이하였고 2011-2014년(18-25%)에는 '30 개 이상'(24-30%)보다 낮았다 (<표 3.11>, <표 3.12>, <그림 3.13>, <그림 3.14>, <그림 3.15>).

6.1.1 '30개 이상 계열회사' 편입 7개 재벌

첫째, 30개 이상 계열회사를 지주회사체제에 편입한 적이 있는 재벌은 7개이다. 2개(SK, 대성)는 60-69개를, 2개(LG, CJ)는 50-59개를, 그리고 3개(GS, 코오롱, 농협)는 30-39개를 편입한 적이 있었다. 7개 재벌은 2015년 현재 적극적인 지주회사체제를 채택하고 있으며, 5개는 2개 이상 지주회사를 가진 적이 있었다 (CJ 4개 지주회사, SK 3개, 대성 3개, GS

2개, 농협 2개).

둘째, '60-69개 계열회사'를 편입한 적이 있는 2개 재벌 중 SK에서는 편입 회사 수가 2001년 이후 13-68개(지주회사체제 달성 비율 23-84%) 사이에서 점차 늘어났다. 2001-2006년에는 1개 지주회사(SK E&S)를 중심으로 13-14개(23-26%)를 편입하여 소극적인 지주회사체제를 유지하였으며, 2007년부터 적극적인 지주회사체제로 전환하였다. 2007-2009년에는 2개 지주회사(SK E&S, SK㈜) 및 계열회사가 34-59개(60-77%)였으며, 2010년 이후에는 2-3개 지주회사(2010년 SK E&S, SK㈜; 2011, 2014-15년 SK E&S, SK ㈜, SK이노베이션; 2012-13년 SK㈜, SK이노베이션) 및 계열회사가 63-68개(71-84%)였다. '68개'(2015년), '67개'(2011-12년), '64개'(2013년) 및 '63개'(2010, 2014년)는 2001년 이후 34개 재벌의 지주회사체제에 편입된 계열회사들 중 가장 큰 수치들이다.

〈표 3.11〉 34개 재벌의 지주회사체제 편입 계열회사 수, 2001-2015년:
(1) 해당 범위의 편입 계열회사를 갖는 재벌의 수 및 비중 (개, %)

* 지주회사체제를 채택한 재벌 (개)

	2001	2003	2004	2005	2006	2007	2008	2009	2010	2011	2012	2013	2014	2015	총수
지주회사체제 채택 재벌	2	4	6	9	9	14	11	13	17	20	21	21	22	24	34
적극적인 지주회사체제	1	3	4	4	5	10	8	10	13	15	18	19	19	19	26
소극적인 지주회사체제	1	1	2	5	4	4	3	3	4	5	3	2	3	5	8

(1) 해당 범위의 편입 계열회사를 갖는 재벌의 수 (개)

	2001	2003	2004	2005	2006	2007	2008	2009	2010	2011	2012	2013	2014	2015	총수
60-69개									1	1	2	1	1	1	2
50-59개							1	2	1	2	1	3	2	2	2
40-49개							1	1	1	1	1		1		
30-39개		1	1	1		1	1		1	2	1	2	2	3	3
[30개 이상]		[1	1	1		1	3	3	4	6	5	6	6	6	7]
20-29개					1	2	1	3	4	3	5	5	3	2	5
10-19개	2	2	3	3	4	5	3	3	4	6	7	6	9	8	13
[10-29개]	[2	2	3	3	5	7	4	6	8	9	12	11	12	10	18]
10개 미만		1	2	5	4	6	4	4	5	5	4	4	4	8	9

(2) 해당 범위의 편입 계열회사를 갖는 재벌의 비중 (%)

	2001	2003	2004	2005	2006	2007	2008	2009	2010	2011	2012	2013	2014	2015	총수
30개 이상		25	17	11		7	27	23	24	30	24	29	27	25	21
10-29개	100	50	50	33	56	50	36	46	47	45	57	52	55	42	53
10개 미만		25	33	56	44	43	37	31	29	25	19	19	18	33	26

주: 총수: 해당 범위에 속한 적이 있는 재벌의 수이며, 상위 범위에 속한 적이 있는 재벌 기준.
출처: 〈표 3.1〉.

〈표 3.12〉 34개 재벌의 지주회사체제 편입 계열회사 수, 2001-2015년:
(2) 재벌별 편입 계열회사 수 (개)

(1) 60-69개가 편입된 적이 있는 2개 재벌 (* 소극적인 지주회사체제 채택 재벌)

	2001	2003	2004	2005	2006	2007	2008	2009	2010	2011	2012	2013	2014	2015
SK	14	15	14	13	13	34	47	59	63	67	67	64	63	68
대성										49	60	55	46	24
(2) 50-59개가 편입된 적이 있는 2개 재벌														
LG	14	38	38	34	29	29	30	46	46	51	52	55	55	56
CJ						14	50	51	58	50	48	55	50	52
(3) 30-39개가 편입된 적이 있는 3개 재벌														
GS				13	16	15	18	25	28	32	25	31	35	38
코오롱									30	31	30	31	31	35
농협											28	28	27	35
(4) 20-29개가 편입된 적이 있는 5개 재벌														
LS							15	20	25	27	28	28	27	25
한진									12	14	16	25	25	19
웅진								19	21	20	24	21		
금호아시아나						22	23							
두산								22	22	21	21	20	15	
(5) 10-19개가 편입된 적이 있는 13개 재벌														
세아		15	16	15	15		16	13	15	17	18	18	18	16
태영											18	19	18	16
한라													12	16
현대백화점				10	11	11	10		14	12	12	13	15	12
하이트진로									14	13	13	12	11	11
아모레퍼시픽						5						10	10	11
한솔														11
한진중공업						5	5	6	7	8	8	9	10	9
한국타이어													10	9
태광*										11	15	15	8	7
한화*				2	2	6	6	6	9	11	10	9	7	6
동원		10	10											
오리온						10								
(6) 10개 미만이 편입된 9개 재벌														
부영									3	5	6	6	6	7
대림*														5
롯데*				7	7									3
삼성*			2	2	2	2	2	2	2	2	2	2	2	3
STX				9										
농심		5	7	7	7	7								
대한전선*							4	5	5	5				
동부*											2	3		
현대자동차*						2								

주: 아모레퍼시픽 = 2007년 태평양, 하이트진로 = 2010년 하이트맥주.
출처: 〈부록 2〉, 〈부록 3〉.

<그림 3.13> 재벌의 지주회사체제 편입 계열회사 수, 2001-2015년:
(1) 50-69개 회사가 편입된 적이 있는 4개 재벌 (개)

(출처: <표 3.12>)

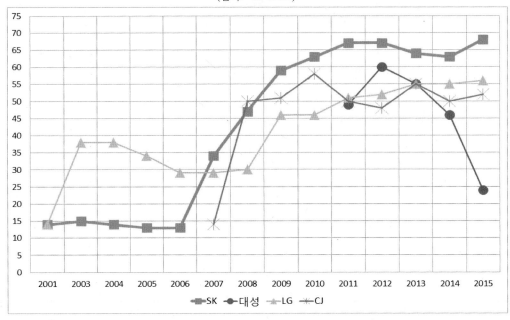

<그림 3.14> 재벌의 지주회사체제 편입 계열회사 수, 2001-2015년:
(2) 20-39개 회사가 편입된 적이 있는 5개 재벌 (개)

(출처: <표 3.12>)

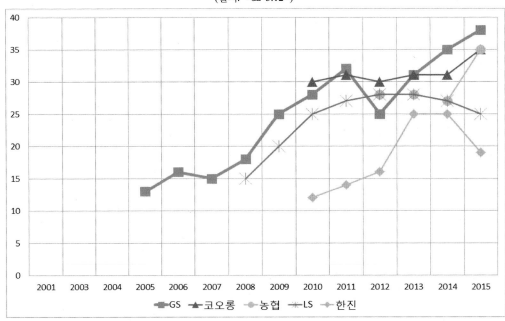

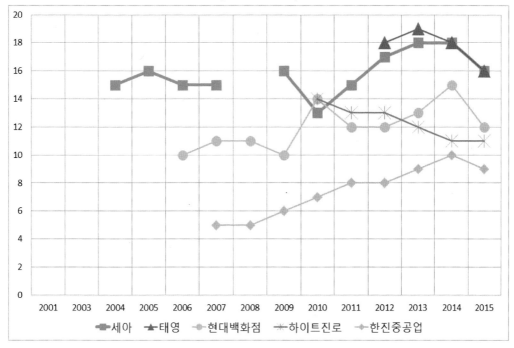

<그림 3.15> 재벌의 지주회사체제 편입 계열회사 수, 2001-2015년:
(3) 10-19개 회사가 편입된 적이 있는 5개 재벌 (개)
(출처: <표 3.12>)

세아 태영 현대백화점 하이트진로 한진중공업

대성의 경우에는 편입 회사가 2011년 이후 24-60개(33-71%) 사이에서 감소하였다. 2011-2012년에는 3개 지주회사(대성홀딩스, 대성합동지주, 서울도시개발) 및 계열회사가 49-60개(67-71%)였고, 2013-2014년에는 2개 지주회사(대성합동지주, 서울도시개발) 및 계열회사가 46-55개(61-66%)였으며, 2015년에는 1개 지주회사(서울도시개발) 및 계열회사가 24개(33%)로 가장 적었다. 1개 연도(2012년 60개)에만 편입 회사가 60개 이상이었다.

셋째, '50-59개 계열회사'를 편입한 적이 있는 2개 재벌 중, LG는 2001년 이후 14-56개(체제 달성 비율 33-97%) 사이에서 편입 회사 수를 점차 늘렸다. 지주회사는 1개((주)LG))였다. 2001년에는 편입 회사가 14(33%)로 가장 적었으며, 2003-2010년에는 29-46개(76-97%)로 그리고 2011년 이후에는 51-56개(83-90%)로 증가하였다.

CJ에서는 2007년 이후 14-58개(22-107%)가 편입되었다. 2개 연도(2007, 2012년)를 제외하고는 50-58개였다. 2007년에는 1개 지주회사(CJ오쇼핑) 및 계열회사가 14개(22%)로 소극적인 지주회사체제였으며, 2008년부터 적극적인 지주회사체제로 전환하였다. 2008-2009

년에는 2개 지주회사(CJ오쇼핑, CJ㈜) 및 계열회사가 50-51개(76-84%), 2010년에는 4개 지주회사(CJ오쇼핑, CJ㈜, 오미디어홀딩스, 온미디어) 및 계열회사가 58개(107%), 2011-2012년에는 1개 지주회사(CJ㈜) 및 계열회사가 48-50개(57-77%), 그리고 2013-2015 년에는 2개 지주회사(CJ㈜, 케이엑스홀딩스) 및 계열회사가 50-55개(67-80%)였다.

넷째, '30-39개 계열회사'를 편입한 3개 재벌 중 코오롱에서는 2010년 이후 1개 지주회사(코오롱) 및 계열회사가 줄곧 30-39개(30-35개, 체제 달성 비율 75-84%)였다. 또 농협에서는 2012년 이후 2개 지주회사(농협경제지주, 농협금융지주) 및 계열회사가 27-35개(68-90%)였다. GS의 경우에는, 2005년 이후 1-2개 지주회사를 중심으로 13-38개(26-48%)가 지주회사체제에 편입되었다. 2005년에는 1개 지주회사(㈜GS) 및 계열회사가 13개(26%)로 소극적인 지주회사체제였으며, 2006년부터 적극적인 체제를 구축하기 시작하였다. 2006-2011년에는 1개 지주회사(㈜GS) 및 계열회사가 15-32개(31-42%), 그리고 2012년 이후에는 2개 지주회사(㈜GS, GS에너지) 및 계열회사가 25-38개(34-48%)였다.

6.1.2 '10-29개 계열회사' 편입 18개 재벌

첫째, 10-29개 계열회사를 지주회사체제에 편입한 적이 있는 재벌은 18개이다. 5개(LS, 한진, 웅진, 금호아시아나, 두산)는 20-29개를 그리고 대다수인 13개는 10-19개를 편입한 적이 있었다 (세아, 태영, 한라, 현대백화점, 하이트진로, 아모레퍼시픽, 한솔, 한진중공업, 한국타이어, 동원, 오리온; 태광, 한화). 18개 재벌 중 5개(웅진, 금호아시아나, 동원, 오리온)를 제외한 13개는 2015년 현재 지주회사체제를 채택하고 있고, 뒤의 13개 중 2개(태광, 한화)를 제외한 11개는 적극적인 지주회사체제를 채택하고 있다. 또 18개 재벌 중 3개는 2개이상 지주회사를 가진 적이 있었다 (한진 2개 지주회사, 두산 2개, 태광 3개).

둘째, '20-29개 계열회사'를 편입한 적이 있는 5개 재벌 중, LS의 편입 회사는 2008년 이후 15-28개(지주회사체제 달성 비율 52-63%, 지주회사 ㈜LS)였다. 1개 연도(2008년, 15개) 외에는 20개 이상(20-28개)이었다. 한진에서는 편입 회사가 2010년 이후 12-25개(32-56%)였다. 2013-2014년에는 2개 지주회사(한진해운홀딩스, 한진칼) 및 계열회사가 25개(52-56%), 그리고 나머지 연도에는 1개 지주회사(2010-12년 한진해운홀딩스, 2015년 한진칼) 및 계열회사가 12-19개(32-41%)였다.

2015년 이전에 지주회사체제를 채택한 3개 재벌 중, 두산에서는 2009-2014년 사이 2개 지주회사(2009년 두산, 두산모트롤홀딩스; 2010-14년, 두산, 디아이피홀딩스) 및 계열회사가 15-22개(68-88%)였다. 웅진은 2009-2013년에 19-24개(65-88%, 지주회사 웅진홀딩스)를, 그리고 금호아시아나는 2007-2008년에 22-23개(44-58%, 금호산업)를 편입하였다.

셋째, '10-19개'를 편입한 적이 있는 13개 재벌 중 9개는 2015년 현재 적극적인 지주회사체제를 채택하고 있다. 이들 중 6개는 줄곧 10-19개 계열회사를 편입하였다. 세아 13-18개(체제 달성 비율 54-82%, 지주회사 세아홀딩스, 2004-07, 2009-15년), 태영 16-19개(36-48%, SBS미디어홀딩스, 2012-15년), 한라 12-16개(57-70%, 한라홀딩스, 2014-15년), 현대백화점 10-15개(34-48%, 현대HC&, 2006-15년), 하이트진로 11-14개(86-92%, 하이트진로홀딩스, 2010-15년), 한솔 11개(52%, 한솔홀딩스, 2015년) 등이다. 나머지 3개 재벌은 일부 연도에만 10개 이상의 계열회사를 편입하였다. 아모레퍼시픽 5-11개(71-100%, 아모레퍼시픽그룹, 2007, 2013-15년), 한진중공업 5-10개(100-125%, 한진중공업홀딩스, 2007-15년), 그리고 한국타이어 9-10개(56-63%, 한국타이어월드와이드, 2014-15년)이다.

2015년 이전에 적극적인 지주회사체제를 채택한 동원(59%, 동원엔터프라이즈, 2003-04년)과 오리온(45%, 온미디어, 2007년)의 편입 회사는 10개였다

한편, 2015년 현재 소극적인 지주회사체제를 채택하고 있는 2개 재벌 중, 태광은 2011년 이후 7-15개(22-34%)를 편입하였다. 2011년에는 1개 지주회사(티브로드홀딩스) 및 계열회사가 11개, 2012년에는 2개 지주회사(티브로드홀딩스, 티브로드도봉강북방송) 및 계열회사가 15개, 2013년에는 3개 지주회사(티브로드홀딩스, 티브로드도봉강북방송, 티브로드전주방송) 및 계열회사가 15개, 그리고 2014-2015년에는 1개 지주회사((티브로드홀딩스) 및 계열회사가 7-8개였다. 한화의 경우에는, 2005년 이후 1개 지주회사(2005-06, 2010-15년 한화도시개발; 2007-09년 드림파마) 및 계열회사가 2-11개(6-20%)였다.

6.1.3 '10개 미만 계열회사' 편입 9개 재벌

첫째, 10개 미만 계열회사를 지주회사체제에 편입한 재벌은 9개이다. 4개(부영; 대림, 롯데, 삼성)는 2015년 현재 지주회사체제를 채택하고 있고, 5개(STX, 농심; 대한전선, 동부, 현대자동차)는 그 이전에 채택한 적이 있었다. 9개 재벌 중 3개(부영, STX, 농심)는 적극적인 지주회사체제를 그리고 6개는 소극적인 지주회사체제를 채택하였다. 2개 재벌(부영; 롯데)은 2개 지주회사를 가진 적이 있었다.

둘째, 적극적인 지주회사체제를 채택한 3개 재벌 중, 2015년 현재의 부영은 2010년 이후 3-7개(체제 달성 비율 20-47%)를 편입하였다. 지주회사는 2010년 1개(부영) 그리고 2011년 이후 2개(부영, 동광주택산업)이다. 2015년 이전의 경우, 농심은 5-7개(47-58%, 지주회사 농심홀딩스, 2003-07년)를 그리고 STX는 9개(64%, ㈜STX, 2005년)를 지주회사체제에 편입하였다.

셋째, 소극적인 지주회사체제를 채택한 6개 재벌 중, 2015년 현재의 롯데는 2005-2006년에는 2개 지주회사(롯데물산, 롯데산업) 및 계열회사가 7개(체제 달성 비율 16-17%), 그리고 2015년에는 1개 지주회사(이지스일호) 및 계열회사가 3개(4%)였다. 삼성의 편입 회사는 2004년 이후 1개 지주회사(삼성종합화학) 포함 2-3개(2-4%), 그리고 대림의 편입 회사는 2015년 1개 지주회사(대림에너지) 포함 5개(21%)이다. 2015년 이전의 경우, 편입 회사는 대한전선 4-5개(16-22%, 티이씨앤코, 2008-11년), 동부 2-3개(5%, 동부인베스트먼트, 2011-12년), 그리고 현대자동차 2개(6%, 차산골프장지주회사, 2007년)이다.

6.2 24개 재벌, 2015년

2015년 9월 현재 지주회사체제를 채택하고 있는 재벌은 24개이다. 19개는 적극적인 지주회사체제를 그리고 5개는 소극적인 지주회사체제를 채택하였다. '24개'는 2001년 이후 가장 큰 수치이며, '19개'는 2013-2014년과 함께 그리고 '5개'는 2005, 2011년과 함께 가장 큰 수치이다 (<표 3.13>, <그림 3.16>; <표 2.1>, <표 3.11>, <표 3.12> 참조).

24개 재벌의 지주회사체제에 편입된 계열회사 수는 68개에서 3개에 이르기까지 다양하다. 적극적인 지주회사체제를 채택한 19개 재벌은 68-7개를 그리고 소극적인 지주회사체제를 채택한 5개 재벌은 7-3개를 편입하였다.

24개 재벌 중 6개는 30개 이상을, 10개는 10-29개를, 그리고 8개는 10개 미만을 편입하였다. 30개 이상 편입 6개 재벌 중에서는 1개는 60-69개를, 2개는 50-59개를, 그리고 3개는 30-39개를 편입하였다. 또 10-29개 편입 10개 재벌 중에서는 2개는 20-29개를 그리고 8개는 10-19개를 편입하였다. 30개 이상 편입 재벌 '6개'는 2011, 2013-2014년과 함께 최고치이고, 30-39개 편입 재벌 '3개'와 10개 미만 편입 재벌 '8개'는 2001년 이후 최고치이다.

한편, 24개 재벌 중 1개(SK)는 3개 지주회사를, 4개(CJ, GS, 농협, 부영)는 2개 지주회사를, 그리고 나머지 19개는 1개 지주회사를 보유하였다. 앞의 5개 재벌은 모두 적극적인 지주회사체제를 채택하고 있으며, 부영을 제외한 4개에서는 지주회사체제 편입 회사가 30개 이상이다. 2개 이상 지주회사 보유 재벌 '5개'는 이전 3개 연도(7-9개, 2012-14년)에 비해 줄어든 수치이며, 반면 1개 지주회사 보유 재벌 '19개'는 2001년 이후 최고치이다.

첫째, 30개 이상 계열회사를 지주회사체제에 편입한 6개 재벌 중, 1개(SK)는 68개를, 2개(LG, CJ)는 52-56개를, 그리고 3개(GS, 농협, 코오롱)는 35-38개를 편입하였다. 이들 중 1개(SK)는 3개 지주회사를 그리고 3개(CJ, GS, 농협)는 2개 지주회사를 보유하였다.

SK는 유일하게 60개 이상(68개)을 지주회사체제에 편입하였다. SK는 2010년 이후 60개 이상(63-68개)을 편입해 오고 있으며, '68개'는 2001년 이후 34개 재벌의 지주회사체제에 편입된 회사 수 중 가장 큰 수치이다. SK의 전체 계열회사는 82개이며, '68개'는 83%(지주회사체제 달성 비율)에 해당한다.

SK의 지주회사는 3개이며, 이 중 2개(SK이노베이션, SK E&S)는 다른 1개(SK㈜)의 자회사이다. SK이노베이션은 '13개'(자회사 9개 + 손자회사 4개 + 증손회사 0개) 그리고 SK E&S는 '11개'(10+1+0) 계열회사를 거느리고 있다. 이들 24개 계열회사 중, '자회사 19개 (9+10)'는 SK㈜의 손자회사가 되며, '손자회사 5개(4+1) 중 자회사 보유 지분이 100%인 4개(3+1)'는 SK㈜의 증손회사가 된다. 이들 지주회사 겸 자회사 2개, 손자회사 19개 및 증손회사 4개는 SK㈜의 계열회사 '67개'(12+45+10)에 포함되어 있다. 즉, 3개 지주회사 및 계열회사들 간의 관계는 다음과 같다: '지주회사 1개(SK㈜) → [지주회사 겸 자회사 1개(SK 이노베이션) → 손자회사 9개 → 증손회사 3개] + [지주회사 겸 자회사 1개(SK E&S) → 손자회사 10개 → 증손회사 1개] + [자회사 10개 → 손자회사 26개 → 증손회사 6개]'.

〈표 3.13〉 24개 재벌의 지주회사체제 편입 계열회사 수, 2015년 9월 (개, %)

(1) 해당 범위의 체제 편입 계열회사를 갖는 재벌의 비중

	30개 이상				10-29개			1-9개	합
	60-69	50-59	30-39	합	20-29	10-19	합		
지주회사체제 채택 재벌 (a, 개)	1	2	3	6	2	8	10	8	24
적극적인 지주회사체제	1	2	3	6	2	8	10	3	19
소극적인 지주회사체제								5	5
(a, %)				25			42	33	100

(2) 24개 재벌: '지주회사체제 편입 계열회사 수' 순

그룹			지주회사체제				지주회사체제
이름	순위	계열회사 (A, 개)	지주회사 (a)	순위	계열회사 (b, 개)	a+b (B, 개)	달성 비율 (B/A, %)
적극적인 지주회사체제 (19개)							
SK	3	82	SK㈜	1	67	68	
			SK이노베이션	2	13	14	
			SK E&S	6	11	12 [68]	83
LG	4	63	㈜LG	3	55	56	89
CJ	15	65	CJ㈜	8	49	50	
			케이엑스홀딩스	42	12	13 [52]	80
GS	7	79	㈜GS	4	37	38	
			GS에너지	5	18	19 [38]	48
농협	9	39	농협경제지주	14	15	16	
			농협금융지주	2	18	19 [35]	90
코오롱	32	43	코오롱	21	34	35	81
LS	16	48	㈜LS	11	24	25	52
대성	47	73	서울도시개발	70	23	24	33
한진	10	46	한진칼	16	18	19	41
한라	34	23	한라홀딩스	19	15	16	70
세아	41	21	세아홀딩스	22	15	16	76
태영	44	44	SBS미디어홀딩스	37	15	16	36
현대백화점	23	32	현대HC&	52	11	12	38
아모레퍼시픽	46	12	아모레퍼시픽그룹	15	10	11	92
하이트진로	48	12	하이트진로홀딩스	13	10	11	92
한솔	50	21	한솔홀딩스	39	10	11	52
한진중공업	33	9	한진중공업홀딩스	20	8	9	100
한국타이어	35	16	한국타이어월드와이드	9	8	9	56
부영	20	15	부영	7	4	5	
			동광주택산업	51	1	2 [7]	47
소극적인 지주회사체제 (5개)							
태광	40	32	티브로드	47	6	7	22
한화	11	52	한화도시개발	81	5	6	12
대림	19	24	대림에너지	85	4	5	21
삼성	1	67	삼성종합화학	10	2	3	4
롯데	5	80	이지스일호	29	2	3	4

(3) 24개 재벌 소속 29개 일반지주회사: '계열회사 수' 순

지주회사	순위	설립·전환 시기 (연.월)	상장 여부	자산 총액 (억 원)	지주 비율 (%)	부채 비율 (%)	계열회사 (개)			
							합	자	손자	증손
적극적인 지주회사체제 19개 재벌 소속 (24개)										
SK㈜	1	2015.8	O	180,095	74.3	47.1	67	12	45	10
㈜LG	3	2001.4	O	80,538	85.6	3.7	55	16	36	3
CJ㈜	8	2007.9	O	29,788	89.8	12.5	49	9	32	8
㈜GS	4	2004.7	O	58,962	90.0	23.3	37	7	25	5
코오롱	21	2010.1	O	10,665	81.8	106.7	34	8	23	3
㈜LS	11	2008.7	O	21,508	82.8	23.4	24	6	17	1
서울도시개발	70	2011.1	X	2,895	99.5	9.8	23	3	20	-
GS에너지	5	2012.1	X	53,629	82.9	50.6	18	13	5	-
한진칼	16	2013.8	O	15,311	84.9	24.9	18	7	9	2
농협경제지주	14	2012.3	X	17,666	83.6	0.7	15	14	1	-
한라홀딩스	19	2014.9	O	12,476	88.6	48.7	15	4	7	4
세아홀딩스	22	2001.7	O	9,699	80.7	20.8	15	11	4	-
SBS미디어홀딩스	37	2008.3	O	5,356	89.5	0.9	15	7	8	-
SK이노베이션	2	2011.1	O	145,086	64.5	11.7	13	9	4	-
케이엑스홀딩스	42	2013.3	X	4,928	92.9	0.0	12	2	10	-
SK E&S	6	2000.1	X	33,190	55.1	92.5	11	10	1	-
현대HC&	52	2006.1	X	4,159	89.9	2.7	11	9	2	-
하이트진로홀딩스	13	2008.7	O	17,773	98.6	86.6	10	3	6	1
아모레퍼시픽그룹	15	2007.1	O	16,807	73.3	2.8	10	9	1	-
한솔홀딩스	39	2015.1	O	5,229	86.9	5.3	10	7	3	-
한국타이어월드와이드	9	2013.7	O	25,064	76.1	3.8	8	3	5	-
한진중공업홀딩스	20	2007.8	O	11,243	91.0	6.2	8	4	4	-
부영	7	2009.12	X	29,916	96.7	30.3	4	1	3	-
동광주택산업	51	2011.1	X	4,341	98.7	27.3	1	1	-	-
소극적인 지주회사체제 5개 재벌 소속 (5개)										
티브로드	47	2008.11	X	4,797	86.1	1.3	6	4	2	-
한화도시개발	81	2009.12	X	2,471	82.8	25.4	5	5	-	-
대림에너지	85	2015.1	X	2,360	79.6	0.4	4	3	1	-
삼성종합화학	10	2004.1	X	22,459	57.0	24.2	2	2	-	-
이지스일호	29	2014.9	X	6,307	95.2	587.9	2	1	1	-
농협금융지주	2	2012.3	X	203,455	98.9	18.4	18	9	9	-

주: 1) 그룹 순위는 2015년 4월 현재 공기업집단(11개)을 제외한 50개 대규모사기업집단 중에서의 순위; 지주회사 순위는 2015년 9월 현재 130개 일반지주회사 중에서의 순위. '농협금융지주' 순위는 10개 금융지주회사 중에서의 순위.
2) 그룹 계열회사는 2015년 4월 현재; 지주회사 계열회사는 2014년 12월 현재 (대림에너지와 한솔홀딩스는 2015년 1월, SK㈜는 2015년 8월 현재).
3) SK이노베이션과 SK E&S는 SK㈜의 자회사, GS에너지는 ㈜GS의 자회사, 케이엑스홀딩스는 CJ㈜의 자회사.
출처: 〈부록 표 2.14〉.

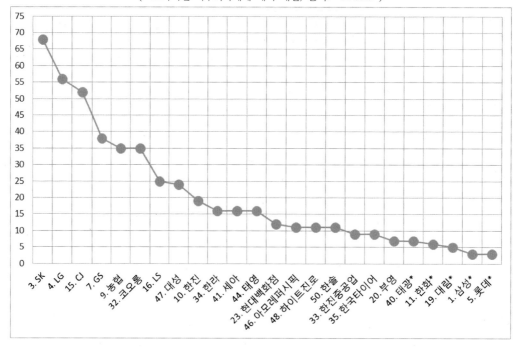

〈그림 3.16〉 24개 재벌의 지주회사체제 편입 계열회사 수, 2015년 9월 (개)

(* 소극적인 지주회사체제 채택 재벌; 출처: <표 3.13>)

'50-59개 계열회사'를 편입한 2개 재벌 중 LG에서는 편입 회사가 56개(그룹 계열회사 63개 중 89%)이다. 지주회사 ㈜LG와 계열회사 55개(16+36+3)로 구성되어 있다. LG는 2011년 이후 지주회사체제 편입 회사가 50개 이상(51-56개)이다.

CJ에서는 편입 회사가 2개 지주회사 및 계열회사 52개(그룹 계열회사 65개 중 80%)이다. 2007년 이후 2개 연도(2007, 2012년)를 제외하고 편입 회사가 50-58개였다. 1개 지주회사(케이엑스홀딩스)는 다른 1개 지주회사(CJ㈜)의 자회사이다. 케이엑스홀딩스는 12개 (2+10+0) 계열회사를 가지고 있는데, '자회사 2개'는 CJ㈜의 손자회사이며, '손자회사 10개 중 자회사 보유 지분이 100%인 2개'는 CJ㈜의 증손회사이다. 이들 중 지주회사 겸 자회사 1개와 손자회사 2개는 CJ㈜의 계열회사 '49개'(9+32+8)에 포함되어 있으며, 반면 증손회사 2개(*)는 공정거래위원회 자료인 49개에 포함되어 있지 않다. 후자를 함께 고려하면 다음의 구조이다 (CJ㈜의 계열회사는 49개를 유지함): '지주회사 1개(CJ㈜) → [지주회사 겸 자회사 1개(케이엑스홀딩스) → 손자회사 2개 → 증손회사 2개(*)] + [자회사 8개 → 손자회사 30개 → 증손회사 8개]'.

한편, '30-39개 계열회사'를 편입한 3개 재벌 중 코오롱에서는 편입 회사가 35개(그룹 계열회사 43개 중 81%)이다. 지주회사 코오롱과 계열회사 34개(8+23+3)이다. 편입 회사는 2010년 이후 줄곧 30개 이상(30-35개)이다. 농협에서는 35개(그룹 계열회사 39개 중 90%)가 편입되어 있다. 편입 회사는 2012-2014년 27-28개이다가 2015년에 처음 30개 이상이 되었다. 독립된 2개 지주회사(농협경제지주, 농협금융지주)와 각각의 계열회사 15개(14+1+0), 18개(9+9+0)로 구성되어 있다: '[지주회사 1개(농협경제지주) → 자회사 14개 → 손자회사 1개] + [지주회사 1개(농협금융지주) → 자회사 9개 → 손자회사 9개]'.

GS의 경우에는 2개 지주회사 및 계열회사가 38개(그룹 계열회사 79개 중 48%)이다. 2005년 이후 4개 연도(2011, 2013-15년)에 편입 회사가 30개 이상(31-38개)였다. 1개 지주회사(GS에너지)는 다른 1개 지주회사(㈜GS)의 자회사이다. GS에너지는 18개(13+5+0) 계열회사를 가지고 있으며, 이 중 '자회사 13개'는 ㈜GS의 손자회사이고, '손자회사 5개'는 ㈜GS의 증손회사이다. 이들 지주회사 겸 자회사 1개, 손자회사 13개, 그리고 증손회사 5개는 GS㈜의 계열회사 '37개'(7+25+5)에 포함되어 있다: '지주회사 1개(㈜GS) → [지주회사 겸 자회사 1개(GS에너지) → 손자회사 13개 → 증손회사 5개] + [자회사 6개 → 손자회사 12개]'.

둘째, 10-29개 계열회사를 지주회사체제에 편입한 10개 재벌 중 2개(LS, 대성)는 24-25개를 그리고 8개(한진, 한라, 세아, 태영, 현대백화점, 아모레퍼시픽, 하이트진로, 한솔)는 11-19개를 지주회사체제에 편입하였다.

'20-29개 계열회사' 편입 2개 재벌 중, LS에서는 지주회사 ㈜LS 및 계열회사(24=6+17+1)가 25개(그룹 계열회사 48개 중 52%)이다. 또 대성에서는 지주회사 서울도시개발 및 계열회사(23=3+20+0)가 24개(73개 중 33%)이다.

'10-19개 계열회사' 편입 8개 재벌의 편입 회사 수는 다음과 같다: ① 한진 19개 (그룹 계열회사 46개 중 41%; 지주회사 한진칼 + 계열회사 18개(7+9+2)), ② 한라 16개 (23개 중 70%; 한라홀딩스 + 15개(4+7+4)), ③ 세아 16개 (21개 중 76%; 세아홀딩스 + 15개(11+4+0)), ④ 태영 16개 (44개 중 36%; SBS미디어홀딩스 + 15개(7+8+0)), ⑤ 현대백화점 12개 (32개 중 38%; 현대HC& + 11개(9+2+0)), ⑥ 아모레퍼시픽 11개 (12개 중 92%; 아모레퍼시픽그룹 + 10개(9+1+0)), ⑦ 하이트진로 11개 (12개 중 92%; 하이트진로홀딩스 + 10개(3+6+1)), ⑧ 한솔 11개 (21개 중 52%; 한솔홀딩스 + 10개(7+3+0)).

셋째, 10개 미만 계열회사를 지주회사체제에 편입한 8개 재벌 중 3개(한진중공업, 한국타이어, 부영)는 적극적인 지주회사체제를 그리고 5개(태광, 한화, 대림, 삼성, 롯데)는 소극적인 지주회사체제를 채택하였다. 이들 중 1개(부영)는 2개 지주회사를 보유하였다.

적극적인 지주회사체제를 채택한 3개 재벌 중 한진중공업의 그룹 계열회사는 9개이며 지주회사 한진중공업홀딩스 및 8개 계열회사(4+4+0)로 구성되어 있다. 지주회사체제 달성 비율이 유일하게 100%이다. 또 한국타이어에서는 지주회사 한국타이어월드와이드와 계열회사 8개(3+5+0)가 그룹 계열회사 16개 중 56%이다. 한편, 부영의 경우에는 독립된 2개 지주회사(부영, 동광주택산업)가 각각 4개(1+3+0), 1개(1+0+0)의 계열회사를 가지고 있으며, 이들 7개는 그룹 계열회사 15개 중 47%에 해당한다: '[지주회사 1개(부영) → 자회사 1개 → 손자회사 3개] + [지주회사 1개(동광주택산업) → 자회사 1개]'.

소극적인 지주회사체제를 채택한 5개 재벌의 편입 회사 수는 다음과 같다: ① 태광 7개 (그룹 계열회사 32개 중 22%; 지주회사 티브로드 + 계열회사 6개(4+2+0)), ② 한화 6개 (52개 중 12%; 한화도시개발 + 5개(5+0+0)), ③ 대림 5개 (24개 중 21%; 대림에너지 + 4개(3+1+0)), ④ 삼성 3개 (67개 중 4%; 삼성종합화학 + 2개(2+0+0)), ⑤ 롯데 3개 (80개 중 4%; 이지스일호 + 2개(1+1+0)).

7. 맺음말

2001년부터 2015년까지 지주회사체제를 채택한 재벌은 34개이며, 이들 중 24개는 2015년 현재 지주회사체제를 유지하고 있다. 34개 재벌의 '재벌 순위, 지주회사 수, 지주회사체제 달성 비율, 지주회사체제 편입 계열회사 수'는 시간의 흐름에 따라 변해 왔다.

첫째, '1-10위' 재벌은 2001년 이후 2-7개 사이에서, '11-30위' 재벌은 2006년 이후 1-7개 사이에서, 그리고 '31위 이하' 재벌은 2003년 이후 1-11개 사이에서 증가 추세를 보였다. 34개 재벌 중 3개 범위의 순위에 속한 적이 있는 재벌은 각각 10개, 11개, 13개이다. 2015년 현재의 24개 재벌 중에서는 각각 7개, 6개, 11개이다.

1-10위에 속한 적이 있는 10개 재벌은 SK, LG, GS, 농협, 한진, 금호아시아나, 삼성, 롯데, 한화, 현대자동차 등이다. 이들 중 앞의 6개는 적극적인 지주회사체제를 그리고 뒤의 4개는 소극적인 지주회사체제를 채택하였다. 또 이들 10개 중 금호아시아나와 현대자동차를 제외한 8개는 2015년 현재 지주회사체제를 채택하고 있다.

둘째, '1개 지주회사' 보유 재벌은 2001년 이후 2-19개 사이에서 그리고 '2개 이상 지주회사' 보유 재벌은 2005년 이후 1-9개 사이에서 증가 추세를 보였다. 34개 재벌 중 2개 범위의 지주회사를 보유한 적이 있는 재벌은 각각 10개, 24개이다. 2015년 현재의 24개 재벌 중에서는 각각 5개, 19개이다.

2개 이상 지주회사를 가진 적이 있는 10개 재벌은 CJ(4개 지주회사), SK, 대성 및 태광(3개), 부영, GS, 농협, 한진, 두산 및 롯데(2개) 등이다. 이들 중 태광과 롯데를 제외한 8개 재벌은 적극적인 지주회사체제를 채택하였으며, 두산을 제외한 9개 재벌은 2015년 현재 지주회사체제를 유지하고 있다.

셋째, '70% 이상 지주회사체제 달성 비율' 보유 재벌은 2003년 이후 1-10개 사이에서 증가 추세를 보였다. 이에 비해, '50-69%' 보유 재벌은 2003년 이후 1-7개 사이에서, '30-49%' 보유 재벌은 2001년 및 2006년 이후 1-6개 사이에서, 그리고 '30% 미만' 보유 재벌은 2001년 이후 1-5개 사이에서 비슷한 수준이 유지되었다. 비율이 30% 이상이면 적극적인 지주회사체제로 그리고 30% 미만이면 소극적인 지주회사체제로 분류된다. 34개 재벌 중 4개 범위의 비율을 보유한 적이 있는 재벌은 각각 13개, 8개, 6개, 7개이다. 2015년 현재의 24개 재벌 중에서는 각각 10개, 3개, 6개, 5개이다.

70% 이상 비율을 보유한 적이 있는 13개 재벌은 한진중공업, 아모레퍼시픽, 하이트진로, 농협, LG 및 CJ(90% 이상), SK, 코오롱, 세아, 두산 및 웅진(80-89%), 한라와 대성(70-79%) 등이다. 두산과 웅진을 제외한 11개 재벌은 2015년 현재 지주회사체제를 유지하고 있다.

넷째, '30개 이상 계열회사(자회사, 손자회사 및 증손회사)'를 지주회사체제에 편입한 재벌은 2003-2005년 및 2007년 이후 1-6개 사이에서 그리고 '10-29개' 편입 재벌은 2001년 이후 2-12개 사이에서 증가 추세를 보였으며, '10개 미만' 편입 재벌은 2003년 이후 1-8개 사이에서 비슷한 수준이 유지되었다. 34개 재벌 중 3개 범위의 계열회사를 편입한 적이 있는 재벌은 각각 7개, 18개, 9개이다. 2015년 현재의 24개 재벌 중에서는 각각 6개, 10개, 8개이다.

30개 이상 계열회사를 지주회사체제에 편입한 적이 있는 7개 재벌은 SK와 대성(60-69개 계열회사), LG와 CJ(50-59개), GS, 코오롱 및 농협(30-39개) 등이다. 7개 재벌 모두 2015년 현재 적극적인 지주회사체제를 채택하고 있다.

제4장

재벌 소속 일반지주회사: 연도별 현황

1. 머리말

2001년 이후 2015년까지 '지주회사체제를 채택한 재벌'은 모두 34개이며, 매년 2-24개 사이에서 점진적으로 증가하였다. 2001년 2개이던 것이 2003-2006년 4-9개로 늘어났고 2007년(14개)에는 10개를 넘어섰다. 2008-2009년에는 11-13개로 줄어들었다가 2010년 17개로 다시 늘어났으며 2011년에는 20개가 되었다. 이후 조금씩 늘어나 2012-2014년 21-22개였으며, 2015년에는 24개로 최고치를 기록하였다.

지주회사체제를 채택한 재벌이 전체 공정거래법상 대규모사기업집단 중에서 차지하는 비중 또한 7-48% 사이에서 증가 추세를 보였다. 2001년 7%(30개 집단 중 2개)에 불과하던 것이 2005년 19%(48개 중 9개), 2007년 25%(55개 중 14개), 그리고 2009년 33%(39개 중 13개)로 늘어났으며, 2010년에는 40%(43개 중 17개)가 되었다. 2011-2014년에는 41-44%(46-51개 중 20-22개)였으며, 2015년에는 48%(50개 중 24개)로 최고치를 기록하였다.

한편, '재벌 소속 일반지주회사'는 2001-2015년 사이 모두 51개이며, 2-30개 사이에서 점진적으로 증가하였다. 2001년 2개이던 것이 2003-2004년에는 4-6개 그리고 2005-2009년에는 10-16개였다. 2010년(22개) 20개를 넘어섰고, 2011-2012년 26-28개로 더욱 늘어난 뒤 2013-2014년 최고치인 30개를 기록하였다. 2015년 현재에는 29개이다. 2005년부터는 2개 이상 일반지주회사를 보유하는 재벌들이 등장하였다.

재벌 소속 일반지주회사가 전체 공정거래법상 일반지주회사 중에서 차지하는 비중은 22-45% 사이에서 '증가 후 감소'의 추세를 보였다. 2001년 22%(9개 일반지주회사 중 2개)이던 것이 2005년(45%, 22개 중 10개)과 2007년(42%, 36개 중 15개)에는 40% 이상이 되었는데, 이후 신설 지주회사가 급격하게 늘어나면서 그 비중이 25% 내외(22-28%)으로 낮아졌다. 2008년 24%(55개 중 13개)에서 2011년 28%(92개 중 26개)로 다소 높아졌다가 이후 낮아져 2015년 현재에는 22%(130개 중 29개)로 2001년과 같은 최저치이다.

재벌 소속 51개 일반지주회사 중 38개는 적극적인 지주회사체제를 채택한 26개 재벌 소속이고 나머지 13개는 소극적인 지주회사체제를 채택한 8개 재벌 소속이다. 2001년(1개 vs. 1개)과 2005-2006년(4-5개 vs. 5-6개)을 제외하고는 적극적인 지주회사체제를 채택한 재벌 소속 지주회사가 소극적인 지주회사체제를 채택한 재벌 소속 지주회사보다 더 많았다. 2003-2004년(3-4개 vs. 1-2개)에는 2개 차이가 나다가 2007년부터 매년 격차가 벌어져 7-26개의 차이가 났다. 2007-2008년 7개(10-11개 vs. 3-4개), 2009-2011년 10-16개(13-21개 vs. 3-5개), 2012-2014년 22-26개(25-28개 vs. 2-3개), 2015년 19개(24개 vs. 5개) 등이다. 가장 큰 차이는 2013년의 26개(28개 vs. 2개)였다.

아래에서는 재벌 소속 일반지주회사의 연도별 현황을 5개 측면에서 분석한다. 일반지주회사 순위, 자산총액, 재벌 소속 시작 시기, 지주비율, 계열회사 수 등이다. 제2절에서는 5개 측면의 전반적인 추세 및 특징을 정리하며, 이어 5개 절(제3절-제7절)에 걸쳐 차례로 상세하게 살펴본다.

2. 재벌 소속 일반지주회사, 2001-2015년: 개관

2001-2015년 사이 34개 재벌에 속한 일반지주회사는 51개이다 (<표 4.1>, <그림 4.1>, <그림 4.2>, <그림 4.3>, <그림 4.4>, <그림 4.5>).

첫째, 51개 일반지주회사 중 22개는 1-10위 '순위'에 그리고 17개는 11-30위에 속한 적이 있으며, 나머지 12개는 31위 이하였다. 둘째, 51개 일반지주회사 중 25개는 1조 원 이상 '자산총액'을 그리고 21개는 2-9천억 원을 보유한 적이 있으며, 나머지 5개는 1천억 원대를 보유하였다. 셋째, 51개 일반지주회사 중 6개는 '재벌 소속 시작 시기'가 2001-2004년이고, 20개는 2005-2009년이며, 25개는 2010-2015년이다. 넷째, 51개 일반지주회사 중 24개는 90% 이상 '지주비율'을 그리고 17개는 70-89%를 가진 적이 있으며, 나머지 10개는 50-69%를 가졌다. 다섯째, 51개 일반지주회사 중 6개는 30개 이상 '계열회사 수'를 그리고 23개는 10-29개를 가진 적이 있으며, 나머지 22개는 10개 미만을 가졌다.

2.1 일반지주회사 순위

2001-2015년 사이 재벌에 속한 51개 일반지주회사 중 22개는 공정거래법상 일반지주회사 중에서의 순위(자산총액 기준) 1-10위에 그리고 17개는 11-30위에 속한 적이 있었다. 나머지 12개의 순위는 31위 이하였다. 연도별로 보면, 재벌 소속 일반지주회사 수가 2-30개 사이에서 점진적으로 증가하는 가운데, 3개 범위의 순위에 속하는 일반지주회사의 수 또한 증가하였다. '1-10위' 지주회사는 2001년 이후 2-10개 사이, '11-30위' 지주회사는 2003년 이후 1-11개 사이, 그리고 '31위 이하' 지주회사는 2007년 이후 1-9개 사이였다.

2001년에는 재벌 소속 2개 일반지주회사가 모두 1-5위였다. 2003년 이후 재벌 소속 일반지주회사는 4-30개로 조금씩 늘어났으며, 이에 따라 2003년부터는 6-10위 및 11-20위에 속하는 지주회사가, 2005년부터는 21-30위에 속하는 지주회사가, 그리고 2007년부터는 31위 이하에 속하는 지주회사가 차례로 생겼다. 2007년 이후 재벌 소속 일반지주회사의 순위는 5개 범위(1-5위, 6-10위, 11-20위, 21-30위, 31위 이하)에 속하게 되었다.

첫째, '1-5위' 지주회사는 2001-2003년 2개 그리고 2004년 4개였으며, 2005년 이후에는 줄곧 5개이다. 또 '6-10위' 지주회사는 2003-2004년 1개, 2005-2010년 2-4개, 그리고 2011년 이후 5개이다. '1-10위' 전체로 보면, 2001-2003년에는 2-3개 그리고 2004-2010년 5-9개였으며, 2011년 이후에는 10개이다. 재벌 소속 일반지주회사의 순위가 높고 따라서 자산총액이 크다는 것을 알 수 있다. 1-10위에 속한 적이 있는 지주회사는 22개이며, 이 중 14개는 1-5위에 그리고 8개는 6-10위에 속한 적이 있었다. '1-10위' 지주회사가 3개 범위 순위 중에서 차지하는 비중은 점차 감소하는 가운데, 2011년까지(38-100%)는 다른 2개 범위(11-30위, 31위 이하)보다 컸으며, 2013년 이후(33-34%)에는 '11-30위' 비중보다 조금 작아졌다.

둘째, '11-20위' 지주회사는 2003-2005년 1개 그리고 2006-2008년 2-4개였으며, 2009년 이후에는 5-8개이다. 또 '21-30위' 지주회사는 2005-2009년 1개였고 2010년 이후에는 3-4개이다. '11-30위' 전체로 보면, 2003-2004년 1개, 2005-2006년 2-3개, 2007-2011년 5-9개, 그리고 2012년 이후 10-11개이다. 11-30위에 속한 적이 있는 지주회사는 모두 17개이며, 이 중 10개는 11-20위에 그리고 7개는 21-30위에 속한 적이 있었다. '11-30위' 지주회사가 3개 범위 순위 중에서 차지하는 비중은 조금씩 늘어나는 가운데 2011년까지(17-38%)는 '1-10위' 비중보다 작았으며, 2013년 이후(35-37%) '1-10위'보다 조금 커졌다.

셋째, '31위 이하' 지주회사는 2007-2009년 1-2개 그리고 2010-2012년 5-8개였으며,

2013년 이후에는 9개이다. 31위 이하 순위를 가진 지주회사는 모두 12개이다. '31위 이하' 지주회사의 비중은 3개 범위의 순위 중 가장 작은 가운데 점차 늘어났으며, 2011년 이후에는 1/3가량(27-31%)이 되어 다른 2개 범위(1-10위, 11-30위)와 비슷해졌다.

2.2 자산총액

자산총액은 공정거래법상 지주회사의 요건 중 하나이다. 기준은 1999-2000년 100억 원 이상, 2001년 300억 원 이상, 그리고 2002년 이후 1,000억 원 이상이다. 이 기준을 충족하지 못하면 지주회사 지정에서 제외된다.

〈표 4.1〉 재벌 소속 일반지주회사, 2001-2015년: 개관 (개, %)

* 재벌 소속 일반지주회사 (개)

	2001	2003	2004	2005	2006	2007	2008	2009	2010	2011	2012	2013	2014	2015	총수
지주회사체제 채택 재벌	2	4	6	9	9	14	11	13	17	20	21	21	22	24	34
적극적인 지주회사체제	1	3	4	4	5	10	8	10	13	15	18	19	19	19	26
소극적인 지주회사체제	1	1	2	5	4	4	3	3	4	5	3	2	3	5	8
재벌 소속 일반지주회사	2	4	6	10	10	15	13	16	22	26	28	30	30	29	51
적극적인 지주회사체제 소속	1	3	4	4	5	11	10	13	18	21	25	28	27	24	38
소극적인 지주회사체제 소속	1	1	2	6	5	4	3	3	4	5	3	2	3	5	13
(1) 일반지주회사 순위															
(해당 범위의 순위를 갖는 지주회사의 수 (개))															
1-5위	2	2	4	5	5	5	5	5	5	5	5	5	5	5	14
6-10위		1	1	3	2	4	2	3	4	5	5	5	5	5	8
[1-10위]	[2	3	5	8	7	9	7	8	9	10	10	10	10	10	22]
11-20위		1	1	1	2	4	4	5	5	6	6	7	8	7	10
21-30위				1	1	1	1	1	3	3	4	4	3	3	7
[11-30위]		[1	1	2	3	5	5	6	8	9	10	11	11	10	17]
31위 이하						1	1	2	5	7	8	9	9	9	12
(해당 범위의 순위를 갖는 지주회사의 비율 (%))															
1-10위	100	75	83	80	70	60	54	50	41	38	36	33	33	34	43
11-30위		25	17	20	30	33	38	38	36	35	36	37	37	35	33
31위 이하						7	8	12	23	27	28	30	30	31	24

(2) 자산총액

	2001	2003	2004	2005	2006	2007	2008	2009	2010	2011	2012	2013	2014	2015	총수
(해당 범위의 자산총액을 갖는 지주회사의 수 (개))															
10조 원 이상									1	2	2	2	2	2	2
5-9조 원대		1	1			1	2	2	2	2	2	3	3	3	3
1-4조 원대	1		1	2	3	4	4	6	9	11	11	12	13	13	20
[1조 원 이상]	[1	1	2	2	3	5	6	8	12	15	15	17	18	18	25]
5-9천억 원대	1	1	1	4	3	6	5	5	3	3	5	6	5	4	7
2-4천억 원대			2	2	3	3	1	1	6	6	6	5	7	7	14
[2-9천억 원대]	[1	1	3	6	6	9	6	6	9	9	11	11	12	11	21]
1천억 원대		2	1	2	1	1	1	2	1	2	2	2			5
(해당 범위의 자산총액을 갖는 지주회사의 비중 (%))															
1조 원 이상	50	25	33	20	30	33	46	50	55	58	54	57	60	62	49
2-9천억 원대	50	25	50	60	60	60	46	38	41	35	39	37	40	38	41
1천억 원대		50	17	20	10	7	8	12	4	7	7	6			10

(3) 재벌 소속 시작 시기

	2001	2003	2004	2005	2006	2007	2008	2009	2010	2011	2012	2013	2014	2015	총수
(해당 범위의 시작 시기를 갖는 지주회사의 수 (개))															
2001-2004년	2	4	6	5	5	5	3	4	4	4	3	3	4	4	6
2005-2009년				5	5	10	10	12	12	10	9	10	9	8	20
2010-2015년									6	12	16	17	17	17	25
(해당 범위의 시작 시기를 갖는 지주회사의 비중 (%))															
2001-2004년	100	100	100	50	50	33	23	25	18	15	11	10	13	14	12
2005-2009년				50	50	67	77	75	55	39	32	33	30	27	39
2010-2015년									27	46	57	57	57	59	49

(4) 지주비율

	2001	2003	2004	2005	2006	2007	2008	2009	2010	2011	2012	2013	2014	2015	총수
(해당 범위의 지주비율을 갖는 지주회사의 수 (개))															
90% 이상	1	3	4	5	7	6	6	6	10	8	7	8	10	8	24
80-89%			1	2	2	2	3	5	4	8	11	10	9	14	10
70-79%	1					2				4	4	7	4	4	7
[70-89%]	[1		1	2	2	4	3	5	4	12	15	17	13	18	17]
60-69%					1	4	3	2	5	4	3	3	3	1	9
50-59%		1	1	3		1	1	3	3	2	3	2	4	2	1
[50-69%]		[1	1	3	1	5	4	5	8	6	6	5	7	3	10]
(해당 범위의 지주비율을 갖는 지주회사의 비중 (%))															
90% 이상	50	75	67	50	70	40	46	38	46	31	25	27	33	28	47
70-89%	50		17	20	20	27	23	31	18	46	54	57	43	62	33
50-69%		25	16	30	10	33	31	31	36	23	21	16	24	10	20

(5) 계열회사 수

	2001	2003	2004	2005	2006	2007	2008	2009	2010	2011	2012	2013	2014	2015	총수
(해당 범위의 계열회사를 갖는 지주회사의 수 (개))															
60-69개									1	1	1	1	1	1	1
50-59개								2		1	1	2	1	1	2
40-49개							1	1	2	1	1		1		1
30-39개		1	1	1			1			2		3	2	2	3
[30개 이상]		[1	1	1			2	3	3	5	3	6	5	5	6]
20-29개					1	3	2	2	5	2	7	3	4	2	6
10-19개	2	1	2	3	3	5	5	5	5	10	9	11	11	13	17
[10-29개]	[2	1	2	3	4	8	7	7	10	12	16	14	15	15	23]
10개 미만		2	3	6	6	7	4	6	9	9	9	10	10	9	22
(해당 범위의 계열회사를 갖는 지주회사의 비중 (%))															
30개 이상		25	17	10			15	19	14	19	11	20	17	17	12
10-29개	100	25	33	30	40	53	54	44	45	46	57	47	50	52	45
10개 미만		50	50	60	60	47	31	37	41	35	32	33	33	31	43

주: 1) 1999년에는 지주회사체제를 채택한 재벌 없음. 2000·2002년 자료 없음.
　　2) 2001-2003년 7월, 2004년 5월, 2005-2007년 8월, 2008-2015년 9월 현재.
　　3) 총수: 해당 범위에 속한 적이 있는 지주회사 수이며, 상위 범위에 속한 적이 있는 지주회사 기준.
출처: 〈표 2.1〉, 〈부록 2〉, 〈부록 3〉.

〈그림 4.1〉 재벌 소속 일반지주회사, 2001-2015년:
(1) 순위 (개)
(출처: <표 4.1>)

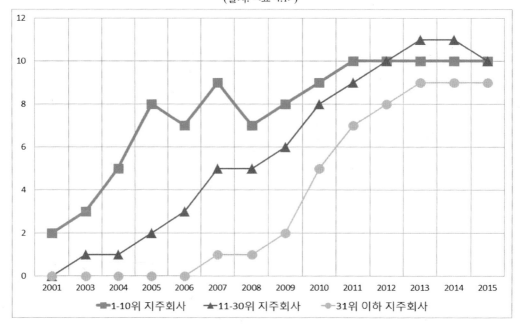

〈그림 4.2〉 재벌 소속 일반지주회사, 2001-2015년:
(2) 자산총액 (개)

(출처: <표 4.1>)

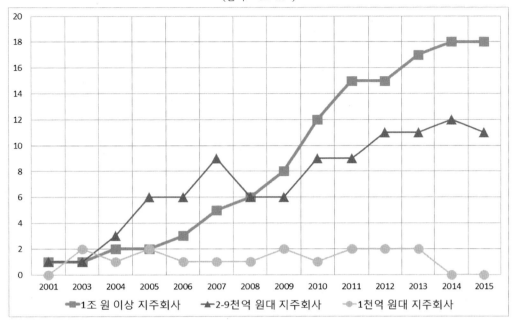

〈그림 4.3〉 재벌 소속 일반지주회사, 2001-2015년:
(3) 재벌 소속 시작 시기 (개)

(출처: <표 4.1>)

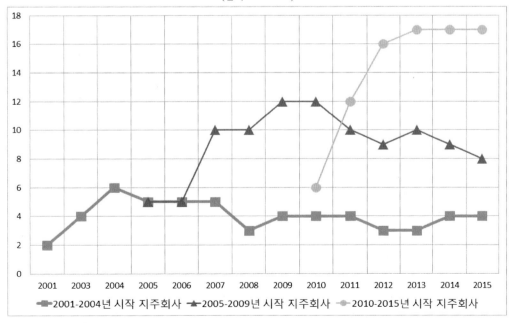

<그림 4.4> 재벌 소속 일반지주회사, 2001-2015년:
(4) 지주비율 (개)

(출처: <표 4.1>)

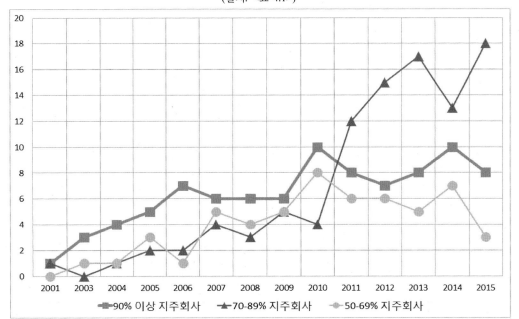

<그림 4.5> 재벌 소속 일반지주회사, 2001-2015년:
(5) 계열회사 수 (개)

(출처: <표 4.1>)

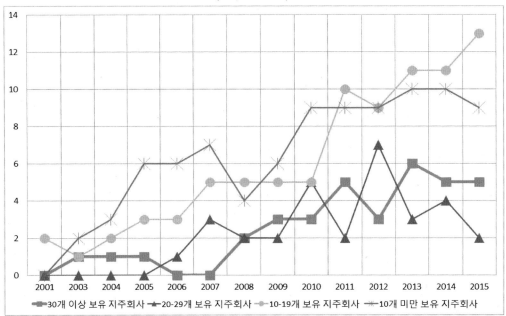

2001-2015년 사이 재벌에 속한 51개 일반지주회사 중 25개는 자산총액 1조 원 이상을 그리고 21개는 2-9천억 원을 보유한 적이 있었으며, 나머지 5개는 1천억 원대를 보유하였다. 연도별로 보면, 재벌 소속 일반지주회사 수가 2-30개 사이에서 점진적으로 증가하는 가운데, 앞 2개 범위의 자산총액에 속하는 지주회사의 수는 증가한 반면 세 번째 범위에 속하는 지주회사의 수는 감소하였다. '1조 원 이상' 보유 지주회사는 2001년 이후 1-18개 사이, '2-9천억 원' 보유 지주회사는 2001년 이후 1-12개 사이, 그리고 '1천억 원대' 보유 지주회사는 2003-2013년 1-2개 사이였다.

2001년에는 재벌 소속 2개 일반지주회사 중 1개는 1-4조 원을 그리고 1개는 5-9천억 원을 보유하였다. 또 2003년의 4개 지주회사 중 1개는 5-9조 원을, 1개는 5-9천억 원을, 그리고 나머지 2개는 1천억 원대를 보유하였다. 2004년 이후 재벌 소속 일반지주회사는 6-30개로 조금씩 늘어났으며, 이에 따라 2004년부터는 2-4천억 원 보유 지주회사가 그리고 2010년부터는 10조 원 이상 보유 지주회사가 생겼다. 2007년 이후 재벌 소속 일반지주회사의 자산총액은 6개 범위(10조 원 이상, 5-9조 원, 1-4조 원, 5-9천억 원, 2-4천억 원, 1천억 원대) 중 5-6개(2007-09년 뒤 5개, 2010-13년 6개, 2014-15년 앞 5개)에 속하였다.

첫째, '10조 원 이상' 보유 지주회사는 2010년 1개였고 2011년 이후 2개이다. '5-9조 원' 보유 지주회사는 2003-2004, 2007년 1개, 2008-2012년 2개, 그리고 2013년 이후 3개이다. 또 '1-4조 원' 보유 지주회사는 2001, 2004년 1개, 2005-2008년 2-4개, 2009-2010년 6-9개, 2011년 이후 11-13개 등으로 증가하였다. '1조 원 이상' 전체로 보면, 2001-2003년 1개, 2004-2006년 2-3개, 2007-2009년 5-8개, 그리고 2010년 이후 12-18개이다. 1조 원 이상을 보유한 적이 있는 지주회사는 모두 25개이며, 이 중 2개는 10조 원 이상을, 3개는 5-9조 원을, 그리고 대다수인 20개는 1-4조 원을 보유한 적이 있었다. 3개 범위의 자산총액 중 '1조 원 이상' 보유 지주회사가 차지하는 비중은 점차 증가하였으며, 2009년 이후(50-62%)에는 절반을 넘어선 상태에서 다른 2개 범위(2-9천억 원, 1천억 원대)보다 컸다.

둘째, '5-9천억 원' 보유 지주회사는 2001-2004년 1개 그리고 2005년 이후 3-6개였으며, '2-4천억 원' 보유 지주회사는 2004-2007년 2-3개, 2008-2009년 1개, 그리고 2010년 이후 5-7개였다. '2-9천억 원' 전체로 보면, 2001-2004년 1-3개, 2005-2011년 6-9개, 2012년 이후 11-12개 등으로 변하였다. 2-9천억 원을 보유한 적이 있는 지주회사는 21개이며, 이 중 7개는 5-9천억 원을 그리고 14개는 2-4천억 원을 보유한 적이 있었다. 3개 범위의 자산총액 중, '2-9천억 원'은 '1조 원 이상'에 비해 2008년까지(25-60%)는 비중이 크거나 같다가

2009년 이후(35-41%) 비중이 작아졌다.

셋째, '1천억 원대' 보유 지주회사는 2003-2013년에 1-2개이다가 2014-2015년에는 없어졌다. 관련 지주회사는 모두 5개이다. 3개 범위의 자산총액 중에서의 비중은 2003년(50%)에는 다른 2개 범위(1조 원 이상, 2-9천억 원)보다 컸으며, 다른 연도에는 가장 작은 가운데 2006-2013년 사이 10% 내외(4-12%)였다.

2.3 재벌 소속 시작 시기

2001-2015년 사이 재벌에 속한 51개 일반지주회사 중 6개는 재벌 소속 시작 시기가 2001-2004년, 20개는 2005-2009년, 그리고 25개는 2010-2015년이다. 연도별로 보면, 재벌 소속 일반지주회사가 2-30개 사이에서 점차 증가하는 가운데, 첫 번째 범위의 지주회사는 다소 줄어들었고 다른 2개 범위의 지주회사는 증가하였다. '2001-2004년' 시작 지주회사는 2001년 이후 2-6개 사이, '2005-2009년' 지주회사는 2005년 이후 5-12개 사이, 그리고 '2010-2015년' 지주회사는 2010년 이후 6-17개 사이였다.

'2001-2004년' 시작 지주회사는 2001년 2개였으며, 2003-2007년에 4-6개이다가 2008년 이후에는 3-4개로 다소 줄어든 상태이다. '2005-2009년' 시작 지주회사는 2005-2006년 5개, 2007-2010년 10-12개, 그리고 2011-2014년 9-10개였으며, 2015년 현재에는 8개이다. 반면, '2010-2015년' 시작 지주회사는 2010년 6개, 2011년 12개, 2012년 이후 16-17개 등으로 증가하였다.

3개 범위의 시기가 모두 있는 2010년 이후를 보면, '2005-2009년' 시작 지주회사의 비중은 감소하는 가운데 2010년(55%)에는 가장 컸고, '2010-2015년'의 비중은 점차 증가하여 2011년 이후(46-59%) 가장 커졌다. '2001-2004년'의 비중은 1/5 미만(10-18%)이었다.

2.4 지주비율

지주비율은 자산총액과 함께 공정거래법상 지주회사의 요건이다. 1999년 이후 50% 이상으로 변함이 없다. 50% 미만이면 지주회사 지정에서 제외된다. 비율을 구하는 공식은 다음과 같다: '[(지주회사가 보유하는 자회사의 주식(지분 포함)가액의 합계액 ÷ 지주회사의 자산총액) × 100] (%)'.

2001-2015년 사이 재벌에 속한 51개 일반지주회사 중 24개는 90% 이상을 그리고 17개는 70-89%를 가진 적이 있으며, 나머지 10개의 비율은 50-69%였다. 연도별로 보면, 재벌 소속 일반지주회사가 2-30개 사이에서 증가하는 가운데, 앞 2개 범위의 지주회사는 증가하였고 세 번째 범위의 지주회사는 증가 후 감소하였다. '90% 이상' 지주회사는 2001년 이후 1-10개 사이, '70-89%' 지주회사는 2001년 및 2004년 이후 1-18개 사이, 그리고 '50-69%' 지주회사는 2003년 이후 1-8개 사이였다.

　　2001년에는 2개 지주회사의 비율이 각각 90% 이상, 70-79%였다. 또 2003년의 4개 지주회사 중 3개는 90%이상 그리고 1개는 50-59%였다. 2004년 이후 재벌 소속 지주회사가 6-30개로 늘어났으며, 이에 따라 2007년 이후에는 지주비율이 5개 범위(90%이상, 80-89%, 70-79%, 60-69%, 50-59%) 중 4-5개(2007년 5개, 2008-10년 4개, 2011년 이후 5개)에 속하였다.

　　첫째, '90% 이상' 비율을 보유한 지주회사는 2001-2004년 1-4개, 2005, 2007-2009년 5-6개, 그리고 2006년 및 2010년 이후 7-10개이다. 관련 지주회사 총수는 24개이다. 3개 범위의 비율(90% 이상, 70-89%, 50-69%) 중, '90% 이상' 지주회사의 비중은 점차 감소하였으며, 2010년까지(75-38%)는 '70-89%'보다 컸고 2011년 이후(33-25%)에는 '70-89%'보다 작아졌다.

　　둘째, '80-89%' 지주회사는 2004-2007년 1-2개, 2008-2011년 3-8개, 그리고 2012년 이후 9-14개이다. 또 '70-79%' 지주회사는 2001년 1개, 2007년 2개, 그리고 2011년 이후 4-7개이다. '70-89%' 전체로 보면, 2001, 2004-2010년에는 1-5개였고, 2011년 이후에는 12-18개이다. 70-89% 비율을 보유한 지주회사는 모두 17개이며, 이 중 10개는 80-89%를 그리고 7개는 70-79%를 보유한 적이 있었다. 3개 범위의 비율 중 '70-89%' 지주회사의 비중은 점차 늘어나 2011년 이후(43-62%)에는 '90% 이상' 비중보다 커졌다.

　　셋째, '60-69%' 지주회사는 2006년 이후 1-5개 그리고 '50-59%' 지주회사는 2003-2005년 및 2007년 이후 1-4개이다. 50-69%를 보유한 지주회사는 모두 10개이며, 이 중 9개는 60-69%를 보유한 적이 있었고 나머지 1개는 50-59%를 보유하였다. 3개 범위의 비율 중 '50-69%' 지주회사의 비중은 2005, 2007-2008, 2010년(30-36%)에는 '70-89%'보다 컸고, 2004, 2006년 및 2011년 이후(10-24%)에는 다른 2개 범위(90% 이상, 70-89%)보다 작았다.

2.5 계열회사 수

지주회사의 계열회사는 자회사, 손자회사, 증손회사 중 1개 이상으로 구성된다. 자회사는 지주회사에 의하여 그리고 손자회사는 자회사에 의하여 사업 내용을 지배받는 국내회사이다. 지주회사·자회사가 소유해야 하는 '자회사·손자회사 발행 주식 총수에서의 비중'은 상장회사에 대해서는 30%(1999-2006년) 또는 20%(2007년 이후) 이상 그리고 비상장회사에 대해서는 50%(1999-2006년) 또는 40%(2007년 이후) 이상이다.

2001-2015년 사이 재벌에 속한 51개 일반지주회사 중 6개는 30개 이상 계열회사를 그리고 23개는 10-29개 계열회사를 가진 적이 있으며, 나머지 22개는 10개 미만 계열회사를 가졌다. 연도별로 보면, 재벌 소속 일반지주회사가 2-30개 사이에서 증가하는 가운데, 3개 범위 지주회사의 수 또한 증가 추세를 보였다. '30개 이상' 보유 지주회사는 2003-2005년 및 2008년 이후 1-6개 사이, '10-29개' 보유 지주회사는 2001년 이후 1-16개 사이, 그리고 '10개 미만' 보유 지주회사는 2003년 이후 2-10개 사이였다.

2001년에는 2개 지주회사가 모두 10-19개 계열회사를 보유하였다. 또 2003-2005년에는 4-10개 지주회사의 계열회사가 30-39개(1개 지주회사), 10-19개(1-3개 지주회사) 그리고 10개 미만(2-6개 지주회사)이었다. 2006년 이후 재벌 소속 지주회사는 10-30개로 늘어났으며, 2006년에는 20-29개 보유 지주회사가, 2008년에는 40-49개 보유 지주회사가, 2009년에는 50-59개 보유 지주회사가, 그리고 2010년에는 60-69개 보유 지주회사가 생겼다. 2008년 이후 계열회사 수는 7개 범위(60-69개, 50-59개, 40-49개, 30-39개, 20-29개, 10-19개, 10개 미만) 중 5-7개(2008-10년 5개, 2011년 7개, 2012-13년 6개, 2014-15년 7개)에 속하였다.

첫째, '30개 이상' 계열회사 보유 지주회사는 2003-2005년 1개, 2008-2010, 2012년 2-3개, 그리고 2011, 2013-2015년 5-6개였다. 관련 지주회사 총수는 6개이다. 이 중 1개는 60-69개 계열회사를, 2개는 50-59개를, 그리고 3개는 30-39개를 보유한 적이 있었다. '30개 이상' 지주회사의 비중은 2003년(25%)을 제외한 다른 연도에서 1/5 이하(10-20%)로 3개 범위(30개 이상, 10-29개, 10개 미만) 중 가장 작았다.

둘째, '20-29개' 보유 지주회사는 2006년 이후 1-7개 사이에서 증가 후 감소하였다. 또 '10-19개' 보유 지주회사는 2001-2010년 1-5개 그리고 2011년 이후 9-13개이다. '10-29개' 전체로 보면, 2001-2006년 1-4개, 2007-2009년 7-8개, 그리고 2010년 이후 10-16개이다. 10-29개를 보유한 적이 있는 지주회사는 모두 23개이며, 이 중 6개는 20-29개를 그리고 대다수인 17개는 10-19개를 보유한 적이 있었다. '10-29개' 보유 지주회사가 3개 범위 중에서 차지하는 비중은 점차 증가하여 2007년 이후(44-57%)에는 다른 2개 범위(30개 이상, 10개 미만)보다 컸다.

셋째, '10개 미만' 보유 지주회사는 2003-2009년 2-7개 그리고 2010년 이후 9-10개이다. 관련 지주회사 총수는 22개이다. 3개 범위의 계열회사 중에서의 비중은 감소하는 가운데, 2006년(50-60%)까지는 가장 컸고 2007년 이후(31-47%)에는 '10-29개' 비중보다 작아졌다.

3. 일반지주회사 순위

3.1 51개 지주회사, 2001-2015년

2001-2015년 사이 재벌에 속한 51개 일반지주회사 중 22개는 공정거래법상 일반지주회사 중에서의 순위(자산총액 기준) 1-10위에 그리고 17개는 11-30위에 속한 적이 있었다. 나머지 12개의 순위는 31위 이하였다. 3개 범위의 순위에 속하는 일반지주회사의 수는 증가 추세를 보였다. '1-10위' 지주회사는 2001년 이후 2-10개 사이, '11-30위' 지주회사는 2003년 이후 1-11개 사이, 그리고 '31위 이하' 지주회사는 2007년 이후 1-9개 사이였다.

2007년 이후 재벌 소속 일반지주회사의 순위는 5개 범위(1-5위, 6-10위, 11-20위, 21-30위, 31위 이하)에 속하였다. '1-10위' 22개 지주회사 중 14개는 '1-5위'에 그리고 8개는 '6-10위'에 속한 적이 있었다. 또 '11-30위' 17개 지주회사 중에서는 10개는 '11-20위'에 그리고 7개는 '21-30위'에 속한 적이 있었다. 3개 범위의 순위(1-10위, 11-30위, 31위 이하) 중, '1-10위' 비중은 감소하는 가운데, 2011년까지 가장 컸고 2013년 이후 '11-30위' 비중보다 조금 작아졌다. '31위 이하' 비중은 가장 작았으며, 점차 늘어나 2011년 이후에는 다른 2개 범위와 비슷해졌다 (<표 4.2>, <표 4.3>, <그림 4.6>, <그림 4.7>, <그림 4.8>).

3.1.1 '1-10위' 22개 지주회사

첫째, 1-10위에 속한 적이 있는 지주회사는 22개이다. 14개(SK㈜, SK이노베이션, ㈜LG, ㈜GS, GS에너지, SK E&S, 부영, CJ㈜, 아모레퍼시픽그룹, 세아홀딩스, 금호산업, 두산; 삼성종합화학, 롯데물산)는 1-5위에 그리고 8개(한국타이어월드와이드, ㈜LS, 하이트진로홀딩스, 한진중공업홀딩스, CJ오쇼핑, 웅진홀딩스, 농심홀딩스, ㈜STX)는 6-10위에 속한 적이 있다. 앞의 14개 지주회사 중 7개(SK㈜, SK이노베이션, ㈜LG, ㈜GS, GS에너지, 금호산업; 롯데물산)는 줄곧 1-5위를 유지하였고, 뒤의 8개 지주회사 중 2개(한국타이어월드와이드, ㈜STX)는 줄곧 6-10위를 유지하였다.

22개 지주회사 중 20개는 적극적인 지주회사체제를 채택한 재벌에 그리고 나머지 2개(삼성종합화학, 롯데물산)는 소극적인 지주회사체제를 채택한 재벌에 속하였다. 또, 22개 지주회사 중 15개는 2015년 현재의 재벌 소속이고, 7개(금호산업, 두산, CJ오쇼핑, 웅진홀딩스, 농심홀딩스, ㈜STX; 롯데물산)는 2015년 이전에 재벌에 속하였다.

둘째, 1-5위에 속한 적이 있는 14개 지주회사 중 7개는 줄곧 1-5위였다. SK㈜는 2007년 이후 1-2위, SK이노베이션은 2011년 이후 1-2위, ㈜LG는 2001년 이후 1-3위, ㈜GS는 2005년 이후 2-4위, 그리고 GS에너지는 2012년 이후 5위이다. '1위' 자리는 앞 3개 지주회사가 경쟁적으로 차지하였다. ㈜LG는 2001-2006년에, SK㈜는 2007-2010, 2015년에, 그리고 SK이노베이션은 2011-2014년에 1위였다. 금호산업(2007-08년)과 롯데물산(2005-06년)은 2015년 이전의 2개 연도에 3위였다.

나머지 7개 지주회사는 일정 기간 동안만 1-5위에 속하였다. SK E&S는 2001년 이후 5개 연도(2001-06년 2-4위; 2007-11, 2014-15년 6-16위), CJ㈜는 2008년 이후 4개 연도(2008-11년 5위; 2012년 이후 6-8위), 삼성종합화학은 2004년 이후 3개 연도(2004-06년 2-5위; 2007년 이후 8-16위), 부영은 2010년 이후 1개 연도(2010년 4위; 2011년 이후 7-8위), 아모레퍼시픽그룹은 2007년 이후 1개 연도(2007년 5위; 2013년 이후 12-15위), 두산은 2009-2014년 사이 1개 연도(2009년 4위; 2010년 이후 6-7위) 등이다.

한편, 14개 지주회사는 11개 재벌에 속하였다. 3개 지주회사(SK㈜, SK이노베이션, SK E&S)는 1개 재벌(SK)에 그리고 2개 지주회사(㈜GS, GS에너지)는 1개 재벌(GS)에 속하였으며, 나머지 9개 지주회사는 각각 1개 재벌에 속하였다. 11개 재벌 중 5개는 지주회사체제를 채택한 기간에 재벌 순위 1-10위에 속한 적이 있으며, 이 5개 재벌 중 4개(SK, LG(지주회사 ㈜LG); 삼성(삼성종합화학), 롯데(롯데물산))는 1-5위를 그리고 1개(GS)는 6-10위를 줄곧 유지하였다.

셋째, 6-10위에 속한 적이 있는 8개 지주회사 중, 한국타이어월드와이드는 2014-2015년 9-10위였고, ㈜STX는 2005년에 9위였다. 나머지 6개 지주회사는 일정 기간 동안만 6-10위에 속하였다. 2015년 현재의 ㈜LS는 2008년 이후 6개 연도(2008-13년 6-10위; 2014년 이후 11위), 하이트진로홀딩스는 2010년 이후 3개 연도(2010-11, 2013년 10위; 2012, 2014-15년 11-13위), 그리고 한진중공업홀딩스는 2007년 이후 1개 연도(2009년 10위; 2007-08, 2010-15년 11-20위)이다. 또, 2015년 이전에는, 웅진홀딩스는 2009-2013년 사이 4개 연도(2009-12년 8-9위; 2013년 13위), 농심홀딩스는 2003-2007년 사이 4개 연도(2003-06년 8-9위; 2007년 13위), CJ오쇼핑은 2007-2010년 사이 1개 연도(2007년 7위; 2008년 이후 12-13위) 등이다.

〈표 4.2〉 재벌 소속 51개 일반지주회사의 순위, 2001-2015년:
(1) 해당 범위의 순위를 갖는 지주회사의 수 및 비중 (개, %)

* 재벌 소속 일반지주회사 (개)

	2001	2003	2004	2005	2006	2007	2008	2009	2010	2011	2012	2013	2014	2015	총수
지주회사체제 채택 재벌	2	4	6	9	9	14	11	13	17	20	21	21	22	24	34
적극적인 지주회사체제	1	3	4	4	5	10	8	10	13	15	18	19	19	19	26
소극적인 지주회사체제	1	1	2	5	4	4	3	3	4	5	3	2	3	5	8
재벌 소속 일반지주회사	2	4	6	10	10	15	13	16	22	26	28	30	30	29	51
적극적인 지주회사체제 소속	1	3	4	4	5	11	10	13	18	21	25	28	27	24	38
소극적인 지주회사체제 소속	1	1	2	6	5	4	3	3	4	5	3	2	3	5	13
(1) 해당 범위의 순위를 갖는 지주회사의 수 (개)															
1-5위	2	2	4	5	5	5	5	5	5	5	5	5	5	5	14
6-10위		1	1	3	2	4	2	3	4	5	5	5	5	5	8
[1-10위]	[2	3	5	8	7	9	7	8	9	10	10	10	10	10	22]
11-20위		1	1	1	2	4	4	5	5	6	6	7	8	7	10
21-30위				1	1	1	1	1	3	3	4	4	3	3	7
[11-30위]		[1	1	2	3	5	5	6	8	9	10	11	11	10	17]
31위 이하						1	1	2	5	7	8	9	9	9	12
(2) 해당 범위의 순위를 갖는 지주회사의 비중 (%)															
1-10위	100	75	83	80	70	60	54	50	41	38	36	33	33	34	43
11-30위		25	17	20	30	33	38	38	36	35	36	37	37	35	33
31위 이하						7	8	12	23	27	28	30	30	31	24

주: 총수: 해당 범위에 속한 적이 있는 지주회사 수이며, 상위 범위에 속한 적이 있는 지주회사 기준.
출처: 〈표 4.1〉.

(1) 1-5위에 속한 적이 있는 14개 지주회사 (* 소극적인 지주회사체제 채택 재벌 소속)

지주회사	2001	2003	2004	2005	2006	2007	2008	2009	2010	2011	2012	2013	2014	2015
SK(주)						1	1	1	1	2	2	2	2	1
SK이노베이션										1	1	1	1	2
㈜LG	1	1	1	1	1	2	2	2	2	3	3	3	3	3
㈜GS				2	2	4	4	3	3	4	4	4	4	4
GS에너지											5	5	5	5
SK E&S	2	2	3	4	4	6	10	15	16	13			9	6
부영									4	8	8	8	8	7
CJ(주)							5	5	5	5	6	7	7	8
아모레퍼시픽그룹						5						12	13	15
세아홀딩스			5	7	7	9		14	17	16	17	19	22	22
삼성종합화학*			2	5	5	8	13	16	15	15	14	14	14	10
금호산업						3	3							
두산								4	6	6	7	6	6	
롯데물산*				3	3									

(2) 6-10위에 속한 적이 있는 8개 지주회사

지주회사	2001	2003	2004	2005	2006	2007	2008	2009	2010	2011	2012	2013	2014	2015
한국타이어월드와이드													10	9
㈜LS							6	7	7	7	10	9	11	11
하이트진로홀딩스									10	10	11	10	12	13
한진중공업홀딩스						11	11	10	14	18	16	17	20	20
CJ오쇼핑						7	12	12	13					
웅진홀딩스							8	9	9	9	13			
농심홀딩스		9	8	8	9	13								
㈜STX				9										

(3) 11-20위에 속한 적이 있는 10개 지주회사

지주회사	2001	2003	2004	2005	2006	2007	2008	2009	2010	2011	2012	2013	2014	2015
농협경제지주											15	16	15	14
한진칼												25	26	16
한라홀딩스													19	19
코오롱									24	20	18	20	17	21
현대HC&					16	21	24	29	37	29	33	43	48	52
동원엔터프라이즈		12	14											
온미디어						15			28					
한진해운홀딩스									32	17	21	28	23	
드림파마*						12	16	20						
롯데산업*				16	13									

(4) 21-30위에 속한 적이 있는 7개 지주회사

	2001	2003	2004	2005	2006	2007	2008	2009	2010	2011	2012	2013	2014	2015
SBS미디어홀딩스											27	34	33	37
케이엑스홀딩스												29	37	42
이지스일호*														29
티브로드*										25	24	26	46	47
한화도시개발*				22	23				33	41	45	66	72	81
오미디어홀딩스									27					
대성합동지주										27	26	32	36	

(5) 31위 이하 12개 지주회사

	2001	2003	2004	2005	2006	2007	2008	2009	2010	2011	2012	2013	2014	2015
한솔홀딩스														39
동광주택산업										39	42	42	44	51
서울도시개발										87	74	84	69	70
대림에너지*														85
대성홀딩스										40	43			
두산모트롤홀딩스								46						
디아이피홀딩스										47	43	32	37	50
차산골프장지주회사*				36										
동부인베스트먼트*										42	48			
티이씨앤코*						48	69	76	85					
티브로드전주방송*												50		
티브로드도봉강북방송*											101	114		

주: SK E&S = 2001-2005년 SK엔론, ㈜LG = 2001년 ㈜LGCI, ㈜GS = 2005-2008년 GS홀딩스, 현대HC& = 2006-2010년 ㈜HC&, CJ오쇼핑 = 2007-2008년 CJ홈쇼핑, 하이트진로홀딩스 = 2010-2011년 하이트홀딩스, 아모레퍼시픽그룹 = 2007년 태평양, 티브로드 = 2011-2014년 티브로드홀딩스; 온미디어 – 2007년 오리온그룹 소속, 2010년 CJ그룹 소속.

출처: 〈부록 2〉, 〈부록 3〉.

3.1.2 '11-30위' 17개 지주회사

첫째, 11-30위에 속한 적이 있는 지주회사는 17개이다. 10개(농협경제지주, 한진칼, 한라홀딩스, 코오롱, 현대HC&, 동원엔터프라이즈, 온미디어, 한진해운홀딩스; 드림파마, 롯데산업)는 11-20위에, 그리고 7개(SBS미디어홀딩스, 케이엑스홀딩스, 오미디어홀딩스, 대성합동지주; 이지스일호, 티브로드, 한화도시개발)는 21-30위에 속한 적이 있다.

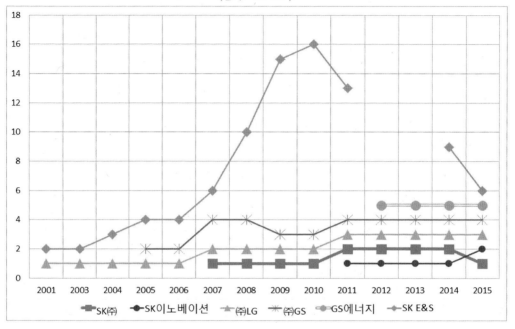

17개 지주회사 중 12개는 적극적인 지주회사체제를 채택한 재벌에 그리고 5개(드림파마, 롯데산업, 이지스일호, 티브로드, 한화도시개발)는 소극적인 지주회사체제를 채택한 재벌에 속하였다. 또 17개 지주회사 중 10개는 2015년 현재의 재벌 소속이고, 7개(동원엔터프라이즈, 온미디어, 한진해운홀딩스, 오미디어홀딩스, 대성합동지주; 드림파마, 롯데산업)는 2015년 이전에 재벌에 속하였다.

둘째, 11-20위에 속한 적이 있는 10개 지주회사 중 5개는 줄곧 11-20위를 유지하였다. 농협경제지주(2012-15년 14-16위), 한라홀딩스(2014-15년 19위), 동원엔터프라이즈(2003-04년 12-14위), 드림파마(2007-09년 12-20위), 롯데산업(2005-06년 13-16위) 등이다. 나머지 5개 지주회사는 일정 기간 동안에만 11-20위에 속하였다. 한진칼(2015년 16위; 2013-14년 25-26위), 코오롱(2011-14년 17-20위; 2010, 2015년 21-24위), 현대HC&(2006년 16위; 2007-15년 21-52위), 한진해운홀딩스(2011년 17위; 2010, 2012-14년 21-32위), 온미디어(2007년 15위; 2010년 28위) 등이다. 2개 지주회사(한진칼, 한진해운홀딩스)는 1개 재벌(한진) 소속이고, 1개 지주회사(온미디어)는 2개 재벌(2007년 오리온, 2010년 CJ) 소속이다.

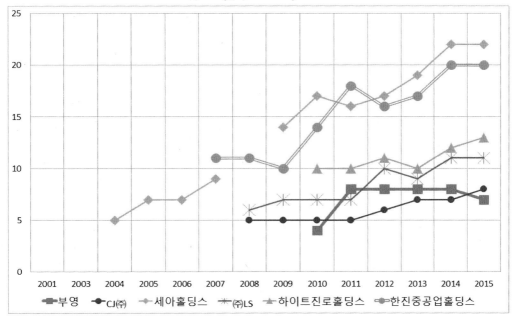

〈그림 4.7〉 재벌 소속 일반지주회사의 순위, 2001-2015년:
(2) 1-10위에 속한 적이 있는 6개 지주회사 (위)

(출처: <표 4.3>)

〈그림 4.8〉 재벌 소속 일반지주회사의 순위, 2001-2015년:
(3) 11위 이하 6개 지주회사 (위)

(출처: <표 4.3>)

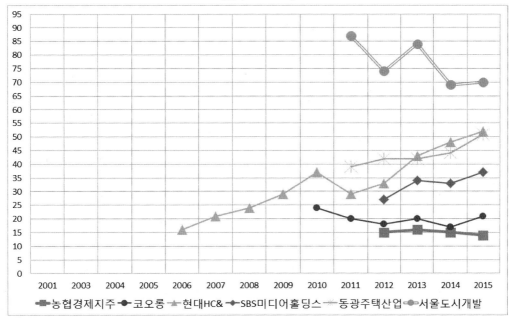

셋째, 21-30위에 속한 적이 있는 7개 지주회사 중 이지스일호(2015년 29위)와 오미디어홀딩스(2010년 27위)는 관련 1개 연도에 21-30위였다. 나머지 5개 지주회사는 일부 연도에는 21-30위 그리고 다른 연도에는 31위 이하였다. SBS미디어홀딩스(2012년 27위; 2013-15년 33-37위), 케이엑스홀딩스(2013년 29위; 2014-15년 37-42위), 티브로드(2011-13년 24-26위; 2014-15년 46-47위), 한화도시개발(2005-06년 22-23위; 2010-15년 33-81위), 대성합동지주(2011-12년 26-27위; 2013-14년 32-36위) 등이다.

2개 지주회사(케이엑스홀딩스, 오미디오홀딩스)는 1개 재벌(CJ) 소속이다. 또 한화도시개발의 경우, 2005-2006년에 존속하다가 2007년 다른 계열회사에 합병되었으며, 2010년에 후자의 회사에서 분할되어 새로 설립되었다. 실제로는 2개 지주회사이지만 편의상 1개로 간주하였다.

3.1.3 '31위 이하' 12개 지주회사

첫째, 31위 이하 순위를 가진 지주회사는 12개이다. 6개(한솔홀딩스, 동광주택산업, 서울도시개발, 대성홀딩스, 두산모트롤홀딩스, 디아이피홀딩스)는 적극적인 지주회사체제를 채택한 재벌에, 그리고 6개(대림에너지, 차산골프장지주회사, 동부인베스트먼트, 티이씨앤코, 티브로드전주방송, 티브로드도봉강북방송)는 소극적인 지주회사체제를 채택한 재벌에 속하였다. 또, 12개 지주회사 중 4개(한솔홀딩스, 동광주택산업, 서울도시개발; 대림에너지)는 2015년 현재의 재벌 소속이고, 8개는 2015년 이전에 재벌에 속하였다.

둘째, 적극적인 지주회사체제를 채택한 재벌 소속 6개 지주회사의 순위는 32-87위 사이이다: 한솔홀딩스(2015년 39위), 동광주택산업(2011-15년 39-51위), 서울도시개발(2011-15년 69-87위), 대성홀딩스(2011-12년 40-43위), 두산모트롤홀딩스(2009년 46위), 디아이피홀딩스(2010-14년 32-50위). 이들 중 2개 지주회사(서울도시개발, 대성홀딩스)는 1개 재벌(대성)에 그리고 2개 지주회사(두산모트롤홀딩스, 디아이피홀딩스)는 다른 1개 재벌(두산) 소속이다.

셋째, 소극적인 지주회사체제를 채택한 재벌 소속 6개 지주회사의 순위는 36-114위이다: 대림에너지(2015년 85위), 차산골프장지주회사(2007년 36위), 동부인베스트먼트(2011-12년 42-48위), 티이씨앤코(2008-11년 48-85위), 티브로드전주방송(2013년 50위), 티브로드도봉강북방송(2012-13년 101-114위). 이들 중 2개 지주회사(티브로드전주방송, 티브로드도봉강북방송)는 1개 재벌(태광) 소속이다. 티브로드도봉강북방송의 2013년 '114위'는 2001년 이후의 재벌 소속 51개 일반지주회사가 속한 순위들 중 가장 낮은 순위이다. 2013년 지정된 공정거래법상 일반지주회사는 모두 114개였다.

3.2 29개 지주회사, 2015년

2015년 9월 현재 지주회사체제를 채택한 재벌은 24개이며 소속 일반지주회사는 29개이다. '24개'는 2001년 이후 지주회사체제를 채택한 재벌 수 중 가장 큰 수치이며, 공정거래법상 대규모사기업집단 중에서의 비중 또한 48%(50개 중 24개)로 가장 높다. 반면, '29개'는 2001년 이후 재벌에 소속된 일반지주회사 수 중 2013-2014년의 30개에 이어 두 번째로 큰 수치이며, 공정거래법상 일반지주회사 중에서의 비중은 22%(130개 중 29개)로 2001년 (22%)과 같은 최저치이다.

29개 일반지주회사의 순위는 전체 130개 중 1-85위 사이에 분포되어 있다. 1-10위 10개, 11-30위 10개, 31위 이하 9개 등이다. 또, 29개 지주회사 중 24개는 적극적인 지주회사체제를 채택한 19개 재벌 소속이고 5개는 소극적인 지주회사체제를 채택한 5개 재벌 소속이며, 29개 지주회사 중 9개는 2-3개씩 4개 재벌(SK, GS, CJ, 부영) 소속이고 20개는 1개씩 20개 재벌 소속이다 (<표 4.4>, <그림 4.9>; <표 2.1>, <표 4.2>, <표 4.3> 참조).

첫째, '1-10위' 지주회사는 10개이다. SK㈜(1위), SK이노베이션(2위), ㈜LG(3위), ㈜GS(4위), GS에너지(5위), SK E&S(6위), 부영(7위), CJ㈜(8위), 한국타이어월드와이드(9위),

〈표 4.4〉 재벌 소속 29개 일반지주회사의 순위, 2015년 9월 (개, %)

(1) 130개 일반지주회사 중에서의 비중

	1-30위			31위 이하	합
	1-10	11-30	합		
일반지주회사 (A, 개)	10	20	30	100	130
재벌 소속 일반지주회사 (a, 개)	10	10	20	9	29
적극적인 지주회사체제 재벌 소속 (a1)	9	9	18	6	24
소극적인 지주회사체제 재벌 소속 (a2)	1	1	2	3	5
a/A (%)	100	50	67	9	22
a1/A (%)	90	45	60	6	18

(2) 29개 일반지주회사: '지주회사 순위' 순

지주회사	순위	설립·전환 시기 (연.월)	상장 여부	자산 총액 (억 원)	지주 비율 (%)	부채 비율 (%)	계열회사 (개)			
							합	자	손자	증손
적극적인 지주회사체제 19개 재벌 소속 (24개)										
SK㈜	1	2015.8	O	180,095	74.3	47.1	67	12	45	10
SK이노베이션	2	2011.1	O	145,086	64.5	11.7	13	9	4	-
㈜LG	3	2001.4	O	80,538	85.6	3.7	55	16	36	3
㈜GS	4	2004.7	O	58,962	90.0	23.3	37	7	25	5
GS에너지	5	2012.1	X	53,629	82.9	50.6	18	13	5	-
SK E&S	6	2000.1	X	33,190	55.1	92.5	11	10	1	-
부영	7	2009.12	X	29,916	96.7	30.3	4	1	3	-
CJ㈜	8	2007.9	O	29,788	89.8	12.5	49	9	32	8
한국타이어월드와이드	9	2013.7	O	25,064	76.1	3.8	8	3	5	-
㈜LS	11	2008.7	O	21,508	82.8	23.4	24	6	17	1
하이트진로홀딩스	13	2008.7	O	17,773	98.6	86.6	10	3	6	1
농협경제지주	14	2012.3	X	17,666	83.6	0.7	15	14	1	-
아모레퍼시픽그룹	15	2007.1	O	16,807	73.3	2.8	10	9	1	-
한진칼	16	2013.8	O	15,311	84.9	24.9	18	7	9	2
한라홀딩스	19	2014.9	O	12,476	88.6	48.7	15	4	7	4
한진중공업홀딩스	20	2007.8	O	11,243	91.0	6.2	8	4	4	-
코오롱	21	2010.1	O	10,665	81.8	106.7	34	8	23	3
세아홀딩스	22	2001.7	O	9,699	80.7	20.8	15	11	4	-
SBS미디어홀딩스	37	2008.3	O	5,356	89.5	0.9	15	7	8	-
한솔홀딩스	39	2015.1	O	5,229	86.9	5.3	10	7	3	-
케이엑스홀딩스	42	2013.3	X	4,928	92.9	0.0	12	2	10	-
동광주택산업	51	2011.1	X	4,341	98.7	27.3	1	1	-	-
현대HC&	52	2006.1	O	4,159	89.9	2.7	11	9	2	-
서울도시개발	70	2011.1	X	2,895	99.5	9.8	23	3	20	-
소극적인 지주회사체제 5개 재벌 소속 (5개)										
삼성종합화학	10	2004.1	X	22,459	57.0	24.2	2	2	-	-
이지스일호	29	2014.9	X	6,307	95.2	587.9	2	1	1	-
티브로드	47	2008.11	X	4,797	86.1	1.3	6	4	2	-
한화도시개발	81	2009.12	X	2,471	82.8	25.4	5	5	-	-
대림에너지	85	2015.1	X	2,360	79.6	0.4	4	3	1	-

주: 지주회사 명단은 2015년 9월, 재무현황 및 계열회사는 2014년 12월 또는 설립·전환일 (2015년 설립·전환된 경우) 현재
  (계열회사 - 대림에너지와 한솔홀딩스는 2015년 1월, SK㈜는 2015년 8월 현재).
출처: 〈부록 표 2.14〉.

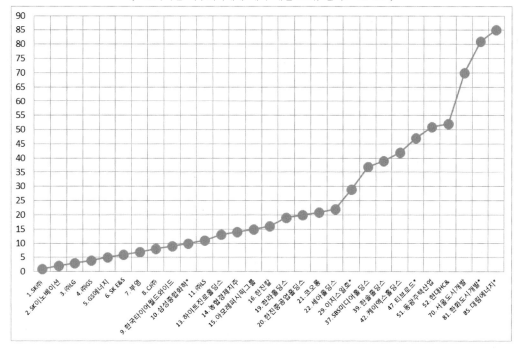

〈그림 4.9〉 재벌 소속 29개 일반지주회사의 순위, 2015년 9월 (위)

(* 소극적인 지주회사체제 채택 재벌 소속; 출처: <표 4.4>)

삼성종합화학(10위) 등이다. 3개 지주회사(SK㈜, SK이노베이션, SK E&S)는 1개 재벌(SK)에 그리고 2개 지주회사(㈜GS, GS에너지)는 다른 1개 재벌(GS)에 속해 있다. 10개 지주회사 중 1개(삼성종합화학)는 소극적인 지주회사체제를 채택한 재벌(삼성) 소속이다.

둘째, '11-30위' 지주회사는 10개이다. 7개는 11-20위 그리고 3개는 21-30위이다. ㈜LS(11위), 하이트진로홀딩스(13위), 농협경제지주(14위), 아모레퍼시픽그룹(15위), 한진칼(16위), 한라홀딩스(19위), 한진중공업홀딩스(20위), 코오롱(21위), 세아홀딩스(22위), 이지스일호(29위) 등이다. 1개(이지스일호)는 소극적인 지주회사체제를 채택한 재벌(롯데) 소속이다. 130개 전체 일반지주회사 중에서의 비중을 보면, 상위 10개의 전부(100%), 상위 20개의 4/5 이상(17개, 85%), 그리고 상위 30개의 2/3(20개, 67%)가 재벌 소속이다. 재벌 소속 지주회사의 자산총액 규모가 매우 크다는 것을 알 수 있다.

셋째, 29개 지주회사 중 나머지 9개는 '31위 이하'이다. 4개는 31-50위 그리고 5개는 51위 이하이다: SBS미디어홀딩스(37위), 한솔홀딩스(39위), 케이엑스홀딩스(42위), 티브로드(47위), 동광주택산업(51위), 현대HC&(52위), 서울도시개발(70위), 한화도시개발(81위), 대림에너지(85위). 케이엑스홀딩스는 CJ㈜(8위)와 함께 1개 재벌(CJ) 소속이고, 동광주택산업은 부영(7위)와 함께 다른 1개 재벌(부영) 소속이다. 9개 지주회사 중 3개(티브로드, 한화도시개발, 대림에너지)는 소극적인 지주회사체제를 채택한 3개 재벌(태광, 한화, 대림) 소속이다.

넷째, 적극적인 지주회사를 채택한 19개 재벌 소속 24개 지주회사 중 대다수(75%)인 18개의 순위는 1-30위이다. 9개는 1-10위, 7개는 11-20위, 그리고 2개는 21-30위이다. 반면 소극적인 지주회사를 채택한 5개 재벌 소속 5개 지주회사 중에서는, 절반 이하인 2개(삼성종합화학, 이지스일호)가 1-30위이고 3개(티브로드, 한화도시개발, 대림에너지)는 31위 이하이다.

다섯째, 24개 재벌 순위와 29개 지주회사 순위를 함께 고려하면, 상위 재벌에 속하는 지주회사의 순위가 높은 편이다 (* 표시는 소극적인 지주회사체제).

'재벌 순위 1-10위 7개 재벌' 소속의 10개 지주회사 중 4개 재벌 소속 7개 지주회사의 순위는 1-10위였다. 3위 SK그룹(1위 SK㈜, 2위 SK이노베이션, 6위 SK E&S), 4위 LG그룹(3위 ㈜LG), 7위 GS그룹(4위 ㈜GS, 5위 GS에너지), 1위 삼성그룹(* 10위 삼성종합화학) 등이다. 나머지 3개 재벌 소속 3개 지주회사의 순위도 높은 편이다. 9위 농협그룹(14위 농협경제지주), 10위 한진그룹(16위 한진칼), 그리고 5위 롯데그룹(* 29위 이지스일호)이다. 농협그룹 소속 금융지주회사인 농협금융지주의 순위 또한 전체 10개 금융지주회사 중 2위로 매우 높다.

이에 비해, '11-30위 6개 재벌' 소속 8개 지주회사의 순위는 7-85위 사이에서 다양하다. 3개는 7-11위 그리고 5개는 42-85위이다: 15위 CJ그룹 (8위 CJ㈜, 42위 케이엑스홀딩스), 16위 LS그룹 (11위 ㈜LS), 20위 부영그룹 (7위 부영, 51위 동광주택산업), 23위 현대백화점그룹 (52위 현대HC&), 11위 한화그룹 (* 81위 한화도시개발), 19위 대림그룹 (* 85위 대림에너지).

또, '31-50위 11개 재벌' 소속의 11개 지주회사 중에서는, 7개는 9-22위이고 4개는 37-70위이다: 32위 코오롱그룹 (21위 코오롱), 33위 한진중공업그룹 (20위 한진중공업홀딩스), 34위 한라그룹 (19위 한라홀딩스), 35위 한국타이어그룹 (9위 한국타이어월드와이드), 41위 세아그룹 (22위 세아홀딩스), 44위 태영그룹 (37위 SBS미디어홀딩스), 46위 아모레퍼시픽그룹 (15위 아모레퍼시픽그룹), 47위 대성그룹 (70위 서울도시개발), 48위 하이트진로그룹 (13위 하이트진로홀딩스), 50위 한솔그룹 (39위 한솔홀딩스), 40위 태광그룹 (* 47위 티브로드).

4. 자산총액

4.1 51개 지주회사, 2001-2015년

2001-2015년 사이 재벌에 속한 51개 일반지주회사 중 25개는 자산총액 1조 원 이상을 그리고 21개는 2-9천억 원을 보유한 적이 있었으며, 나머지 5개는 1천억 원대를 보유하였다. 앞 2개 범위의 자산총액에 속하는 지주회사는 증가한 반면 세 번째 범위에 속하는 지주회사는 비슷한 수준이 유지되었다. '1조 원 이상' 보유 지주회사는 2001년 이후 1-18개 사이, '2-9천억 원' 보유 지주회사는 2001년 이후 1-12개 사이, 그리고 '1천억 원대' 보유 지주회사는 2003-2013년 1-2개였다.

2007년 이후 재벌 소속 일반지주회사의 자산총액은 6개 범위(10조 원 이상, 5-9조 원, 1-4조 원, 5-9천억 원, 2-4천억 원, 1천억 원대) 중 5-6개(2007-09년 뒤 5개, 2010-13년 6개, 2014-15년 앞 5개)에 속하였다. '1조 원 이상' 보유 25개 지주회사 중 2개는 10조 원 이상을, 3개는 5-9조 원을, 그리고 대다수인 20개는 1-4조 원을 보유한 적이 있었다. 또 '2-9천억 원' 보유 21개 지주회사 중에서는 7개는 5-9천억 원을 그리고 14개는 2-4천억 원을 보유한 적이 있었다. 3개 범위의 자산총액(1조 원 이상, 2-9천억 원, 1천억 원대) 중, '1조 원 이상' 보유 지주회사의 비중은 2009년 이후 절반 이상으로 가장 컸으며, '2-9천억 원'은 '1조 원 이상'에 비해 2008년까지 비중이 크거나 같았다. 2003년에는 '1천억 원대' 비중이 가장 컸다 (<표 4.5>, <표 4.6>, <그림 4.10>, <그림 4.11>, <그림 4.12>).

4.1.1 '1조 원 이상' 보유 25개 지주회사

첫째, 1조 원 이상 자산총액을 보유한 적이 있는 지주회사는 25개이다. 2개(SK㈜, SK이노베이션)는 10조 원 이상을 그리고 3개(㈜LG, ㈜GS, GS에너지)는 5-9조 원을 보유한 적이 있었다. 이들 5개 지주회사는 순위 1-5위를 줄곧 유지하였다. 대다수인 20개는 1-4조 원을 보유한 적이 있었다: SK E&S, 부영, CJ㈜, 한국타이어월드와이드, ㈜LS, 하이트진로홀딩스, 농협경제지주, 아모레퍼시픽그룹, 한진칼, 한라홀딩스, 한진중공업홀딩스, 코오롱, 세아홀딩스, 금호산업, 두산, 웅진홀딩스, CJ오쇼핑, 한진해운홀딩스; 삼성종합화학, 롯데물산. 25개 지주회사 중 23개는 적극적인 지주회사체제를 채택한 재벌 소속이고, 나머지 2개

(삼성종합화학, 롯데물산)는 소극적인 지주회사체제를 채택한 재벌 소속이다. 또 25개 지주회사 중 19개는 2015년 현재의 재벌 소속이고, 6개(금호산업, 두산, 웅진홀딩스, CJ오쇼핑, 한진해운홀딩스; 롯데물산)는 2015년 이전에 재벌에 속하였다.

둘째, 10조 원 이상을 보유한 적이 있는 2개 지주회사 중, SK㈜는 2007-2009년 6.5-9.6조 원을 그리고 2010년 이후 10-18조 원을 보유하였으며, SK이노베이션은 2011년 이후 14.1-15.3조 원을 보유하였다. 순위는 2개 지주회사 모두 1위(SK㈜ 2007-10, 2015년; SK이노베이션 2011-14년) 또는 2위(2011-14년; 2015년)이다. 이들 2개 지주회사는 다른 1개(SK E&S)와 함께 1개 재벌(SK) 소속이다.

셋째, 5-9조 원을 보유한 적이 있는 3개 지주회사 중 ㈜LG는 2001년 이후 3개 연도(2001, 2005-07년 2.7-4.8조 원)를 제외하고는 5.6-8.1조 원을 보유하였다. ㈜GS는 2005-2009년 2.7-4.5조 원 및 2010년 이후 5.2-5.9조 원을, 그리고 GS에너지는 2012년 3.6조 원 및 2013년 이후 5.0-5.4조 원을 보유하였다. 순위는, ㈜LG가 1위(2001-06년), 2위(2007-10년) 또는 3위(2011년 이후)였고, ㈜GS는 2-4위(2005-10년) 또는 4위(2011년 이후)였으며, GS에너지는 5위(2012년 이후)였다. 뒤의 2개 지주회사는 1개 재벌(GS) 소속이다.

넷째, 1-4조 원을 보유한 적이 있는 20개 지주회사 중 11개는 줄곧 1-4조원을 보유하였다. 부영(2010년 이후 1.9-3.9조 원), CJ㈜(2008년 이후 2.2-3.8조 원), 한국타이어월드와이드(2014년 이후 2.4-2.5조 원), ㈜LS(2008년 이후 1.6-2.2조 원), 하이트진로홀딩스(2010년 이후 1.7-1.8조 원), 농협경제지주(2012년 이후 1.2-1.8조 원), 아모레퍼시픽그룹(2007, 2013-15년 1.4-1.7조 원), 한라홀딩스(2014년 이후 1.1-1.2조 원), 금호산업(2007-08년 3.9-4.1조 원), 두산(2009-14년 2.7-3.3조 원), 웅진홀딩스(2009-13년 1.5-2.0조 원) 등이다.

나머지 9개 지주회사는 1조 원 미만의 적은 금액을 가진 적이 있었다. SK E&S(2001-10년 0.6-0.9조 원; 2011, 2014-15년 1.2-3.3조 원), 한진칼(2013-14년 0.8조 원; 2015년 1.5조 원), 한진중공업홀딩스(2007-08년 0.6-0.9조 원; 2009년 이후 1.1조 원), 코오롱(2010-12년 0.5-0.9조 원; 2013년 이후 1.1조 원), 세아홀딩스(2004-07, 2009-10, 2014-15년 0.4-0.9조 원; 2011-13년 1.0-1.1조 원), 삼성종합화학(2005-09년 0.7-0.9조 원; 2004, 2010-15년 1.0-2.2조 원), CJ오쇼핑(2007-09년 0.9조 원; 2010년 1.1조 원), 한진해운홀딩스(2010, 2012-14년 0.4-0.9조 원; 2011년 1.1조 원), 롯데물산(2005년 0.9조 원; 2006년 1.1조 원) 등이다.

이들 중 2개 지주회사(CJ㈜, CJ오쇼핑)는 1개 재벌(CJ)에 그리고 2개 지주회사(한진칼,

한진해운홀딩스)는 다른 1개 재벌(한진) 소속이다.

20개 지주회사 중 9개는 순위 1-5위에, 6개는 6-10위에, 그리고 4개는 11-20위에 속한 적이 있었다: ① SK E&S 2-16위, 부영 4-8위, CJ㈜ 5-8위, 아모레퍼시픽그룹 5-15위, 세아홀딩스 5-22위, 금호산업 3위, 두산 4-7위, 삼성종합화학 2-16위, 롯데물산 3위; ② 한국타이어월드와이드 9-10위, ㈜LS 6-11위, 하이트진로홀딩스 10-13위, 한진중공업홀딩스 10-20위, CJ오쇼핑 7-13위, 웅진홀딩스 8-13위; ③ 농협경제지주 14-16위, 한진칼 16-26위, 한라홀딩스 19위, 코오롱 17-24위.

〈표 4.5〉 재벌 소속 51개 일반지주회사의 자산총액, 2001-2015년:
(1) 해당 범위의 자산총액을 갖는 지주회사의 수 및 비중 (개, %)

* 재벌 소속 일반지주회사 (개)

	2001	2003	2004	2005	2006	2007	2008	2009	2010	2011	2012	2013	2014	2015	총수
지주회사체제 채택 재벌	2	4	6	9	9	14	11	13	17	20	21	21	22	24	34
적극적인 지주회사체제	1	3	4	4	5	10	8	10	13	15	18	19	19	19	26
소극적인 지주회사체제	1	1	2	5	4	4	3	3	4	5	3	2	3	5	8
재벌 소속 일반시수외사	2	4	6	10	10	15	13	16	22	26	28	30	30	29	51
적극적인 지주회사체제 소속	1	3	4	4	5	11	10	13	18	21	25	28	27	24	38
소극적인 지주회사체제 소속	1	1	2	6	5	4	3	3	4	5	3	2	3	5	13
(1) 해당 범위의 자산총액을 갖는 지주회사의 수 (개)															
10조 원 이상									1	2	2	2	2	2	2
5-9조 원대		1	1			1	2	2	2	2	2	3	3	3	3
1-4조 원대	1		1	2	3	4	4	6	9	11	11	12	13	13	20
[1조 원 이상]	[1	1	2	2	3	5	6	8	12	15	15	17	18	18	25]
5-9천억 원대	1	1	1	4	3	6	5	5	3	5	6	6	4	7
2-4천억 원대			2	2	3	3	1	1	6	6	6	5	7	7	14
[2-9천억 원대]	[1	1	3	6	6	9	6	6	9	9	11	11	12	11	21]
1천억 원대		2	1	2	1	1	1	2	1	2	2	2		5
(2) 해당 범위의 자산총액을 갖는 지주회사의 비중 (%)															
1조 원 이상	50	25	33	20	30	33	46	50	55	58	54	57	60	62	49
2-9천억 원대	50	25	50	60	60	60	46	38	41	35	39	37	40	38	41
1천억 원대		50	17	20	10	7	8	12	4	7	7	6			10

주: 총수: 해당 범위에 속한 적이 있는 지주회사 수이며, 상위 범위에 속한 적이 있는 지주회사 기준.
출처: 〈표 4.1〉.

〈표 4.6〉 재벌 소속 51개 일반지주회사의 자산총액, 2001-2015년: (2) 지주회사별 자산총액 (억 원)

(1) 10조 원 이상을 보유한 적이 있는 2개 지주회사 (* 소극적인 지주회사체제 채택 재벌 소속)

	2001	2003	2004	2005	2006	2007	2008	2009	2010	2011	2012	2013	2014	2015
SK(주)						64,788	95,056	96,197	102,405	109,766	112,409	114,966	113,463	180,095
SK이노베이션										141,457	148,858	153,037	144,867	145,086
(2) 5-9조 원을 보유한 적이 있는 3개 지주회사														
(주)LG	26,500	57,583	61,750	43,491	47,964	46,044	55,988	69,563	80,141	73,396	75,378	77,036	78.720	80,538
(주)GS				26,646	29,871	32,729	35,587	44,557	51,718	59,309	53,917	53,429	53,803	58,962
GS에너지											35,598	50,453	53,143	53,629
(3) 1-4조 원을 보유한 적이 있는 20개 지주회사														
SK E&S	5,733	7,016	7,685	8,068	8,996	9,530	9,989	9,095	9,612	12,235			28,094	33,190
부영									39,396	19,249	22,133	25,951	28,198	29,916
CJ(주)							21,594	27,811	27,914	38,228	34,280	30,241	30,047	29,788
한국타이어월드와이드													23,532	25,064
(주)LS							17,364	16,180	17,971	20,711	18,303	18,283	18,149	21,508
하이트진로홀딩스									17,172	16,679	18,152	17,810	17,681	17,773
농협경제지주											12,215	12,941	14,240	17,666
아모레퍼시픽그룹					13,705							16,320	16,531	16,807
한진칼												8,143	8,313	15,311
한라홀딩스													10,901	12,476
한진중공업홀딩스						5,872	9,958	10,892	10,543	10,538	10,641	10,636	10,664	11,243
코오롱									5,388	8,600	9,984	10,553	11,345	10,665
세아홀딩스		3,831	5,304	6,423	7,291			9,293	9,220	11,107	10,194	10,604	9,598	9,699
삼성종합화학*		10,529	7,212	7,546	7,937	8,833	8,693	10,442	11,436	12,543	13,844	15,974	22,459	
금호산업						38,868	41,240							
두산								27,910	27,484	31,876	31,776	30,901	32,916	
웅진홀딩스								14,755	17,838	18,494	19,857	15,265		
CJ오쇼핑						8,562	8,886	9,699	11,321					
한진해운홀딩스									3,776	10,887	8,652	6,157	9,064	
롯데물산*			9,707	11,461										
(4) 5-9천억 원을 보유한 적이 있는 7개 지주회사														
SBS미디어홀딩스											5,406	5,364	5,366	5,356
한솔홀딩스														5,229
케이엑스홀딩스												5,989	4,922	4,928
이지스일호*														6,307
티브로드*										5,389	5,967	6,908	4,281	4,797
대성합동지주										5,254	5,491	5,651	5,033	
드림파마*						5,280	5,166	5,130						
(5) 2-4천억 원을 보유한 적이 있는 14개 지주회사														
동광주택산업										3,425	3,721	4,075	4,406	4,341
현대HC&				2,506	2,797	3,018	3,530	3,482	4,314	4,227	3,923	4,100	4,159	
서울도시개발										1,115	1,840	1,961	2,679	2,895

	2001	2003	2004	2005	2006	2007	2008	2009	2010	2011	2012	2013	2014	2015
한화도시개발*				1,007	1,366				3,619	3,355	3,357	2,631	2,586	2,471
대림에너지*														2,360
오미디어홀딩스									4,749					
농심홀딩스		1,839	2,854	3,594	4,191	4,494								
온미디어						4,121			4,493					
디아이피홀딩스									2,920	3,191	4,340	4,531	4,072	
대성홀딩스										3,360	3,455			
㈜STX				3,301										
티브로드전주방송*												3,476		
동부인베스트먼트*										3,269	3,139			
롯데산업*				1,910	2,282									
(6) 1천억 원을 보유한 5개 지주회사														
두산모트롤홀딩스								1,947						
동원엔터프라이즈		1,398	1,398											
티이씨앤코*							1,280	1,013	1,203	1,166				
티브로드도봉강북방송*												1,065	1,025	
차산골프장지주회사*				1,002										

주: SK E&S = 2001-2005년 SK엔론, ㈜LG = 2001년 ㈜LGCI, ㈜GS = 2005-2008년 GS홀딩스, 현대HC& = 2006-2010년 ㈜HC&, CJ오쇼핑 = 2007-2008년 CJ홈쇼핑, 하이트진로홀딩스 = 2010-2011년 하이트홀딩스, 아모레퍼시픽그룹 = 2007년 태평양, 티브로드 = 2011-2014년 티브로드홀딩스; 온미디어 - 2007년 오리온그룹 소속, 2010년 CJ그룹 소속.
출처: 〈부록 2〉, 〈부록 3〉.

〈그림 4.10〉 재벌 소속 일반지주회사의 자산총액, 2001-2015년:
(1) 5-10조 원을 보유한 적이 있는 5개 지주회사 (천억 원)
(출처: <표 4.6>)

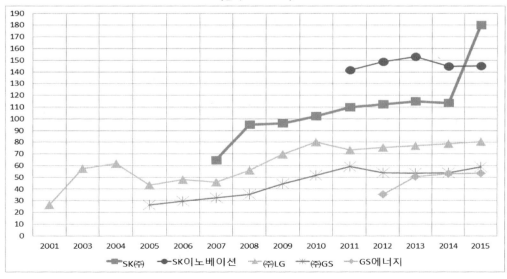

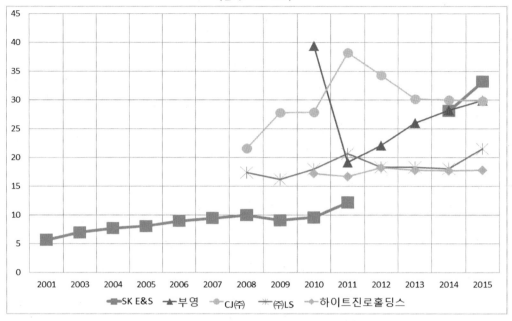

〈그림 4.11〉 재벌 소속 일반지주회사의 자산총액, 2001-2015년:
(2) 1-4조 원을 보유한 적이 있는 5개 지주회사 (천억 원)

(출처: <표 4.6>)

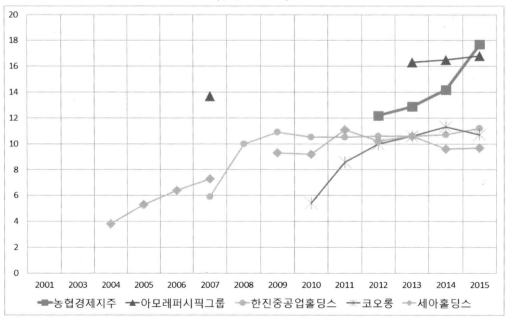

〈그림 4.12〉 재벌 소속 일반지주회사의 자산총액, 2001-2015년:
(3) 1-4조 원을 보유한 적이 있는 5개 지주회사 (천억 원)

(출처: <표 4.6>)

4.1.2 '2-9천억 원' 보유 21개 지주회사

첫째, 2-9천억 원 자산총액을 보유한 적이 있는 지주회사는 21개이다. 7개(SBS미디어홀딩스, 한솔홀딩스, 케이엑스홀딩스, 대성합동지주; 이지스일호, 티브로드, 드림파마)는 5-9천억 원을, 그리고 나머지 14개는 2-4천억 원을 보유한 적이 있었다 (동광주택산업, 현대HC&, 서울도시개발, 오미디어홀딩스, 농심홀딩스, 온미디어, 디아이피홀딩스, 대성홀딩스, ㈜STX; 한화도시개발, 대림에너지, 티브로드전주방송, 동부인베스트먼트, 롯데산업).

21개 지주회사 중 13개는 적극적인 지주회사체제를 채택한 재벌 소속이고 8개(이지스일호, 티브로드, 드림파마, 한화도시개발, 대림에너지, 티브로드전주방송, 동부인베스트먼트, 롯데산업)는 소극적인 지주회사체제를 채택한 재벌 소속이다. 또, 21개 지주회사 중 10개(SBS미디어홀딩스, 한솔홀딩스, 케이엑스홀딩스, 동광주택산업, 현대HC&, 서울도시개발; 이지스일호, 티브로드, 한화도시개발, 대림에너지)는 2015년 현재의 재벌 소속이고, 11개는 2015년 이전에 재벌에 속하였다.

둘째, 5-9천억 원을 보유한 적이 있는 7개 지주회사 중 5개는 5-6천억 원을 줄곧 가졌으며, 2개(케이엑스홀딩스; 티브로드)는 보다 적은 금액 가진 적이 있었다. 이들 중 1개(드림파마)는 순위 11-20위에, 그리고 5개(SBS미디어홀딩스, 케이엑스홀딩스, 대성합동지주; 이지스일호, 티브로드)는 21-30위에 속한 적이 있었으며, 1개(한솔홀딩스)는 31위 이하였다.

셋째, 2-4천억 원을 보유한 적이 있는 14개 지주회사 중 10개는 2-4천억 원을 줄곧 유지하였으며, 4개(서울도시개발, 농심홀딩스; 한화도시개발, 롯데산업)는 1천억 원대 금액을 보유한 적이 있었다. 14개 지주회사 중 2개(농심홀딩스, ㈜STX)는 순위 6-10위에, 3개(현대HC&, 온미디어; 롯데산업)은 11-20위에, 그리고 2개(오미디어홀딩스; 한화도시개발)는 21-30위에 속한 적이 있었으며, 나머지 7개(동광주택산업, 서울도시개발, 대성홀딩스, 디아이피홀딩스; 대림에너지, 동부인베스트먼트, 티브로드전주방송)는 31위 이하였다.

4.1.3 '1천억 원대' 보유 5개 지주회사

1천억 원대를 줄곧 보유한 지주회사는 5개이며, 모두 2015년 이전에 재벌에 속하였다. 2개(두산모트롤홀딩스, 동원엔터프라이즈)는 적극적인 지주회사체제를 채택한 재벌 소속이고, 3개(티이씨앤코, 티브로드도봉강북방송, 차산골프장지주회사)는 소극적인 지주회사체제를 채택한 재벌 소속이다. 5개 지주회사 중 1개(동원엔터프라이즈)는 11-20위에 속한 적이 있었으며, 다른 4개는 31위 이하였다.

4.2 29개 지주회사, 2015년

2015년 9월 현재 지주회사체제를 채택한 재벌은 24개이며 소속 일반지주회사는 29개이다. 이들 중 24개는 적극적인 지주회사체제를 채택한 19개 재벌 소속이고, 5개는 소극적인 지주회사체제를 채택한 5개 재벌 소속이다. 또 29개 지주회사 중 9개는 2-3개씩 4개 재벌 (SK, GS, CJ, 부영)에 그리고 20개는 1개씩 20개 재벌에 소속되어 있다.

29개 지주회사의 자산총액은 0.2조 원에서 18조 원 사이에 분포되어 있다. 18개는 1조 원 이상을 그리고 나머지 11개는 2-9천억 원을 보유하였다. 1천억 원대 보유 지주회사는 없다. 29개 지주회사의 순위는 전체 130개 중 1-85위 사이이며, 1-10위 10개, 11-30위 10개, 31위 이하 9개 등이다 (<표 4.7>, <그림 4.13>; <표 2.1>, <표 4.5>, <표 4.6> 참조).

첫째, 1조 원 이상 자산총액을 보유한 18개 지주회사 중 2개는 10조 원 이상을, 3개는 5-9조 원을, 그리고 대다수인 13개는 1-4조 원을 보유하였다. 이들의 순위는 1-21위이다.

10조 원 이상 보유 2개 지주회사는 SK그룹 소속의 SK㈜와 SK이노베이션이다. 1위(18조 원)와 2위(14.5조 원)이다.

〈표 4.7〉 재벌 소속 29개 일반지주회사의 자산총액, 2015년 9월 (개, %)

(1) 해당 범위의 자산총액을 갖는 지주회사의 비중

		1-19조 원				2-9천억 원			합
		10-19	5-9	1-4	합	5-9	2-4	합	
재벌 소속 일반지주회사	(a, 개)	2	3	13	18	4	7	11	29
적극적인 지주회사체제 재벌 소속		2	3	12	17	3	4	7	24
소극적인 지주회사체제 재벌 소속				1	1	1	3	4	5
	(a, %)	7	10	45	62	14	24	38	100

(2) 29개 일반지주회사: '자산총액' 순

지주회사	순위	설립·전환 시기 (연.월)	상장 여부	자산 총액 (억 원)	지주 비율 (%)	부채 비율 (%)	계열회사 (개)			
							합	자	손자	증손
적극적인 지주회사체제 19개 재벌 소속 (24개)										
SK㈜	1	2015.8	O	180,095	74.3	47.1	67	12	45	10
SK이노베이션	2	2011.1	O	145,086	64.5	11.7	13	9	4	-
㈜LG	3	2001.4	O	80,538	85.6	3.7	55	16	36	3
㈜GS	4	2004.7	O	58,962	90.0	23.3	37	7	25	5
GS에너지	5	2012.1	X	53,629	82.9	50.6	18	13	5	-
SK E&S	6	2000.1	X	33,190	55.1	92.5	11	10	1	-
부영	7	2009.12	X	29,916	96.7	30.3	4	1	3	-
CJ㈜	8	2007.9	O	29,788	89.8	12.5	49	9	32	8
한국타이어월드와이드	9	2013.7	O	25,064	76.1	3.8	8	3	5	-
㈜LS	11	2008.7	O	21,508	82.8	23.4	24	6	17	1
하이트진로홀딩스	13	2008.7	O	17,773	98.6	86.6	10	3	6	1
농협경제지주	14	2012.3	X	17,666	83.6	0.7	15	14	1	-
아모레퍼시픽그룹	15	2007.1	O	16,807	73.3	2.8	10	9	1	-
한진칼	16	2013.8	O	15,311	84.9	24.9	18	7	9	2
한라홀딩스	19	2014.9	O	12,476	88.6	48.7	15	4	7	4
한진중공업홀딩스	20	2007.8	O	11,243	91.0	6.2	8	4	4	-
코오롱	21	2010.1	O	10,665	81.8	106.7	34	8	23	3
세아홀딩스	22	2001.7	O	9,699	80.7	20.8	15	11	4	-
SBS미디어홀딩스	37	2008.3	O	5,356	89.5	0.9	15	7	8	-
한솔홀딩스	39	2015.1	O	5,229	86.9	5.3	10	7	3	-
케이엑스홀딩스	42	2013.3	X	4,928	92.9	0.0	12	2	10	-
동광주택산업	51	2011.1	X	4,341	98.7	27.3	1	1	-	-
현대HC&	52	2006.1	O	4,159	89.9	2.7	11	9	2	-
서울도시개발	70	2011.1	X	2,895	99.5	9.8	23	3	20	-
소극적인 지주회사체제 5개 재벌 소속 (5개)										
삼성종합화학	10	2004.1	X	22,459	57.0	24.2	2	2	-	-
이지스일호	29	2014.9	X	6,307	95.2	587.9	2	1	1	-
티브로드	47	2008.11	X	4,797	86.1	1.3	6	4	2	-
한화도시개발	81	2009.12	X	2,471	82.8	25.4	5	5	-	-
대림에너지	85	2015.1	X	2,360	79.6	0.4	4	3	1	-

주: 지주회사 명단은 2015년 9월, 재무현황 및 계열회사는 2014년 12월 또는 설립·전환일 (2015년 설립·전환된 경우) 현재
  (계열회사 - 대림에너지와 한솔홀딩스는 2015년 1월, SK㈜는 2015년 8월 현재).
출처: 〈부록 표 2.14〉.

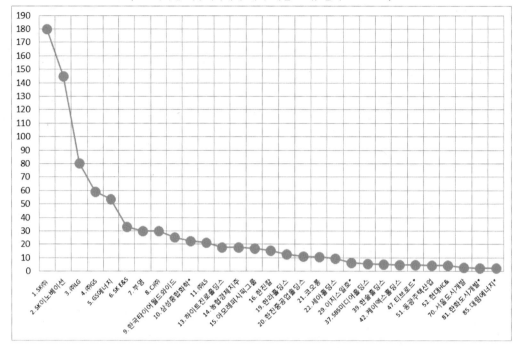

〈그림 4.13〉 재벌 소속 29개 일반지주회사의 자산총액, 2015년 9월 (천억 원)

(* 소극적인 지주회사체제 채택 재벌 소속; 출처: <표 4.7>)

5-9조 원 보유 3개 지주회사는 3위 ㈜LG(8.1조 원), 4위 ㈜GS(5.9조 원), 그리고 5위 GS에너지(5.4조 원)이다. 뒤의 2개 지주회사는 GS그룹 소속이다. 1위 지주회사 자산(18조 원)과 비교하면, 3위는 1/2 이하(45%) 그리고 5위는 1/3 이하(30%)이다.

1-4조 원 보유 13개 지주회사 중에서는, 6개(SK E&S, 부영, CJ㈜, 한국타이어월드와이드, 삼성종합화학, ㈜LS)의 자산총액이 3.3-2.2조 원이고 순위는 6-11위이다. 1위 지주회사와 비교하면, 10위(삼성종합화학 2.2조 원)의 자산은 1/10 남짓(12%)이다. 이들 6개 중 1개(삼성종합화학)는 소극적인 지주회사체제를 채택한 재벌 소속이다.

1-4조 원 보유 13개 지주회사 중 나머지 7개(하이트진로홀딩스, 농협경제지주, 아모레퍼시픽그룹, 한진칼, 한라홀딩스, 한진중공업홀딩스, 코오롱)는 1.8-1.1조 원을 가지고 있으며, 순위는 13-21위이다. 1위 지주회사와 비교하면, 20위(한진중공업홀딩스 1.1조 원)의 자산은 1/20 남짓(6%)이다.

둘째, 2-9천억 원 자산을 보유한 11개 지주회사 중, 1개(세아홀딩스)는 9천억 원대를, 1개(이지스일호)는 6천억 원대를, 2개(SBS미디어홀딩스, 한솔홀딩스)는 5천억 원대를, 4개(케이엑스홀딩스, 티브로드, 동광주택산업, 현대HC&)는 4천억 원대를, 그리고 3개(서울도시개발, 한화도시개발, 대림에너지)는 2천억 원대를 보유하였다. 순위는 9-6천억 원대가 22-29위, 5-4천억 원대가 37-52위, 그리고 2천억 원대가 70-85위이다. 이들 중 4개 지주회사(이지스일호, 티브로드, 한화도시개발, 대림에너지)는 소극적인 지주회사체제를 채택한 재벌 소속이다.

5. 재벌 소속 시작 시기

5.1 51개 지주회사, 2001-2015년

2001-2015년 사이 재벌에 속한 51개 일반지주회사 중 6개는 재벌 소속 시작 시기가 2001-2004년, 20개는 2005-2009년, 그리고 25개는 2010-2015년이다. 첫 번째 범위의 지주회사는 다소 줄어들었고 다른 2개 범위의 지주회사는 증가하였다. '2001-2004년' 시작 지주회사는 2001년 이후 2-6개 사이, '2005-2009년' 지주회사는 2005년 이후 5-12개 사이, 그리고 '2010-2015년' 지주회사는 2010년 이후 6-17개 사이였다.

3개 범위의 시기가 모두 있는 2010년 이후를 보면, '2005-2009년' 시작 지주회사의 비중은 감소하는 가운데 2010년에는 가장 컸고, '2010-2015년'의 비중은 점차 증가하여 2011년 이후 가장 커졌다. '2001-2004년'의 비중은 1/5 미만으로 가장 작았다 (<표 4.8>, <표 4.9>).

5.1.1 '2001-2004년'에 재벌에 소속되기 시작한 6개 지주회사

첫째, '2001-2004년'에 재벌에 소속되기 시작한 지주회사는 6개이다. 2001년 2개(지주회사 ㈜LG, 재벌 LG; SK E&S, SK), 2003년 2개(농심홀딩스, 농심; 동원엔터프라이즈, 동원), 그리고 2004년 2개(세아홀딩스, 세아; 삼성종합화학, 삼성)이다. 이들 중 5개는 적극적인 지주회사체제를 채택한 재벌에 그리고 1개(삼성종합화학)는 소극적인 지주회사체제를 채택한 재벌에 속하였다. 또 6개 지주회사 중 4개는 2015년 현재의 재벌 소속이고, 2개(농심홀딩스, 동원엔터프라이즈)는 2015년 이전에 재벌에 속하였다.

둘째, ㈜LG는 2001년 이후 2015년까지 줄곧 재벌에 소속된 유일한 지주회사이다. SK E&S(이전 SK엔론)는 2000년 1월 공정거래법상 지주회사 제1호로 지정된 지주회사이다. 따라서 재벌 소속 시작 시기는 ㈜LG보다 1년 앞서며, 분석 시기의 시작이 2001년이어서 재벌 소속 시작 연도를 편의상 2001년으로 하였다. SK E&S는 2012-2013년에 지주회사 지정에서 제외된 적이 있다. 세아홀딩스는 2008년에 소속 재벌이 공정거래법상 대규모집단으로 지정되지 않았다. 분석 기간인 2001-2015년의 14개 연도 중 재벌 소속 기간이 가장 긴 지주회사는 ㈜LG(14년)이며, 그 다음이 SK E&S와 삼성종합화학(12년), 세아홀딩스(11년) 등의 순이다. 한편, 농심홀딩스와 동원엔터프라이즈는 2003-2007년 사이 5개, 2개 연도에 재벌에 속하였다.

5.1.2 '2005-2009년'에 재벌에 소속되기 시작한 20개 지주회사

첫째, '2005-2009년'에 재벌에 소속되기 시작한 지주회사는 20개이다. 8개는 2015년 현재의 재벌 소속이고, 12개는 2015년 이전에 소속되었다. 2015년 현재의 8개 지주회사 중 1개(한화도시개발) 그리고 2015년 이전의 12개 중 5개(롯데물산, 롯데산업, 드림파마, 차산골프장지주회사, 티이씨앤코)는 소극적인 지주회사체제를 채택한 재벌 소속이다.

둘째, 2015년 현재의 8개 지주회사의 재벌 소속 시작 연도는, 2005년 2개(지주회사 ㈜GS, 재벌 GS; 한화도시개발, 한화), 2006년 1개(현대HC&, 현대백화점), 2007년 3개(SK㈜, SK; 한진중공업홀딩스, 한진중공업; 아모레퍼시픽그룹, 아모레퍼시픽), 그리고 2008년 2개(CJ㈜, CJ; ㈜LS, LS)이다.

아모레퍼시픽그룹은 2008-2012년에 소속 재벌이 공정거래법상 대규모집단으로 지정되지 않았다. 한화도시개발은 2007-2009년 다른 계열회사에 합병되어 없어졌다가 2009년 12월 후자의 회사에서 분할되어 다시 설립된 후 2010년 재벌에 소속되었다. SK㈜의 경우, 2007년 지주회사로 지정되었고 2015년 다른 계열회사에 합병된 뒤 후자의 회사가 SK㈜로 상호를 변경하여 지주회사로 지정되었다. 따라서 한화도시개발(2005, 2010년)과 SK㈜(2007, 2015년)의 재벌 소속 시작 연도는 실제로는 2개이며, 편의상 첫 번째 연도를 취하였다.

재벌 소속 기간은 아모레퍼시픽그룹(4년)을 제외한 7개 지주회사가 11-8년이다. '2001-2004년' 시작 6개 지주회사 중 2015년 현재의 4개와 함께 고려하면, 재벌 소속 기간이 분석 기간(2001-15년) 14년의 절반 이상인 지주회사는 전체 51개 중 11개이다: ㈜LG(14

년), SK E&S와 삼성종합화학(12년), 세아홀딩스와 ㈜GS(11년), 현대HC&(10년), SK㈜와 한진중공업홀딩스(9년), CJ㈜, ㈜LS 및 한화도시개발(8년).

셋째, 2015년 이전의 12개 지주회사의 재벌 소속 시작 연도는, 2005년 3개(지주회사 ㈜STX, 재벌 STX; 롯데물산, 롯데; 롯데산업, 롯데), 2007년 5개(CJ오쇼핑, CJ; 금호산업, 금호아시아나; 온미디어, 오리온과 CJ; 드림파마, 한화; 차산골프장지주회사, 현대자동차), 2008년 1개(티이씨앤코, 대한전선), 그리고 2009년 3개(두산, 두산; 웅진홀딩스, 웅진; 두산모트롤홀딩스, 두산)이다. 온미디어는 2개 재벌(2007년 오리온, 2010년 CJ)에 속하였다. 재벌 소속 기간은 2005-2014년 사이 1-6개 연도이다.

〈표 4.8〉 51개 일반지주회사의 재벌 소속 시작 시기, 2001-2015년:
(1) 해당 범위의 시기를 갖는 지주회사의 수 및 비중 (개, %)

* 재벌 소속 일반지주회사 (개)

	2001	2003	2004	2005	2006	2007	2008	2009	2010	2011	2012	2013	2014	2015	총수
지주회사체제 채택 재벌	2	4	6	9	9	14	11	13	17	20	21	21	22	24	34
적극적인 지주회사체제	1	3	4	4	5	10	8	10	13	15	18	19	19	19	26
소극적인 지주회사체제	1	1	2	5	4	4	3	3	4	5	3	2	3	5	8
재벌 소속 일반지주회사	2	4	6	10	10	15	13	16	22	26	28	30	30	29	51
적극적인 지주회사체제 소속	1	3	4	4	5	11	10	13	18	21	25	28	27	24	38
소극적인 지주회사체제 소속	1	1	2	6	5	4	3	3	4	5	3	2	3	5	13
(1) 해당 범위의 시작 시기를 갖는 지주회사의 수 (개)															
2001-2004년	2	4	6	5	5	5	3	4	4	4	3	3	4	4	6
2005-2009년				5	5	10	10	12	12	10	9	10	9	8	20
2010-2015년									6	12	16	17	17	17	25
(2) 해당 범위의 시작 시기를 갖는 지주회사의 비중 (%)															
2001-2004년	100	100	100	50	50	33	23	25	18	15	11	10	13	14	12
2005-2009년				50	50	67	77	75	55	39	32	33	30	27	39
2010-2015년									27	46	57	57	57	59	49

주: 총수: 해당 범위에 속한 적이 있는 지주회사 수이며, 상위 범위에 속한 적이 있는 지주회사 기준.
출처: 〈표 4.1〉.

<표 4.9> 51개 일반지주회사의 재벌 소속 시작 시기, 2001-2015년:
(2) 지주회사별 시기

(1) '2001-2004년'의 시작 시기를 갖는 6개 지주회사 (* 소극적인 지주회사체제 채택 재벌 소속)

	2001	2003	2004	2005	2006	2007	2008	2009	2010	2011	2012	2013	2014	2015
㈜LG	O	O	O	O	O	O	O	O	O	O	O	O	O	O
SK E&S	O	O	O	O	O	O	O	O	O	O			O	O
세아홀딩스			O	O	O	O		O	O	O	O	O	O	O
삼성종합화학*			O	O	O	O	O	O	O	O	O	O	O	O
농심홀딩스		O	O	O	O	O								
동원엔터프라이즈		O	O											

(2) '2005-2009년'의 시작 시기를 갖는 20개 지주회사

	2001	2003	2004	2005	2006	2007	2008	2009	2010	2011	2012	2013	2014	2015
㈜GS				O	O	O	O	O	O	O	O	O	O	O
현대HC&					O	O	O	O	O	O	O	O	O	O
SK㈜						O	O	O	O	O	O	O	O	O
한진중공업홀딩스						O	O	O	O	O	O	O	O	O
아모레퍼시픽그룹						O						O	O	O
CJ㈜							O	O	O	O	O	O	O	O
㈜LS							O	O	O	O	O	O	O	O
한화도시개발*				O	O				O	O	O	O	O	O
㈜STX				O										
CJ오쇼핑							O	O	O	O				
금호산업							O	O						
온미디어							O		O					
두산								O	O	O	O	O	O	
웅진홀딩스								O	O	O	O	O		
두산모트롤홀딩스								O						
롯데물산*				O	O									
롯데산업*				O	O									
드림파마*							O	O	O					
차산골프장지주회사*							O							
티이씨앤코*								O	O	O	O			

(3) '2010-2015년'의 시작 시기를 갖는 25개 지주회사

	2001	2003	2004	2005	2006	2007	2008	2009	2010	2011	2012	2013	2014	2015
코오롱									O	O	O	O	O	O
하이트진로홀딩스									O	O	O	O	O	O
부영									O	O	O	O	O	O
SK이노베이션										O	O	O	O	O
동광주택산업										O	O	O	O	O

	2001	2003	2004	2005	2006	2007	2008	2009	2010	2011	2012	2013	2014	2015
서울도시개발										O	O	O	O	O
GS에너지											O	O	O	O
농협경제지주											O	O	O	O
SBS미디어홀딩스											O	O	O	O
케이엑스홀딩스												O	O	O
한진칼												O	O	O
한국타이어월드와이드													O	O
한라홀딩스													O	O
한솔홀딩스														O
티브로드*										O	O	O	O	O
이지스일호*														O
대림에너지*														O
한진해운홀딩스									O	O	O	O	O	
디아이피홀딩스									O	O	O	O	O	
오미디어홀딩스									O					
대성합동지주											O	O	O	
대성홀딩스										O	O			
동부인베스트먼트*										O	O			
티브로드도봉강북방송*											O	O		
티브로드전주방송*											O			

주: SK E&S = 2001-2005년 SK엔론, ㈜LG = 2001년 ㈜LGCI, ㈜GS = 2005-2008년 GS홀딩스, 현대HC& = 2006-2010년 ㈜HC&, CJ오쇼핑 = 2007-2008년 CJ홈쇼핑, 하이트진로홀딩스 = 2010-2011년 하이트홀딩스, 아모레퍼시픽그룹 = 2007년 태평양, 티브로드 = 2011-2014년 티브로드홀딩스; 온미디어 = 2007년 오리온그룹 소속, 2010년 CJ그룹 소속.
출처: 〈부록 2〉, 〈부록 3〉.

5.1.3 '2010-2015년'에 재벌에 소속되기 시작한 25개 지주회사

첫째, '2010-2015년'에 재벌에 소속되기 시작한 지주회사는 25개이다. 17개는 2015년 현재의 재벌에 속해 있고, 8개는 그 이전에 속하였다. 2015년의 17개 지주회사 중 3개(티브로드, 이지스일호, 대림에너지) 그리고 2015년 이전의 8개 중 3개(동부인베스트먼트, 티브로드도봉강북방송, 티브로드전주방송)는 소극적인 지주회사체제를 채택한 재벌 소속이다.

둘째, 2015년 현재의 17개 지주회사의 재벌 소속 시작 연도는, 2010년 3개(지주회사 코오롱, 재벌 코오롱; 하이트진로홀딩스, 하이트진로; 부영, 부영), 2011년 4개(SK이노베이션, SK; 동광주택산업, 부영; 서울도시개발, 대성; 티브로드, 태광), 2012년 3개(GS에너지, GS; 농협경제지주, 농협; SBS미디어홀딩스, 태영), 2013년 2개(케이엑스홀딩스, CJ; 한진칼, 한진), 2014년 2개(한국타이어월드와이드, 한국타이어; 한라홀딩스, 한라), 그리고 2015년 3개

(한솔홀딩스, 한솔; 이지스일호, 롯데; 대림에너지, 대림)이다. 소속 기간은 1-6년이다.

셋째, 2015년 이전 8개 지주회사의 재벌 소속 시작 연도는 2010년 3개(한진해운홀딩스, 한진; 디아이피홀딩스, 두산; 오미디어홀딩스, CJ), 2011년 3개(대성합동지주, 대성; 대성홀딩스, 대성; 동부인베스트먼트, 동부), 2012년 1개(티브로드도봉강북방송, 태광), 그리고 2013년 1개(티브로드전주방송, 태광)이다. 소속 기간은 2010-2014년 사이 1-5개 연도이다.

5.2 29개 지주회사, 2015년

2015년 9월 현재 24개 재벌에 소속된 29개 일반지주회사 중 24개는 적극적인 지주회사 체제를 채택한 19개 재벌 소속이고, 5개(삼성종합화학, 한화도시개발, 티브로드, 이지스일호, 대림에너지)는 소극적인 지주회사체제를 채택한 5개 재벌 소속이다. 29개 지주회사 중 9개는 2-3개씩 4개 재벌(SK, GS, CJ, 부영)에 그리고 20개는 1개씩 20개 재벌에 소속되어 있다.

29개 지주회사의 재벌 소속 시작 시기는 '2001-2004년' 4개, '2005-2009년' 8개, 그리고 '2010-2015년' 17개이다. 재벌 소속 기간은 1-14년 사이이다 (<표 4.10>; <표 4.8>, <표 4.9> 참조).

첫째, '2001-2004년' 4개 지주회사의 재벌 소속 시작 연도는 2001년 2개(지주회사 ㈜LG, 재벌 LG; SK E&S, SK) 그리고 2004년 2개(세아홀딩스, 세아; 삼성종합화학, 삼성)이다. 재벌 소속 기간은 11-14년 사이이다. ㈜LG 14년(2001-15년), SK E&S 12년(2001-11, 2014-15년), 삼성종합화학 12년(2004-15년), 세아홀딩스 11년(2004-07, 2009-15년) 등이다.

이들 4개 지주회사의 지정 연도(또는 설립·전환 연도)는 2000-2004년이다. ㈜LG(2001년)와 삼성종합화학(2004년)은 지주회사로 지정되면서 바로 재벌에 소속되었다. SK E&S는 2000년부터 재벌에 소속되었는데, 분석 시기의 시작이 2001년이어서 재벌 소속 시작 연도를 2001년으로 하였다. 세아홀딩스는 2001년에 지정된 후 2004년부터 재벌에 소속되었으며, 2008년에는 소속 재벌이 공정거래법상 대규모집단으로 지정되지 않았다.

둘째, '2005-2009년' 8개 지주회사의 재벌 소속 시작 연도는, 2005년 2개(지주회사 ㈜GS, 재벌 GS; 한화도시개발, 한화), 2006년 1개(현대HC&, 현대백화점), 2007년 3개(SK㈜, SK; 한진중공업홀딩스, 한진중공업; 아모레퍼시픽그룹, 아모레퍼시픽), 그리고 2008년 2개(CJ㈜, CJ; ㈜LS, LS)이다.

재벌 소속 기간은 4-11년이다. ㈜GS 11년(2005-15년), 현대HC& 10년(2006-15년), SK ㈜와 한진중공업홀딩스 9년(2007-15년), CJ㈜와 ㈜LS 8년(2008-15년), 한화도시개발 8년(2005-06, 2010-15년), 아모레퍼시픽그룹 4년(2007, 2013-15년) 등이다.

8개 지주회사의 지주회사 지정 연도는 2004년 1개, 2005-2009년 6개, 그리고 2015년 1개이다. 현대HC&(2006년), 한진중공업홀딩스(2007년), 아모레퍼시픽그룹(2007년) 및 ㈜LS(2008년)는 지주회사로 지정되면서, 그리고 ㈜GS(2004년)와 CJ㈜(2007년)는 지정된 이듬해부터 재벌에 소속되었다. 아모레퍼시픽그룹은 2008-2012년 사이 소속 재벌이 대규모집단으로 지정되지 않았다.

한편, SK㈜는 2007년 지주회사로 지정된 후 재벌에 소속되었고, 2015년 다른 계열회사에 합병된 후 후자의 회사가 SK㈜로 상호를 변경하여 지주회사로 지정되었다. 실제로는 2개 회사이고 시작 연도도 2개이지만 편의상 '2007년'을 취하였다. 한화도시개발의 경우, 2005년 지주회사로 지정되면서 재벌에 소속되었으며, 2007년 다른 계열회사에 합병된 후 2009년에 후자의 회사에서 분할되어 다시 설립되었고 2010년에 재벌에 소속되었다. 이 경우에도 실제로는 2개 회사이고 시작 연도도 2개이지만 편의상 '2005년'을 취하였다.

셋째, '2010-2015년' 17개 지주회사의 재벌 소속 시작 연도는 2010년 3개(지주회사 코오롱, 재벌 코오롱; 하이트진로홀딩스, 하이트진로; 부영, 부영), 2011년 4개(SK이노베이션, SK; 동광주택산업, 부영; 서울도시개발, 대성; 티브로드, 태광), 2012년 3개(GS에너지, GS; 농협경제지주, 농협; SBS미디어홀딩스, 태영), 2013년 2개(케이엑스홀딩스, CJ; 한진칼, 한진), 2014년 2개(한국타이어월드와이드, 한국타이어; 한라홀딩스, 한라), 그리고 2015년 3개(한솔홀딩스, 한솔; 이지스일호, 롯데; 대림에너지, 대림)이다.

〈표 4.10〉 29개 일반지주회사의 재벌 소속 시작 시기, 2015년 9월 (개, %)

(1) 해당 범위의 시기를 갖는 지주회사의 비중

	① 2001-2004년	② 2005-2009년	③ 2010-2015년	합
재벌 소속 일반지주회사 (a, 개)	4	8	17	29
적극적인 지주회사체제 재벌 소속	3	7	14	24
소극적인 지주회사체제 재벌 소속	1	1	3	5
(a, %)	14	27	59	100

(2) 29개 일반지주회사: '재벌 소속 시작 시기' 순

지주회사	순위	설립·전환 시기 (연.월)	상장 여부	자산 총액 (억 원)	지주 비율 (%)	부채 비율 (%)	계열회사 (개)			
							합	자	손자	증손
적극적인 지주회사체제 19개 재벌 소속 (24개)										
[① 2001-2004년 시작]										
㈜LG	3	2001.4	O	80,538	85.6	3.7	55	16	36	3
SK E&S	6	2000.1	X	33,190	55.1	92.5	11	10	1	-
세아홀딩스	22	2001.7	O	9,699	80.7	20.8	15	11	4	-
[② 2005-2009년 시작]										
㈜GS	4	2004.7	O	58,962	90.0	23.3	37	7	25	5
현대HC&	52	2006.1	O	4,159	89.9	2.7	11	9	2	-
SK㈜	1	2015.8	O	180,095	74.3	47.1	67	12	45	10
한진중공업홀딩스	20	2007.8	O	11,243	91.0	6.2	8	4	4	-
아모레퍼시픽그룹	15	2007.1	O	16,807	73.3	2.8	10	9	1	-
CJ㈜	8	2007.9	O	29,788	89.8	12.5	49	9	32	8
㈜LS	11	2008.7	O	21,508	82.8	23.4	24	6	17	1
[③ 2010-2015년 시작]										
코오롱	21	2010.1	O	10,665	81.8	106.7	34	8	23	3
하이트진로홀딩스	13	2008.7	O	17,773	98.6	86.6	10	3	6	1
부영	7	2009.12	X	29,916	96.7	30.3	4	1	3	-
SK이노베이션	2	2011.1	O	145,086	64.5	11.7	13	9	4	-
동광주택산업	51	2011.1	X	4,341	98.7	27.3	1	1	-	-
서울도시개발	70	2011.1	X	2,895	99.5	9.8	23	3	20	-
GS에너지	5	2012.1	X	53,629	82.9	50.6	18	13	5	-
농협경제지주	14	2012.3	X	17,666	83.6	0.7	15	14	1	-
SBS미디어홀딩스	37	2008.3	O	5,356	89.5	0.9	15	7	8	-
케이엑스홀딩스	42	2013.3	X	4,928	92.9	0.0	12	2	10	-
한진칼	16	2013.8	O	15,311	84.9	24.9	18	7	9	2
한국타이어월드와이드	9	2013.7	O	25,064	76.1	3.8	8	3	5	-
한라홀딩스	19	2014.9	O	12,476	88.6	48.7	15	4	7	4
한솔홀딩스	39	2015.1	O	5,229	86.9	5.3	10	7	3	-
소극적인 지주회사체제 5개 재벌 소속 (5개)										
[① 2001-2004년 시작]										
삼성종합화학	10	2004.1	X	22,459	57.0	24.2	2	2	-	-
[② 2005-2009년 시작]										
한화도시개발	81	2009.12	X	2,471	82.8	25.4	5	5	-	-
[③ 2010-2015년 시작]										
티브로드	47	2008.11	X	4,797	86.1	1.3	6	4	2	-
이지스일호	29	2014.9	X	6,307	95.2	587.9	2	1	1	-
대림에너지	85	2015.1	X	2,360	79.6	0.4	4	3	1	-

주: 지주회사 명단은 2015년 9월, 재무현황 및 계열회사는 2014년 12월 또는 설립·전환일(2015년 설립·전환된 경우) 현재
　　(계열회사 - 대림에너지와 한솔홀딩스는 2015년 1월, SK㈜는 2015년 8월 현재).
출처: 〈표 4.9〉, 〈부록 표 2.14〉.

재벌 소속 기간은 1-6년이다. 코오롱, 하이트진로 및 부영 6년(2010-15년), SK이노베이션, 동광주택산업, 서울도시개발 및 티브로드 5년(2011-15년), GS에너지, 농협경제지주 및 SBS미디어홀딩스 4년(2012-15년), 케이엑스홀딩스와 한진칼 3년(2013-15년), 한국타이어월드와이드와 한라홀딩스 2년(2014-15년), 한솔홀딩스, 이지스일호 및 대림에너지 1년(2015년) 등이다.

17개 지주회사의 지주회사 지정 연도는 2008-2009년 4개 그리고 2010-2015년 13개이다. 부영(2009년), 한국타이어월드와이드(2013년) 및 이지스일호(2014년)는 지정된 후 1년 뒤에, 하이트진로홀딩스(2008년)는 2년 뒤에, 티브로드(2008년)는 3년 뒤에, 그리고 SBS미디어홀딩스(2008년)는 4년 뒤에 재벌에 소속되었다. 나머지 11개는 지주회사로 지정된 연도부터 재벌에 속하였다.

6. 지주비율

6.1 51개 지주회사, 2001-2015년

지주비율은 자산총액과 함께 공정거래법상 지주회사의 요건이다. 1999년 이후 50% 이상으로 변함이 없다. 50% 미만이면 지주회사 지정에서 제외된다. 비율을 구하는 공식은 다음과 같다: '[(지주회사가 보유하는 자회사의 주식(지분 포함)가액의 합계액 ÷ 지주회사의 자산총액) × 100](%)'.

2001-2015년 사이 재벌에 속한 51개 일반지주회사 중 24개는 90% 이상을 그리고 17개는 70-89%를 가진 적이 있으며, 나머지 10개의 비율은 50-69%였다. 앞 2개 범위의 지주회사는 증가하였고 세 번째 범위의 지주회사는 증가 후 감소하였다. '90% 이상' 지주회사는 2001년 이후 1-10개 사이, '70-89%' 지주회사는 2001년 및 2004년 이후 1-18개, 그리고 '50-69%' 지주회사는 2003년 이후 1-8개 사이였다.

2007년 이후에는 지주비율이 5개 범위(90%이상, 80-89%, 70-79%, 60-69%, 50-59%) 중 4-5개(2007년 5개, 2008-10년 4개, 2011년 이후 5개)에 속하였다. '70-89%' 보유 17개 지주회사 중 10개는 80-89%를 그리고 7개는 70-79%를 보유한 적이 있었다. 또 '50-69%' 보유 10개 지주회사 중 9개는 60-69%를 보유한 적이 있었고 나머지 1개는 50-59%를 보유하였다. 3개 범위 지주비율(90% 이상, 70-89%, 50-69%) 중, '90% 이상' 지주회사의 비중은 점차 감소하였으며, 2010년까지는 '70-89%'보다 컸고 2011년 이후에는 '70-89%'보다 작아졌다. '50-69%' 지주회사의 비중은 2005, 2007-2008, 2010년에는 '70-89%'보다 컸고, 2004, 2006년 및 2011년 이후에는 다른 2개 범위보다 작았다 (<표 4.11>, <표 4.12>, <그림 4.14>, <그림 4.15>, <그림 4.16>).

6.1.1 '90% 이상 비율' 보유 24개 지주회사

첫째, '90% 이상' 지주비율을 가진 적이 있는 지주회사는 24개이다. 20개는 적극적인 지주회사체제를 채택한 재벌 소속이고, 나머지 4개(이지스일호, 티브로드, 한화도시개발, 삼성종합화학)는 소극적인 지주회사체제를 채택한 재벌 소속이다. 또 24개 지주회사 중 19개는 2015년 현재의 재벌 소속이고, 5개(농심홀딩스, 동원엔터프라이즈, 두산모트롤홀딩스, 웅진홀딩스, 오미디어홀딩스)는 2015년 이전에 재벌에 속하였다.

둘째, 24개 지주회사 중 9개는 줄곧 90% 이상을 유지하였고, 15개는 90% 미만 비율을 가진 적이 있었다.

90% 이상을 유지한 9개 지주회사는 서울도시개발(2011년 이후 90-99%), 동광주택산업(2011년 이후 97-100%), 하이트진로홀딩스(2010년 이후 95-98%), 부영(2010년 이후 94-96%), 케이엑스홀딩스(2013년 이후 92-100%), 이지스일호(2015년 95%), 동원엔터프라이즈(2003-04년 95-96%), 두산모트롤홀딩스(2009년 95%), 그리고 오미디어홀딩스(2010년 92%)이다.

90% 미만을 가진 적이 있는 15개 지주회사 중에서는, 8개는 재벌 소속 기간 중 절반 이상의 기간에 그리고 7개는 절반 미만의 기간에 90% 이상을 보유한 적이 있었다: ① (8개 지주회사) ㈜GS(2005년 이후 87-89%, 90-96%), SBS미디어홀딩스(2012년 이후 89%, 90-91%), ㈜LG(2001년 이후 67-87%, 92-103%), SK㈜(2007년 이후 74-88%, 91-96%), SK E&S(2001-11, 2014-15년 51-89%, 92-96%), 한화도시개발(2005-06, 2010-15년 57-87%, 93-99%), 삼성종합화학(2004년 이후 51-88%, 92-98%), 농심홀딩스(2003-07년 50%, 97-99%); ② (7개 지주회사) 한진중공업홀딩스(2007년 이후 54-89%, 91%), 현대HC&(2006년 이후 73-89%, 90-93%), GS에너지(2012년 이후 82-86%, 98%), ㈜LS(2008년 이후 82-89%, 91%), 세아홀딩스(2004-07, 2009-15년 80-88%, 90-91%), 티브로드(2011년

이후 76-86%, 96%), 웅진홀딩스(2009-13년 50-84%, 90-93%).

셋째, 2001년 이후 51개 지주회사가 보유한 지주비율 중 100% 이상 비율을 가진 경우는 3개 지주회사의 다섯 차례이다. 103%((주)LG 2003, 2007년), 101%((주)LG 2005년), 100% (동광주택산업 2014년, 케이엑스홀딩스 2013년) 등이다. 또 2001년 이후 50% 비율을 가진 경우는 3개 지주회사의 세 차례이다. 50.9%(웅진홀딩스 2013년), 50.8%(농심홀딩스 2003년), 그리고 50.0%(CJ오쇼핑 2010년)이다. CJ오쇼핑은 '70-89%' 비율 범위에 속한다.

〈표 4.11〉 재벌 소속 51개 일반지주회사의 지주비율, 2001-2015년:
(1) 해당 범위의 비율을 갖는 지주회사의 수 및 비중 (개, %)

* 재벌 소속 일반지주회사 (개)

	2001	2003	2004	2005	2006	2007	2008	2009	2010	2011	2012	2013	2014	2015	총수
지주회사체제 채택 재벌	2	4	6	9	9	14	11	13	17	20	21	21	22	24	34
적극적인 지주회사체제	1	3	4	4	5	10	8	10	13	15	18	19	19	19	26
소극적인 지주회사체제	1	1	2	5	4	4	3	3	4	5	3	2	3	5	8
재벌 소속 일반지주회사	2	4	6	10	10	15	13	16	22	26	28	30	30	29	51
적극적인 지주회사체제 소속	1	3	4	4	5	11	10	13	18	21	25	28	27	24	38
소극적인 지주회사체제 소속	1	1	2	6	5	4	3	3	4	5	3	2	3	5	13
(1) 해당 범위의 비율을 갖는 지주회사의 수 (개)															
90% 이상	1	3	4	5	7	6	6	6	10	8	7	8	10	8	24
80-89%			1	2	2	2	3	5	4	8	11	10	9	14	10
70-79%	1					2				4	4	7	4	4	7
[70-89%]	[1		1	2	2	4	3	5	4	12	15	17	13	18	17]
60-69%					1	4	3	2	5	4	3	3	3	1	9
50-59%		1	1	3		1	1	3	3	2	3	2	4	2	1
[50-69%]		[1	1	3	1	5	4	5	8	6	6	5	7	3	10]
(2) 해당 범위의 비율을 갖는 지주회사의 비중 (%)															
90% 이상	50	75	67	50	70	40	46	38	46	31	25	27	33	28	47
70-89%	50		17	20	20	27	23	31	18	46	54	57	43	62	33
50-69%		25	16	30	10	33	31	31	36	23	21	16	24	10	20

주: 총수: 해당 범위에 속한 적이 있는 지주회사 수이며, 상위 범위에 속한 적이 있는 지주회사 기준.
출처: 〈표 4.1〉.

〈표 4.12〉 재벌 소속 51개 일반지주회사의 지주비율, 2001-2015년:
(2) 지주회사별 비율 (%)

(1) 90% 이상 비율을 가진 적이 있는 24개 지주회사 (* 소극적인 지주회사체제 채택 재벌 소속)

	2001	2003	2004	2005	2006	2007	2008	2009	2010	2011	2012	2013	2014	2015
서울도시개발										90.5	95.8	97.6	99.4	99.5
동광주택산업										97.8	99.0	99.9	100	98.7
하이트진로홀딩스									95.7	96.7	97.0	98.8	98.9	98.6
부영									96.9	94.7	95.5	96.1	96.4	96.7
케이엑스홀딩스												100	93.0	92.9
한진중공업홀딩스						54.1	85.6	89.0	89.3	88.2	87.0	87.1	91.0	91.0
㈜GS				93.8	96.0	95.0	94.5	89.9	90.4	90.4	87.9	88.7	88.1	90.0
현대HC&					87.7	87.1	93.2	84.9	90.3	73.5	75.0	81.5	90.3	89.9
SBS미디어홀딩스										91.2	90.2	89.2	89.5	
㈜LG	77.0	103.7	97.0	101.6	96.0	103.3	98.3	92.0	92.2	87.6	67.2	86.7	85.6	85.6
GS에너지											98.3	86.1	83.3	82.9
㈜LS							89.7	91.4	89.6	91.1	89.1	89.2	89.9	82.8
세아홀딩스			82.1	88.8	90.8	91.2		86.8	86.1	87.0	87.2	80.0	80.9	80.7
SK㈜						88.3	92.7	96.6	96.4	96.1	96.1	94.5	91.7	74.3
SK E&S	96.1	92.9	92.7	94.6	93.0	94.5	94.8	89.0	88.8	79.8			51.0	55.1
이지스일호*														95.2
티브로드*										76.9	76.6	78.1	96.5	86.1
한화도시개발*				57.7	99.2				95.0	98.4	87.6	93.4	99.4	82.8
삼성종합화학*			51.2	97.1	98.3	96.7	98.3	92.6	94.0	88.9	82.8	77.9	77.4	57.0
농심홀딩스		50.8	99.9	99.8	98.6	97.8								
동원엔터프라이즈		95.4	96.9											
두산모트롤홀딩스								95.6						
웅진홀딩스								93.9	90.0	84.1	82.3	50.9		
오미디어홀딩스									92.1					

(2) 80-89% 비율을 가진 적이 있는 10개 지주회사

	2001	2003	2004	2005	2006	2007	2008	2009	2010	2011	2012	2013	2014	2015
CJ㈜							84.8	62.8	68.8	60.6	76.9	86.2	88.2	89.8
한라홀딩스													51.6	88.6
한솔홀딩스														86.9
한진칼												62.7	60.1	84.9
농협경제지주											80.5	79.8	81.5	83.6
코오롱									54.3	77.2	79.5	80.5	79.9	81.8
대성합동지주										85.2	89.0	89.5	85.6	
한진해운홀딩스									65.9	89.3	87.3	78.7	57.0	
동부인베스트먼트*										88.5	88.3			
롯데산업*				86.4	84.5									

(3) 70-79% 비율을 가진 적이 있는 7개 지주회사

	2001	2003	2004	2005	2006	2007	2008	2009	2010	2011	2012	2013	2014	2015
한국타이어월드와이드													75.6	76.1
아모레퍼시픽그룹						68.2						73.2	74.5	73.3
대림에너지*														79.6
CJ오쇼핑						71.0	68.4	57.8	50.0					
디아이피홀딩스									66.0	67.0	55.4	71.0	62.1	
차산골프장지주회사*						70.8								
티브로드도봉강북방송*												68.0	70.6	

(4) 60-69% 비율을 가진 적이 있는 9개 지주회사

	2001	2003	2004	2005	2006	2007	2008	2009	2010	2011	2012	2013	2014	2015
SK이노베이션										63.3	63.5	61.1	64.5	64.5
온미디어						60.1			67.0					
두산								57.6	66.1	58.3	54.0	54.6	51.6	
금호산업						65.8	57.4							
대성홀딩스										61.5	58.7			
드림파마*						63.8	62.1	62.8						
티브로드전주방송*												62.9		
티이씨앤코*								61.4	58.8	57.7	59.1			
롯데물산*				55.8	61.4									

(5) 50-59% 비율을 가진 1개 지주회사

	2001	2003	2004	2005	2006	2007	2008	2009	2010	2011	2012	2013	2014	2015
㈜STX					58.0									

주: SK E&S = 2001-2005년 SK엔론, ㈜LG = 2001년 ㈜LGCI, ㈜GS = 2005-2008년 GS홀딩스, 현대HC& = 2006-2010년 ㈜HC&, CJ오쇼핑 = 2007-2008년 CJ홈쇼핑, 하이트진로홀딩스 = 2010-2011년 하이트홀딩스, 아모레퍼시픽그룹 = 2007년 태평양, 티브로드 = 2011-2014년 티브로드홀딩스; 온미디어 - 2007년 오리온그룹 소속, 2010년 CJ 그룹 소속.
출처: 〈부록 2〉, 〈부록 3〉.

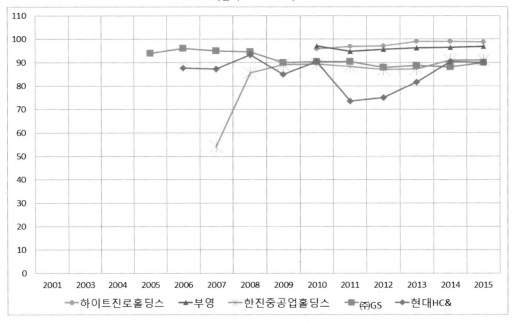

〈그림 4.14〉 재벌 소속 일반지주회사의 지주비율, 2001-2015년:
(1) 90% 이상 비율을 가진 적이 있는 5개 지주회사 (%)

(출처: <표 4.12>)

하이트진로홀딩스   부영   한진중공업홀딩스   ㈜GS   현대HC&

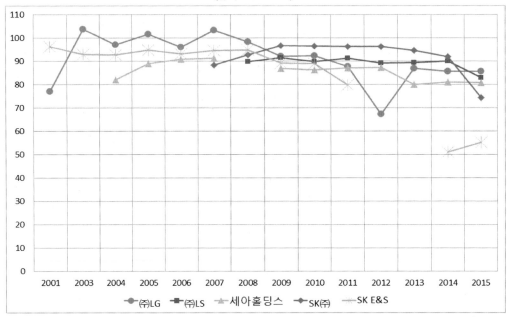

〈그림 4.15〉 재벌 소속 일반지주회사의 지주비율, 2001-2015년:
(2) 90% 이상 비율을 가진 적이 있는 6개 지주회사 (%)

(출처: <표 4.12>)

㈜LG   ㈜LS   세아홀딩스   SK㈜   SK E&S

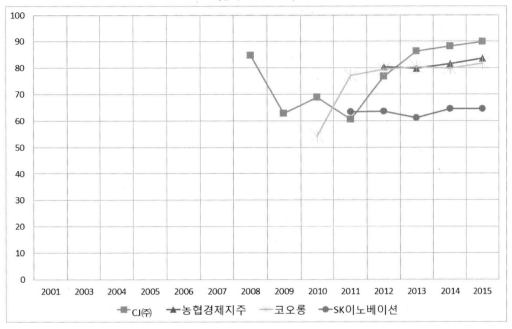

〈그림 4.16〉 재벌 소속 일반지주회사의 지주비율, 2001-2015년:
(3) 60-89% 비율을 가진 적이 있는 4개 지주회사 (%)
(출처: <표 4.12>)

6.1.2 '70-89% 비율' 보유 17개 지주회사

첫째, '70-89%' 지주비율을 보유한 적이 있는 지주회사는 17개이다. 10개는 80-89%를 그리고 7개는 70-79%를 보유한 적이 있었다. 17개 지주회사 중 12개는 적극적인 지주회사 체제를 채택한 재벌 소속이고, 5개(동부인베스트먼트, 롯데산업, 대림에너지, 차산골프장지주회사, 티브로드도봉강북방송)는 소극적인 지주회사체제를 채택한 재벌 소속이다. 또 17개 지주회사 중 9개는 2015년 현재의 재벌 소속이고, 8개(대성합동지주, 한진해운홀딩스, CJ오쇼핑, 디아이피홀딩스; 동부인베스트먼트, 롯데산업, 차산골프장지주회사, 티브로드도봉강북방송)는 2015년 이전에 재벌에 속하였다.

둘째, 80-89%를 보유한 적이 있는 10개 지주회사 중 4개는 줄곧 80-89%를 유지하였고 6개는 일부 연도에만 유지하였다: ① 한솔홀딩스(2015년 86%), 대성합동지주(2011-14년 85-89%), 동부인베스트먼트(2011-12년 88%), 롯데산업(2005-06년 84-86%); ② CJ㈜(2008년 이후 60-76%, 84-89%), 한라홀딩스(2014년 이후 51%, 88%), 한진칼(2013년 이후

60-62%, 84%), 농협경제지주(2012년 이후 79%, 80-83%), 코오롱(2010년 이후 54-79%, 80-81%), 한진해운홀딩스(2010-14년 57-78%, 87-89%).

셋째, 70-79%를 보유한 적이 있는 7개 지주회사 중에서는, 3개는 줄곧 70-79%를 유지하였고 4개는 일부 연도에만 유지하였다: ① 한국타이어월드와이드(2014년 이후 75-76%), 대림에너지(2015년 79%), 차산골프장지주회사(2007년 70%); ② 아모레퍼시픽그룹(2007, 2013-15년 68%, 73-74%), CJ오쇼핑(2007-10년 50-68%, 71%), 디아이피홀딩스(2010-14년 55-67%, 71%), 티브로드도봉강북방송(2012-13년 68%, 70%).

넷째, 위에서 언급한 것처럼, CJ오쇼핑의 2010년 '50.0%'는 2001년 이후 51개 지주회사가 보유한 비율 중 가장 낮다.

6.1.3 '50-69% 비율' 보유 10개 지주회사

첫째, '50-69%' 지주비율을 보유한 적이 있는 지주회사는 10개이다. 9개는 60-69%를 가진 적이 있고, 나머지 1개(㈜STX)는 50-59%를 가졌다. 10개 지주회사 중 6개는 적극적인 지주회사체제를 채택한 재벌 소속이고, 5개(드림파마, 티브로드전주방송, 티이씨앤코, 롯데물산)는 소극적인 지주회사체제를 채택한 재벌 소속이다. 또, 10개 지주회사 중 1개(SK이노베이션)는 2015년 현재의 재벌 소속이고, 9개는 2015년 이전에 재벌에 속하였다.

둘째, 60-69%를 보유한 적이 있는 9개 지주회사 중 4개는 60-69%를 줄곧 유지하였고 5개는 일부 연도에만 유지하였다: ① SK이노베이션(2011년 이후 61-64%), 온미디어(2007, 2010년 60-67%), 드림파마(2007-09년 62-63%), 티브로드전주방송(2013년 62%); ② 두산(2009-14년 51-58%, 66%), 금호산업(2007-08년 57%, 65%), 대성홀딩스(2011-12년 58%, 61%), 티이씨앤코(2008-11년 57-59%, 61%), 롯데물산(2005-06년 55%, 61%).

셋째, 50-59%를 보유한 1개 지주회사는 ㈜STX(2005년 58%)이다.

6.2 29개 지주회사, 2015년

2015년 9월 현재 24개 재벌에 소속된 29개 일반지주회사 중 24개는 적극적인 지주회사체제를 채택한 19개 재벌 소속이며, 5개(이지스일호, 티브로드, 한화도시개발, 대림에너지, 삼성종합화학)는 소극적인 지주회사체제를 채택한 5개 재벌 소속이다. 29개 지주회사 중 9

개는 2-3개씩 4개 재벌(SK, GS, CJ, 부영)에 그리고 20개는 1개씩 20개 재벌에 소속되어 있다.

29개 지주회사의 지주비율은 99-55% 사이이다. 90% 이상 8개, 70-89% 18개, 그리고 50-69% 3개이다. 70-89% 보유 18개 지주회사 중에서는 80-89% 14개 그리고 70-79% 4개이며, 50-69% 3개 지주회사 중에서는 60-69% 1개 그리고 50-59% 2개이다. 지주비율은 '(지주회사가 보유하는 자회사의 주식(지분 포함)가액의 합계액 ÷ 지주회사의 자산총액) × 100](%)'로 계산된다 (<표 4.13>, <그림 4.17>; <표 4.11>, <표 4.12> 참조).

첫째, 90% 이상 비율을 보유한 8개 지주회사 중 5개(비율 순위 1위 서울도시개발, 2위 동광주택산업, 3위 하이트진로홀딩스, 4위 부영, 5위 이지스일호)는 99-95%를 그리고 3개 (6위 케이엑스홀딩스, 7위 한진중공업홀딩스, 8위 ㈜GS)는 92-90%를 보유하고 있다.

이들 8개 지주회사의 자산총액과 자회사 수는 적은 편이다. 지주회사 순위(자산총액 기준) 1-10위에 속하는 지주회사가 2개(㈜GS, 지주회사 순위 4위; 부영 7위), 11-30위 3개(하이트진로홀딩스 13위, 한진중공업홀딩스 20위, 이지스일호 29위), 그리고 31위 이하 3개(케이엑스홀딩스 42위, 동광주택산업 51위, 서울도시개발 70위)이다. 20위까지의 4개 지주회사 자산총액은 1조 원 이상이다.

또, 자회사 수는 ㈜GS가 7개로 가장 많고, 한진중공업홀딩스 4개, 서울도시개발과 하이트진로홀딩스 3개, 케이엑스홀딩스 2개, 그리고 동광주택산업, 부영 및 이지스일호 1개이다. 전체 29개 지주회사 중 5개 미만 자회사를 가지고 있는 지주회사는 12개이며, 이 중 절반이 넘는 7개의 지주비율이 99-91%이고 비율 순위 1-7위이다.

〈표 4.13〉 재벌 소속 29개 일반지주회사의 지주비율, 2015년 9월 (개, %)

(1) 해당 범위의 비율을 갖는 지주회사의 비중

	90% 이상	70-89%			50-69%			합
		80-89	70-79	합	60-69	50-59	합	
재벌 소속 일반지주회사 (a, 개)	8	14	4	18	1	2	3	29
적극적인 지주회사체제 재벌 소속	7	12	3	15	1	1	2	24
소극적인 지주회사체제 재벌 소속	1	2	1	3		1	1	5
(a, %)	28	48	14	62	3	7	10	100

(2) 29개 일반지주회사: '지주비율' 순

지주회사	순위	설립·전환 시기 (연.월)	상장 여부	자산 총액 (억 원)	지주 비율 (%)	부채 비율 (%)	계열회사 (개)			
							합	자	손자	증손
적극적인 지주회사체제 19개 재벌 소속 (24개)										
서울도시개발	70	2011.1	X	2,895	99.5	9.8	23	3	20	-
동광주택산업	51	2011.1	X	4,341	98.7	27.3	1	1	-	-
하이트진로홀딩스	13	2008.7	O	17,773	98.6	86.6	10	3	6	1
부영	7	2009.12	X	29,916	96.7	30.3	4	1	3	-
케이엑스홀딩스	42	2013.3	X	4,928	92.9	0.0	12	2	10	-
한진중공업홀딩스	20	2007.8	O	11,243	91.0	6.2	8	4	4	-
㈜GS	4	2004.7	O	58,962	90.0	23.3	37	7	25	5
현대HC&	52	2006.1	O	4,159	89.9	2.7	11	9	2	-
CJ㈜	8	2007.9	O	29,788	89.8	12.5	49	9	32	8
SBS미디어홀딩스	37	2008.3	O	5,356	89.5	0.9	15	7	8	-
한라홀딩스	19	2014.9	O	12,476	88.6	48.7	15	4	7	4
한솔홀딩스	39	2015.1	O	5,229	86.9	5.3	10	7	3	-
㈜LG	3	2001.4	O	80,538	85.6	3.7	55	16	36	3
한진칼	16	2013.8	O	15,311	84.9	24.9	18	7	9	2
농협경제지주	14	2012.3	X	17,666	83.6	0.7	15	14	1	-
GS에너지	5	2012.1	X	53,629	82.9	50.6	18	13	5	-
㈜LS	11	2008.7	O	21,508	82.8	23.4	24	6	17	1
코오롱	21	2010.1	O	10,665	81.8	106.7	34	8	23	3
세아홀딩스	22	2001.7	O	9,699	80.7	20.8	15	11	4	-
한국타이어월드와이드	9	2013.7	O	25,064	76.1	3.8	8	3	5	-
SK㈜	1	2015.8	O	180,095	74.3	47.1	67	12	45	10
아모레퍼시픽그룹	15	2007.1	O	16,807	73.3	2.8	10	9	1	-
SK이노베이션	2	2011.1	O	145,086	64.5	11.7	13	9	4	-
SK E&S	6	2000.1	X	33,190	55.1	92.5	11	10	1	-
소극적인 지주회사체제 5개 재벌 소속 (5개)										
이지스일호	29	2014.9	X	6,307	95.2	587.9	2	1	1	-
티브로드	47	2008.11	X	4,797	86.1	1.3	6	4	2	-
한화도시개발	81	2009.12	X	2,471	82.8	25.4	5	5	-	-
대림에너지	85	2015.1	X	2,360	79.6	0.4	4	3	1	-
삼성종합화학	10	2004.1	X	22,459	57.0	24.2	2	2	-	-

주: 지주회사 명단은 2015년 9월, 재무현황 및 계열회사는 2014년 12월 또는 설립·전환일 (2015년 설립·전환된 경우) 현재
 (계열회사 - 대림에너지와 한솔홀딩스는 2015년 1월, SK㈜는 2015년 8월 현재).
출처: 〈부록 표 2.14〉.

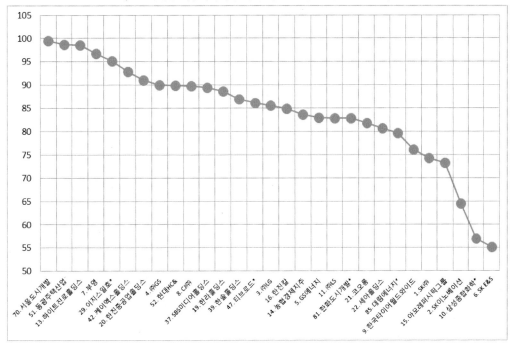

〈그림 4.17〉 재벌 소속 29개 일반지주회사의 지주비율, 2015년 9월 (%)

(* 소극적인 지주회사체제 채택 재벌 소속; 출처: <표 4.13>)

둘째, 80-89% 비율을 보유한 14개 지주회사 중 7개(비율 순위 9위 현대HC&, 10위 CJ
㈜, 11위 SBS미디어홀딩스, 12위 한라홀딩스, 13위 한솔홀딩스, 14위 티브로드, 15위 ㈜
LG)는 89-85%를, 그리고 7개(16위 한진칼, 17위 농협경제지주, 18위 GS에너지, 19위 ㈜
LS와 한화도시개발, 21위 코오롱, 22위 세아홀딩스)는 84-80%를 보유하고 있다.

또, 70-79%를 보유한 4개 지주회사 중에서는, 2개(23위 대림에너지, 24위 한국타이어월
드와이드)는 79-76%를 그리고 2개(25위 SK㈜, 26위 아모레퍼시픽그룹)는 74-73%를 보유하고
있다.

이들 18개 지주회사 중, 자산총액과 자회사 수를 적게 가지고 있는 지주회사가 비율 상위
순위에 다수 포함되어 있다. 지주회사 순위 1-10위에 속하는 지주회사가 5개, 11-30위 7개,
그리고 31위 이하 6개이다: ① SK㈜(지주회사 순위 1위), ㈜LG(3위), GS에너지(5위), CJ㈜
(8위), 한국타이어월드와이드(9위); ② ㈜LS(11위), 농협경제지주(14위), 아모레퍼시픽그룹
(15위), 한진칼(16위), 한라홀딩스(19위), 코오롱(21위), 세아홀딩스(22위); ③ SBS미디어홀
딩스(37위), 한솔홀딩스(39위), 티브로드(47위), 현대HC&(52위), 한화도시개발(81위), 대림

에너지(85위). 21위까지의 11개 지주회사 자산총액은 1조 원 이상이다.

18개 지주회사 중 5개는 10개 이상 자회사를 가지고 있다. ㈜LG 16개, 농협경제지주 14개, GS에너지 13개, SK㈜ 12개, 세아홀딩스 11개 등이다. 또 5-9개 자회사를 가지고 있는 지주회사는 9개(현대HC&, CJ㈜, 아모레퍼시픽그룹, 코오롱, SBS미디어홀딩스, 한솔홀딩스, 한진칼, ㈜LS, 한화도시개발), 그리고 4-3개 자회사를 가지고 있는 지주회사는 4개(한라홀딩스, 티브로드, 한국타이어월드와이드, 대림에너지)이다.

셋째, 60-69% 비율을 보유한 1개 지주회사는 SK이노베이션(64%, 비율 순위 27위)이고, 50-59%를 보유한 2개 지주회사는 삼성종합화학(57%, 28위)과 SK E&S(55%, 29위)이다. 3개 지주회사 모두 지주회사 순위 1-10위에 속하며 자산총액은 2조 원 이상이다 (SK이노베이션 2위, SK E&S 6위, 삼성종합화학 10위). 자회사 수는 SK E&S 10개, SK이노베이션 9개, 그리고 삼성종합화학 2개이다.

7. 계열회사 수

7.1 51개 지주회사, 2001-2015년

지주회사의 계열회사는 자회사, 손자회사, 증손회사 중 1개 이상으로 구성된다. 자회사는 지주회사에 의하여 그리고 손자회사는 자회사에 의하여 사업 내용을 지배받는 국내회사이다. 지주회사·자회사가 소유해야 하는 '자회사·손자회사 발행 주식 총수에서의 비중'은 상장회사에 대해서는 30%(1999-2006년) 또는 20%(2007년 이후) 이상 그리고 비상장회사에 대해서는 50%(1999-2006년) 또는 40%(2007년 이후) 이상이다.

2001-2015년 사이 재벌에 속한 51개 일반지주회사 중 6개는 30개 이상 계열회사를 그리고 23개는 10-29개 계열회사를 가진 적이 있으며, 나머지 22개는 10개 미만 계열회사를 가졌다. 3개 범위 지주회사의 수는 증가 추세를 보였다. '30개 이상' 보유 지주회사는 2003-2005년 및 2008년 이후 1-6개 사이, '10-29개' 보유 지주회사는 2001년 이후 1-16개 사이, 그리고 '10개 미만' 보유 지주회사는 2003년 이후 2-10개 사이였다.

2008년 이후 보유 계열회사 수는 7개 범위(60-69개, 50-59개, 40-49개, 30-39개, 20-29개, 10-19개, 10개 미만) 중 5-7개(2008-10년 5개, 2011년 7개, 2012-13년 6개, 2014-15년

7개)에 속하였다. '30개 이상' 보유 6개 지주회사 중 1개는 60-69개 계열회사를, 2개는 50-59개를, 그리고 3개는 30-39개를 보유한 적이 있었다. '10-29개' 보유 23개 지주회사 중에서는 6개는 20-29개 계열회사를 그리고 17개는 10-19개를 보유한 적이 있었다. 3개 범위 계열회사 수 중, '30개 이상' 지주회사의 비중은 2003년을 제외한 다른 연도에서 가장 작았으며, '10-29개'의 비중은 점차 증가하여 2007년 이후 가장 컸다. 또 '10개 미만'의 비중은 감소하는 가운데, 2006년까지는 가장 컸고 2007년 이후에는 '10-29개' 비중보다 작아졌다 (<표 4.14>, <표 4.15>, <그림 4.18>, <그림 4.19>).

7.1.1 '30개 이상 계열회사' 보유 6개 지주회사

첫째, '30개 이상' 계열회사를 보유한 적이 있는 지주회사는 6개이다. 1개(SK㈜)는 60-69개 계열회사를, 2개(㈜LG, CJ㈜)는 50-59개를, 그리고 3개(㈜GS, 코오롱, 대성합동지주)는 30-39개를 보유한 적이 있었다. 6개 지주회사는 모두 적극적인 지주회사체제를 채택한 재벌 소속이다. 또 6개 지주회사 중 5개는 2015년 현재의 재벌 소속이고, 1개(대성합동지주)는 2015년 이전에 재벌에 속하였다.

둘째, 60-69개를 보유한 적이 있는 1개 지주회사는 SK㈜이다. 2007-2009년에는 23-58개이다가 2010년 이후 62-67개이다. 2015년 '67개', 2011-2012년 '66개', 2013년 '63개', 2010, 2014년 '62개', 그리고 2009년 '58개'는 2001년 이후 51개 지주회사가 보유한 계열회사 수 중 1-5위이다. SK㈜의 지주회사 순위(자산총액 기준)는 1-2위였다.

셋째, 50-59개를 보유한 적이 있는 2개 지주회사 중 ㈜LG는 2001-2010년에는 13-45개였고 2011년 이후 50-55개이다. 또 CJ㈜는 2008년 이후 2개 연도(2009, 2013년)에만 50-54개였고 나머지 연도에는 43-49개였다. 지주회사 순위는 ㈜LG 1-3위 그리고 CJ㈜ 5-8위였다.

넷째, 30-39개를 보유한 적이 있는 3개 지주회사 중, ㈜GS는 2005년 이후 4개 연도 (2011, 2013-15년 30-37개 vs. 다른 연도 12-27개)에, 코오롱은 2010년 이후 4개 연도 (2011, 2013-15년 30-34개 vs. 29개)에, 그리고 대성합동지주는 2011-2014년 사이 1개 연도(2013년 30개 vs. 18-28개)에 30개 이상이었다. 지주회사 순위는 ㈜GS 2-4위, 코오롱 17-24위, 그리고 대성합동지주 26-36위였다.

7.1.2 '10–29개 계열회사' 보유 23개 지주회사

첫째, '10-29개' 계열회사를 보유한 적이 있는 지주회사는 23개이다. 6개는 20-29개 계열회사를 그리고 17개는 10-19개를 보유한 적이 있었다. 21개 지주회사는 적극적인 지주회사체제를 채택한 재벌 소속이고, 2개(티브로드, 한화도시개발)는 소극적인 지주회사체제를 채택한 재벌 소속이다. 또, 17개 지주회사는 2015년 현재의 재벌 소속이고, 6개(웅진홀딩스, 금호산업, 두산, 한진해운홀딩스, CJ오쇼핑, 오미디어홀딩스)는 2015년 이전에 소속되었다.

〈표 4.14〉 재벌 소속 51개 일반지주회사의 계열회사 수, 2001-2015년:
(1) 해당 범위의 계열회사를 갖는 지주회사의 수 및 비중 (개, %)

* 재벌 소속 일반지주회사 (개)

	2001	2003	2004	2005	2006	2007	2008	2009	2010	2011	2012	2013	2014	2015	총수
지주회사체제 채택 재벌	2	4	6	9	9	14	11	13	17	20	21	21	22	24	34
적극적인 지주회사체제	1	3	4	4	5	10	8	10	13	15	18	19	19	19	26
소극적인 지주회사체제	1	1	2	5	4	4	3	3	4	5	3	2	3	5	8
재벌 소속 일반지주회사	2	4	6	10	10	15	13	16	22	26	28	30	30	29	51
적극적인 지주회사체제 소속	1	3	4	4	5	11	10	13	18	21	25	28	27	24	38
소극적인 지주회사체제 소속	1	1	2	6	5	4	3	3	4	5	3	2	3	5	13
(1) 해당 범위의 계열회사를 갖는 지주회사의 수 (개)															
60-69개									1	1	1	1	1	1	1
50-59개								2		1	1	2	1	1	2
40-49개							1	1	2	1	1		1	1	1
30-39개		1	1	1			1			2		3	2	2	3
[30개 이상]		[1	1	1			2	3	3	5	3	6	5	5	6]
20-29개					1	3	2	2	5	2	7	3	4	2	6
10-19개	2	1	2	3	3	5	5	5	5	10	9	11	11	13	17
[10-29개]	[2	1	2	3	4	8	7	7	10	12	16	14	15	15	23]
10개 미만		2	3	6	6	7	4	6	9	9	9	10	10	9	22
(2) 해당 범위의 계열회사를 갖는 지주회사의 비중 (%)															
30개 이상		25	17	10			15	19	14	19	11	20	17	17	12
10-29개	100	25	33	30	40	53	54	44	45	46	57	47	50	52	45
10개 미만		50	50	60	60	47	31	37	41	35	32	33	33	31	43

주: 총수: 해당 범위에 속한 적이 있는 지주회사 수이며, 상위 범위에 속한 적이 있는 지주회사 기준.
출처: 〈표 4.1〉.

〈표 4.15〉 재벌 소속 51개 일반지주회사의 계열회사 수, 2001-2015년: (2) 지주회사별 계열회사 수 (개)

(1) 60-69개를 보유한 적이 있는 1개 지주회사 (* 소극적인 지주회사체제 채택 재벌 소속)

	2001	2003	2004	2005	2006	2007	2008	2009	2010	2011	2012	2013	2014	2015
SK(주)						23	35	58	62	66	66	63	62	67

(2) 50-59개를 보유한 적이 있는 2개 지주회사

	2001	2003	2004	2005	2006	2007	2008	2009	2010	2011	2012	2013	2014	2015
(주)LG	13	37	37	33	28	28	29	45	45	50	51	54	54	55
CJ(주)							43	50	46	49	47	54	47	49

(3) 30-39개를 보유한 적이 있는 3개 지주회사

	2001	2003	2004	2005	2006	2007	2008	2009	2010	2011	2012	2013	2014	2015
(주)GS				12	15	14	17	24	27	31	24	30	34	37
코오롱									29	30	29	30	30	34
대성합동지주										18	28	30	22	

(4) 20-29개를 보유한 적이 있는 6개 지주회사

	2001	2003	2004	2005	2006	2007	2008	2009	2010	2011	2012	2013	2014	2015
(주)LS							14	19	24	26	27	27	26	24
서울도시개발										19	20	23	22	23
GS에너지											18	17	20	18
웅진홀딩스							18	20	19	23	20			
금호산업					21	22								
두산							21	23	20	20	19	14		

(5) 10-19개를 보유한 적이 있는 17개 지주회사

	2001	2003	2004	2005	2006	2007	2008	2009	2010	2011	2012	2013	2014	2015
한진칼												8	8	18
SBS미디어홀딩스											17	18	17	15
세아홀딩스			14	15	14	14		15	12	14	16	17	17	15
농협경제지주											13	13	14	15
한라홀딩스													11	15
SK이노베이션										16	17	12	13	13
케이엑스홀딩스												15	15	12
SK E&S	13	14	13	12	12	11	11	10	9	9		13	11	
현대HC&					9	10	10	9	13	11	11	12	14	11
하이트진로홀딩스									13	12	12	11	10	10
아모레퍼시픽그룹						4						9	9	10
한솔홀딩스														10
티브로드*										10	14	12	7	6
한화도시개발*			1	1				8	10	9	8	6	5	

	2001	2003	2004	2005	2006	2007	2008	2009	2010	2011	2012	2013	2014	2015
한진해운홀딩스									11	13	15	15	15	
CJ오쇼핑						13	13	13	5					
오미디어홀딩스									10					

(6) 5-9개를 보유한 적이 있는 9개 지주회사

	2001	2003	2004	2005	2006	2007	2008	2009	2010	2011	2012	2013	2014	2015
한진중공업홀딩스						4	4	5	6	7	7	8	9	8
한국타이어월드와이드													9	8
동원엔터프라이즈		9	9											
온미디어						9			9					
대성홀딩스										9	9			
㈜STX				8										
농심홀딩스		4	6	6	6	6								
드림파마*						5	5	5						
티브로드전주방송*												5		

(7) 5개 미만을 보유한 13개 지주회사

	2001	2003	2004	2005	2006	2007	2008	2009	2010	2011	2012	2013	2014	2015
부영									2	2	3	3	3	4
동광주택산업										1	1	1	1	1
대림에너지*														4
삼성종합화학*		1	1	1	1	1	1	1	1	1	1	1	1	2
이지스일호*														2
디아이피홀딩스									3	2	3	3	2	
두산모트롤홀딩스								1						
티씨앤코*							3	4	4	4				
롯데물산*				4	4									
동부인베스트먼트*										1	2			
티브로드도봉강북방송*												1	1	
롯데산업*				1	1									
차산골프장지주회사*						1								

주: SK E&S = 2001-2005년 SK엔론, ㈜LG = 2001년 ㈜LGCI, ㈜GS = 2005-2008년 GS홀딩스, 현대HC& = 2006-2010년 ㈜HC&, CJ오쇼핑 = 2007-2008년 CJ홈쇼핑, 하이트진로홀딩스 = 2010-2011년 하이트홀딩스, 아모레퍼시픽그룹 = 2007년 태평양, 티브로드 = 2011-2014년 티브로드홀딩스; 온미디어 - 2007년 오리온그룹 소속, 2010년 CJ그룹 소속.
출처: 〈부록 2〉, 〈부록 3〉.

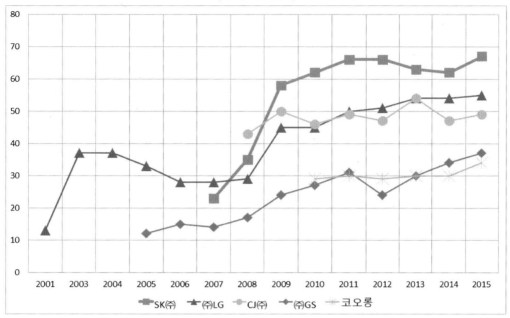

〈그림 4.18〉 재벌 소속 일반지주회사의 계열회사 수, 2001-2015년:
(1) 30개 이상 계열회사를 보유한 적이 있는 5개 지주회사 (개)

(출처: <표 4.15>)

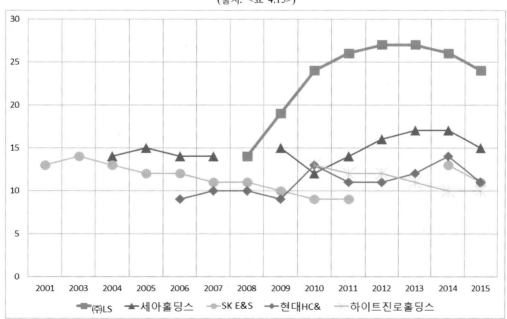

〈그림 4.19〉 재벌 소속 일반지주회사의 계열회사 수, 2001-2015년:
(2) 10 20개 계열회사를 보유한 적이 있는 6개 지주회사 (개)

(출처: <표 4.15>)

둘째, 20-29개 계열회사를 보유한 적이 있는 6개 지주회사는 ㈜LS, 서울도시개발, GS에너지, 웅진홀딩스, 금호산업, 그리고 두산이다. 1개는 줄곧 20-29개를 보유하였고, 5개는 일부 연도에만 보유하였다: ① 금호산업(2007-08년 21-22개); ② ㈜LS(2008년 이후 14-19개, 24-27개), 서울도시개발(2011년 이후 19개, 20-23개), GS에너지(2012년 이후 17-18개, 20개), 웅진홀딩스(2009-13년 18-19개, 20-23개), 두산(2009-14년 14-19개, 20-23개).

셋째, 10-19개를 보유한 적이 있는 17개 지주회사 중에서는, 10개는 줄곧 10-19개를 보유하였고 7개는 일부 연도에만 보유하였다. ① SBS미디어홀딩스(2012년 이후 15-18개), 세아홀딩스(2004-07년 및 2009년 이후 12-17개), 농협경제지주(2012년 이후 13-15개), 한라홀딩스(2014년 이후 11-15개), SK이노베이션(2011년 이후 12-17개), 케이엑스홀딩스(2013년 이후 12-15개), 하이트진로홀딩스(2010년 이후 10-13개), 한솔홀딩스(2015년 10개), 한진해운홀딩스(2010-14년 11-15개), 오미디어홀딩스(2010년 10개); ② 한진칼(2013년 이후 8개, 18개), SK E&S(2001-11년 및 2014년 이후 9개, 10-14개), 현대HC&(2006년 이후 9개, 10-14개), 아모레퍼시픽그룹(2007년 및 2013년 이후 4-9개, 10개), 티브로드(2011년 이후 6-7개, 10-14개), 한화도시개발(2005-06년 및 2010년 이후 1-9개, 10개), CJ오쇼핑(2007-10년 5개, 13개).

7.1.3 '10개 미만 계열회사' 보유 22개 지주회사

첫째, '10개 미만' 계열회사를 보유한 지주회사는 22개이다. 9개 지주회사는 5-9개 계열회사를 보유한 적이 있었고, 나머지 13개는 5개 미만을 보유하였다. 22개 지주회사 중 11개는 적극적인 지주회사체제를 채택한 재벌 소속이고 11개는 소극적인 지주회사체제를 채택한 재벌 소속이다. 또 22개 지주회사 중 7개는 2015년 현재의 재벌 소속이고 15개는 2015년 이전에 재벌에 속하였다.

둘째, 5-9개 계열회사를 보유한 적이 있는 9개 지주회사 중 대다수인 7개는 적극적인 지주회사체제 재벌 소속이고 나머지 2개는 소극적인 지주회사체제 재벌 소속이다: ① 한진중공업홀딩스(2007년 이후 4개, 5-9개), 한국타이어월드와이드(2014년 이후 8-9개), 동원엔터프라이즈(2003-04년 9개), 온미디어(2007, 2010년 9개), 대성홀딩스(2011-12년 9개), ㈜STX(2005년 8개), 농심홀딩스(2003-07년 4개, 6개); ② 드림파마(2007-09년 5개), 티브로드전주방송(2013년 5개).

5개 미만을 보유한 13개 지주회사 중에서는, 4개는 적극적인 지주회사체제 재벌 소속이고 대다수인 9개는 소극적인 지주회사체제 재벌 소속이다: ① 부영(2010년 이후 2-4개), 동광주택산업(2011년 이후 1개), 디아이피홀딩스(2010-14년 2-3개), 두산모트롤홀딩스(2009년 1개); ② 대림에너지(2015년 4개), 삼성종합화학(2004년 이후 1-2개), 이지스일호(2015년 2개), 티이씨앤코(2008-11년 3-4개), 롯데물산(2005-06년 4개), 동부인베스트먼트(2011-12년 1-2개), 티브로드도봉강북방송(2012-13년 1개), 롯데산업(2005-06년 1개), 차산골프장지주회사(2007년 1개).

5개 미만 계열회사 보유 13개 지주회사 중 7개(동광주택산업, 두산모트롤홀딩스, 티브로드도봉강북방송, 롯데산업, 차산골프장지주회사, 삼성종합화학, 동부인베스트먼트)는 1개를 보유한 적이 있으며, 이 중 앞 5개는 줄곧 1개를 보유하였다. 또 5개 이상 계열회사를 보유한 적이 있는 나머지 38개 지주회사 중에서는 한화도시개발(2005-06년)이 1개를 보유한 적이 있다. 가장 오랜 기간 1개 계열회사를 보유한 지주회사는 삼성종합화학(2004-14년)이다.

7.2 29개 지주회사, 2015년

2015년 9월 현재 24개 재벌에 소속된 29개 일반지주회사 중 24개는 적극적인 지주회사체제를 채택한 19개 재벌 소속이며, 5개(티브로드, 한화도시개발, 대림에너지, 삼성종합화학, 이지스일호)는 소극적인 지주회사체제를 채택한 5개 재벌 소속이다. 29개 지주회사 중 9개는 2-3개씩 4개 재벌(SK, GS, CJ, 부영)에 그리고 20개는 1개씩 20개 재벌에 소속되어 있다.

29개 지주회사의 보유 계열회사 수는 67-1개 사이이다. 30개 이상 보유 5개, 10-29개 보유 15개, 그리고 10개 미만 보유 9개이다. 30개 이상 계열회사 보유 5개 지주회사 중에서는 60-69개 보유 1개, 50-59개 보유 1개, 40-49개 보유 1개, 그리고 30-39개 보유 2개이다. 또 10-29개 계열회사 보유 15개 지주회사 중에서는 20-29개 보유 2개 그리고 10-19개 보유 13개이다. 한편, 29개 지주회사 중 9개(SK㈜, ㈜LG, CJ㈜, ㈜GS, 코오롱, ㈜LS, 한진칼, 한라홀딩스, 하이트진로홀딩스)는 자회사·손자회사·증손회사를, 17개는 자회사·손자회사를, 그리고 3개(동광주택산업, 한화도시개발, 삼성종합화학)는 자회사를 보유하고 있다 (<표 4.16>, <그림 4.20>; <표 4.14>, <표 4.15> 참조).

첫째, 60-69개 계열회사를 가지고 있는 1개 지주회사는 SK㈜이다. 67개(자회사 12 + 손

자회사 45 + 증손회사 10)이다. SK㈜는 2010년부터 유일하게 60개 이상(62-67개)을 보유
해 오고 있으며, 2015년의 '67개'는 2001년 이후 51개 지주회사가 보유한 계열회사 수 중
가장 큰 수치이다. ㈜LG의 계열회사는 55개(16+36+3)이다. 2011년부터 50개 이상(50-55
개)이며 SK㈜에 이어 두 번째로 많다. CJ㈜는 49개(9+32+8), ㈜GS는 37개(7+25+5), 그리
고 코오롱은 34개(8+23+3)를 계열회사로 거느리고 있다.

30개 이상을 보유하는 이들 5개 지주회사의 계열회사는 모두 자회사, 손자회사 및 증손
회사로 구성되어 있으며, 손자회사의 비중이 가장 크다. 5개 지주회사 중 4개(1위 SK㈜, 3
위 ㈜LG, 4위 ㈜GS, 8위 CJ㈜)는 지주회사 순위 1-10위이고, 1개(코오롱)는 21위이다.

둘째, 20-29개 계열회사를 가지고 있는 2개 지주회사는 ㈜LS(24개)와 서울도시개발(23
개)이다. 또 10-19개 계열회사를 가지고 있는 13개 지주회사 중 6개(GS에너지, 한진칼, 농
협경제지주, 한라홀딩스, 세아홀딩스, SBS미디어홀딩스)는 18-15개 계열회사를 그리고 7개
(SK이노베이션, 케이엑스홀딩스, SK E&S, 현대HC&, 하이트진로홀딩스, 아모레퍼시픽그
룹, 한솔홀딩스)는 13-10개 계열회사를 가지고 있다.

10-29개 계열회사 보유 15개 지주회사 중 4개(㈜LS, 한진칼, 한라홀딩스, 하이트진로홀
딩스)는 자회사·손자회사·증손회사를, 그리고 나머지 11개는 자회사·손자회사를 가지고
있다. 또 15개 지주회사 중 7개(㈜LS, 서울도시개발, 한진칼, 한라홀딩스, SBS미디어홀딩
스, 케이엑스홀딩스, 하이트진로홀딩스)에서는 손자회사의 비중이 가장 크고, 8개에서는 자
회사의 비중이 가장 크다. 15개 지주회사 중에는 지주회사 순위 1-10위 3개(2위 SK이노베
이션, 5위 GS에너지, 6위 SK E&S)가 포함되어 있으며, 나머지는 11-30위 7개 그리고 31위
이하 5개이다.

〈표 4.16〉 재벌 소속 29개 일반지주회사의 계열회사 수, 2015년 9월 (개, %)

(1) 해당 범위의 계열회사를 갖는 지주회사의 비중

	30개 이상					10-29개			10개 미만	합
	60-69	50-59	40-49	30-39	합	20-29	10-19	합		
재벌 소속 일반지주회사 (a, 개)	1	1	1	2	5	2	13	15	9	29
적극적인 지주회사체제 재벌 소속	1	1	1	2	5	2	13	15	4	24
소극적인 지주회사체제 재벌 소속									5	5
(a, %)					17			52	31	100

(2) 29개 일반지주회사: '계열회사 수' 순

지주회사	순위	설립·전환 시기 (연.월)	상장 여부	자산 총액 (억 원)	지주 비율 (%)	부채 비율 (%)	계열회사 (개)			
							합	자	손자	증손
적극적인 지주회사체제 19개 재벌 소속 (24개)										
SK㈜	1	2015.8	O	180,095	74.3	47.1	67	12	45	10
㈜LG	3	2001.4	O	80,538	85.6	3.7	55	16	36	3
CJ㈜	8	2007.9	O	29,788	89.8	12.5	49	9	32	8
㈜GS	4	2004.7	O	58,962	90.0	23.3	37	7	25	5
코오롱	21	2010.1	O	10,665	81.8	106.7	34	8	23	3
㈜LS	11	2008.7	O	21,508	82.8	23.4	24	6	17	1
서울도시개발	70	2011.1	X	2,895	99.5	9.8	23	3	20	-
GS에너지	5	2012.1	X	53,629	82.9	50.6	18	13	5	-
한진칼	16	2013.8	O	15,311	84.9	24.9	18	7	9	2
농협경제지주	14	2012.3	X	17,666	83.6	0.7	15	14	1	-
한라홀딩스	19	2014.9	O	12,476	88.6	48.7	15	4	7	4
세아홀딩스	22	2001.7	O	9,699	80.7	20.8	15	11	4	-
SBS미디어홀딩스	37	2008.3	O	5,356	89.5	0.9	15	7	8	-
SK이노베이션	2	2011.1	O	145,086	64.5	11.7	13	9	4	-
케이엑스홀딩스	42	2013.3	X	4,928	92.9	0.0	12	2	10	-
SK E&S	6	2000.1	X	33,190	55.1	92.5	11	10	1	-
현대HC&	52	2006.1	O	4,159	89.9	2.7	11	9	2	-
하이트진로홀딩스	13	2008.7	O	17,773	98.6	86.6	10	3	6	1
아모레퍼시픽그룹	15	2007.1	O	16,807	73.3	2.8	10	9	1	-
한솔홀딩스	39	2015.1	O	5,229	86.9	5.3	10	7	3	-
한국타이어월드와이드	9	2013.7	O	25,064	76.1	3.8	8	3	5	-
한진중공업홀딩스	20	2007.8	O	11,243	91.0	6.2	8	4	4	-
부영	7	2009.12	X	29,916	96.7	30.3	4	1	3	-
동광주택산업	51	2011.1	X	4,341	98.7	27.3	1	1	-	-
소극적인 지주회사체제 5개 재벌 소속 (5개)										
티브로드	47	2008.11	X	4,797	86.1	1.3	6	4	2	-
한화도시개발	81	2009.12	X	2,471	82.8	25.4	5	5	-	-
대림에너지	85	2015.1	X	2,360	79.6	0.4	4	3	1	-
삼성종합화학	10	2004.1	X	22,459	57.0	24.2	2	2	-	-
이지스일호	29	2014.9	X	6,307	95.2	587.9	2	1	1	-

(3) 4개 재벌 소속 9개 지주회사

지주회사	순위	설립·전환 시기 (연.월)	상장 여부	자산 총액 (억 원)	지주 비율 (%)	부채 비율 (%)	계열회사 (개)			
							합	자	손자	증손
SK㈜	1	2015.8	O	180,095	74.3	47.1	67	12	45	10
SK이노베이션	2	2011.1	O	145,086	64.5	11.7	13	9	4	-
SK E&S	6	2000.1	X	33,190	55.1	92.5	11	10	1	-
CJ㈜	8	2007.9	O	29,788	89.8	12.5	49	9	32	8
케이엑스홀딩스	42	2013.3	X	4,928	92.9	0.0	12	2	10	-
㈜GS	4	2004.7	O	58,962	90.0	23.3	37	7	25	5
GS에너지	5	2012.1	X	53,629	82.9	50.6	18	13	5	-
부영	7	2009.12	X	29,916	96.7	30.3	4	1	3	-
동광주택산업	51	2011.1	X	4,341	98.7	27.3	1	1	-	-

주: 지주회사 명단은 2015년 9월, 재무현황 및 계열회사는 2014년 12월 또는 설립·전환일 (2015년 설립·전환된 경우) 현재
　　(계열회사 - 대림에너지와 한솔홀딩스는 2015년 1월, SK㈜는 2015년 8월 현재).
출처: 〈부록 표 2.14〉.

〈그림 4.20〉 재벌 소속 29개 일반지주회사의 계열회사 수, 2015년 9월 (개)
(* 소극적인 지주회사체제 채택 재벌 소속; 출처: <표 4.16>)

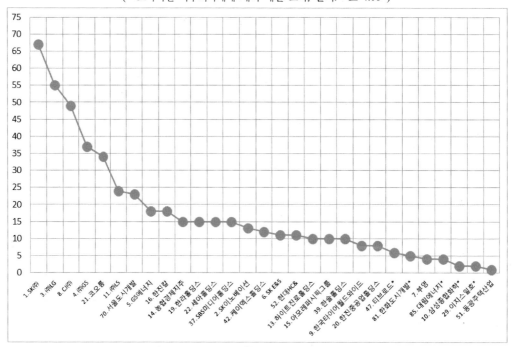

셋째, 10개 미만 계열회사를 가지고 있는 9개 지주회사 중, 4개는 적극적인 지주회사체제를 채택한 재벌 소속이고 5개는 소극적인 지주회사체제를 채택한 재벌 소속이다. 앞의 4개 중 2개(한국타이어월드와이드, 한진중공업홀딩스)와 뒤의 5개 중 2개(티브로드, 한화도시개발)는 8-5개 계열회사를, 그리고 나머지 5개(부영, 동광주택산업; 대림에너지, 삼성종합화학, 이지스일호)는 4-1개 계열회사를 가지고 있다.

이들 9개 지주회사 중 6개는 자회사·손자회사를 그리고 3개(동광주택산업; 한화도시개발, 삼성종합화학)는 자회사를 가지고 있다. 앞의 6개 지주회사 중 2개(한국타이어월드와이드, 부영)에서는 손자회사의 비중이 더 크다. 9개 지주회사 중에는 지주회사 순위 1-10위 3개(7위 부영, 9위 한국타이어월드와이드, 10위 삼성종합화학)가 포함되어 있으며, 나머지는 11-30위 2개 그리고 31위 이하 4개이다.

넷째, 전체 29개 지주회사 중 9개는 2-3개씩 4개 재벌 소속이다. 3개 지주회사는 1개 재벌(SK)에 그리고 6개 지주회사는 3개 재벌(CJ, GS, 부영)에 속해 있다. SK, CJ 및 GS 소속 지주회사들 간에는 주종관계가 있는 반면 부영 소속 지주회사들은 서로 독립적이다.

3개 지주회사(SK㈜, SK이노베이션, SK E&S)는 SK그룹 소속이다. SK이노베이션과 SK E&S는 SK㈜의 자회사이며, 각각 13개(9+4+0), 11개(10+1+0) 계열회사를 거느리고 있다. 이들 24개 계열회사 중, '자회사 19개(9+10)'는 SK㈜의 손자회사가 되며, '손자회사 5개 중 자회사 보유 지분이 100%인 4개(3+1)'는 SK㈜의 증손회사가 된다. 이들 지주회사 겸 자회사 2개, 손자회사 19개 및 증손회사 4개는 SK㈜의 계열회사 67개(12+45+10)에 포함되어 있다. 즉, 3개 지주회사 및 계열회사들 간의 관계는 다음과 같다: 지주회사 1개(SK㈜) → [지주회사 겸 자회사 1개(SK이노베이션) → 손자회사 9개 → 증손회사 3개] + [지주회사 겸 자회사 1개(SK E&S) → 손자회사 10개 → 증손회사 1개] + [자회사 10개 → 손자회사 26개 → 증손회사 6개].

2개 지주회사(CJ㈜, 케이엑스홀딩스)는 CJ그룹 소속이며, 케이엑스홀딩스는 CJ㈜의 자회사이다. 케이엑스홀딩스는 12개(2+10+0) 계열회사를 가지고 있는데, '자회사 2개'는 CJ㈜의 손자회사 그리고 '손자회사 10개 중 자회사 보유 지분이 100%인 2개'는 CJ㈜의 증손회사가 된다. 이들 중 지주회사 겸 자회사 1개와 손자회사 2개는 CJ㈜의 계열회사 49개(9+32+8)에 포함되어 있으며, 반면 증손회사 2개(*)는 공정거래위원회 자료인 49개에 포함되어 있지 않다. 후자를 함께 고려하면 다음의 구조이다 (CJ㈜의 계열회사는 49개를 유지함): 지주회사 1개(CJ㈜) → [지주회사 겸 자회사 1개(케이엑스홀딩스) → 손자회사 2개 →

증손회사 2개(*)] + [자회사 8개 → 손자회사 30개 → 증손회사 8개].

2개 지주회사(㈜GS, GS에너지)는 GS그룹 소속이며, GS에너지는 ㈜GS의 자회사이다. GS에너지는 18개(13+5+0) 계열회사를 가지고 있는데, 이 중 '자회사 13개'는 ㈜GS의 손자회사이고, '손자회사 5개'는 ㈜GS의 증손회사이다. 이들 지주회사 겸 자회사 1개, 손자회사 13개, 그리고 증손회사 5개는 GS㈜의 계열회사 37개(7+25+5)에 포함되어 있다: 지주회사 1개(㈜GS) → [지주회사 겸 자회사 1개(GS에너지) → 손자회사 13개 → 증손회사 5개] + [자회사 6개 → 손자회사 12개].

2개 지주회사(부영, 동광주택산업)는 부영그룹 소속이다. 이들은 서로 독립적이며, 각각 4개(1+3+0), 1개(1+0+0) 계열회사를 가지고 있다: [지주회사 1개(부영) → 자회사 1개 → 손자회사 3개] + [지주회사 1개(동광주택산업) → 자회사 1개].

한편, 농협그룹의 경우, 일반지주회사는 1개이며, 이에 더하여 금융지주회사 1개(농협금융지주)를 함께 가지고 있다. 두 지주회사는 서로 독립적이며, 각각 15개(14+1+0), 18개(9+9+0) 계열회사를 가지고 있다: [지주회사 1개(농협경제지주) → 자회사 14개 → 손자회사 1개] + [지주회사 1개(농협금융지주) → 자회사 9개 → 손자회사 9개].

8. 맺음말

2001년부터 2015년까지 34개 재벌에 소속된 일반지주회사는 51개이며, 이들 중 29개는 2015년 현재의 24개 재벌 소속이다. 51개 일반지주회사의 '일반지주회사 순위, 자산총액, 재벌 소속 시작 시기, 지주비율, 계열회사 수'는 시간의 흐름에 따라 변해 왔다.

첫째, '1-10위' 지주회사는 2001년 이후 2-10개 사이에서, '11-30위' 지주회사는 2003년 이후 1-11개 사이에서, 그리고 '31위 이하' 지주회사는 2007년 이후 1-9개 사이에서 증가 추세를 보였다. 51개 지주회사 중 3개 범위의 순위에 속한 적이 있는 지주회사는 각각 22개, 17개, 12개이다. 2015년의 29개 지주회사 중에서는 각각 10개, 10개, 9개이다.

1-10위에 속한 적이 있는 22개 지주회사는 다음과 같다: SK㈜, SK이노베이션, ㈜LG, ㈜GS, GS에너지, SK E&S, 부영, CJ㈜, 아모레퍼시픽그룹, 세아홀딩스, 한국타이어월드와이드, ㈜LS, 하이트진로홀딩스, 한진중공업홀딩스, *삼성종합화학, #금호산업, #두산, #CJ오쇼핑, #웅진홀딩스, #농심홀딩스, #㈜STX, #*롯데물산. 이들 중 20개는 적극적인 지주회사

체제를 채택한 재벌에 그리고 나머지 2개(*)는 소극적인 지주회사체제를 채택한 재벌에 속하였다. 또 22개 지주회사 중 7개(#)를 제외한 15개는 2015년 현재의 재벌 소속이다.

둘째, '1조 원 이상 자산총액' 보유 지주회사는 2001년 이후 1-18개 사이에서 그리고 '2-9천억 원' 보유 지주회사는 2001년 이후 1-12개 사이에서 증가 추세를 보였으며, '1천억 원대' 보유 지주회사는 2003-2013년 1-2개였다. 51개 지주회사 중 3개 범위의 자산총액을 보유한 적이 있는 지주회사는 각각 25개, 21개, 5개이다. 2015년 현재의 29개 지주회사 중에서는 각각 18개, 11개, 0개이다.

1조 원 이상의 자산총액을 보유한 적이 있는 25개 지주회사는 다음과 같다: (10조 원 이상 2개) SK㈜, SK이노베이션; (5-9조 원 3개) ㈜LG, ㈜GS, GS에너지; (1-4조 원 20개) SK E&S, 부영, CJ㈜, 한국타이어월드와이드, ㈜LS, 하이트진로홀딩스, 농협경제지주, 아모레퍼시픽그룹, 한진칼, 한라홀딩스, 한진중공업홀딩스, 코오롱, 세아홀딩스, *삼성종합화학, #금호산업, #두산, #웅진홀딩스, #CJ오쇼핑, #한진해운홀딩스, #*롯데물산. 이들 중 2개(*)를 제외한 23개는 적극적인 지주회사체제를 채택한 재벌 소속이고, 6개(#)를 제외한 19개는 2015년 현재의 재벌 소속이다.

셋째, '2001-2004년에 재벌에 소속되기 시작한' 지주회사는 2001년 이후 2-6개 사이에서 감소 추세를 보였으며, '2005-2009년 시작' 지주회사는 2005년 이후 5-12개 사이에서 그리고 '2010-2015년 시작' 지주회사는 2010년 이후 6-17개 사이에서 증가 추세를 보였다. 51개 지주회사 중 3개 범위의 시작 시기를 갖는 지주회사는 각각 6개, 20개, 25개이다. 2015년 현재의 29개 지주회사 중에서는 각각 4개, 8개, 17개이다.

'2001-2004년 시작' 6개 지주회사는 다음과 같다: (2001년 2개) ㈜LG, SK E&S; (2003년 2개) #농심홀딩스, #동원엔터프라이즈; (2004년 2개) 세아홀딩스, *삼성종합화학. 이들 중 1개(*)를 제외한 5개는 적극적인 지주회사체제를 채택한 재벌 소속이고, 2개(#)를 제외한 4개는 2015년 현재의 재벌 소속이다.

넷째, '90% 이상 지주비율' 보유 지주회사는 2001년 이후 1-10개 사이에서 그리고 '70-89%' 보유 지주회사는 2001년 및 2004년 이후 1-18개 사이에서 증가 추세를 보였으며, '50-69%' 보유 지주회사는 2003년 이후 1-8개 사이에서 증가 후 감소 추세를 보였다. 51개 지주회사 중 3개 범위의 지주비율을 보유한 적이 있는 지주회사는 각각 24개, 17개, 10개이다. 2015년의 29개 지주회사 중에서는 각각 8개, 18개, 3개이다.

90% 이상 지주비율을 가진 적이 있는 24개 지주회사는 다음과 같다: 서울도시개발, 동광

주택산업, 하이트진로홀딩스, 부영, 케이엑스홀딩스, ㈜GS, SBS미디어홀딩스, ㈜LG, SK㈜, SK E&S, 한진중공업홀딩스, 현대HC&, GS에너지, ㈜LS, 세아홀딩스, *이지스일호, *한화도시개발, *삼성종합화학, *티브로드, #동원엔터프라이즈, #두산모트롤홀딩스, #오미디어홀딩스, #농심홀딩스, #웅진홀딩스. 이들 중 4개(*)를 제외한 20개는 적극적인 지주회사체제를 채택한 재벌 소속이고, 5개(#)를 제외한 19개는 2015년 현재의 재벌 소속이다.

다섯째, '30개 이상 계열회사' 보유 지주회사는 2003-2005년 및 2008년 이후 1-6개 사이에서, '10-29개' 보유 지주회사는 2001년 이후 1-16개 사이에서, 그리고 '10개 미만' 보유 지주회사는 2003년 이후 2-10개 사이에서 증가 추세를 보였다. 51개 지주회사 중 3개 범위의 계열회사를 보유한 적이 있는 지주회사는 각각 6개, 23개, 22개이다. 2015년 현재의 29개 지주회사 중에서는 각각 5개, 15개, 9개이다.

30개 이상 계열회사를 보유한 적이 있는 6개 지주회사는 다음과 같다: (60-69개 보유 1개) SK㈜; (50-59개 보유 2개) ㈜LG, CJ㈜; (30-39개 보유 3개) ㈜GS, 코오롱, #대성합동지주. 이들은 모두 적극적인 지주회사체제를 채택한 재벌 소속이고, 1개(#)를 제외한 5개는 2015년 현재의 재벌 소속이다.

제5장

종합 및 전망

1. 한국재벌과 지주회사체제: 추세와 특징

앞의 4개장에서는 공정거래위원회 자료를 바탕으로 2001-2015년 사이 지주회사체제를 채택한 34개 재벌과 소속 51개 일반지주회사의 전반적인 추세와 특징을 분석하였다. 각 장의 주요 내용은 다음과 같다.

(1) 제1장 공정거래법상 지주회사: 공정거래법상 지주회사는 '자산총액이 1,000억 원 이상(2002년 이후)이고, 자산총액의 50% 이상(1999년 이후, 지주비율)이 자회사의 주식가액의 합계액인 지주회사'이다.

① 신설 지주회사는 2000년부터 매년 5-31개씩, 2015년 9월까지 모두 234개가 생겼다. 이 중 210개는 일반지주회사이고 24개는 금융지주회사이다.

② 존속 지주회사는 2001년 이후 매년 중반(5-9월) 현재 11-140개(일반 9-130개, 금융 2-15개)였다. 2015년 9월 현재에는 140개(일반 130개, 금융 10개)이다.

③ 지주회사의 자산총액은 1천억 원대와 20조 원대 사이이다. 일반지주회사에서는 5천억 원 미만이 그리고 금융지주회사에서는 1조 원 이상이 가장 큰 비중을 차지하고 있다. 2001-2015년 사이 10대 일반지주회사에 속한 적이 있는 회사는 34개이다.

④ 일반지주회사에서는 지주비율이 골고루 분포되어 있는 가운데 90%대 비율이 가장 많으며, 금융지주회사에서는 대부분이 90%대와 80%대이다.

⑤ 지주회사가 거느리는 계열회사는 2011년 1,000개를 넘어섰으며, 2011년까지는 자회사가 그리고 2012년부터는 손자회사가 가장 많았다. 2015년 9월 현재 140개 지주회사의 계열회사는 1,462개(자회사 689개, 손자회사 693개, 증손회사 80개)이다. 1개 지주회사 소속 계열회사는 67-1개 사이이며, 10개 미만 계열회사를 거느리는 지주회사가 가장 많다.

(2) 제2장 재벌과 지주회사체제: 개관: 지주회사체제를 채택한 재벌은 '공정거래법상 일반지주회사를 보유한 공정거래법상 대규모사기업집단'이다.

① 2001년부터 2015년까지 지주회사체제를 채택한 재벌은 2-24개 사이에서 그리고 재벌 소속 일반지주회사는 2-30개 사이에서 증가 추세를 보였다.

② 2001-2015년 사이 지주회사체제를 채택한 재벌은 34개이며, 이들 중 26개는 적극적인 지주회사체제를 채택하였다. 34개 재벌 중 6개는 2000-2004년에, 13개는 2005-2009년에, 그리고 15개는 2010-2015년에 지주회사체제를 도입하였다.

③ 34개 재벌에 소속된 일반지주회사는 51개이며, 이들 중 38개는 적극적인 지주회사체제를 채택한 26개 재벌 소속이다. 51개 지주회사 중 8개는 2000-2004년에 지주회사체제를 채택한 6개 재벌 소속이고, 20개는 2005-2009년에 채택한 13개 재벌 소속이며, 23개는 2010-2015년에 채택한 15개 재벌 소속이다.

④ 2015년 9월 현재 지주회사체제를 채택한 재벌은 24개이며, 소속 일반지주회사는 29개이다. 19개 재벌은 적극적인 지주회사체제를 그리고 5개 재벌은 소극적인 지주회사체제를 채택하였으며, 소속 지주회사는 각각 24개, 5개이다. 24개 재벌의 순위는 1-10위 7개, 11-30위 6개, 그리고 31위 이하 11개이며, 지주회사체제 달성 비율은 100-4% 사이 이다. 또 29개 지주회사의 순위는 1-10위 10개, 11-30위 10개, 그리고 31위 이하 9개이며, 자산총액은 18-0.2조 원 사이, 지주비율은 99-55% 사이, 계열회사는 67-1개 사이이다.

(3) 제3장 지주회사체제를 채택한 재벌: 연도별 현황: 34개 재벌의 '순위, 지주회사 수, 지주회사체제 달성 비율, 지주회사체제 편입 계열회사 수'는 시간의 흐름에 따라 변해 왔다.

① '1-10위' 재벌은 2-7개 사이에서, '11-30위'는 1-7개 사이에서, 그리고 '31위 이하'는 1-11개 사이에서 증가 추세를 보였다. 34개 재벌 중 3개 범위에 속한 적이 있는 재벌은 10개, 11개, 13개이다. 2015년 현재의 24개 재벌 중에서는 7개, 6개, 11개이다.

② '1개 지주회사' 보유 재벌은 2-19개 사이에서 그리고 '2개 이상 지주회사' 보유 재벌은 1-9개 사이에서 증가 추세를 보였다. 34개 재벌 중 2개 범위의 지주회사를 보유한 적이 있는 재벌은 10개, 24개이다. 2015년의 24개 재벌 중에서는 5개, 19개이다.

③ '70% 이상 지주회사체제 달성 비율' 보유 재벌은 1-10개 사이에서 증가 추세를 보였으며, '50-69%' 재벌은 1-7개 사이에서, '30-49%' 재벌은 1-6개 사이에서, 그리고 '30%미만' 재벌은 1-5개 사이에서 비슷한 수준이 유지되었다. 비율이 30% 이상이면 적극적인 지주회사체제로 그리고 30% 미만이면 소극적인 지주회사체제로 분류된다. 34개 재벌 중 4개

범위의 비율을 보유한 적이 있는 재벌은 13개, 8개, 6개, 7개이다. 2015년의 24개 재벌 중에서는 10개, 3개, 6개, 5개이다.

④ '30개 이상 계열회사'를 지주회사체제에 편입한 재벌은 1-6개 사이에서 그리고 '10-29개' 편입 재벌은 2-12개 사이에서 증가 추세를 보였으며, '10개 미만' 편입 재벌은 1-8개 사이에서 비슷한 수준이 유지되었다. 34개 재벌 중 3개 범위의 계열회사를 편입한 적이 있는 재벌은 7개, 18개, 9개이다. 2015년의 24개 재벌 중에서는 6개, 10개, 8개이다.

(4) 제4장 재벌 소속 일반지주회사: 연도별 현황: 34개 재벌 소속 51개 일반지주회사의 '순위, 자산총액, 재벌 소속 시작 시기, 지주비율, 계열회사 수'는 시간의 흐름에 따라 변해왔다.

① '1-10위' 지주회사는 2-10개 사이에서, '11-30위'는 1-11개 사이에서, 그리고 '31위 이하'는 1-9개 사이에서 증가 추세를 보였다. 51개 지주회사 중 3개 범위에 속한 적이 있는 회사는 22개, 17개, 12개이다. 2015년 현재의 29개 지주회사 중에서는 10개, 10개, 9개이다.

② '1조 원 이상 자산총액' 보유 지주회사는 1-18개 사이에서 그리고 '2-9천억 원' 보유 지주회사는 1-12개 사이에서 증가 추세를 보였으며, '1천억 원대' 보유 지주회사는 1-2개였다. 51개 지주회사 중 3개 범위의 자산총액을 보유한 적이 있는 지주회사는 25개, 21개, 5개이다. 2015년의 29개 지주회사 중에서는 18개, 11개, 0개이다.

③ '2001-2004년에 재벌에 소속되기 시작한' 지주회사는 2-6개 사이에서 감소 추세를 보였으며, '2005-2009년' 지주회사는 5-12개 사이에서 그리고 '2010-2015년' 지주회사는 6-17개 사이에서 증가 추세를 보였다. 51개 지주회사 중 3개 범위의 시작 시기를 갖는 지주회사는 6개, 20개, 25개이다. 2015년의 29개 지주회사 중에서는 4개, 8개, 17개이다.

④ '90% 이상 지주비율' 보유 지주회사는 1-10개 사이에서 그리고 '70-89%' 보유 지주회사는 1-18개 사이에서 증가 추세를 보였으며, '50-69%' 보유 지주회사는 1-8개 사이에서 증가 후 감소 추세를 보였다. 51개 지주회사 중 3개 범위의 지주비율을 보유한 적이 있는 지주회사는 24개, 17개, 10개이다. 2015년의 29개 지주회사 중에서는 8개, 18개, 3개이다.

⑤ '30개 이상 계열회사' 보유 지주회사는 1-6개 사이에서, '10-29개' 보유 지주회사는 1-16개 사이에서, 그리고 '10개 미만' 보유 지주회사는 2-10개 사이에서 증가 추세를 보였다. 51개 지주회사 중 3개 범위의 계열회사를 보유한 적이 있는 지주회사는 6개, 23개, 22개이다. 2015년의 29개 지주회사 중에서는 5개, 15개, 9개이다.

2. 한국재벌과 지주회사체제: 전망

2.1 공정거래법 시행령 개정, 2016년 9월

2016년 9월 대규모기업집단과 지주회사의 지정 기준을 변경하는 공정거래법 시행령이 개정되었다. 집단은 '5조 원 이상'(2009년 이후)에서 '10조 원 이상'으로, 그리고 지주회사는 '1,000억 원 이상'(2002년 이후)에서 '5,000억 원 이상'으로 상향 조정되었다. 전자는 즉시 시행되었고, 후자는 2017년 7월부터 시행될 예정이다. 각각 7년, 14년만의 개정이다. 자산 기준을 3년마다 재검토하여 조정할 수 있다는 조항도 신설되었다.

이에 따라, 2017년부터는 '지주회사체제를 채택한 재벌'과 '소속 일반지주회사'의 수가 크게 줄어들고 주기적으로 적지 않은 변화를 겪을 것으로 예상된다. 본 저서에서 분석 대상으로 한 '재벌'은 '공정거래법상 일반지주회사를 보유하는 공정거래법상 대규모사기업집단'이기 때문이다.

새로운 기준을 2015년 9월 현재에 평면적으로 적용하면, 2017년 9월에는 지주회사를 채택하는 집단이 24개(적극적 체제 19개 + 소극적 체제 5개)에서 10개(8+2)로, 그리고 일반지주회사는 29개(적극적 체제 소속 24개 + 소극적 체제 소속 5개)에서 13개(11+2)로 절반 이상 줄어들게 된다 (<표 5.1>; * 표시가 지정 제외 예상 집단과 지주회사).

제외되는 14개 집단 중 2개(대성, 태광)에서는 집단과 지주회사 모두가 공정거래법상 지정에서 제외될 것으로 보인다. 다른 3개(현대백화점, 한화, 대림)에서는 집단은 지정 대상이고 지주회사는 지정 제외 대상이다. 나머지 9개 집단(코오롱, 한진중공업, 한라, 한국타이어, 세아, 태영, 아모레퍼시픽, 하이트진로, 한솔)에서는 집단은 지정에서 제외되지만 지주회사는 지정 대상이다. 이 9개 집단의 경우에는 지주회사체제를 채택하는 것이 사실이지만 집단 관련 공정거래위원회 자료가 제공되지 않아, 집단과 지주회사 모두가 지정 대상인 다른 10개 집단과 함께, 이들을 분석하는 것은 가능하지 않게 된다. 한편, 2개 집단(CJ, 부영)에서는 각각 2개 지주회사들 중 1개씩이 지정 제외 대상이다.

지정 대상 집단과 지주회사를 제한함으로써 규제를 완화한다는 것이 시행령 개정의 취지이기는 하지만, 공개 자료의 축소로 인해 학계와 일반 시민이 지주회사체세의 실상을 추석하고 감시할 수 있는 범위가 줄어들게 되는 점은 매우 아쉬운 일이 아닐 수 없다.

<표 5.1> 지주회사체제를 채택한 재벌: 2015년 24개 vs. 2017년 10개

그룹 이름	순위	자산총액 (조 원)	계열회사 (A, 개)	지주회사 (a)	순위	자산총액 (조 원)	계열회사 (b, 개)	a+b (B, 개)	지주회사체제 달성 비율 (B/A, %)
적극적인 지주회사체제 (19개)									
SK	3	152.4	82	SK㈜	1	18.0	67	68	
				SK이노베이션	2	14.5	13	14	
				SK E&S	6	3.3	11	12 [68]	83
LG	4	105.5	63	㈜LG	3	8.1	55	56	89
GS	7	58.5	79	㈜GS	4	5.9	37	38	
				GS에너지	5	5.4	18	19 [38]	48
농협	9	45.5	39	농협경제지주	14	1.8	15	16	
				농협금융지주	2	20.3	18	19 [35]	90
한진	10	38.4	46	한진칼	16	1.5	18	18	41
CJ	15	24.6	65	CJ㈜	8	3.0	49	50	
				케이엑스홀딩스*	42	0.49	12	13 [52]	80
LS	16	21.0	48	㈜LS	11	2.2	24	25	52
부영	20	16.8	15	부영	7	3.0	4	5	
				동광주택산업*	51	0.43	1	2 [7]	47
현대백화점	23	12.2	32	현대HC&*	52	0.42	11	12	38
코오롱*	32	9.0	43	코오롱	21	1.1	34	35	81
한진중공업*	33	8.9	9	한진중공업홀딩스	20	1.1	8	9	100
한라*	34	8.6	23	한라홀딩스	19	1.2	15	16	70
한국타이어*	35	8.5	16	한국타이어월드와이드	9	2.5	8	9	56
세아*	41	6.8	21	세아홀딩스	22	1.0	15	16	76
태영*	44	6.4	44	SBS미디어홀딩스	37	0.54	15	16	36
아모레퍼시픽*	46	6.0	12	아모레퍼시픽그룹	15	1.7	10	11	92
대성*	47	5.9	73	서울도시개발*	70	0.29	23	24	33
하이트진로*	48	5.7	12	하이트진로홀딩스	13	1.8	10	11	92
한솔*	50	5.3	21	한솔홀딩스	39	0.52	10	11	52
소극적인 지주회사체제 (5개)									
삼성	1	351.5	67	삼성종합화학	10	2.2	2	3	4
롯데	5	93.4	80	이지스일호	29	0.63	2	3	4
한화	11	38.0	52	한화도시개발*	81	0.25	5	6	12
대림	19	17.3	24	대림에너지*	85	0.24	4	5	21
태광*	40	7.3	32	티브로드*	47	0.48	6	7	22

주: * 2017년에 공정거래법상 지정에서 제외될 것으로 예상되는 그룹과 지주회사. 어느 한 쪽이라도 지정되지 않으면 공정거래위원회 자료가 제공되지 않아 분석이 가능하지 않게 됨.
출처: <표 2.5>, <표 2.6>, <표 2.8>.

2.2 새로운 지배구조로서의 지주회사체제

'지주회사체제가 바람직한 대안적 지배구조로서 제대로 자리매김하고 있는가?' 이에 대한 정당한 평가를 위해서는 별도의 심층적인 분석이 요구된다. 다만, 공정거래위원회가 발표하는 대규모기업집단 소유지분도를 통해, 지주회사체제 하에서 '지주회사 → 자회사 → 손자회사 → 증손회사'로 이어지는 투명한 소유구조가 정착되고 있음은 어렵지 않게 확인할 수 있다 (<그림 5.1>, <그림 5.2>, <그림 5.3>, <그림 5.4>; <표 5.1> 참조).

2015년 현재의 50개 대규모사기업집단 중 상위 4개 집단(1위 삼성그룹, 2위 현대자동차그룹, 3위 SK그룹, 4위 LG그룹)의 소유지분도를 비교해 보면, 2개 집단씩 양분화 되어 있음을 알 수 있다 (음영 부분이 지주회사 및 계열회사). 적극적인 지주회사체제를 채택하고 있는 SK와 LG에서는 각각 지주회사 SK㈜와 ㈜LG를 정점으로 소유 지배를 나타내는 화살표가 아래쪽으로 가지런하게 차례로 연결되어 있다. 반면, 소극적인 지주회사체제를 채택하고 있는 삼성과 지주회사체제를 채택하지 않고 있는 현대자동차에서는 화살표의 흐름이 얽혀 있어 계열회사들 간의 지배·피지배 관계를 가늠하기가 쉽지 않다.

소유구조가 외형적으로 투명해졌다는 점에서는 지주회사제도의 도입 취지가 상당 부분 달성된 것으로 볼 수 있다. 하지만, 우려했던 소유의 집중이 현실화되고 있는 점은 지주회사체제의 아킬레스건으로 상존하고 있다. 2001년 적극적인 지주회사체제를 도입한 LG에서는 동일인 구본무가 지주회사의 최대주주로 자리매김하는 과정에서 자신과 가족의 지분이 강화되었다. 또 2000년 소극적인 지주회사체제를 도입한 이후 2007년 적극적인 지주회사체제로 전환한 SK에서는 동일인 최태원이 지주회사를 간접적으로 지배해 오다가 2016년 들어 지주회사의 최대주주가 되면서 지배력이 강화되었다.

지주회사체제 하에서 어떤 과정을 거쳐 어느 정도로 소유권과 경영권이 최대주주 개인 또는 가족에게로 집중·강화되는지를 밝히기 위해서는 회사 내부 자료를 이용하여 각 재벌별로 규명하는 작업이 우선적으로 요구된다. 필자가 지금까지 진행한 주요 7개 집단(LG, SK, CJ, 두산, GS, LS, 한진)의 사례 연구에 의하면, 집단 간에 차이는 있지만 '소유권과 경영권의 동시적인 집중·강화 현상'은 공통적으로 나타나고 있다. 보다 많은 집단들에 대해 이 현상을 확인하고 규명해야만 '지주회사체제가 바람직한 대안적 지배구조로서 제대로 자리매김하고 있는가'에 대한 설득력 있는 평가를 내릴 수 있을 것으로 생각된다.

〈그림 5.1〉 SK그룹의 소유지분도, 2015년 4월

(* 음영 부분이 지주회사 및 계열회사; 출처: 공정거래위원회 홈페이지 자료)

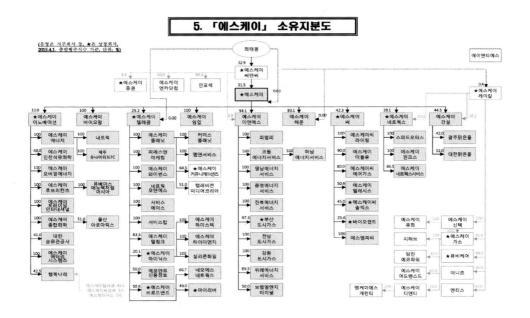

〈그림 5.2〉 LG그룹의 소유지분도, 2015년 4월

(* 음영 부분이 지주회사 및 계열회사; 출처: 공정거래위원회 홈페이지 자료)

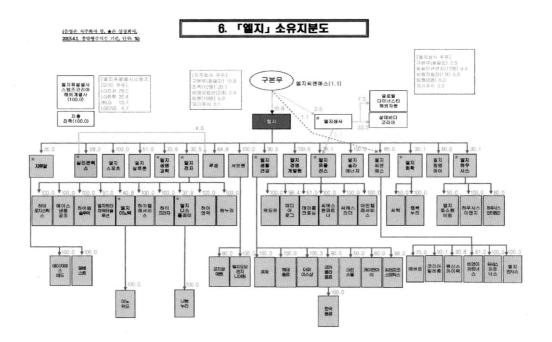

<그림 5.3> 삼성그룹의 소유지분도, 2015년 4월
(* 음영 부분이 지주회사 및 계열회사; 출처: 공정거래위원회 홈페이지 자료)

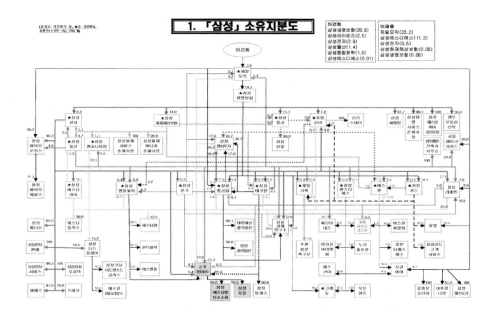

<그림 5.4> 현대자동차그룹의 소유지분도, 2015년 4월
(* 음영 부분이 지주회사 및 계열회사; 출처: 공정거래위원회 홈페이지 자료)

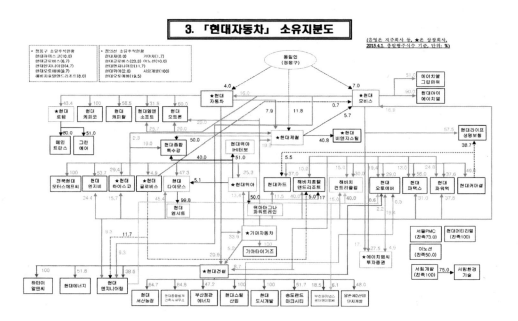

부록

〈부록 1〉 공정거래법상 지주회사, 1999-2015년

〈부록 표 1.1〉 신설 공정거래법상 지주회사 234개, 1999-2015년:
일반지주회사 210개, 금융지주회사 24개

연도	합(개)	지주회사(설립·전환 월.일; 밑줄 친 회사는 금융지주회사)
1999	-	-
2000	6	SK E&S㈜(1.1), ㈜C&M커뮤니케이션(1.25), ㈜화성사(4.1), KIG홀딩스(유)(5.24*), ㈜온미디어(6.15), <u>㈜세종금융지주</u>(4.1)
2001	7	엘파소코리아홀딩(유)(1.1), ㈜LG(4.3), ㈜동원엔터프라이즈(4.16), ㈜대교홀딩스(5.4), ㈜세아홀딩스(7.3), <u>우리금융지주㈜</u>(3.27), <u>㈜신한금융지주회사</u>(9.1)
2002	5	LGEI(4.3), 한국컴퓨터지주㈜(5.27), ㈜대웅(10.2), 대한색소공업㈜(12.27), 퍼스트씨알비(1.1)
2003	7	대우통신㈜(1.1), ㈜풀무원(3.11), ㈜농심홀딩스(7.10), ㈜이수(8.1), 동화홀딩스㈜(10.1), <u>한국투자금융지주㈜</u>(1.11), <u>동원금융지주㈜</u>(5.30)
2004	5	㈜다함이텍(1.1), 삼성종합화학㈜(1.1), ㈜STX(4.1), ㈜GS(7.7), <u>삼성에버랜드㈜</u>(1.1)
2005	5	롯데물산㈜(1.1), 롯데산업㈜(1.1), 한화도시개발㈜(1.1), 대상홀딩스㈜(8.1), <u>㈜하나금융지주</u>(12.1)
2006	8	㈜차산골프장지주회사(1.1), 하이마트홀딩스(1.1), ㈜BSE홀딩스(1.1), ㈜현대HC&(1.1), ㈜LIG(1.1), 평화홀딩스㈜(5.2), 노루홀딩스(6.2), KPX홀딩스(9.1)
2007	15	㈜금호산업(1.1), ㈜넥슨홀딩스(1.1), 바이더웨이CVS홀딩스㈜(1.1), ㈜아모레퍼시픽그룹(1.1), ㈜CJ오쇼핑(1.1), 한국전자홀딩스(1.1), ㈜TAS(4.1), ㈜드림파마(4.2), ㈜네오위즈(4.26), SK㈜(7.3), ㈜한진중공업홀딩스(8.1), 한국멀티플렉스투자㈜(8.17), CJ㈜(9.4), 한국선무(12.31), <u>에이오엔이십일(유)</u>(1.1)
2008	31	DH홀딩스(1.1), ㈜심명산업개발(1.1), ㈜웅진홀딩스(1.1), ㈜이지바이오시스템(1.1), ㈜인터파크(1.1), ㈜JW홀딩스(1.1), ㈜포휴먼(1.1), 한림토건(1.1), ㈜진양홀딩스(1.7), ㈜S&T홀딩스(2.5), ㈜반도홀딩스(3.3), SBS미디어홀딩스㈜(3.4), ㈜티이씨앤코(5.2), ㈜동성홀딩스(5.14), ㈜LS(7.2), ㈜풀무원(7.3), ㈜풍산홀딩스(7.3), 하이트홀딩스㈜(7.3), 일진홀딩스(7.4), ㈜티브로드수원방송(8.1), 키스코홀딩스(9.3), 알파라발한국홀딩㈜(9.30), ㈜풀무원홀딩스(9.30), 프라임개발㈜(10.1), ㈜티브로드홀딩스(11.11), ㈜동일홀딩스(12.1), ㈜디와이에셋(12.23), ㈜디와이홀딩스(12.23), <u>㈜골든브릿지</u>(1.1), <u>㈜KB금융지주</u>(9.29), <u>한국투자운용지주㈜</u>(10.2)

2009	20	㈜넥슨코리아(1.1), ㈜다우데이타(1.1), ㈜두산(1.1), 두산모트롤홀딩스㈜(1.1), ㈜대명홀딩스(1.1), ㈜심정개발(1.1), ㈜영앤선개발(1.1), 큐릭스(1.1), 한국신용정보㈜(1.1), 한세예스24홀딩스㈜(6.30), ㈜영원무역홀딩스(7.2), 몰트어퀴지션㈜(7.24), 엠피씨코리아홀딩스㈜(7.28), 씨앤에이치㈜(9.30), 대성홀딩스㈜(10.1), ㈜한진해운홀딩스(12.1), ㈜한화도시개발(12.2), ㈜부영(12.30), <u>한국스탠다드차타드금융지주㈜(6.30), 산은금융지주㈜(10.28)</u>
2010	20	㈜녹십자홀딩스(1.1), 디아이피홀딩스㈜(1.1), 몰트홀딩㈜(1.1), ㈜셀트리온헬스케어(1.1), ㈜우리조명지주(1.1), ㈜유승홀딩스(1.1), ㈜에실로코리아(1.1), 엔오브이코리아홀딩(유)(1.1), ㈜코오롱(1.1), KC그린홀딩스㈜(1.1), ㈜티브로드한빛방송(1.1), 씨에스홀딩스㈜(1.5), ㈜파라다이스글로벌(2.2), ㈜휴맥스홀딩스(3.31), ㈜오미디어홀딩스(9.15), ㈜오션비홀딩스(9.28), 금복홀딩스㈜(11.1), ㈜셀트리온홀딩스(11.25), <u>미래에셋컨설팅㈜(3.31),</u> <u>한국씨티금융지주(6.1)</u>
2011	26	동광주택산업㈜(1.1), 동부인베스트먼트㈜(1.1), ㈜대성합동지주(1.1), ㈜바텍이우홀딩스(1.1), ㈜서령개발(1.1), 서울도시개발㈜(1.1), 아주L&F홀딩스㈜(1.1), ㈜와이엠에스에이(1.1), ㈜원익(1.1), 유니펩㈜(1.1), ㈜이지바이오시스템(1.1), 에스엠티케미칼(1.1), ㈜SG홀딩스(1.1), ㈜SJM홀딩스(1.1), 한미홀딩스㈜(1.1), SK이노베이션㈜(1.4), 제일홀딩스㈜(1.4), ㈜하림홀딩스(1.4), ㈜농수산홀딩스(3.8), ㈜삼양홀딩스(11.3), ㈜LIG(11.10), 엠에스피이엔비홀딩스㈜(12.13), 동양파이낸셜대부(1.1), <u>㈜BS금융지주(3.15),</u> <u>㈜메리츠금융지주(3.28), ㈜DGB금융지주(5.7)</u>
2012	27	㈜베바스토동희홀딩스(1.1), 세화통운㈜(1.1), 신송홀딩스㈜(1.1), 오리온엔지니어드카본즈코리아㈜(1.1), ㈜우심산업개발(1.1), ㈜이래엔에스(1.1), ㈜인터파크(1.1), 자일자동차㈜(1.1), 코암시앤시개발㈜(1.1), ㈜케이아이지홀딩스(1.1), ㈜티브로드도봉강북방송(1.1), ㈜한국유선미디어(1.1), GS에너지㈜(1.3), 농협경제지주㈜(3.2), ㈜시디즈(7.1), ㈜아이디스홀딩스(7.1), ㈜나이스홀딩스(8.23), 에이케이홀딩스㈜(9.1), 우양수산㈜(9.13), 넥스홀딩스㈜(9.21), 타이코화이어앤시큐리티서비스즈코리아㈜(10.1), ㈜심팩홀딩스(11.1), 아이에스지주㈜(11.1), ㈜고려에이치씨(12.26), 한국콜마홀딩스㈜(12.28), ㈜송현홀딩스(12.31), <u>농협금융지주㈜(3.2)</u>
2013	21	㈜넥슨코리아(1.1), ㈜넥센(1.1), ㈜이지바이오(1.1), ㈜한유엘엔에스(1.1), ㈜티브로드전주방송(1.11), ㈜유라(3.30), 케이엑스홀딩스㈜(3.31), 엠에스에스홀딩스㈜(4.2), 버팔로이앤피(유)(4.22), ㈜프랜차이즈서비스아시아리미티드(6.28), ㈜싸이칸홀딩스(7.1), 한국타이어월드와이드(7.6), 셔틀코리아홀딩스㈜(7.31), ㈜한진칼(8.1), 동화에이앤비홀딩스㈜(10.1), ㈜삼표(10.1), 아세아㈜(10.1), ㈜케이피아이씨코포레이션(11.30), 동진홀딩스㈜(12.10), 약진홀딩스㈜(12.23), <u>㈜JB금융지주(7.1)</u>

2014	16	㈜디알비동일(1.1), 대한시멘트㈜(1.1), ㈜원진(1.1), ㈜팔도(1.1), ㈜신라홀딩스(4.28), ㈜동성코퍼레이션(7.31), 코스맥스비티아이㈜(8.18), ㈜한라홀딩스(9.2), 이지스일호㈜(9.29), 사이렌인베스트먼츠코리아㈜(10.1), 사이렌홀딩스코리아㈜(10.1), 동아쏘시오홀딩스㈜(10.30), 디와이㈜(12.3), ㈜서연(12.19), 케이엔비금융지주(5.8), ㈜케이제이비금융지주(5.8)
2015	15	동원시스템즈㈜(1.1), 대림에너지㈜(1.1), ㈜씨엠비홀딩스(1.1), 알보젠코리아㈜(1.1), ㈜알보젠코리아홀딩스(1.1), ㈜지엔에스(1.1), ㈜파라다이스글로벌(1.1), ㈜한일맨파워(1.1), 한솔홀딩스㈜(1.2), ㈜에스제이원(2.10), ㈜옐로모바일(3.19), 덕산하이메탈㈜(5.15), ㈜디앤비컴퍼니(5.18), 피에이지에이씨와이티코리아홀딩스㈜(5.28), SK㈜(8.3)

주: 1) * 신고수리일; 2015년은 9월 현재.
   2) 6개 회사는 지주회사로의 전환·설립을 신고하였으나 수리 여부가 확인되지 않음: 리타워테크놀러지스 (신고일 2000.12.11), ㈜풍성모터스 (2001.4.28), ㈜원진 (2001.4.30.), ㈜가오닉스 (2001.7.10), 타이거풀스인터네셔널㈜ (2001.7.27), ㈜미디어윌 (2001.7.31.).
   3) KIG홀딩스, 엘파소코리아홀딩, 에이오엔이십일, 엔오브이코리아홀딩, 버팔로아앤피 – 유한회사.
   4) 회사명 변경: 노루홀딩스 (이전 DPI홀딩스), 넥슨코리아 (넥슨), 동성코퍼레이션 (동성홀딩스), 동진홀딩스㈜ (㈜제이앤드제이캐미칼), 동희홀딩스 (DH홀딩스, 동희엔지니어링), 대교홀딩스 (대교네트워크), 대명화학 (케이아이지, 케이아이지홀딩스), 세종금융지주(SDN), CJ오쇼핑 (CJ홈쇼핑), 아모레퍼시픽그룹 (태평양), 와이비엠홀딩스 (영앤선개발, 더텍스트(?)), ㈜우리조명지주 (우리조명㈜), 웅진 (웅진홀딩스), SBS미디어홀딩스 (SBS홀딩스), SK E&S (SK엔론), LG (LGCI), LIG (LIG홀딩스), GS (GS홀딩스), JW홀딩스㈜ (㈜중외홀딩스), 코아시아홀딩스 (BSE홀딩스), KPX홀딩스 (KPC홀딩스), TAS (TAS자동차손해사정서비스), 티브로드 (티브로드홀딩스), 하이트진로홀딩스 (하이트홀딩스), 한국전자홀딩스 (KEC홀딩스), 한미사이언스 (한미홀딩스), 현대HC& (HC&).
   5) 풀무원: 2003년3월11일 – 지주회사 전환; 2008년7월3일 – 풀무원홀딩스와 풀무원으로 인적 분할되면서, '기존의 풀무원'은 지주회사에서 제외되고 '분할된 풀무원'은 신규로 지주회사로 전환됨.
   6) 에이오엔이십일: 2008년 9월까지 일반지주회사였다가 2009년 9월 현재 금융지주회사로 재분류됨.
   7) SK E&S: 2000년 1월 1일 지주회사 지정, 2011년 12월 31일 지정 제외, 2014년 1월 1일 재지정; 출처의 2014년 자료에는 설립·진환일이 '2014년 1월 1일'로 되어 있으나 '2000년 1월 1일'을 따심임.
   8) SK㈜: 2007년 7월 3일 설립, 2015년 8월 3일 해산 (모회사에 흡수합병); 2015년 8월 3일 SK C&C가 SK㈜를 합병한 후 지주회사 SK㈜로 전환.
출처: 공정거래위원회 홈페이지 자료.

<부록 표 1.2> 존속 공정거래법상 지주회사 11개, 2001년 7월 (자산총액 순)

(가) 일반지주회사: 9개

지주회사	설립 · 전환 시기 (연.월)	자산 총액 (억 원)	지주 비율 (%)	부채 비율 (%)	자회사 (개)
1. ㈜LGCI*	2001.4	26,500	77.0	121.6	13
2. SK엔론㈜*	2000.1	5,733	96.1	–	11
3. ㈜화성사	2000.4	2,625	99.9	–	1
4. ㈜세아홀딩스	2001.7	2,545	61.0	–	12
5. 엘파소코리아홀딩(유)	2001.1	1,403	99.5	13.4	1
6. C&M커뮤니케이션㈜	2000.1	1,254	73.0	–	13
7. ㈜대교네트워크	2001.5	1,113	68.7	–	3
8. ㈜온미디어	2000.6	643	56.0	–	5
9. ㈜동원엔터프라이즈	2001.4	470	89.3	0	3

(나) 금융지주회사: 2개

지주회사	설립 · 전환 시기 (연.월)	자산 총액 (억 원)	지주 비율 (%)	부채 비율 (%)	자회사 (개)
1. 우리금융지주㈜	2001.3	36,373	100	–	5
2. ㈜SDN	2000.4	1,551	73.6	–	2

(다) 합

일반지주회사	62
금융지주회사	7
총합	69

주: 1) 재무현황 및 자회사: 2000년 12월 현재인 것으로 보임.
　　2) * 대규모기업집단 소속; 공정거래위원회의 '지주회사' 자료에는 별도의 표시가 없으며, '대규모기업집단' 자료 및 다른 연도의 '지주회사' 자료를 이용함.
　　3) 부채비율: 3개 회사 정보만 있음.
　　4) 존속 공정거래법상 지주회사: 1999년에는 지주회사 없음; 2000년과 2002년에는 공정거래위원회 발표 자료 없음.
출처: 공정거래위원회 홈페이지 자료.

<부록 표 1.3> 존속 공정거래법상 지주회사 19개, 2003년 7월 (자산총액 순)

(가) 일반지주회사: 15개

지주회사	설립·전환 시기 (연.월)	자산 총액 (억 원)	지주 비율 (%)	부채 비율 (%)	계열회사 (개)		
					합	자	손자
1. ㈜LG*	2001.4	57,583	103.7	58.7	37	17	20
2. SK엔론㈜*	2000.1	7,016	92.9	6.1	14	11	3
3. ㈜대교네트워크	2001.5	5,047	94.1	3.8	10	6	4
4. 대우통신㈜	2003.1	3,874	57.1	–	2	2	–
5. 세아홀딩스㈜	2001.7	2,805	71.4	11.7	11	11	–
6. ㈜화성사	2000.4	2,634	99.9	3.4	1	1	–
7. ㈜풀무원	2003.3	2,049	53.9	75.0	18	18	–
8. ㈜온미디어	2000.6	1,841	92.0	8.3	11	10	1
9. ㈜농심홀딩스*	2003.7	1,839	50.8	0	4	4	–
10. ㈜C&M커뮤니케이션	2000.1	1,660	85.2	185.5	21	14	7
11. 엘파소코리아홀딩(유)	2001.1	1,584	95.9	4.6	1	1	–
12. ㈜동원엔터프라이즈*	2001.4	1,398	95.4	49.7	9	8	1
13. 한국컴퓨터지주㈜	2002.5	1,176	95.1	24.6	10	10	–
14. ㈜대웅	2002.10	1,097	66.3	18.1	14	12	2
15. 대한색소공업㈜	2002.12	1,013	50.1	113.3	3	3	–

(나) 금융지주회사: 4개

지주회사	설립·전환 시기 (연.월)	자산 총액 (억 원)	지주 비율 (%)	부채 비율 (%)	합	자	손자
1. 우리금융지주㈜	2001.3	73,892	82.0	45.9	17	12	5
2. ㈜신한금융지주회사	2001.9	47,850	83.4	19.3	11	10	1
3. 동원금융지주㈜*	2003.5	1,772	69.1	98.9	6	1	5
4. ㈜세종금융지주	2000.4	1,050	95.1	137.3	2	1	1

(다) 합

					합	자	손자
일반지주회사					166	128	38
금융지주회사					36	24	12
총합					202	152	50

주: 1) 재무현황 및 계열회사: 대교네트워크, 화성사, 동원엔터프라이즈, 대웅 및 세종금융지주는 2002년 3월, 다른 지주회사는 2002년 12월 현재.
    2) * 대규모기업집단 소속.
    3) 대우통신 부채비율: 자본잠식.
출처: 공정거래위원회 홈페이지 자료.

<부록 표 1.4> 존속 공정거래법상 지주회사 24개, 2004년 5월 (자산총액 순)

(가) 일반지주회사: 19개

지주회사	설립·전환 시기 (연.월)	자산 총액 (억 원)	지주 비율 (%)	부채 비율 (%)	계열회사 (개)		
					합	자	손자
1. ㈜LG*	2001.4	61,750	97.0	44.3	37	17	20
2. 삼성종합화학㈜*	2004.1	10,529	51.2	89.7	1	1	–
3. SK엔론㈜*	2000.1	7,685	92.7	6.1	13	11	2
4. ㈜대교네트워크	2001.5	5,047	94.1	3.8	10	6	4
5. 세아홀딩스㈜*	2001.7	3,831	82.1	33.6	14	14	–
6. 대우통신㈜	2003.1	3,068	66.2	–	2	2	–
7. ㈜STX	2004.4	3,034	59.5	163.6	5	3	2
8. ㈜농심홀딩스*	2003.7	2,854	99.9	2.0	6	6	–
9. ㈜화성사	2000.4	2,634	99.9	3.4	1	1	–
10. 동화홀딩스㈜	2003.10	2,380	87.4	5.7	6	6	–
11. ㈜풀무원	2003.3	2,211	55.2	67.1	16	16	–
12. ㈜온미디어	2000.6	1,896	94.8	10.2	11	10	1
13. 엘파소코리아홀딩(유)	2001.1	1,864	87.6	6.7	1	1	–
14. ㈜동원엔터프라이즈*	2001.4	1,398	96.9	7.0	9	8	1
15. ㈜다함이텍	2004.1	1,389	59.6	6.6	4	4	–
16. ㈜이수	2004.1	1,380	97.1	46.6	8	5	3
17. ㈜대웅	2002.10	1,079	66.3	18.0	14	12	2
18. 한국컴퓨터지주㈜	2002.5	1,065	80.4	25.4	9	8	1
19. 대한색소공업㈜	2002.12	1,004	50.0	99.9	3	3	–

(나) 금융지주회사: 5개

지주회사	설립·전환 시기 (연.월)	자산 총액 (억 원)	지주 비율 (%)	부채 비율 (%)	계열회사 (개)		
1. ㈜신한금융지주회사	2001.9	82,944	76.1	35.6	16	11	5
2. 우리금융지주㈜	2001.3	82,478	85.0	47.3	13	9	4
3. 삼성에버랜드㈜*	2004.1	31,749	54.8	69.9	2	2	–
4. 동원금융지주㈜*	2003.5	10,915	86.3	8.7	5	3	2
5. ㈜세종금융지주	2000.4	1,053	95.1	137.3	2	1	1

(다) 합

일반지주회사					170	134	36
금융지주회사					38	26	12
총합					208	160	48

주: 1) 재무현황 및 계열회사: 대교네트워크, 화성사, 동원엔터프라이즈, 대웅 및 세종금융지주는 2003년 3월, 다른 지주회사는 2003년 12월 현재.
   2) * 대규모기업집단 소속; 공정거래위원회의 '지주회사' 자료에는 별도의 표시가 없으며, '대규모기업집단' 자료 및 다른 연도의 '지주회사' 자료를 이용함.
   3) 대우통신 부채비율: 자본잠식.
출처: 공정거래위원회 홈페이지 자료.

<부록 표 1.5> 존속 공정거래법상 지주회사 25개, 2005년 8월 (자산총액 순)

(가) 일반지주회사: 22개

지주회사	설립·전환 시기 (연.월)	상장 여부	자산 총액 (억 원)	지주 비율 (%)	부채 비율 (%)	계열회사 (개)		
						합	자	손자
1. ㈜LG*	2001.4	O	43,491	101.6	25.7	33	15	18
2. ㈜GS홀딩스*	2004.7	O	26,646	93.8	37.6	12	4	8
3. 롯데물산㈜*	2005.1	X	9,707	55.8	11.9	4	1	3
4. SK엔론㈜*	2000.1	X	8,068	94.6	1.8	12	11	1
5. 삼성종합화학㈜*	2004.1	X	7,212	97.1	1.3	1	1	–
6. ㈜대교홀딩스	2001.5	X	5,985	92.2	0.9	10	6	4
7. 세아홀딩스㈜*	2001.7	O	5,304	88.8	26.6	15	14	1
8. ㈜농심홀딩스*	2003.7	O	3,594	99.8	6.8	6	6	–
9. ㈜STX*	2004.4	O	3,301	58.0	153.0	8	4	4
10. ㈜화성사	2000.4	X	2,863	99.7	5.3	1	1	–
11. ㈜온미디어	2000.6	X	2,494	66.1	1.4	9	8	1
12. 동화홀딩스㈜	2003.10	O	2,401	86.9	5.6	7	7	–
13. ㈜풀무원	2003.3	O	2,328	56.8	70.6	17	16	1
14. ㈜동원엔터프라이즈	2001.4	X	2,240	88.9	50.1	9	8	1
15. 대상홀딩스㈜	2005.8	O	1,980	60.6	0.1	3	3	–
16. 롯데산업㈜*	2005.1	X	1,910	86.4	37.8	1	1	–
17. 엘파소코리아홀딩(유)	2001.1	X	1,642	99.0	7.5	1	1	–
18. ㈜이수	2004.1	X	1,543	96.7	49.9	9	4	5
19. ㈜다함이텍	2004.1	O	1,468	58.6	8.0	4	4	–
20. ㈜대웅	2002.10	O	1,416	79.4	6.1	13	12	1
21. 한국컴퓨터지주㈜	2002.5	X	1,041	90.8	21.6	9	9	–
22. 한화도시개발㈜*	2005.1	X	1,007	57.7	68.7	1	1	–

(나) 금융지주회사: 3개

지주회사	설립·전환 시기 (연.월)	상장 여부	자산 총액 (억 원)	지주 비율 (%)	부채 비율 (%)	합	자	손자
1. ㈜신한금융지주회사	2001.9	O	100,744	82.0	30.0	18	11	7
2. 우리금융지주㈜	2001.3	O	97,364	96.8	30.9	15	8	7
3. 한국투자금융지주㈜	2003.5	O	13,832	84.4	17.0	4	3	1

(다) 합

	합	자	손자
일반지주회사	185	137	48
금융지주회사	37	22	15
총합	222	159	63

주: 1) 재무현황 및 계열회사: 출처에 표시는 없으나 화성사, 동원엔터프라이즈 및 대웅(3월 결산법인)은 2004년 3월, 다른 지주회사는 2004년 12월 현재인 것으로 보임.
　　2) * 대규모기업집단 소속.
출처: 공정거래위원회 홈페이지 자료.

<부록 표 1.6> 존속 공정거래법상 지주회사 31개, 2006년 8월 (자산총액 순)

(가) 일반지주회사: 27개

지주회사	설립·전환 시기 (연.월)	자산 총액 (억 원)	지주 비율 (%)	부채 비율 (%)	계열회사 (개)		
					합	자	손자
1. ㈜LG*	2001.4	47,964	96.0	18.0	28	14	14
2. ㈜GS홀딩스*	2004.7	29,871	96.0	29.0	15	5	10
3. 롯데물산㈜*	2005.1	11,461	61.4	20.1	4	1	3
4. SK E&S㈜*	2000.1	8,996	93.0	11.0	12	11	1
5. 삼성종합화학㈜*	2004.1	7,546	98.3	0.3	1	1	-
6. ㈜대교홀딩스	2001.5	6,614	92.9	3.9	11	8	3
7. ㈜세아홀딩스*	2001.7	6,423	90.8	25.8	14	14	-
8. 하이마트홀딩스㈜	2006.1	5,461	77.7	90.7	4	1	3
9. ㈜농심홀딩스*	2003.7	4,191	98.6	27.6	6	6	-
10. 대상홀딩스㈜	2005.8	3,026	78.9	1.2	4	4	-
11. ㈜화성사	2000.4	2,999	99.9	0.6	1	1	-
12. ㈜온미디어	2000.6	2,983	62.0	4.1	8	7	1
13. 롯데산업㈜*	2005.1	2,282	84.5	27.7	1	1	-
14. 동화홀딩스㈜	2003.10	2,564	82.2	11.8	9	9	-
15. ㈜동원엔터프라이즈	2001.4	2,525	91.9	40.9	11	10	1
16. ㈜HC&*	2006.1	2,506	87.7	91.4	9	9	-
17. ㈜풀무원	2003.3	2,444	58.3	68.2	16	16	-
18. ㈜이수	2003.8	2,311	72.6	66.7	10	4	6
19. ㈜DPI홀딩스	2006.6	1,599	59.5	54.5	10	7	3
20. ㈜다함이텍	2004.1	1,569	62.2	3.0	4	4	-
21. ㈜대웅	2002.10	1,528	80.9	7.4	14	13	1
22. ㈜LIG홀딩스	2005.12	1,409	99.9	0.4	4	4	-
23. 한화도시개발㈜*	2005.1	1,366	99.2	6.5	1	1	-
24. ㈜차산골프장지주회사	2006.1	1,214	66.4	787.6	1	1	-
25. 평화홀딩스㈜	2006.5	1,196	58.1	16.4	4	4	-
26. ㈜BSE홀딩스	2006.1	1,064	93.5	0.4	1	1	-
27. 한국컴퓨터지주㈜	2002.5	1,033	94.6	13.8	10	10	-
(나) 금융지주회사: 4개							
1. ㈜신한금융지주회사	2001.9	124,621	87.3	22.9	15	12	3
2. 우리금융지주㈜	2001.3	120,318	97.7	23.8	16	9	7
3. ㈜하나금융지주	2005.12	63,244	99.9	0.1	8	4	4
4. 한국투자금융지주㈜	2003.5	22,303	79.2	33.4	6	4	2
(다) 합							
일반지주회사					213	167	46
금융지주회사					45	29	16
총합					258	196	62

주: 1) 재무현황 및 계열회사: 출처에 표시는 없으나 화성사, 동원엔터프라이즈, 대교홀딩스, 대웅 및 한국투자금융지주(3월 결산법인)는
2005년 3월 현재인 것으로 보이며, 다른 지주회사는 2005년 12월 현재 (2006년에 신설된 경우는 다른 기준이 적용될 수 있음).
2) * 대규모기업집단 소속; 공정거래위원회의 '지주회사' 자료에는 별도의 표시가 없으며, '대규모기업집단' 자료 및 다른 연도의 '지주
회사' 자료를 이용함.
출처: 공정거래위원회 홈페이지 자료.

<부록 표 1.7> 존속 공정거래법상 지주회사 40개, 2007년 8월 (자산총액 순)

(가) 일반지주회사: 36개

지주회사	설립·전환 시기 (연.월)	자산 총액 (억 원)	지주 비율 (%)	부채 비율 (%)	계열회사 (개)		
					합	자	손자
1. SK㈜*	2007.7	64,788	88.3	86.3	23	7	16
2. ㈜LG*	2001.4	46,044	103.3	8.6	28	14	14
3. 금호산업㈜*	2007.1	38,868	65.8	240.9	21	11	10
4. ㈜GS홀딩스*	2004.7	32,729	95.0	24.7	14	5	9
5. ㈜태평양*	2007.1	13,705	68.2	12.3	4	4	–
6. SK E&S㈜*	2000.1	9,530	94.5	14.8	11	10	1
7. ㈜CJ홈쇼핑*	2007.1	8,562	71.0	86.4	13	5	8
8. 삼성종합화학㈜*	2004.1	7,937	96.7	2.7	1	1	–
9. ㈜세아홀딩스*	2001.7	7,291	91.2	23.7	14	14	–
10. ㈜대교홀딩스	2001.5	6,880	94.2	4.2	13	7	6
11. ㈜한진중공업홀딩스*	2007.8	5,872	54.1	52.3	4	4	–
12. ㈜드림파마*	2007.4	5,280	63.8	104.1	5	5	–
13. ㈜농심홀딩스*	2003.7	4,494	97.8	24.4	6	6	–
14. ㈜넥슨홀딩스	2007.1	4,391	61.0	10.2	2	2	–
15. ㈜온미디어*	2000.6	4,121	60.1	4.0	9	8	1
16. ㈜동원엔터프라이즈	2001.4	3,735	90.5	66.4	12	11	1
17. 대상홀딩스㈜	2005.8	3,114	73.4	1.0	5	4	1
18. ㈜화성사	2000.4	3,099	99.9	0	1	1	–
19. TAS자동차손해사정서비스㈜	2007.4	3,028	94.8	–	1	1	–
20. 동화홀딩스㈜	2003.10	2,817	56.4	20.1	11	11	–
21. ㈜HC&*	2006.1	2,797	87.1	0.9	10	9	1
22. ㈜풀무원	2003.3	2,624	58.0	65.9	14	14	–
23. 에이오엔이십일일(유)	2007.1	2,379	67.3	32.9	9	9	–
24. ㈜KPC홀딩스	2006.9	2,246	59.6	6.6	7	7	–
25. ㈜이수	2003.8	2,026	69.3	80.0	9	4	5
26. ㈜DPI홀딩스	2006.6	1,888	67.6	43.4	11	8	3
27. ㈜다함이텍	2004.1	1,700	63.5	2.7	4	4	–
28. ㈜대웅	2002.10	1,693	83.5	5.9	17	13	4
29. ㈜LIG홀딩스	2006.1	1,536	83.2	1.7	4	4	–
30. ㈜KEC홀딩스	2007.1	1,376	56.6	6.8	4	4	–
31. 바이더웨이CVS홀딩스㈜	2007.1	1,297	96.0	45.5	1	1	–
32. 평화홀딩스㈜	2006.5	1,223	81.1	14.4	7	6	1
33. ㈜네오위즈	2007.4	1,210	58.2	56.5	6	6	–
34. 한국컴퓨터지주㈜	2002.5	1,185	98.5	6.4	10	10	–
35. ㈜BSE홀딩스	2006.1	1,102	92.7	3.6	2	2	–
36. ㈜차산골프장지주회사*	2006.1	1,002	70.8	–	1	1	–

(나) 금융지주회사: 4개

1. ㈜신한금융지주회사	2001.9	150,036	85.2	32.1	14	11	3
2. 우리금융지주㈜	2001.3	137,935	98.5	15.6	15	9	6
3. ㈜하나금융지주	2005.12	78,034	98.2	0.1	8	5	3
4. 한국투자금융지주㈜	2003.5	24,629	81.3	33.7	7	4	3

(다) 합

일반지주회사	314	233	81
금융지주회사	43	29	15
총합	358	262	96

주: 1) 재무현황 및 계열회사: 2006년 12월 또는 설립·전환일(2007년 설립·전환된 경우) 현재.
    2) * 대규모기업집단 소속.
    3) TAS자동차손해사정서비스와 차산골프장지주회사의 부채비율: 자본잠식.
출처: 공정거래위원회 홈페이지 자료.

〈부록 표 1.8〉 존속 공정거래법상 지주회사 60개, 2008년 9월 (자산총액 순)

(가) 일반지주회사: 55개

지주회사	설립·전환 시기 (연.월)	상장 여부	자산 총액 (억 원)	지주 비율 (%)	부채 비율 (%)	계열회사 (개)			
						합	자	손자	증손
1. SK㈜*	2007.7	O	95,056	92.7	42.8	35	7	28	–
2. ㈜LG*	2001.4	O	55,988	98.3	10.2	29	14	15	–
3. 금호산업㈜*	2007.1	O	41,240	57.4	272.8	22	8	14	
4. ㈜GS홀딩스*	2004.7	O	35,587	94.5	26.5	17	5	12	–
5. CJ㈜*	2007.9	O	21,594	84.8	25.8	43	15	27	1
6. ㈜LS*	2008.7	O	17,364	89.7	16.1	14	4	10	–
7. ㈜태평양	2007.1	O	13,858	76.1	10.0	6	6	–	
8. ㈜웅진홀딩스	2008.1	O	13,790	97.3	73.0	13	9	4	–
9. 하이트홀딩스㈜	2008.7	O	10,801	87.0	41.3	11	4	7	–
10. SK E&S㈜*	2000.1	X	9,989	94.8	17.7	11	10	1	–
11. ㈜한진중공업홀딩스*	2007.8	O	9,958	85.6	9.6	4	4	–	
12. ㈜CJ홈쇼핑*	2007.1	O	8,886	68.4	85.9	13	5	7	1
13. 삼성종합화학㈜*	2004.1	X	8,833	98.3	3.3	1	1	–	
14. ㈜세아홀딩스	2001.7	O	7,938	90.2	22.8	14	14	–	
15. ㈜대교홀딩스	2001.5	X	6,613	92.9	3.7	13	7	6	–
16. ㈜드림파마*	2007.4	X	5,166	62.1	99.4	5	5	–	
17. ㈜농심홀딩스	2003.7	O	4,820	97.9	23.0	6	6	–	
18. ㈜온미디어	2000.6	O	4,515	63.4	3.1	9	9	–	
19. 키스코홀딩스㈜	2008.9	O	4,057	91.2	23.8	5	4	1	–
20. ㈜풍산홀딩스	2008.7	O	3,688	69.1	22.8	8	5	3	–
21. ㈜동원엔터프라이즈	2001.4	X	3,601	89.1	58.9	14	11	3	–
22. 대상홀딩스㈜	2005.8	O	3,266	71.1	2.1	5	4	1	–
23. 동화홀딩스㈜	2003.10	O	3,110	50.1	23.2	12	12	–	
24. ㈜HC&*	2006.1	X	3,018	93.2	19.1	10	9	1	–
25. 한국멀티플렉스투자㈜	2007.8	X	2,920	97.3	97.2	1	1	–	
26. 에이오엔이십일(유)	2007.1	X	2,877	80.7	20.6	9	8	1	–
27. TAS자동차손해사정서비스㈜	2007.4	X	2,837	100	–	2	1	1	–
28. ㈜KPC홀딩스	2006.9	O	2,813	55.5	6.2	6	6	–	
29. ㈜티브로드수원방송	2008.8	X	2,421	67.9	58.4	13	5	4	4
30. ㈜LIG홀딩스	2006.1	X	2,149	91.9	31.8	6	4	2	–
31. ㈜DPI홀딩스	2006.6	O	1,989	64.3	45.4	9	7	2	–
32. ㈜네오위즈	2007.4	O	1,986	63.5	30.3	7	7	–	
33. ㈜진양홀딩스	2008.1	O	1,976	72.9	15.4	4	4	–	
34. ㈜반도홀딩스	2008.3	X	1,976	79.4	16.3	1	1	–	
35. ㈜SBS홀딩스	2008.3	O	1,940	67.4	4.2	8	5	3	–
36. ㈜대웅	2002.10	O	1,916	83.7	3.6	19	13	6	–

37. 한국컴퓨터지주㈜	2002.5	X	1,868	52.8	56.9	9	8	1	–
38. ㈜S&T홀딩스	2008.2	O	1,868	83.4	6.3	7	5	2	–
39. ㈜이수	2003.8	X	1,864	73.4	714.0	9	4	5	–
40. 일진홀딩스㈜	2008.7	O	1,838	61.5	17.5	8	6	2	–
41. ㈜다함이텍	2004.1	O	1,814	64.0	2.1	3	3	–	–
42. 평화홀딩스㈜	2006.5	O	1,792	69.2	49.0	8	6	2	–
43. ㈜인터파크	2007.12	O	1,654	56.2	58.9	14	14	–	–
44. ㈜이지바이오시스템	2008.1	O	1,639	52.3	56.1	17	4	11	2
45. ㈜KEC홀딩스	2007.1	O	1,567	59.1	9.3	5	4	1	–
46. ㈜중외홀딩스	2008.1	O	1,420	62.3	7.0	7	5	2	–
47. 한국선무㈜	2007.12	X	1,346	96.0	6.5	5	1	4	–
48. ㈜티이씨앤코*	2008.5	O	1,280	61.4	13.5	3	3	–	–
49. ㈜동희엔지니어링	2008.1	X	1,175	99.1	0	3	1	2	–
50. ㈜BSE홀딩스	2006.5	O	1,162	94.5	3.7	3	3	–	–
51. ㈜포휴먼	2008.1	O	1,055	59.0	4.9	1	1	–	–
52. ㈜심명산업개발	2008.1	X	1,053	81.0	0.1	14	12	2	–
53. ㈜한림토건	2008.1	X	1,019	88.1	10.8	3	2	1	–
54. ㈜동성홀딩스	2008.5	O	1,010	50.5	6.3	8	5	3	–
55. ㈜풀무원	2008.7	O	157	52.7	144.4	7	7	–	–
(나) 금융지주회사: 5개									
1. ㈜신한금융지주회사	2001.9	O	253,275	93.8	40.9	15	12	3	–
2. 우리금융지주㈜	2001.3	O	152,814	99.2	16.2	21	10	10	1
3. ㈜KB금융지주	2008.9	O	130,548	100	0	10	8	2	–
4. ㈜하나금융지주	2005.12	O	93,280	98.3	0.1	7	7	–	–
5. 한국투자금융지주㈜	2003.5	O	29,033	83.6	34.5	7	4	3	–
(다) 합									
일반지주회사						539	334	197	8
금융지주회사						60	41	18	1
총합						599	375	215	9

주: 1) 재무현황 및 계열회사: 2007년 12월 또는 설립·전환일(2007년 8월 – 2008년 9월 설립·전환된 경우) 현재.
　　2) * 대규모기업집단 소속.
　　3) TAS자동차손해사정서비스의 부채비율: 자본잠식.
출처: 공정거래위원회 홈페이지 자료.

<부록 표 1.9> 존속 공정거래법상 지주회사 79개, 2009년 9월 (자산총액 순)

(가) 일반지주회사: 70개

지주회사	설립·전환 시기 (연.월)	상장 여부	자산 총액 (억 원)	지주 비율 (%)	부채 비율 (%)	계열회사 (개)			
						합	자	손자	증손
1. SK㈜*	2007.7	O	96,197	96.6	41.7	58	8	42	8
2. ㈜LG*	2001.4	O	69,563	92.0	11.6	45	15	28	2
3. ㈜GS*	2004.7	O	44,557	89.9	25.6	24	5	19	–
4. ㈜두산*	2009.1	O	27,910	57.6	78.3	21	11	8	2
5. CJ㈜*	2007.9	O	27,811	62.8	40.4	50	14	33	3
6. 몰트어퀴지션㈜	2009.7	X	22,534	96.8	108.3	2	1	1	–
7. ㈜LS*	2008.7	O	16,180	91.4	11.3	19	4	14	1
8. ㈜웅진홀딩스*	2008.1	O	14,755	93.9	103.0	18	10	7	1
9. ㈜태평양	2007.1	O	14,325	76.5	8.0	6	6	–	–
10. ㈜한진중공업홀딩스*	2007.8	O	10,892	89.0	4.1	5	4	1	–
11. 하이트홀딩스㈜	2008.7	O	10,644	90.6	53.0	11	4	7	–
12. ㈜CJ오쇼핑*	2007.1	O	9,699	57.8	94.1	13	5	7	1
13. 프라임개발㈜	2008.10	X	9,536	55.5	388.3	24	17	7	–
14. ㈜세아홀딩스*	2001.7	O	9,293	86.8	24.7	15	14	1	–
15. SK E&S㈜*	2000.1	X	9,095	89.0	13.7	10	9	1	–
16. 삼성종합화학㈜*	2004.1	O	8,693	92.6	2.1	1	1	–	–
17. ㈜넥슨	2009.1	X	7,278	67.7	140.5	6	6	–	–
18. ㈜대교홀딩스	2001.5	X	5,868	93.8	0.8	13	7	6	–
19. ㈜농심홀딩스	2003.7	O	5,149	98.9	16.2	6	6	–	–
20. ㈜드림파마*	2007.4	X	5,130	62.8	102.6	5	5	–	–
21. SBS미디어홀딩스㈜	2008.3	O	4,827	85.3	2.2	11	6	5	–
22. 키스코홀딩스㈜	2008.9	O	4,373	94.1	13.2	5	4	1	–
23. ㈜온미디어	2000.6	O	4,345	66.5	2.3	9	9	–	–
24. ㈜티브로드홀딩스	2008.11	X	4,136	58.9	170.5	13	7	3	3
25. ㈜S&T홀딩스	2008.2	O	4,048	98.2	9.6	8	5	3	–
26. ㈜풍산홀딩스	2008.7	O	3,818	71.3	17.4	8	5	3	–
27. ㈜동원엔터프라이즈	2001.4	X	3,814	87.0	48.3	15	9	6	–
28. ㈜대명홀딩스	2009.1	X	3,785	99.8	41.9	11	4	7	–
29. ㈜HC&*	2006.1	X	3,530	84.9	37.4	9	9	–	–
30. 대상홀딩스㈜	2005.8	O	3,347	55.7	2.6	5	4	1	–
31. ㈜반도홀딩스	2008.3	X	2,987	88.2	11.3	3	3	–	–
32. TAS자동차손해사정서비스㈜	2007.4	X	2,978	98.6	–	2	1	1	–
33. 동화홀딩스㈜	2003.10	O	2,893	88.1	22.6	12	12	–	–
34. KPX홀딩스㈜	2006.9	O	2,734	57.5	2.4	5	5	–	–
35. ㈜다함이텍	2004.1	O	2,679	74.0	1.3	3	3	–	–
36. ㈜디와이홀딩스	2008.12	X	2,637	71.3	43.8	7	2	1	4

37. ㈜LIG홀딩스	2006.1	X	2,610	90.3	28.1	6	4	2	–
38. ㈜DPI홀딩스	2006.6	O	2,546	65.3	48.7	12	7	5	–
39. ㈜DH홀딩스	2008.1	X	2,450	98.5	0.7	4	2	2	–
40. ㈜풀무원	2008.7	X	2,436	52.0	135.0	8	8	–	–
41. ㈜대웅	2002.10	O	2,361	94.0	4.7	23	17	6	–
42. ㈜풀무원홀딩스	2008.9	O	2,342	65.3	38.7	18	7	11	–
43. 한국멀티플렉스투자㈜	2007.8	X	2,180	99.2	88.0	1	1	–	–
44. ㈜다우데이타	2009.1	O	2,116	64.8	57.7	7	3	4	–
45. 일진홀딩스	2008.7	O	1,980	72.3	8.6	8	6	2	–
46. 두산모트롤홀딩스㈜*	2009.1	X	1,947	95.6	298.7	1	1	–	–
47. ㈜네오위즈	2007.4	O	1,925	68.5	27.0	9	7	2	–
48. 한국컴퓨터지주㈜	2002.5	X	1,917	53.5	50.3	9	7	2	–
49. ㈜인터파크	2008.1	O	1,870	54.6	51.9	10	9	1	–
50. 한국신용정보㈜	2009.1	O	1,854	60.1	57.1	15	9	6	–
51. ㈜영원무역홀딩스	2009.7	O	1,825	78.5	10.7	2	2	–	–
52. 평화홀딩스㈜	2006.5	O	1,736	58.8	55.8	9	6	3	–
53. ㈜이수	2003.8	X	1,707	92.6	–	8	5	3	–
54. ㈜동일홀딩스	2008.12	X	1,697	95.6	3.0	2	2	–	–
55. ㈜중외홀딩스	2008.1	O	1,524	71.4	15.3	10	6	4	–
56. ㈜포휴먼	2008.1	O	1,501	53.7	8.2	2	1	1	–
57. ㈜KEC홀딩스	2007.1	O	1,464	57.7	6.3	5	4	1	–
58. ㈜진양홀딩스	2008.1	O	1,409	92.6	1.7	9	9	–	–
59. ㈜삼명산업개발	2008.1	X	1,352	82.6	13.7	15	13	2	–
60. ㈜한림토건	2008.1	X	1,331	91.4	7.8	3	2	1	–
61. 큐릭스	2009.1	O	1,240	76.5	97.3	8	3	5	–
62. 한세예스24홀딩스㈜	2009.6	O	1,217	76.4	11.0	3	2	1	–
63. ㈜영앤선개발	2009.1	X	1,209	91.4	24.5	4	1	2	1
64. 알파라발한국홀딩㈜	2008.9	X	1,190	99.9	263.4	1	1	–	–
65. ㈜삼정개발	2009.1	X	1,173	71.4	0.1	4	2	2	–
66. ㈜BSE홀딩스	2006.1	O	1,160	79.7	20.9	3	3	–	–
67. 엠피씨코리아홀딩스㈜	2009.7	X	1,084	96.6	6.1	2	2	–	–
68. ㈜디와이에셋	2008.12	X	1,046	75.8	0	8	1	6	1
69. ㈜티이씨앤코*	2008.5	X	1,013	58.8	14.0	4	2	2	–
70. ㈜동성홀딩스	2008.5	O	1,008	47.2	6.3	10	7	3	–

(나) 금융지주회사: 9개

1. ㈜신한금융지주회사	2001.9	O	259,136	87.5	47.2	18	12	6	–
2. ㈜KB금융지주	2008.9	O	165,680	98.3	4.7	10	8	2	–
3. 우리금융지주㈜	2001.3	O	156,202	97.9	28.0	25	11	13	1
4. ㈜하나금융지주	2005.12	O	104,022	98.6	16.4	6	6	–	–
5. 한국스탠다드차타드금융지주㈜	2009.6	X	38,778	100	0	5	3	2	–
6. 한국투자금융지주㈜*	2003.1	O	28,580	78.6	57.9	12	5	5	2

7. 에이오엔이십일(유)	2007.1	X	3,054	60.4	0.9	9	8	1	–
8. ㈜골든브릿지	2008.1	X	1,370	86.7	53.3	5	5	–	–
9. 한국투자운용지주㈜*	2008.10	X	1,170	90.3	0.1	2	2	–	–

(다) 합

일반지주회사	721	402	292	27
금융지주회사	92	60	29	3
총합	813	462	321	30

주: 1) 재무현황 및 계열회사: 2008년 12월 또는 설립・전환일(2009년 6월 이후 설립・전환된 경우) 현재.
　　2) * 대규모기업집단 소속.
　　3) 이수 및 TAS자동차손해사정서비스의 부채비율: 자본잠식.
출처: 공정거래위원회 홈페이지 자료.

〈부록 표 1.10〉 존속 공정거래법상 지주회사 96개, 2010년 9월 (자산총액 순)

(가) 일반지주회사: 84개

지주회사	설립·전환 시기 (연.월)	상장 여부	자산 총액 (억 원)	지주 비율 (%)	부채 비율 (%)	계열회사 (개)			
						합	자	손자	증손
1. SK㈜*	2007.7	O	102,405	96.4	43.5	62	9	44	9
2. ㈜LG*	2001.4	O	80,141	92.2	8.3	45	16	27	2
3. ㈜GS*	2004.7	O	51,718	90.4	26.7	27	6	21	–
4. ㈜부영*	2009.12	X	39,396	96.9	0.5	2	2	–	–
5. CJ㈜*	2007.9	O	27,914	68.8	35.8	46	16	27	3
6. ㈜두산*	2009.1	O	27,484	66.1	51.4	23	9	12	2
7. ㈜LS*	2008.7	O	17,971	89.6	12.6	24	4	19	1
8. 몰트어퀴지션㈜	2009.7	X	17,943	99.8	51.7	2	1	1	–
9. ㈜웅진홀딩스*	2008.1	O	17,838	90.0	118.5	20	9	9	2
10. 하이트홀딩스㈜*	2008.7	O	17,172	95.7	91.7	13	5	8	–
11. ㈜태평양	2007.1	O	15,015	77.9	7.5	7	7	–	–
12. 몰트홀딩㈜	2010.1	X	11,894	99.5	31.9	3	1	1	1
13. ㈜CJ오쇼핑*	2007.1	O	11,321	50.0	104.6	5	3	2	–
14. ㈜한진중공업홀딩스*	2007.8	O	10,543	89.3	3.4	6	4	2	–
15. 삼성종합화학㈜*	2004.1	X	10,442	94.0	2.3	1	1	–	–
16. SK E&S㈜*	2000.1	X	9,612	88.8	56.5	9	9	–	–
17. ㈜세아홀딩스*	2001.7	O	9,220	86.1	22.5	12	11	1	–
18. 프라임개발㈜	2008.10	X	8,991	54.2	1,234	21	16	5	–
19. ㈜넥슨	2009.1	X	8,811	65.7	81.1	10	10	–	–
20. ㈜대교홀딩스	2001.5	X	6,325	92.1	2.0	13	7	6	–
21. ㈜농심홀딩스	2003.7	O	5,762	98.8	16.3	7	7	–	–
22. ㈜티브로드홀딩스	2008.11	X	5,658	78.6	195.8	13	5	4	4
23. SBS미디어홀딩스㈜	2008.3	O	5,490	83.7	8.7	13	6	7	–
24. ㈜코오롱*	2010.1	O	5,388	54.3	35.5	29	5	23	1
25. ㈜녹십자홀딩스	2010.1	O	5,170	52.0	67.3	10	6	4	–
26. 키스코홀딩스㈜	2008.9	O	5,147	98.1	4.3	5	4	1	–
27. ㈜오미디어홀딩스*	2010.9	X	4,749	92.1	58.1	10	1	9	–
28. ㈜온미디어*	2000.6	O	4,493	67.0	2.6	9	9	–	–
29. ㈜동원엔터프라이즈	2001.4	X	4,452	83.7	41.7	16	8	8	–
30. ㈜풍산홀딩스	2008.7	O	4,124	77.8	11.0	7	5	2	–
31. ㈜S&T홀딩스	2008.2	O	3,984	91.3	10.1	8	5	3	–
32. ㈜한진해운홀딩스*	2009.12	O	3,776	65.9	30.0	11	2	9	–
33. ㈜한화도시개발*	2009.12	X	3,619	95.0	36.6	8	8	–	–
34. ㈜대명홀딩스	2009.1	X	3,614	74.3	37.6	11	3	8	–
35. 대상홀딩스㈜	2005.8	O	3,592	61.9	1.4	8	5	3	–
36. ㈜파라다이스글로벌	2010.2	X	3,501	52.8	121.5	12	6	6	–

37. ㈜HC&*	2006.1	X	3,482	90.3	40.9	13	8	5	–
38. KPX홀딩스㈜	2006.9	O	3,478	68.3	3.7	6	6	–	–
39. ㈜반도홀딩스	2008.3	X	3,431	91.1	11.4	4	3	1	–
40. 대성홀딩스㈜	2009.10	O	3,394	62.0	48.5	10	9	1	–
41. ㈜풀무원홀딩스	2008.9	O	3,301	61.1	78.6	16	7	9	–
42. ㈜LIG홀딩스	2006.1	X	3,288	81.7	39.1	6	4	2	–
43. ㈜TAS	2007.4	X	3,181	100	–	5	2	3	–
44. 알파발한국홀딩㈜	2008.9	X	3,087	99.6	183.0	4	4	–	–
45. 일진홀딩스	2008.7	O	3,050	80.2	18.8	10	6	4	–
46. ㈜DH홀딩스	2008.1	X	2,947	92.1	7.3	4	2	2	–
47. 디아이피홀딩스㈜*	2010.1	X	2,920	66.0	77.6	3	3	–	–
48. ㈜다함이텍	2004.1	O	2,845	74.5	1.0	3	3	–	–
49. 동화홀딩스㈜	2003.10	O	2,832	94.2	19.8	11	10	1	–
50. ㈜영원무역홀딩스	2009.7	O	2,721	87.5	9.8	2	2	–	–
51. ㈜대웅	2002.10	O	2,656	94.9	4.8	22	16	6	–
52. ㈜노루홀딩스	2006.6	O	2,529	74.8	42.0	13	8	5	–
53. ㈜네오위즈	2007.4	O	2,362	63.6	30.1	11	7	4	–
54. 한국신용정보㈜	2009.1	O	2,353	52.4	49.9	15	9	6	–
55. ㈜디와이홀딩스	2008.12	X	2,179	95.3	7.0	7	2	1	4
56. ㈜휴맥스홀딩스	2010.3	X	2,167	71.5	3.9	6	4	2	–
57. ㈜심명산업개발	2008.1	X	2,106	98.6	10.7	14	14	–	–
58. ㈜이수	2003.8	X	2,103	88.5	282.7	8	4	4	–
59. 한국컴퓨터지주㈜	2002.5	X	1,993	54.9	42.9	9	7	2	–
60. ㈜티브로드한빛방송	2010.1	O	1,964	50.4	13.8	7	3	4	–
61. 한국멀티플렉스투자㈜	2007.8	X	1,909	99.5	114.1	1	1	–	–
62. ㈜한림토건	2008.1	X	1,856	79.9	9.7	2	2	–	–
63. ㈜동성홀딩스	2008.5	O	1,749	51.2	42.8	13	9	4	–
64. ㈜한국전자홀딩스	2007.1	O	1,727	58.0	9.6	5	4	1	–
65. 평화홀딩스㈜	2006.5	O	1,650	64.0	53.4	8	6	2	–
66. ㈜동일홀딩스	2008.12	X	1,648	98.0	0.7	2	2	–	–
67. 엠피씨코리아홀딩스㈜	2009.7	X	1,639	92.9	64.5	2	2	–	–
68. 엔오브이코리아홀딩(유)	2010.1	X	1,630	99.1	262.2	1	1	–	–
69. ㈜중외홀딩스	2008.1	O	1,580	75.5	33.6	9	6	3	–
70. ㈜포휴먼	2008.1	O	1,503	52.7	18.2	1	1	–	–
71. ㈜진양홀딩스	2008.1	O	1,489	89.3	1.3	9	9	–	–
72. ㈜영앤선개발	2009.1	X	1,341	92.1	24.9	5	1	3	1
73. ㈜디와이에셋	2008.12	X	1,317	63.0	0.4	7	1	5	1
74. 한세예스24홀딩스㈜	2009.6	O	1,316	79.2	8.4	3	2	1	–
75. ㈜셀트리온헬스케어	2010.1	X	1,310	57.3	3,099	7	5	2	–
76. ㈜티이씨앤코*	2008.5	O	1,203	57.7	19.8	4	2	2	–
77. 씨앤에이치㈜	2009.9	O	1,123	50.7	6.2	4	2	2	–

78. ㈜오션비홀딩스	2010.9	X	1,118	99.9	41.5	12	9	3	–
79. ㈜BSE홀딩스	2006.1	O	1,101	83.5	0.9	2	2	–	–
80. ㈜에실로코리아	2010.1	X	1,047	79.2	13.5	2	1	1	–
81. KC그린홀딩스㈜	2010.1	O	1,042	54.2	42.5	15	11	4	–
82. 우리조명㈜	2010.1	O	1,040	61.5	36.1	4	2	2	–
83. ㈜유승홀딩스	2010.1	X	1,021	90.1	6.7	2	1	1	–
84. 씨에스홀딩스㈜	2010.1	O	1,006	69.8	0.2	1	1	–	–

(나) 금융지주회사: 12개

1. ㈜신한금융지주회사	2001.9	O	271,207	92.3	30.8	17	11	6	–
2. ㈜KB금융지주	2008.9	O	186,635	94.4	4.6	12	9	3	–
3. 우리금융지주㈜	2001.3	O	175,451	98.9	27.9	29	10	16	3
4. 산은금융지주㈜	2009.10	X	167,783	99.5	3.0	21	5	16	–
5. ㈜하나금융지주	2005.12	O	114,653	97.9	20.1	10	7	2	1
6. 한국씨티금융지주	2010.6	X	53,742	100	0	4	3	1	–
7. 한국스탠다드차타드금융지주㈜	2009.6	X	44,090	99.5	8.3	5	5	–	–
8. 한국투자금융지주㈜*	2003.1	O	29,576	87.5	42.6	15	5	7	3
9. 에이오엔이십일일(유)	2007.1	X	3,992	65.9	5.1	9	8	1	–
10. ㈜골든브릿지	2008.1	X	1,382	96.9	50.8	7	7	–	–
11. 한국투자운용지주㈜*	2008.10	X	1,335	86.3	0.0	2	2	–	–
12. 미래에셋컨설팅㈜*	2010.3	X	1,069	62.2	34.6	2	1	1	–

(다) 합

일반지주회사						858	457	370	31
금융지주회사						133	73	53	7
총합						991	530	423	38

주: 1) 재무현황 및 계열회사: 2009년 12월 또는 설립·전환일(2010년 설립·전환된 경우) 현재.
　　2) * 대규모기업집단 소속.
　　3) TAS 부채비율: 자본잠식.
출처: 공정거래위원회 홈페이지 자료.

(가) 일반지주회사: 92개

지주회사	설립·전환 시기 (연.월)	상장 여부	자산 총액 (억 원)	지주 비율 (%)	부채 비율 (%)	계열회사 (개)			
						합	자	손자	증손
1. SK이노베이션㈜*	2011.1	X	141,457	63.3	27.7	16	7	9	–
2. SK㈜*	2007.7	O	109,766	96.1	45.6	66	8	48	10
3. ㈜LG*	2001.4	O	73,396	87.6	5.3	50	15	33	2
4. ㈜GS*	2004.7	O	59,309	90.4	22.0	31	6	24	1
5. CJ㈜*	2007.9	O	38,228	60.6	31.7	49	18	28	3
6. ㈜두산*	2009.1	O	31,876	58.3	55.9	20	9	8	3
7. ㈜LS*	2008.7	O	20,711	91.1	10.4	26	4	21	1
8. ㈜부영*	2009.12	X	19,249	94.7	27.9	2	2	–	–
9. ㈜웅진홀딩스*	2008.1	O	18,494	84.1	109.4	19	8	10	1
10. 하이트홀딩스㈜*	2008.7	O	16,679	96.7	178.5	12	5	7	–
11. ㈜아모레퍼시픽그룹	2007.1	O	15,909	80.0	7.1	8	8	–	–
12. 몰트홀딩㈜	2010.1	X	13,627	97.6	63.8	1	1	–	–
13. SK E&S㈜*	2000.1	X	12,235	79.8	87.1	9	9	–	–
14. ㈜넥슨코리아	2009.1	X	12,180	60.8	71.6	15	13	2	–
15. 삼성종합화학㈜*	2004.1	X	11,436	88.9	2.8	1	1	–	–
16. ㈜세아홀딩스*	2001.7	O	11,107	87.0	24.2	14	12	2	–
17. ㈜한진해운홀딩스*	2009.12	O	10,887	89.3	19.3	13	2	10	1
18. ㈜한진중공업홀딩스*	2007.8	O	10,538	88.2	3.5	7	4	3	–
19. 프라임개발㈜	2008.10	X	8,977	59.1	5,893	18	12	6	–
20. ㈜코오롱*	2010.1	O	8,600	77.2	36.6	30	7	22	1
21. ㈜동원엔터프라이즈	2001.4	X	6,526	88.9	35.8	17	7	9	1
22. ㈜대교홀딩스	2001.5	X	6,435	93.1	2.2	13	7	6	–
23. ㈜농심홀딩스	2003.7	O	6,262	98.4	15.8	7	6	1	–
24. SBS미디어홀딩스㈜	2008.3	O	5,453	88.2	4.5	15	6	9	–
25. ㈜티브로드홀딩스*	2008.11	X	5,389	76.9	185.6	10	5	4	1
26. 키스코홀딩스㈜	2008.9	O	5,264	96.3	2.7	5	4	1	–
27. ㈜대성합동지주*	2011.1	O	5,254	85.2	18.0	18	9	9	–
28. ㈜풍산홀딩스	2008.7	O	4,664	73.0	12.5	6	4	2	–
29. ㈜현대HC&*	2006.1	O	4,314	73.5	28.8	11	8	3	–
30. ㈜S&T홀딩스	2008.2	O	4,272	92.3	8.8	7	5	2	–
31. KPX홀딩스㈜	2006.9	O	4,213	73.0	4.1	16	7	9	–
32. 한미홀딩스㈜	2011.1	O	4,007	70.4	3.6	3	2	1	–
33. 대상홀딩스㈜	2005.8	O	3,949	63.8	6.3	25	7	5	13
34. ㈜LIG	2006.1	X	3,754	75.8	41.7	8	4	4	–
35. ㈜파라다이스글로벌	2010.2	X	3,743	52.6	154.7	13	6	7	–
36. ㈜반도홀딩스	2008.3	X	3,666	91.3	12.6	4	3	1	–

37. ㈜대명홀딩스	2009.1	X	3,587	75.1	36.0	9	3	6	–
38. ㈜영원무역홀딩스	2009.7	O	3,560	90.9	11.4	2	2	–	–
39. 동광주택산업㈜*	2011.1	X	3,425	97.8	23.6	1	1	–	–
40. 대성홀딩스㈜*	2009.10	O	3,360	61.5	48.3	9	9	–	–
41. ㈜한화도시개발*	2009.12	X	3,355	98.4	39.9	10	10	–	–
42. 동부인베스트먼트㈜*	2011.1	X	3,269	88.5	292.8	1	1	–	–
43. 디아이피홀딩스㈜*	2010.1	X	3,191	67.0	45.9	2	2	–	–
44. 일진홀딩스㈜	2008.7	O	3,037	88.4	17.0	11	7	4	–
45. 제일홀딩스㈜	2011.1	X	3,028	73.8	44.3	20	12	6	2
46. ㈜DH홀딩스	2008.1	X	3,001	95.9	3.9	5	3	2	–
47. 동화홀딩스㈜	2003.10	O	2,970	95.0	26.6	10	10	–	–
48. ㈜서령개발	2011.1	X	2,897	54.0	102.0	13	13	–	–
49. ㈜풀무원홀딩스	2008.9	O	2,861	54.3	123.2	15	6	9	–
50. 알파라발한국홀딩㈜	2008.9	X	2,819	99.9	153.3	3	3	–	–
51. ㈜대웅	2002.10	O	2,819	95.2	4.5	22	15	7	–
52. ㈜농수산홀딩스	2011.3	X	2,626	78.7	36.8	20	6	14	–
53. ㈜노루홀딩스	2006.6	O	2,603	74.4	42.8	11	8	3	–
54. ㈜이지바이오시스템	2011.1	O	2,540	53.2	77.5	19	5	13	1
55. ㈜휴맥스홀딩스	2010.3	O	2,294	72.0	7.8	8	4	4	–
56. ㈜이수	2003.8	X	2,234	84.3	157.7	8	4	4	–
57. ㈜디와이홀딩스	2008.12	X	2,145	96.8	5.8	8	2	1	5
58. 한국컴퓨터지주㈜	2002.5	X	2,053	57.6	35.0	9	7	2	–
59. 엠피씨코리아홀딩스㈜	2009.7	X	1,978	90.0	58.8	2	2	–	–
60. ㈜네오위즈	2007.4	O	1,946	50.0	3.2	13	6	7	–
61. ㈜TAS	2007.4	X	1,926	99.7	–	4	1	3	–
62. 평화홀딩스㈜	2006.5	O	1,837	64.7	48.6	8	6	2	–
63. ㈜동일홀딩스	2008.12	X	1,788	98.0	0.9	2	2	–	–
64. ㈜셀트리온홀딩스	2010.11	X	1,778	84.1	114.6	6	5	1	–
65. 엔오브이코리아홀딩(유)	2010.1	X	1,750	99.8	192.0	1	1	–	–
66. 한국멀티플렉스투자㈜	2007.8	X	1,731	99.4	158.0	1	1	–	–
67. ㈜JW홀딩스	2008.1	O	1,710	73.7	74.7	8	5	3	–
68. ㈜동성홀딩스	2008.5	O	1,691	60.1	38.0	9	7	2	–
69. 금복홀딩스㈜	2010.11	X	1,682	91.5	15.9	3	3	–	–
70. ㈜한국전자홀딩스	2006.9	O	1,609	50.5	4.1	5	4	1	–
71. ㈜진양홀딩스	2008.1	O	1,607	84.4	1.8	9	9	–	–
72. ㈜영앤선개발	2009.1	X	1,505	92.7	25.3	6	1	4	1
73. ㈜포휴먼	2008.1	O	1,503	52.7	18.2	1	1	–	–
74. 씨앤에이치㈜	2009.9	O	1,492	51.4	28.9	8	4	4	–
75. 씨에스홀딩스㈜	2010.1	O	1,473	79.7	5.6	2	2	–	–
76. ㈜디와이에셋	2008.12	X	1,459	76.1	1.2	7	1	6	–
77. 유니펩㈜	2011.1	X	1,433	93.5	13.1	2	1	1	–

78. KC그린홀딩스㈜	2010.1	O	1,396	70.0	32.1	17	13	4	–
79. 한세예스24홀딩스㈜	2009.6	O	1,368	80.5	8.8	2	2	–	–
80. ㈜하림홀딩스	2011.1	X	1,272	88.9	8.3	17	6	8	3
81. ㈜에실로코리아	2010.1	X	1,265	78.3	6.9	2	1	1	–
82. ㈜SG홀딩스	2011.1	X	1,246	99.9	0.1	3	1	2	–
83. ㈜유승홀딩스	2010.1	X	1,214	92.3	13.2	2	1	1	–
84. ㈜원익	2011.1	O	1,190	51.6	93.7	12	5	7	–
85. ㈜오션비홀딩스	2010.9	X	1,178	99.4	38.5	12	9	3	–
86. ㈜티이씨앤코*	2008.5	O	1,166	59.1	24.5	4	2	2	–
87. ㈜우리조명지주	2010.1	O	1,115	59.8	40.2	6	3	3	–
88. 서울도시개발㈜*	2011.1	X	1,115	90.5	60.2	19	2	17	–
89. ㈜바텍이우홀딩스	2011.1	X	1,095	91.3	16.9	4	3	1	–
90. ㈜SJM홀딩스	2011.1	O	1,083	66.9	3.7	4	4	–	–
91. ㈜BSE홀딩스	2006.1	O	1,070	88.8	0.7	4	2	2	–
92. 아주L&F홀딩스㈜	2011.1	X	1,007	93.1	16.2	27	10	15	2

(나) 금융지주회사: 13개

1. ㈜신한금융지주회사	2001.9	O	296,167	91.3	30.3	16	11	5	–
2. ㈜KB금융지주	2008.9	O	189,125	94.2	5.4	15	9	5	1
3. 우리금융지주㈜	2001.3	O	184,009	98.8	26.6	36	10	24	2
4. 산은금융지주㈜	2009.10	X	179,184	98.8	3.8	31	5	26	–
5. ㈜하나금융지주	2005.12	O	134,188	79.3	25.7	12	8	4	–
6. 한국씨티금융지주	2010.6	X	56,008	99.9	0.1	4	3	1	–
7. 한국스탠다드차타드금융지주㈜	2009.6	X	51,011	87.3	14.8	5	5	–	–
8. 한국투자금융지주㈜*	2003.1	O	29,427	95.5	32.4	14	5	7	2
9. ㈜BS금융지주	2011.3	O	26,052	100	0	4	4	–	–
10. ㈜DGB금융지주	2011.5	O	20,921	100	0	3	3	–	–
11. ㈜메리츠금융지주	2011.3	X	3,277	63.7	3.5	6	5	1	–
12. ㈜골든브릿지	2008.1	X	1,457	98.6	57.2	7	6	1	–
13. 한국투자운용지주㈜*	2008.10	X	1,398	86.9	0.0	2	2	–	–

(다) 합

일반지주회사	1,032	499	481	52
금융지주회사	155	76	74	5
총합	1,187	575	555	57

주: 1) 재무현황 및 계열회사: 2010년 12월 현재.
　　2) * 대규모기업집단 소속.
　　3) ㈜TAS 부채비율: 자본잠식
　　4) ㈜포휴먼: 출처에 정보 없음. 2010년 9월 현재 정보임.
출처: 공정거래위원회 홈페이지 자료.

(가) 일반지주회사: 103개

지주회사	설립·전환 시기 (연월)	상장 여부	자산 총액 (억 원)	지주 비율 (%)	부채 비율 (%)	계열회사(개)			
						합	자	손자	증손
1. SK이노베이션㈜*	2011.1	X	148,858	63.5	18.5	17	7	10	-
2. SK㈜*	2007.7	O	112,409	96.1	45.4	66	8	46	12
3. ㈜LG*	2001.4	O	75,378	67.2	5.0	51	15	34	2
4. ㈜GS*	2004.7	O	53,917	87.9	15.9	24	6	10	8
5. GS에너지㈜*	2012.1	X	35,598	98.3	1.7	18	1	17	-
6. CJ㈜*	2007.9	O	34,280	76.9	33.5	47	12	32	3
7. ㈜두산*	2009.1	O	31,776	54.0	61.5	20	9	9	2
8. ㈜부영*	2009.12	X	22,133	95.5	28.8	3	1	2	-
9. ㈜웅진홀딩스*	2008.1	O	19,857	82.3	130.7	23	7	15	1
10. ㈜LS*	2008.7	O	18,303	89.1	10.1	27	5	21	1
11. 하이트진로홀딩스㈜*	2008.7	O	18,152	97.0	140.0	12	4	8	-
12. ㈜아모레퍼시픽그룹	2007.1	O	16,253	73.5	4.2	9	9	-	-
13. 몰트홀딩㈜	2010.1	X	13,710	96.3	79.1	1	1	-	-
14. 삼성종합화학㈜*	2004.1	X	12,543	82.8	3.3	1	1	-	-
15. 농협경제지주㈜*	2012.3	X	12,215	80.5	0.0	13	13	-	-
16. ㈜한진중공업홀딩스*	2007.8	O	10,641	87.0	1.7	7	4	3	-
17. ㈜세아홀딩스*	2001.7	O	10,194	87.2	17.4	16	12	4	-
18. ㈜코오롱*	2010.1	O	9,984	79.5	63.4	29	8	20	1
19. ㈜삼양홀딩스	2011.11	O	9,124	56.3	23.8	13	10	3	-
20. 프라임개발㈜	2008.10	X	8,925	68.4	-	17	12	5	-
21. ㈜한진해운홀딩스*	2009.12	O	8,652	87.3	35.3	15	2	12	1
22. ㈜동원엔터프라이즈	2001.4	X	7,178	89.0	34.9	17	7	9	1
23. ㈜대교홀딩스	2001.5	X	6,519	91.6	1.7	11	6	5	-
24. ㈜티브로드홀딩스*	2008.11	X	5,967	76.6	136.8	14	7	5	2
25. ㈜농심홀딩스	2003.7	O	5,705	99.7	12.1	8	6	2	-
26. ㈜대성합동지주*	2011.1	O	5,491	89.0	24.4	28	9	19	-
27. SBS미디어홀딩스㈜*	2008.3	O	5,406	91.2	5.0	17	8	9	-
28. ㈜인터파크	2012.1	O	5,218	83.8	56.0	16	11	5	-
29. 키스코홀딩스㈜	2008.9	O	5,003	92.7	2.6	4	3	1	-
30. ㈜LIG	2011.11	X	4,590	68.0	78.0	9	5	4	-
31. ㈜풍산홀딩스	2008.7	O	4,385	67.0	11.4	6	4	2	-
32. 디아이피홀딩스㈜*	2010.1	X	4,340	55.4	48.7	3	3	-	-
33. ㈜현대HC&*	2006.1	O	4,227	75.0	20.6	11	8	3	-
34. 한미사이언스㈜	2011.1	O	4,140	70.8	8.7	3	2	1	-
35. 대상홀딩스㈜	2005.8	O	3,903	61.0	7.1	29	7	5	17
36. ㈜S&T홀딩스	2008.2	O	3,881	83.1	0.1	7	3	4	-
37. ㈜한국유선미디어	2012.1	X	3,799	99.8	59.2	2	2	-	-
38. KPX홀딩스㈜	2006.9	O	3,755	72.6	0.5	16	7	9	-

39. ㈜반도홀딩스	2008.3	X	3,750	92.2	11.2	6	3	3	-
40. ㈜더텍스트	2009.1	X	3,734	84.7	32.6	10	3	6	1
41. ㈜대명홀딩스	2009.1	X	3,725	76.1	38.0	13	3	7	3
42. 동광주택산업㈜*	2011.1	X	3,721	99.0	27.1	1	1	-	-
43. 대성홀딩스㈜*	2009.10	O	3,455	58.7	49.0	9	9	-	-
44. 동화홀딩스㈜	2003.10	O	3,372	81.8	49.7	10	10	-	-
45. ㈜한화도시개발*	2009.12	X	3,357	87.6	34.6	9	9	*	-
46. ㈜영원무역홀딩스	2009.7	O	3,309	86.9	6.6	3	2	1	-
47. ㈜DH홀딩스	2008.1	X	3,269	96.2	2.9	5	3	2	-
48. 동부인베스트먼트㈜*	2011.1	X	3,139	88.3	472.3	2	1	1	-
49. 일진홀딩스㈜	2008.7	O	3,072	89.5	12.3	11	6	5	-
50. ㈜풀무원홀딩스	2008.9	O	2,929	78.4	96.1	15	6	9	-
51. 제일홀딩스㈜	2011.1	X	2,900	75.2	52.4	21	12	6	3
52. ㈜대웅	2002.10	O	2,884	86.8	7.2	22	14	7	1
53. ㈜우심산업개발	2012.1	X	2,865	53.4	118.5	16	3	13	-
54. ㈜네오위즈	2007.4	O	2,814	61.2	15.9	17	7	10	-
55. ㈜나이스홀딩스	2012.8	O	2,813	81.6	7.2	19	15	4	-
56. ㈜셀트리온홀딩스	2010.11	X	2,778	84.6	217.7	4	3	1	-
57. 알파라발한국홀딩㈜	2008.9	X	2,775	99.9	195.2	3	3	-	-
58. ㈜농수산홀딩스	2011.3	X	2,695	78.3	41.8	24	8	16	-
59. ㈜노루홀딩스	2006.6	O	2,539	75.3	37.0	11	8	3	-
60. ㈜동일홀딩스	2008.12	X	2,421	98.5	0.0	2	2	-	-
61. ㈜서령개발	2011.1	X	2,390	81.3	35.7	13	13	-	-
62. 에이케이홀딩스㈜	2012.9	X	2,322	72.3	3.0	14	4	10	-
63. ㈜디와이홀딩스	2008.12	X	2,316	97.5	4.6	7	2	1	4
64. ㈜이수	2003.8	X	2,272	67.2	129.7	9	4	5	-
65. 오리온엔지니어드카본즈코리아㈜	2012.1	X	2,243	84.1	199.0	1	1	-	-
66. JW홀딩스㈜	2008.1	O	2,135	71.1	39.1	9	6	3	-
67. 평화홀딩스㈜	2006.5	O	2,103	53.4	81.1	8	6	2	-
68. ㈜SG홀딩스	2011.1	X	2,098	85.0	5.3	7	1	6	-
69. 한국컴퓨터지주㈜	2002.5	X	2,094	58.9	29.2	9	7	2	-
70. ㈜휴맥스홀딩스	2010.3	O	2,050	76.4	0.3	9	4	5	-
71. ㈜아이디스홀딩스	2012.7	X	2,021	64.2	19.0	4	3	1	-
72. ㈜이래엔에스	2012.1	X	1,979	97.4	102.7	1	1	-	-
73. ㈜한국전자홀딩스	2006.9	O	1,894	62.3	6.8	5	4	1	-
74. 서울도시개발㈜*	2011.1	X	1,840	95.8	23.0	20	3	17	-
75. ㈜동성홀딩스	2008.5	O	1,834	58.5	41.5	10	7	3	-
76. ㈜와이엠에스에이	2011.1	X	1,830	96.3	2.8	4	1	2	1
77. 엠피씨코리아홀딩스㈜	2009.7	X	1,829	94.9	20.6	2	2	-	-
78. 금복홀딩스㈜	2010.11	X	1,809	98.9	6.1	3	3	-	-
79. 엔오브이코리아홀딩(유)	2010.1	X	1,747	99.9	245.9	1	1	-	-
80. ㈜진양홀딩스	2008.1	O	1,708	71.0	0.1	9	9	-	-
81. ㈜디와이에셋	2008.12	X	1,705	79.4	1.0	6	1	5	-

82. 한국멀티플렉스투자㈜	2007.8	X	1,577	99.8	123.5	2	1	1	-
83. 씨에스홀딩스㈜	2010.1	O	1,564	80.0	5.1	3	3	-	-
84. 유니펩㈜	2011.1	X	1,545	94.6	7.8	2	1	1	-
85. 신송홀딩스㈜	2012.1	X	1,544	99.4	20.2	2	2	-	-
86. ㈜에실로코리아	2010.1	X	1,487	82.4	7.6	3	2	1	-
87. 자일자동차㈜	2012.1	X	1,472	82.1	95.5	20	2	1	17
88. KC그린홀딩스㈜	2010.1	O	1,392	67.3	37.9	16	12	4	-
89. 한세예스24홀딩스㈜	2009.6	O	1,366	77.2	15.1	3	2	1	-
90. ㈜유승홀딩스	2010.1	X	1,351	93.9	10.5	3	2	1	-
91. ㈜하림홀딩스	2011.1	X	1,351	69.4	13.8	18	6	9	3
92. 아주L&F홀딩스㈜	2011.1	X	1,312	94.4	64.7	27	10	17	-
93. ㈜케이아이지홀딩스	2012.1	X	1,254	57.4	87.7	11	4	6	1
94. 씨앤에이치㈜	2009.9	O	1,217	57.9	23.9	7	6	1	-
95. 코암시앤시개발㈜	2012.1	X	1,187	93.9	32.3	5	1	4	-
96. ㈜베바스토동희홀딩스	2012.1	X	1,151	61.6	17.0	1	1	-	-
97. 엠에스피이엔비홀딩스㈜	2011.12	X	1,149	99.3	47.2	6	6	-	-
98. ㈜BSE홀딩스	2006.1	O	1,118	88.4	0.7	5	2	3	-
99. ㈜우리조명지주	2010.1	O	1,078	59.8	34.5	7	3	4	-
100. ㈜SJM홀딩스	2011.1	O	1,075	66.7	0.1	5	4	1	-
101. ㈜티브로드도봉강북방송*	2012.1	X	1,065	68.0	83.4	1	1	-	-
102. ㈜오션비홀딩스	2010.9	X	1,039	99.6	45.1	11	9	2	-
103. 세화통운㈜	2012.1	X	1,035	93.5	45.6	4	3	1	-
(나) 금융지주회사: 12개									
1. ㈜신한금융지주회사	2001.9	O	308,443	81.2	58.7	18	12	6	-
2. ㈜KB금융지주	2008.9	O	185,107	96.0	4.5	16	9	6	1
3. 우리금융지주㈜	2001.3	O	181,030	98.5	27.4	46	11	33	2
4. 산은금융지주㈜	2009.10	X	175,181	98.4	7.1	28	5	23	-
5. 농협금융지주㈜*	2012.3	X	171,155	99.9	0.0	13	7	6	-
6. ㈜하나금융지주	2005.12	O	166,044	68.1	28.1	12	8	4	-
7. 한국씨티금융지주	2010.6	X	57,051	95.6	1.5	4	3	1	-
8. 한국스탠다드차타드금융지주㈜	2009.6	X	55,290	80.1	23.8	5	5	-	-
9. 한국투자금융지주㈜*	2003.1	O	36,815	90.4	63.5	13	5	6	2
10. ㈜BS금융지주	2011.3	O	32,499	84.5	19.1	6	6	-	-
11. ㈜DGB금융지주	2011.5	O	22,159	94.4	3.3	3	3	-	-
12. ㈜메리츠금융지주	2011.3	X	7,805	97.5	38.6	9	7	2	-
(다) 합									
일반지주회사						1,176	542	549	85
금융지주회사						173	81	87	5
총합						1,349	623	636	90

주: 1) 재무현황 및 계열회사: 2011년 12월 현재.
　　2) * 대규모기업집단 소속.
　　3) 프라임개발㈜ 부채비율: 자본잠식.
출처: 공정거래위원회 홈페이지 자료.

(가) 일반지주회사: 114개

지주회사	설립·전환 시기 (연월)	상장 여부	자산 총액 (억 원)	지주 비율 (%)	부채 비율 (%)	계열회사(개)			
						합	자	손자	증손
1. SK이노베이션㈜*	2011.1	X	153,037	61.1	15.5	12	6	6	-
2. SK㈜*	2007.7	O	114,966	94.5	43.2	63	9	41	13
3. ㈜LG*	2001.4	O	77,036	86.7	4.0	54	15	35	4
4. ㈜GS*	2004.7	O	53,429	88.7	15.7	30	6	18	6
5. GS에너지㈜*	2012.1	X	50,453	86.1	36.4	17	11	6	-
6. ㈜두산*	2009.1	O	30,901	54.6	61.1	19	9	8	2
7. CJ㈜*	2007.9	O	30,241	86.2	17.7	54	11	33	10
8. ㈜부영*	2009.12	X	25,951	96.1	30.3	3	1	2	-
9. ㈜LS*	2008.7	O	18,283	89.2	7.7	27	5	21	1
10. 하이트진로홀딩스㈜*	2008.7	O	17,810	98.8	87.4	11	4	7	-
11. ㈜넥슨코리아	2013.1	X	17,248	52.0	22.1	8	8	-	-
12. ㈜아모레퍼시픽그룹*	2007.1	O	16,320	73.2	3.1	9	9	-	-
13. ㈜웅진홀딩스*	2008.1	O	15,265	50.9	-	20	8	11	1
14. 삼성종합화학㈜*	2004.1	X	13,844	77.9	2.5	1	1	-	-
15. 몰트홀딩㈜	2010.1	X	13,794	95.7	64.3	1	1	-	-
16. 농협경제지주㈜*	2012.3	X	12,941	79.8	1.6	13	13	-	-
17. ㈜한진중공업홀딩스*	2007.8	O	10,636	87.1	1.4	8	4	4	-
18. ㈜삼양홀딩스	2011.11	O	10,615	58.9	21.7	14	10	4	-
19. ㈜세아홀딩스*	2001.7	O	10,604	80.0	22.9	17	12	5	-
20. ㈜코오롱*	2010.1	O	10,553	80.5	71.3	30	9	20	1
21. ㈜셀트리온홀딩스	2010.11	X	10,130	88.9	91.5	5	4	1	-
22. 타이코화이어앤 시큐리티서비시즈코리아㈜	2012.10	X	9,030	99.3	210.1	6	5	1	-
23. 프라임개발㈜	2008.10	X	8,661	70.6	-	10	7	3	-
24. ㈜동원엔터프라이즈	2001.4	X	8,599	87.2	56.9	21	9	11	1
25. ㈜한진칼*	2013.8	O	8,143	62.7	53.3	8	7	1	-
26. ㈜티브로드홀딩스*	2008.11	X	6,908	78.1	138.7	12	5	7	-
27. ㈜대교홀딩스	2001.5	X	6,352	90.3	1.3	10	5	5	-
28. ㈜한진해운홀딩스*	2009.12	O	6,157	78.7	55.0	15	2	12	1
29. 케이엑스홀딩스㈜*	2013.3	X	5,989	100	0.0	15	1	14	-
30. 제일홀딩스㈜	2011.1	X	5,915	91.6	72.3	38	18	19	1
31. ㈜농심홀딩스	2003.7	O	5,705	99.7	11.0	8	6	2	-
32. ㈜대성합동지주*	2011.1	O	5,651	89.5	27.0	30	9	20	1
33. ㈜넥센	2013.1	O	5,532	61.9	36.1	10	5	4	1
34. SBS미디어홀딩스㈜*	2008.3	O	5,364	90.2	2.0	18	7	11	-
35. 키스코홀딩스㈜	2008.9	O	5,020	92.4	2.1	4	3	1	-

36. ㈜인터파크	2012.1	O	4,822	92.6	17.1	15	6	9	-
37. 디아이피홀딩스㈜*	2010.1	X	4,531	71.0	87.5	3	3	-	-
38. ㈜LIG	2011.11	X	4,486	69.5	82.8	9	5	4	-
39. ㈜풍산홀딩스	2008.7	O	4,419	69.4	9.7	7	5	2	-
40. 한미사이언스㈜	2011.1	O	4,286	69.1	9.8	4	3	1	-
41. ㈜영원무역홀딩스	2009.7	O	4,149	87.7	10.7	3	3	-	-
42. 동광주택산업㈜*	2011.1	X	4,075	99.9	24.4	1	1	-	-
43. ㈜현대HC&*	2006.1	O	3,923	81.5	4.5	12	9	3	-
44. ㈜S&T홀딩스	2008.2	O	3,890	89.5	0.1	7	3	4	-
45. 대상홀딩스㈜	2005.8	O	3,882	61.3	5.7	14	7	6	1
46. ㈜대명홀딩스	2009.1	X	3,817	76.7	42.5	12	3	9	-
47. KPX홀딩스㈜	2006.9	O	3,810	69.4	1.1	16	7	9	-
48. ㈜반도홀딩스	2008.3	X	3,585	92.8	11.5	28	3	25	-
49. ㈜유라	2013.3	X	3,556	100	0.0	2	2	-	-
50. ㈜티브로드전주방송*	2013.1	X	3,476	62.9	4561.3	5	3	1	1
51. 에이케이홀딩스㈜	2012.9	X	3,469	89.1	1.8	18	6	12	-
52. ㈜DH홀딩스	2008.1	X	3,466	95.2	2.8	5	3	2	-
53. 엠피씨코리아홀딩스㈜	2009.7	X	3,385	97.6	10.6	2	2	-	-
54. 동화홀딩스㈜	2003.10	O	3,371	77.7	49.2	8	8	-	-
55. ㈜나이스홀딩스	2012.8	O	3,266	90.4	3.2	21	16	5	-
56. ㈜풀무원홀딩스	2008.9	O	3,232	76.3	108.7	18	8	10	-
57. ㈜영앤선개발	2009.1	X	3,119	93.1	25.5	8	1	5	2
58. 일진홀딩스㈜	2008.7	O	3,091	90.3	15.0	10	6	4	-
59. ㈜동일홀딩스	2008.12	X	3,073	98.8	0.0	2	2	-	-
60. ㈜대웅	2002.10	O	3,039	84.7	6.1	16	12	4	-
61. ㈜네오위즈	2007.4	O	2,932	63.7	10.3	16	6	10	-
62. ㈜이지바이오	2013.1	O	2,868	60.0	73.5	24	8	13	3
63. ㈜SG홀딩스	2011.1	X	2,669	71.0	0.4	10	2	8	-
64. 넥스홀딩스㈜	2012.9	X	2,663	99.0	0.0	1	1	-	-
65. ㈜노루홀딩스	2006.6	O	2,649	72.1	34.9	11	8	3	-
66. ㈜한화도시개발*	2009.12	X	2,631	93.4	36.4	8	8	-	-
67. 오리온엔지니어드카본즈코리아㈜	2012.1	X	2,506	68.0	145.9	1	1	-	-
68. ㈜하림홀딩스	2011.1	X	2,500	56.0	14.5	15	14	1	-
69. ㈜이수	2003.8	X	2,445	80.1	138.7	9	4	5	-
70. ㈜디와이홀딩스	2008.12	X	2,384	97.8	3.9	7	2	1	4
71. 알파라발한국홀딩㈜	2008.9	X	2,372	98.8	260.2	3	3	-	-
72. ㈜와이엠에스에이	2011.1	X	2,349	69.3	7.3	5	2	3	-
73. JW홀딩스㈜	2008.1	O	2,278	78.6	60.9	9	6	3	-
74. 한국컴퓨터지주㈜	2002.5	X	2,150	60.4	23.6	9	7	2	-
75. 아이에스지주㈜	2012.11	X	2,099	99.9	5.7	7	2	5	-
76. ㈜휴맥스홀딩스	2010.3	O	2,094	74.8	0.7	9	4	5	-

77. 평화홀딩스㈜	2006.5	O	2,090	59.8	80.7	9	7	2	-
78. 금복홀딩스㈜	2010.11	X	2,074	98.9	5.4	3	3	-	-
79. ㈜이래엔에스	2012.1	X	2,072	93.6	69.9	1	1	-	-
80. ㈜아이디스홀딩스	2012.7	O	2,048	68.4	18.7	4	3	1	-
81. 엠에스에스홀딩스㈜	2013.4	X	2,046	97.7	99.5	6	6	-	-
82. 유니펩㈜	2011.1	X	2,035	96.0	25.7	2	1	1	-
83. ㈜한국전자홀딩스	2006.9	O	1,963	62.3	12.2	6	5	1	-
84. 서울도시개발㈜*	2011.1	X	1,961	97.6	17.3	23	3	20	-
85. ㈜동성홀딩스	2008.5	O	1,897	56.2	30.1	9	7	2	-
86. ㈜서령개발	2011.1	X	1,861	71.6	102.8	16	9	7	-
87. ㈜케이아이지	2012.1	X	1,858	74.4	103.8	13	6	6	1
88. ㈜디와이에셋	2008.12	X	1,846	77.7	1.4	5	1	4	-
89. ㈜송현홀딩스	2012.12	X	1,832	70.5	127.4	6	4	2	-
90. 한국콜마홀딩스㈜	2012.12	O	1,745	78.0	13.5	7	7	-	-
91. ㈜진양홀딩스	2008.1	O	1,733	67.5	0.4	9	9	-	-
92. 씨에스홀딩스㈜	2010.1	O	1,583	79.1	5.1	3	3	-	-
93. 아주L&F홀딩스㈜	2011.1	X	1,559	94.2	73.7	27	10	17	-
94. ㈜에실로코리아	2010.1	X	1,544	86.8	5.2	3	2	1	-
95. 신송홀딩스㈜	2012.1	X	1,539	99.7	22.1	2	2	-	-
96. ㈜시디즈	2012.7	X	1,532	70.2	14.0	2	2	-	-
97. 한국멀티플렉스투자㈜	2007.8	X	1,510	94.9	194.2	2	1	1	-
98. 코암시앤시개발㈜	2012.1	X	1,415	96.7	28.1	9	2	7	-
99. ㈜베바스토동희홀딩스	2012.1	X	1,372	63.3	13.7	1	1		
100. KC그린홀딩스㈜	2010.1	O	1,370	68.8	28.8	15	12	3	-
101. 우양수산㈜	2012.9	X	1,370	95.1	116.7	1	1	-	-
102. ㈜유승홀딩스	2010.1	X	1,355	93.8	10.3	1	1	-	-
103. 한세예스24홀딩스㈜	2009.6	O	1,334	79.1	12.1	3	2	1	-
104. 자일자동차㈜	2012.1	X	1,329	74.3	135.1	20	2	1	17
105. 씨앤에이치㈜	2009.9	O	1,290	66.7	34.6	7	6	1	-
106. ㈜심팩홀딩스	2012.11	X	1,245	66.4	44.2	5	3	2	-
107. ㈜고려에이치씨	2012.12	X	1,205	100	0.0	7	1	6	-
108. ㈜프랜차이즈서비스아시아리미티드	2013.6	X	1,183	95.5	87.6	1	1	-	-
109 ㈜한유엘엔에스	2013.1	X	1,128	52.1	83.7	6	5	1	-
110. ㈜BSE홀딩스	2006.1	O	1,124	87.9	0.8	5	2	3	-
111. ㈜싸이칸홀딩스	2013.7	X	1,090	82.1	1.5	3	3	-	-
112. ㈜SJM홀딩스	2011.1	O	1,077	67.0	0.1	5	4	1	-
113. 세화통운㈜	2012.1	X	1,067	90.8	42.9	4	3	1	-
114. ㈜티브로드도봉강북방송*	2012.1	X	1,025	70.6	61.0	1	1	-	-

(나) 금융지주회사: 13개

1. ㈜신한금융지주회사	2001.9	O	272,129	92.7	38.4	18	13	5	-
2. 우리금융지주㈜	2001.3	O	184,466	97.5	26.6	52	12	40	-
3. ㈜KB금융지주	2008.9	O	183,900	97.6	1.7	17	10	6	1
4. 농협금융지주㈜*	2012.3	X	179,304	98.9	4.9	13	7	6	-
5. 산은금융지주㈜	2009.10	X	175,820	98.6	5.1	27	5	22	-
6. ㈜하나금융지주	2005.12	O	161,802	99.3	28.0	18	10	8	-
7. 한국스탠다드차타드금융지주㈜	2009.6	X	59,343	74.9	31.3	5	5	-	-
8. 한국씨티금융지주	2010.6	X	56,365	96.8	0.5	4	3	1	-
9. 한국투자금융지주㈜*	2003.1	O	35,614	91.8	38.0	12	4	7	1
10. ㈜BS금융지주	2011.3	O	34,036	86.8	24.2	6	6	-	-
11. ㈜DGB금융지주	2011.5	O	25,271	85.7	17.5	5	5	-	-
12. ㈜메리츠금융지주	2011.3	X	7,991	97.7	35.4	8	7	1	-
13. ㈜JB금융지주	2013.7	O	7,087	100	0.0	2	1	1	-

(다) 합

일반지주회사	1,263	592	599	72
금융지주회사	187	88	97	2
총합	1,450	680	696	74

주: 1) 재무현황 및 계열회사: 2012년 12월 또는 설립·전환일(신규 설립·전환 회사의 경우) 현재.
   2) * 대규모기업집단 소속.
   3) ㈜웅진홀딩스, 프라임개발㈜ 부채비율: 자본잠식.
출처: 공정거래위원회 홈페이지 자료.

〈부록 표 1.14〉 존속 공정거래법상 지주회사 132개, 2014년 9월 (자산총액 순)

(가) 일반지주회사: 117개

지주회사	설립·전환 시기 (연월)	상장 여부	자산 총액 (억 원)	지주 비율 (%)	부채 비율 (%)	계열회사(개)			
						합	자	손자	증손
1. SK이노베이션㈜*	2011.1	O	144,867	64.5	10.0	13	8	5	-
2. SK㈜*	2007.7	O	113,463	91.7	41.2	62	9	43	10
3. ㈜LG*	2001.4	O	78,720	85.6	3.7	54	15	36	3
4. ㈜GS*	2004.7	O	53,803	88.1	13.3	34	6	22	6
5. GS에너지㈜*	2012.1	X	53,143	83.3	42.9	20	14	6	-
6. ㈜두산*	2009.1	O	32,916	51.6	67.3	14	7	6	1
7. CJ㈜*	2007.9	O	30,047	88.2	14.2	47	10	27	10
8. ㈜부영*	2009.12	X	28,198	96.4	30.3	3	1	2	-
9. SK E&S㈜*	2014.1	X	28,094	51.0	83.3	13	12	1	-
10. 한국타이어월드와이드㈜*	2013.7	O	23,532	75.6	3.6	9	3	5	1
11. ㈜LS*	2008.7	O	18,149	89.9	5.2	26	6	19	1
12. 하이트진로홀딩스㈜*	2008.7	O	17,681	98.9	90.6	10	3	6	1
13. ㈜아모레퍼시픽그룹*	2007.1	O	16,531	74.5	3.3	9	9	-	-
14. 삼성종합화학㈜*	2004.1	X	15,974	77.4	2.6	1	1	-	-
15. 농협경제지주㈜*	2012.3	X	14,240	81.5	0.6	14	13	1	-
16. 몰트홀딩㈜	2010.1	X	13,972	94.5	5.8	1	1	-	-
17. ㈜코오롱*	2010.1	O	11,345	79.9	81.4	30	9	19	2
18. ㈜삼양홀딩스	2011.11	O	11,222	64.8	17.4	12	12	-	-
19. ㈜한라홀딩스*	2014.9	O	10,901	51.6	61.3	11	3	4	4
20. ㈜한진중공업홀딩스*	2007.8	O	10,664	91.0	1.2	9	4	5	-
21. ㈜웅진홀딩스	2008.1	O	10,037	59.3	332.9	11	7	4	-
22. ㈜세아홀딩스*	2001.7	O	9,598	80.9	29.0	17	12	5	-
23. ㈜한진해운홀딩스*	2009.12	O	9,064	57.0	103.2	15	2	12	1
24. ㈜동원엔터프라이즈	2001.4	X	8,505	88.2	54.4	20	8	8	4
25. ㈜셀트리온홀딩스	2010.11	X	8,398	95.9	92.9	5	3	1	1
26. ㈜한진칼*	2013.8	O	8,313	60.1	54.1	8	7	1	-
27. 프라임개발㈜	2008.10	X	8,013	70.5	-341.1	10	7	3	-
28. ㈜대교홀딩스	2001.6	X	6,409	89.6	1.5	9	5	4	-
29. ㈜팔도	2014.1	X	5,969	58.8	68.8	12	2	9	1
30. ㈜농심홀딩스	2003.7	O	5,716	98.9	9.7	7	5	2	-
31. ㈜넥센	2013.1	O	5,503	63.3	30.6	10	5	4	1
32. 제일홀딩스㈜	2011.1	X	5,467	91.2	46.2	39	17	20	2
33. SBS미디어홀딩스㈜*	2008.3	O	5,366	89.2	2.2	17	6	11	-
34. 키스코홀딩스㈜	2008.9	O	5,074	91.4	0.8	4	3	1	-
35. ㈜대명홀딩스	2009.1	X	5,041	79.8	25.7	12	2	10	-
36. ㈜대성합동지주*	2011.1	O	5,033	85.6	27.5	22	9	13	-

37. 케이엑스홀딩스㈜*	2013.3	X	4,922	93.0	0.0	15	2	13	-
38. ㈜인터파크	2012.1	O	4,733	94.5	17.6	16	6	10	-
39. ㈜스마일게이트홀딩스	2011.1	X	4,713	57.1	7.3	9	2	7	-
40. 에이케이홀딩스㈜	2012.9	O	4,612	94.0	24.1	19	6	13	-
41. ㈜유라	2013.3	X	4,518	77.8	22.8	2	2	-	-
42. ㈜풍산홀딩스	2008.7	O	4,506	68.0	9.3	7	5	2	-
43. 한미사이언스㈜	2011.1	O	4,417	68.7	10.4	4	3	1	-
44. 동광주택산업㈜*	2011.1	X	4,406	100.0	23.1	1	1	-	-
45. 엠피씨코리아홀딩스㈜	2009.7	X	4,349	88.6	19.4	2	2	-	-
46. ㈜티브로드홀딩스*	2008.11	X	4,281	96.5	15.0	7	4	3	-
47. ㈜영원무역홀딩스	2009.7	O	4,117	90.5	8.4	3	3	-	-
48. ㈜현대HC&*	2006.1	O	4,100	90.3	3.5	14	12	2	-
49. ㈜와이비엠홀딩스	2009.1	X	4,094	92.8	21.2	7	1	4	2
50. 디아이피홀딩스㈜*	2010.1	X	4,072	62.1	19.9	2	2	-	-
51. ㈜동일홀딩스	2008.12	X	4,021	99.1	0.0	2	2	-	-
52. ㈜S&T홀딩스	2008.2	O	3,973	87.6	0.1	7	3	4	-
53. 대상홀딩스㈜	2005.8	O	3,887	64.7	5.7	16	7	8	1
54. KPX홀딩스㈜	2006.9	O	3,853	70.3	0.4	16	7	9	-
55. ㈜DH홀딩스	2008.1	X	3,769	94.6	1.2	5	3	2	-
56. ㈜반도홀딩스	2008.3	X	3,636	93.0	11.4	28	3	25	-
57. ㈜나이스홀딩스	2012.8	O	3,404	86.7	6.3	19	15	3	1
58. ㈜풀무원	2008.9	O	3,264	79.2	109.7	21	9	12	-
59. 알파라발한국홀딩㈜	2008.9	X	3,234	99.7	76.0	2	2	-	-
60. ㈜삼표	2013.10	X	3,208	62.5	11.6	7	5	2	-
61. ㈜케이피아이씨코포레이션	2013.11	X	3,110	80.1	12.6	2	1	1	-
62. ㈜대웅	2002.10	O	3,098	83.0	5.7	17	12	5	-
63. 아세아㈜	2013.10	O	3,059	52.8	17.2	11	2	8	1
64. 일진홀딩스㈜	2008.7	O	3,051	92.3	12.9	11	6	5	-
65. 타이코화이어앤시큐리티서비스코리아㈜	2012.10	X	3,001	96.9	-196.3	6	5	1	-
66. 넥스홀딩스㈜	2012.9	X	2,925	99.6	0.3	3	1	2	-
67. ㈜노루홀딩스	2006.6	O	2,816	67.8	32.5	11	8	3	-
68. JW홀딩스㈜	2008.1	O	2,756	72.4	65.9	9	6	3	-
69. 서울도시개발㈜*	2011.1	X	2,679	99.4	12.1	22	3	19	-
70. ㈜와이엠에스에이	2011.1	X	2,666	68.0	7.9	5	2	3	-
71. ㈜네오위즈홀딩스	2007.4	O	2,627	71.0	0.2	12	4	8	-
72. ㈜한화도시개발*	2009.12	X	2,586	99.4	37.7	6	6	-	-
73. ㈜케이아이지	2012.1	X	2,567	76.7	114.2	10	6	3	1
74. ㈜동성홀딩스	2014.7	O	2,566	59.0	41.4	9	8	1	-
75. ㈜디알비동일	2014.1	X	2,546	53.7	44.1	5	4	1	-
76. ㈜LIG	2011.11	X	2,535	80.3	148.8	8	5	3	-
77. ㈜하림홀딩스	2011.1	O	2,452	59.8	7.9	16	14	2	-

78. 금복홀딩스㈜	2010.11	X	2,395	98.5	4.9	3	3	-	-
79. 한국컴퓨터지주㈜	2002.5	X	2,376	64.8	24.7	9	7	2	-
80. ㈜디와이홀딩스	2008.12	X	2,351	98.6	3.0	7	2	1	4
81. ㈜신라홀딩스	2014.4	X	2,323	97.8	0.0	7	4	3	-
82. ㈜이수	2003.8	X	2,263	87.4	120.2	8	4	4	-
83. 아이에스지주㈜	2012.11	X	2,221	99.9	0.0	6	2	4	-
84. 평화홀딩스㈜	2006.5	O	2,121	60.6	81.9	9	7	2	-
85. ㈜이래엔에스	2012.1	X	2,084	93.9	67.2	1	1	-	-
86. 약진홀딩스㈜	2013.12	X	2,076	99.2	83.5	2	1	1	-
87. ㈜아이디스홀딩스	2012.7	O	2,070	73.8	17.2	4	3	1	-
88. ㈜휴맥스홀딩스	2010.3	O	2,066	90.4	0.7	10	4	6	-
89. ㈜송현홀딩스	2012.12	X	2,019	77.6	139.9	8	5	3	-
90. ㈜한국전자홀딩스	2006.9	O	1,983	67.3	12.1	6	5	1	-
91. 엠에스에스홀딩스㈜	2013.4	X	1,955	100.0	104.2	6	6	-	-
92. ㈜디와이에셋	2008.12	X	1,925	88.5	2.9	5	1	4	-
93. 오리온엔지니어드카본즈코리아(주)	2012.1	X	1,868	94.7	58.7	1	1	-	-
94. ㈜진양홀딩스	2008.1	O	1,819	61.8	0.7	9	9	-	-
95. ㈜시디즈	2012.7	X	1,783	77.1	7.7	3	3	-	-
96. 신송홀딩스㈜	2012.1	X	1,758	87.3	17.4	4	2	2	-
97. 한국콜마홀딩스㈜	2012.12	O	1,726	78.9	12.9	8	7	1	-
98. ㈜에실로코리아	2010.1	X	1,653	82.9	4.9	3	2	1	-
99. 코암시앤시개발㈜	2012.1	X	1,613	95.6	38.6	8	1	7	-
100. 비에스홀딩스㈜	2010.1	O	1,601	78.2	5.4	3	3		
101. 셔틀코리아홀딩스㈜	2013.7	X	1,588	99.5	68.0	1	1	-	-
102. ㈜베바스토동희홀딩스	2012.1	X	1,470	57.2	12.8	1	1	-	-
103. KC그린홀딩스㈜	2010.1	O	1,419	67.4	27.7	19	12	7	-
104. 자일상용차㈜	2012.1	X	1,412	76.6	161.9	16	2	1	13
105. ㈜유승홀딩스	2010.1	X	1,411	90.3	9.8	1	1	-	-
106. 우양수산㈜	2012.9	X	1,398	96.0	100.8	1	1	-	-
107. 한국멀티플렉스투자㈜	2007.8	X	1,339	97.0	297.9	2	1	1	-
108. 한세예스24홀딩스㈜	2009.6	O	1,326	79.6	10.6	4	2	2	-
109. ㈜고려에이치씨	2012.12	X	1,286	99.5	0.1	7	1	6	-
110. ㈜심팩홀딩스	2012.11	X	1,233	67.1	32.8	5	3	2	-
111. ㈜프랜차이즈서비스아시아리미티드	2013.6	X	1,185	95.4	85.4	1	1	-	-
112. ㈜BSE홀딩스	2006.1	O	1,153	85.7	3.2	5	2	3	-
113. ㈜한유엘엔에스	2013.1	X	1,152	56.8	56.4	6	5	1	-
114. 대한시멘트㈜	2014.1	X	1,116	50.2	61.4	1	1	-	-
115. ㈜제이앤드제이캐미칼	2013.12	X	1,079	59.3	87.7	6	4	2	-
116. ㈜SJM홀딩스	2011.1	O	1,070	67.5	0.1	5	4	1	-
117. ㈜원진	2014.1	X	1,036	63.3	17.7	9	3	6	-

(나) 금융지주회사: 15개

1. ㈜신한금융지주회사	2001.9	O	274,246	92.1	37.3	18	13	5	-
2. 농협금융지주㈜*	2012.3	X	192,131	98.5	10.3	11	7	4	-
3. ㈜KB금융지주	2008.9	O	186,645	98.0	3.4	18	11	6	1
4. ㈜하나금융지주	2005.12	O	182,185	98.2	28.3	19	10	8	1
5. 우리금융지주㈜	2001.3	O	179,819	98.7	30.8	61	14	47	-
6. 산은금융지주㈜	2009.10	X	173,934	99.7	4.5	40	5	30	5
7. 한국스탠다드차타드금융지주㈜	2009.6	X	57,107	77.5	26.3	5	5	-	-
8. 한국씨티금융지주	2010.6	X	56,046	97.3	0.6	4	3	1	-
9. 한국투자금융지주㈜	2003.5	O	35,400	90.2	31.5	10	4	5	1
10. ㈜BS금융지주	2011.3	O	35,077	89.9	28.1	6	6	-	-
11. ㈜DGB금융지주	2011.5	O	26,010	85.4	20.9	5	5	-	-
12. ㈜케이엔비금융지주	2014.5	X	14,559	99.2	7.4	1	1	-	-
13. ㈜케이제이비금융지주	2014.5	X	9,859	100.0	8.9	1	1	-	-
14. ㈜메리츠금융지주	2011.3	O	9,214	96.8	47.2	7	7	-	-
15. ㈜JB금융지주	2013.7	O	9,197	93.6	27.9	4	2	2	-

(다) 합

일반지주회사	1,224	574	578	72
금융지주회사	210	94	108	8
총합	1,434	668	686	80

주: 1) 재무현황 및 계열회사: 2013년 12월 또는 설립·전환일(2014년에 지주회사로 설립·전환된 경우) 현재.
   2) * 대규모기업집단 소속.
출처: 공정거래위원회 홈페이지 자료.

〈부록 표 1.15〉 존속 공정거래법상 지주회사 140개, 2015년 9월 (자산총액 순)

(가) 일반지주회사: 130개

지주회사	설립·전환 시기 (연월)	상장 여부	자산 총액 (억 원)	지주 비율 (%)	부채 비율 (%)	계열회사(개)			
						합	자	손자	증손
1. SK㈜*	2015.8	O	180,095	74.3	47.1	67	12	45	10
2. SK이노베이션㈜*	2011.1	O	145,086	64.5	11.7	13	9	4	-
3. ㈜LG*	2001.4	O	80,538	85.6	3.7	55	16	36	3
4. ㈜GS*	2004.7	O	58,962	90.0	23.3	37	7	25	5
5. GS에너지㈜*	2012.1	X	53,629	82.9	50.6	18	13	5	-
6. SK E&S㈜*	2000.1	X	33,190	55.1	92.5	11	10	1	-
7. ㈜부영*	2009.12	X	29,916	96.7	30.3	4	1	3	-
8. CJ㈜*	2007.9	O	29,788	89.8	12.5	49	9	32	8
9. 한국타이어월드와이드㈜*	2013.7	O	25,064	76.1	3.8	8	3	5	-
10. 삼성종합화학㈜*	2004.1	X	22,459	57.0	24.2	2	2	-	-
11. ㈜LS*	2008.7	O	21,508	82.8	23.4	24	6	17	1
12. 사이렌인베스트먼츠코리아㈜	2014.10	X	20,512	100.0	181.2	3	1	2	-
13. 하이트진로홀딩스㈜*	2008.7	O	17,773	98.6	86.6	10	3	6	1
14. 농협경제지주㈜*	2012.3	X	17,666	83.6	0.7	15	14	1	-
15. ㈜아모레퍼시픽그룹*	2007.1	O	16,807	73.3	2.8	10	9	1	-
16. ㈜한진칼*	2013.8	O	15,311	84.9	24.9	18	7	9	2
17. 몰트홀딩㈜	2010.1	X	13,581	97.2	2.9	1	1	-	-
18. ㈜삼양홀딩스	2011.11	O	13,097	56.5	27.0	10	8	2	-
19. ㈜한라홀딩스*	2014.9	O	12,476	88.6	48.7	15	4	7	4
20. ㈜한진중공업홀딩스*	2007.8	O	11,243	91.0	6.2	8	4	4	-
21. ㈜코오롱*	2010.1	O	10,665	81.8	106.7	34	8	23	3
22. ㈜세아홀딩스*	2001.7	O	9,699	80.7	20.8	15	11	4	-
23. ㈜동원엔터프라이즈	2001.4	X	9,312	83.3	67.5	20	7	9	4
24. ㈜셀트리온홀딩스	2010.11	X	8,414	95.8	99.1	4	2	1	1
25. 사이렌홀딩스코리아㈜	2014.10	X	8,150	99.7	0.2	4	1	1	2
26. ㈜웅진	2008.1	O	7,985	53.4	146.9	11	8	3	-
27. ㈜스마일게이트홀딩스	2011.1	X	6,829	65.7	4.2	12	6	6	-
28. ㈜파라다이스글로벌	2015.1	X	6,792	52.8	33.3	7	5	2	-
29. 이지스일호㈜*	2014.9	X	6,307	95.2	587.9	2	1	1	-
30. ㈜대교홀딩스	2001.6	X	6,266	88.0	1.2	9	5	4	-
31. 동아쏘시오홀딩스㈜	2014.10	O	6,043	52.3	64.6	14	11	3	-
32. ㈜팔도	2014.1	X	5,917	61.0	70.1	11	2	9	-
33. 제일홀딩스㈜	2011.1	X	5,840	83.9	45.7	44	17	25	2
34. 동원시스템즈㈜	2015.1	O	5,803	65.2	149.4	10	6	4	-
35. ㈜넥센	2013.1	O	5,685	63.8	28.6	8	4	3	1
36. ㈜농심홀딩스	2003.7	O	5,668	99.7	7.7	7	5	2	-

37. SBS미디어홀딩스㈜*	2008.3	O	5,356	89.5	0.9	15	7	8	-
38. ㈜유라	2013.3	X	5,247	68.8	34.8	2	2	-	-
39. 한솔홀딩스㈜*	2015.1	O	5,229	86.9	5.3	10	7	3	-
40. 엠피씨코리아홀딩스㈜	2009.7	X	5,137	86.3	21.3	2	2	-	-
41. 키스코홀딩스㈜	2008.9	O	5,131	90.3	2.0	4	3	1	-
42. 케이엑스홀딩스㈜*	2013.3	X	4,928	92.9	0.0	12	2	10	-
43. 한미사이언스㈜	2011.1	O	4,917	71.0	23.4	4	3	1	-
44. 에이케이홀딩스㈜	2012.9	O	4,909	96.2	8.8	22	7	15	-
45. ㈜동일홀딩스	2008.12	X	4,892	99.3	0.0	2	2	-	-
46. ㈜대명홀딩스	2009.1	X	4,816	71.5	22.2	14	2	11	1
47. ㈜티브로드*	2008.11	X	4,797	86.1	1.3	6	4	2	-
48. ㈜풍산홀딩스	2008.7	O	4,772	66.3	12.0	7	5	2	-
49. ㈜인터파크	2012.1	O	4,559	94.2	8.5	17	6	11	-
50. ㈜와이비엠홀딩스	2009.1	X	4,483	94.0	113.2	7	1	4	2
51. 동광주택산업㈜*	2011.1	X	4,341	98.7	27.3	1	1	-	-
52. ㈜현대HC&*	2006.1	O	4,159	89.9	2.7	11	9	2	-
53. ㈜영원무역홀딩스	2009.7	O	4,095	91.0	4.0	3	3	-	-
54. 대상홀딩스㈜	2005.8	O	4,001	61.0	5.4	17	7	9	1
55. ㈜S&T홀딩스	2008.2	O	3,992	87.5	0.1	6	3	3	-
56. ㈜대명화학	2012.1	X	3,954	65.1	125.6	16	11	4	1
57. 아세아㈜	2013.10	O	3,943	68.1	8.5	11	2	8	1
58. ㈜풀무원	2008.9	O	3,894	68.2	81.4	22	9	13	-
59. ㈜반도홀딩스	2008.3	X	3,842	92.6	10.7	26	2	24	-
60. ㈜나이스홀딩스	2012.8	O	3,745	83.7	15.3	20	13	6	1
61. ㈜동희홀딩스	2008.1	X	3,648	93.4	1.3	5	3	2	-
62. KPX홀딩스㈜	2006.9	O	3,645	66.4	2.3	15	6	9	-
63. ㈜삼표	2013.10	X	3,625	68.4	15.3	7	5	2	-
64. ㈜와이엠에스에이	2011.1	X	3,535	63.2	9.2	4	1	3	-
65. ㈜케이피아이씨코포레이션	2013.11	X	3,220	67.5	28.5	2	1	1	-
66. ㈜대웅	2002.10	O	3,160	81.4	5.6	17	12	5	-
67. 일진홀딩스㈜	2008.7	O	3,123	91.4	1.9	11	6	5	-
68. ㈜서연	2014.12	O	3,094	87.7	0.5	10	6	4	-
69. ㈜노루홀딩스	2006.6	O	2,902	65.7	29.6	15	11	4	-
70. 서울도시개발㈜*	2011.1	X	2,895	99.5	9.8	23	3	20	-
71. 알보젠코리아㈜	2015.1	O	2,886	66.3	55.9	1	1	-	-
72. JW홀딩스㈜	2008.1	O	2,794	71.4	72.1	9	6	3	-
73. ㈜네오위즈홀딩스	2007.4	O	2,724	67.5	0.1	13	3	10	-
74. 금복홀딩스㈜	2010.11	X	2,717	95.1	3.9	3	3	-	-
75. ㈜LIG	2011.11	X	2,698	80.5	130.3	6	3	3	-
76. 코스맥스비티아이㈜	2014.8	O	2,643	96.0	6.1	11	6	5	-
77. ㈜디알비동일	2014.1	X	2,590	52.8	39.9	5	4	1	-

78. 한국컴퓨터지주㈜	2002.5	X	2,517	66.4	20.6	9	7	2	-
79. ㈜동성코퍼레이션	2014.7	O	2,515	63.2	40.6	9	8	1	-
80. 한국멀티플렉스투자㈜	2007.8	X	2,475	99.1	68.7	1	1	-	-
81. ㈜한화도시개발*	2009.12	X	2,471	82.8	25.4	5	5	-	-
82. 아이에스지주㈜	2012.11	X	2,463	99.9	-	13	2	11	-
83. ㈜신라홀딩스	2014.4	X	2,435	98.1	0.0	7	4	3	-
84. ㈜하림홀딩스	2011.1	O	2,397	61.1	7.9	16	14	2	-
85. 대림에너지㈜*	2015.1	X	2,360	79.6	0.4	4	3	1	-
86. ㈜디와이홀딩스	2008.12	X	2,333	98.8	2.4	8	2	2	4
87. ㈜이수	2003.8	X	2,294	86.1	111.3	7	4	3	-
88. ㈜알보젠코리아홀딩스	2015.1	X	2,275	72.9	27.3	2	1	1	-
89. 한국콜마홀딩스㈜	2012.12	O	2,256	66.1	44.7	8	6	2	-
90. 피에이지에이씨와이티코리아홀딩스㈜	2015.5	X	2,237	89.4	120.4	2	1	1	-
91. 디와이㈜	2014.12	O	2,215	51.2	8.7	2	1	1	-
92. ㈜휴맥스홀딩스	2010.3	O	2,107	88.8	2.5	10	4	6	-
93. ㈜송현홀딩스	2012.12	X	2,030	76.4	158.0	9	6	3	-
94. 평화홀딩스㈜	2006.5	O	2,018	63.8	69.7	9	7	2	-
95. 덕산하이메탈㈜	2015.5	O	1,971	57.3	3.4	3	3	-	-
96. ㈜이래엔에스	2012.1	X	1,959	96.4	72.4	2	1	1	-
97. 엠에스에스홀딩스㈜	2013.4	X	1,932	98.1	116.0	6	6	-	-
98. 오리온엔지니어드카본즈코리아㈜	2012.1	X	1,899	89.8	8.8	1	1	-	-
99. ㈜시디즈	2012.7	X	1,868	77.2	10.7	3	3	-	-
100. 낙신홀딩스㈜	2013.12	X	1,866	98.3	56.9	2	1	1	-
101. ㈜디앤비컴퍼니	2015.5	X	1,857	95.6	12.2	7	1	5	1
102. ㈜진양홀딩스	2008.1	O	1,848	60.7	0.6	9	9	-	-
103. 알파라발한국홀딩㈜	2008.9	X	1,848	99.7	174.0	3	2	1	-
104. ㈜한국전자홀딩스	2006.9	O	1,813	72.9	2.0	4	4	-	-
105. ㈜옐로모바일	2015.3	X	1,810	81.2	22.2	49	9	35	5
106. ㈜아이디스홀딩스	2012.7	O	1,808	71.2	11.9	4	3	1	-
107. ㈜에실로코리아	2010.1	X	1,806	84.1	4.4	3	2	1	-
108. 신송홀딩스㈜	2012.1	O	1,744	88.0	17.5	4	2	2	-
109. 씨에스홀딩스㈜	2010.1	O	1,701	73.6	6.2	3	3	-	-
110. ㈜에스제이원	2015.2	X	1,665	100.0	0.0	5	1	3	1
111. 셔틀코리아홀딩스㈜	2013.7	X	1,643	99.7	179.1	1	1	-	-
112. ㈜베바스토동희홀딩스	2012.1	X	1,629	59.0	24.0	1	1	-	-
113. ㈜유승홀딩스	2010.1	X	1,594	84.8	8.8	2	1	1	-
114. ㈜심팩홀딩스	2012.11	X	1,530	61.2	40.0	6	3	3	-
115. ㈜고려에이치씨	2012.12	X	1,518	99.7	0.5	8	1	7	-
116. KC그린홀딩스㈜	2010.1	O	1,421	66.9	25.0	20	13	7	-
117. 한세예스24홀딩스㈜	2009.6	O	1,317	80.9	12.2	6	3	3	-
118. 우양수산㈜	2012.9	X	1,282	95.9	87.3	1	1	-	-

119. ㈜SJM홀딩스	2011.1	O	1,255	71.8	0.1	5	4	1	-
120. 자일상용차㈜	2012.1	X	1,231	80.4	174.1	15	2	1	12
121. ㈜원진	2014.1	X	1,216	70.0	13.9	9	4	5	-
122. ㈜코아시아홀딩스	2006.1	O	1,206	91.7	2.6	5	2	3	-
123. ㈜한유엘엔에스	2013.1	X	1,183	59.2	46.3	6	5	1	-
124. ㈜씨엠비홀딩스	2015.1	X	1,175	71.8	70.9	9	5	4	-
125. 넥스홀딩스㈜	2012.9	X	1,117	99.7	0.1	3	1	2	-
126. 대한시멘트㈜	2014.1	X	1,075	54.2	57.9	1	1	-	-
127. ㈜한일맨파워	2015.1	X	1,065	68.0	108.5	1	1	-	-
128. ㈜지엔에스	2015.1	X	1,037	70.5	39.6	6	5	1	-
129. 코암시앤시개발㈜	2012.1	X	1,014	54.6	267.1	10	1	8	1
130. 동진홀딩스㈜	2013.12	X	1,006	62.5	85.3	4	3	1	-

(나) 금융지주회사: 10개

1. ㈜신한금융지주회사	2001.9	O	270,945	93.0	33.9	18	13	5	-
2. 농협금융지주㈜*	2012.3	X	203,455	98.9	18.4	18	9	9	-
3. ㈜KB금융지주	2008.9	O	192,105	96.6	5.1	19	11	7	1
4. ㈜하나금융지주	2005.12	O	184,241	97.8	30.2	19	10	8	1
5. 한국스탠다드차타드금융지주㈜	2009.6	X	56,205	78.7	24.7	4	4	-	-
6. ㈜BNK금융지주	2011.3	O	45,395	98.3	27.8	7	7	-	-
7. 한국투자금융지주㈜	2003.5	O	38,312	84.3	40.9	9	4	5	-
8. ㈜DGB금융지주	2011.5	O	26,539	83.7	22.7	5	5	-	-
9. ㈜JB금융지주	2013.7	O	16,209	97.6	28.3	4	4	-	-
10. ㈜메리츠금융지주	2011.3	O	10,891	89.6	35.8	7	6	1	-

(다) 합

일반지주회사					1,352	616	658	78
금융지주회사					110	73	35	2
총합					1,462	689	693	80

주: 1) 재무현황 및 계열회사 – 2014년 12월 또는 설립·전환일(2015년에 지주회사로 설립·전환된 경우) 현재.
　　2) * 대규모기업집단 소속.
출처: 공정거래위원회 홈페이지 자료.

〈부록 2〉 한국재벌과 지주회사체제, 2001-2015년: 연도별 현황

* 1999년   : 신설 지주회사 및 지주회사체제 채택 재벌 없음.
  2000·2002년: 공정거래위원회 발표 자료 없음.

〈부록 표 2.1〉 재벌과 지주회사체제, 2001년 7월

(가) 2개 재벌

그룹 이름	순위	계열회사 (A, 개)	지주회사체제 지주회사 (a)	순위	계열회사 (b, 개)	a+b (B, 개)	지주회사체제 달성 비율 (B/A,%)
적극적인 지주회사체제 (1개)							
LG	3	43	㈜LGCI	1	(13)	(14)	(33)
소극적인 지주회사체제 (1개)							
SK	4	54	SK엔론	2	(13)	(14)	(26)

(나) 2개 일반지주회사

지주회사	순위	설립·전환 시기 (연.월)	자산 총액 (억 원)	지주 비율 (%)	부채 비율 (%)	계열회사 (개) 합	자	손자
적극적인 지주회사체제 소속 (1개)								
㈜LGCI	1	2001.4	26,500	77.0	121.6	(13)	13	–
소극적인 지주회사체제 소속 (1개)								
SK엔론	2	2000.1	5,733	96.1	–	(13)	11	(2)

주: 1) 그룹은 2001년 4월 현재; 지주회사 명단은 2001년 7월 현재이며, 재무현황 및 계열회사는 2000년 12월 현재인 것으로 보임.
   2) 공정거래위원회의 '지주회사' 자료에는 대규모사기업집단 소속 관련 정보가 별도로 표시되어 있지 않으며, '대규모기업집단' 자료 및 다른 연도의 '지주회사' 자료를 이용함.
   3) ㈜LGCI – 손자회사 정보 없음; SK엔론 – 손자회사 2000년 3월 현재, 부채비율 정보 없음.
출처: 〈부록 1〉, 공정거래위원회 홈페이지 자료.

〈부록 표 2.2〉 재벌과 지주회사체제, 2003년 7월

(가) 4개 재벌

그룹 이름	순위	계열회사 (A, 개)	지주회사체제 지주회사 (a)	순위	계열회사 (b, 개)	a+b (B, 개)	지주회사체제 달성 비율 (B/A, %)
적극적인 지주회사체제 (3개)							
LG	2	50	㈜LG	1	37	38	76
동원	32	17	동원엔터프라이즈	12	9	10	59
농심	42	10	농심홀딩스	9	4	5	50
소극적인 지주회사체제 (1개)							
SK	3	60	SK엔론	2	14	15	25

(나) 4개 일반지주회사

지주회사	순위	설립·전환 시기 (연.월)	자산 총액 (억 원)	지주 비율 (%)	부채 비율 (%)	계열회사 (개) 합	자	손자
적극적인 지주회사체제 소속 (3개)								
㈜LG	1	2001.4	57,583	103.7	58.7	37	17	20
농심홀딩스	9	2003.7	1,839	50.8	0	4	4	–
동원엔터프라이즈	12	2001.4	1,398	95.4	49.7	9	8	1
소극적인 지주회사체제 소속 (1개)								
SK엔론	2	2000.1	7,016	92.9	6.1	14	11	3

주: 1) 그룹은 2003년 4월 현재; 지주회사 명단은 2003년 7월, 재무현황 및 계열회사는 2002년 3월(동원엔터프라이즈) 또는 2002년 12
　　월(다른 지주회사) 현재.
　　2) ㈜LG = 2001년 ㈜LGCI; 동원그룹 소속 금융지주회사(동원금융지주)는 제외함.
출처: 〈부록 1〉, 공정거래위원회 홈페이지 자료.

<표 2.3> 재벌과 지주회사체제, 2004년 5월

(가) 6개 재벌

그룹			지주회사체제				지주회사체제
이름	순위	계열회사 (A, 개)	지주회사 (a)	순위	계열회사 (b, 개)	a+b (B, 개)	달성 비율 (B/A,%)
적극적인 지주회사체제 (4개)							
LG	2	46	㈜LG	1	37	38	83
동원	31	17	동원엔터프라이즈	14	9	10	59
세아	33	28	세아홀딩스	5	14	15	54
농심	39	12	농심홀딩스	8	6	7	59
소극적인 지주회사체제 (2개)							
삼성	1	63	삼성종합화학	2	1	2	3
SK	4	59	SK엔론	3	13	14	24

(나) 6개 일반지주회사

지주회사	순위	설립·전환 시기 (연.월)	자산 총액 (억 원)	지주 비율 (%)	부채 비율 (%)	계열회사 (개)		
						합	자	손자
적극적인 지주회사체제 소속 (4개)								
㈜LG	1	2001.4	61,750	97.0	44.3	37	17	20
세아홀딩스	5	2001.7	3,831	82.1	33.6	14	14	–
농심홀딩스	8	2003.7	2,854	99.9	2.0	6	6	–
농원엔터프라이즈	14	2001.4	1,398	96.9	7.0	9	8	1
소극적인 지주회사체제 소속 (2개)								
삼성종합화학	2	2004.1	10,529	51.2	89.7	1	1	–
SK엔론	3	2000.1	7,685	92.7	6.1	13	11	2

주: 1) 그룹은 2004년 4월 현재; 지주회사 명단은 2004년 5월, 재무현황 및 계열회사는 2003년 3월(동원엔터프라이즈) 또는 2003년 12월(다른 지주회사) 현재.
   2) 공정거래위원회의 '지주회사' 자료에는 대규모사기업집단 소속 관련 정보가 별도로 표시되어 있지 않으며, '대규모기업집단' 자료 및 다른 연도의 '지주회사' 자료를 이용함.
   3) 삼성그룹과 동원그룹 소속 금융지주회사(삼성에버랜드, 동원금융지주)는 제외함.
출처: 〈부록 1〉, 공정거래위원회 홈페이지 자료.

<부록 표 2.4> 재벌과 지주회사체제, 2005년 8월

(가) 9개 재벌

그룹 이름	순위	계열회사 (A, 개)	지주회사체제 지주회사 (a)	순위	계열회사 (b, 개)	a+b (B, 개)	지주회사체제 달성 비율 (B/A,%)
적극적인 지주회사체제 (4개)							
LG	3	38	㈜LG	1	33	34	89
STX	28	14	㈜STX	9	8	9	64
세아	32	28	세아홀딩스	7	15	16	57
농심	43	12	농심홀딩스	8	6	7	58
소극적인 지주회사체제 (5개)							
삼성	1	62	삼성종합화학	5	1	2	3
SK	4	50	SK엔론	4	12	13	26
롯데	5	41	롯데물산	3	4	5	
			롯데산업	16	1	2 [7]	17
GS	9	50	GS홀딩스	2	12	13	26
한화	10	30	한화도시개발	22	1	2	7

(나) 10개 일반지주회사

지주회사	순위	설립·전환 시기 (연.월)	상장 여부	자산 총액 (억 원)	지주 비율 (%)	부채 비율 (%)	계열회사 (개) 합	자	손자
적극적인 지주회사체제 소속 (4개)									
㈜LG	1	2001.4	O	43,491	101.6	25.7	33	15	18
세아홀딩스	7	2001.7	O	5,304	88.8	26.6	15	14	1
농심홀딩스	8	2003.7	O	3,594	99.8	6.8	6	6	–
㈜STX	9	2004.4	O	3,301	58.0	153.0	8	4	4
소극적인 지주회사체제 소속 (6개)									
GS홀딩스	2	2004.7	O	26,646	93.8	37.6	12	4	8
롯데물산	3	2005.1	X	9,707	55.8	11.9	4	1	3
SK엔론	4	2000.1	X	8,068	94.6	1.8	12	11	1
삼성종합화학	5	2004.1	X	7,212	97.1	1.3	1	1	–
롯데산업	16	2005.1	X	1,910	86.4	37.8	1	1	–
한화도시개발	22	2005.1	X	1,007	57.7	68.7	1	1	–

주: 그룹은 2005년 4월 현재; 지주회사 명단은 2005년 8월 현재이며, 재무현황 및 계열회사는 출처에 표시는 없으나 2004년 12월 현재인 것으로 보임.
출처: <부록 1>, 공정거래위원회 홈페이지 자료.

<부록 표 2.5> 재벌과 지주회사체제, 2006년 8월

(가) 9개 재벌

그룹			지주회사체제				지주회사체제
이름	순위	계열회사 (A, 개)	지주회사 (a)	순위	계열회사 (b, 개)	a+b (B, 개)	달성 비율 (B/A, %)
적극적인 지주회사체제 (5개)							
LG	4	30	㈜LG	1	28	29	97
GS	8	50	GS홀딩스	2	15	16	32
현대백화점	31	23	㈜HC&	16	9	10	43
세아	36	23	세아홀딩스	7	14	15	65
농심	44	12	농심홀딩스	9	6	7	58
소극적인 지주회사체제 (4개)							
삼성	1	59	삼성종합화학	5	1	2	3
SK	3	56	SK E&S	4	12	13	23
롯데	5	43	롯데물산	3	4	5	
			롯데산업	13	1	2 [7]	16
한화	11	31	한화도시개발	23	1	2	6

(나) 10개 일반지주회사

지주회사	순위	설립·전환 시기 (연.월)	자산 총액 (억 원)	지주 비율 (%)	부채 비율 (%)	계열회사 (개)		
						합	자	손자
적극적인 지주회사체제 소속 (5개)								
㈜LG	1	2001.4	47,964	96.0	18.0	28	14	14
GS홀딩스	2	2004.7	29,871	96.0	29.0	15	5	10
세아홀딩스	7	2001.7	6,423	90.8	25.8	14	14	-
농심홀딩스	9	2003.7	4,191	98.6	27.6	6	6	-
㈜HC&	16	2006.1	2,506	87.7	91.4	9	9	-
소극적인 지주회사체제 소속 (5개)								
롯데물산	3	2005.1	11,461	61.4	20.1	4	1	3
SK E&S	4	2000.1	8,996	93.0	11.0	12	11	1
삼성종합화학	5	2004.1	7,546	98.3	0.3	1	1	-
롯데산업	13	2005.1	2,282	84.5	27.7	1	1	-
한화도시개발	23	2005.1	1,366	99.2	6.5	1	1	-

주: 1) 그룹은 2006년 4월 현재; 지주회사 명단은 2006년 8월. 재무현황 및 계열회사는 2005년 12월 현재 (2006년 신설된 경우는 다른 기준이 적용될 수 있음).
　　2) 공정거래위원회의 '지주회사' 자료에는 대규모사기업집단 소속 관련 정보가 별도로 표시되어 있지 않으며, '대규모기업집단' 자료 및 다른 연도의 '지주회사' 자료를 이용함.
　　3) SK E&S = 2001-2005년 SK엔론.
출처: <부록 1>, 공정거래위원회 홈페이지 자료.

〈부록 표 2.6〉 재벌과 지주회사체제, 2007년 8월

(가) 14개 재벌

그룹 이름	순위	계열회사 (A, 개)	지주회사 (a)	순위	계열회사 (b, 개)	a+b (B, 개)	지주회사체제 달성 비율 (B/A, %)
적극적인 지주회사체제 (10개)							
SK	3	57	SK㈜	1	23	24	
			SK E&S	6	11	12 [34]	60
LG	4	31	㈜LG	2	28	29	94
GS	8	48	GS홀딩스	4	14	15	31
금호아시아나	9	38	금호산업	3	21	22	58
현대백화점	27	24	㈜HC&	21	10	11	46
한진중공업	32	4	한진중공업홀딩스	11	4	5	125
세아	38	22	세아홀딩스	9	14	15	68
농심	46	15	농심홀딩스	13	6	7	47
태평양	48	7	태평양	5	4	5	71
오리온	54	22	온미디어	15	9	10	45
소극적인 지주회사체제 (4개)							
삼성	1	59	삼성종합화학	8	1	2	3
현대자동차	2	36	차산골프장지주회사	36	1	2	6
한화	12	34	드림파마	12	5	6	18
CJ	19	64	CJ홈쇼핑	7	13	14	22

(나) 15개 일반지주회사

지주회사	순위	설립·전환 시기 (연.월)	자산 총액 (억 원)	지주 비율 (%)	부채 비율 (%)	계열회사 (개) 합	자	손자
적극적인 지주회사체제 소속 (11개)								
SK㈜	1	2007.7	64,788	88.3	86.3	23	7	16
㈜LG	2	2001.4	46,044	103.3	8.6	28	14	14
금호산업	3	2007.1	38,868	65.8	240.9	21	11	10
GS홀딩스	4	2004.7	32,729	95.0	24.7	14	5	9
태평양	5	2007.1	13,705	68.2	12.3	4	4	–
SK E&S	6	2000.1	9,530	94.5	14.8	11	10	1
세아홀딩스	9	2001.7	7,291	91.2	23.7	14	14	
한진중공업홀딩스	11	2007.8	5,872	54.1	52.3	4	4	
농심홀딩스	13	2003.7	4,494	97.8	24.4	6	6	–
온미디어	15	2000.6	4,121	60.1	4.0	9	8	1
㈜HC&	21	2006.1	2,797	87.1	0.9	10	9	1
소극적인 지주회사체제 소속 (4개)								
CJ홈쇼핑	7	2007.1	8,562	71.0	86.4	13	5	8
삼성종합화학	8	2004.1	7,937	96.7	2.7	1	1	–
드림파마	12	2007.4	5,280	63.8	104.1	5	5	–
차산골프장지주회사	36	2006.1	1,002	70.8	–	1	1	–

주: 1) 그룹은 2007년 4월 현재; 지주회사 명단은 2007년 8월, 재무현황 및 계열회사는 2006년 12월 또는 설립·전환일(2007년 설립·전환된 경우) 현재.
   2) SK E&S는 SK㈜의 자회사, SK㈜ 계열회사에는 SK E&S만 포함되어 있음, SK E&S 10개 자회사 포함시킴; 차산골프장지주회사 부채비율 – 자본잠식.
출처: 〈부록 1〉, 공정거래위원회 홈페이지 자료.

〈부록 표 2.7〉 재벌과 지주회사체제, 2008년 9월

(가) 11개 재벌

그룹 이름	순위	계열회사 (A, 개)	지주회사 (a)	순위	계열회사 (b, 개)	a+b (B, 개)	지주회사체제 달성 비율 (B/A, %)
적극적인 지주회사체제 (8개)							
SK	3	64	SK㈜	1	35	36	
			SK E&S	10	11	12 [47]	73
LG	4	36	㈜LG	2	29	30	83
GS	7	57	GS홀딩스	4	17	18	32
금호아시아나	10	52	금호산업	3	22	23	44
CJ	17	66	CJ㈜	5	43	44	
			CJ홈쇼핑	12	13	14 [50]	76
LS	18	24	㈜LS	6	14	15	63
한진중공업	29	5	한진중공업홀딩스	11	4	5	100
현대백화점	31	25	㈜HC&	24	10	11	44
소극적인 지주회사체제 (3개)							
삼성	1	59	삼성종합화학	13	1	2	3
한화	12	40	드림파마	16	5	6	15
대한전선	30	20	티이씨앤코	48	3	4	20

(나) 13개 일반지주회사

지주회사	순위	설립·전환 시기 (연.월)	상장 여부	자산 총액 (억 원)	지주 비율 (%)	부채 비율 (%)	계열회사 (개) 합	자	손자	증손
적극적인 지주회사체제 소속 (10개)										
SK㈜	1	2007.7	O	95,056	92.7	42.8	35	7	28	–
㈜LG	2	2001.4	O	55,988	98.3	10.2	29	14	15	–
금호산업	3	2007.1	O	41,240	57.4	272.8	22	8	14	
GS홀딩스	4	2004.7	O	35,587	94.5	26.5	17	5	12	
CJ㈜	5	2007.9	O	21,594	84.8	25.8	43	15	27	1
㈜LS	6	2008.7	O	17,364	89.7	16.1	14	4	10	
SK E&S	10	2000.1	X	9,989	94.8	17.7	11	10	1	
한진중공업홀딩스	11	2007.8	O	9,958	85.6	9.6	4	4	–	
CJ홈쇼핑	12	2007.1	O	8,886	68.4	85.9	13	5	7	1
㈜HC&	24	2006.1	X	3,018	93.2	19.1	10	9	1	–
소극적인 지주회사체제 소속 (3개)										
삼성종합화학	13	2004.1	X	8,833	98.3	3.3	1	1		
드림파마	16	2007.4	X	5,166	62.1	99.4	5	5		
티이씨앤코	48	2008.5	O	1,280	61.4	13.5	3	3	–	–

주: 1) 그룹은 2008년 4월 현재; 지주회사 명단은 2008년 9월, 재무현황 및 계열회사는 2007년 12월 또는 설립·전환일(2007년 8월-2008년 9월 설립·전환된 경우) 현재.
  2) SK E&S는 SK㈜의 자회사, SK㈜ 계열회사에는 SK E&S만 포함되어 있음, SK E&S 11개 계열회사 포함시킴; CJ홈쇼핑은 CJ㈜의 자회사, CJ㈜ 계열회사에는 CJ홈쇼핑만 포함되어 있음, CJ홈쇼핑 6개 계열회사(자회사 5개, 100% 손자회사 1개) 포함시킴.
출처: 〈부록 1〉, 공정거래위원회 홈페이지 자료.

<부록 표 2.8> 재벌과 지주회사체제, 2009년 9월

(가) 13개 재벌

그룹			지주회사체제				지주회사체제
이름	순위	계열회사 (A, 개)	지주회사 (a)	순위	계열회사 (b, 개)	a+b (B, 개)	달성 비율 (B/A, %)
적극적인 지주회사체제 (10개)							
SK	3	77	SK㈜	1	58	59	
			SK E&S	15	10	11 [59]	77
LG	4	52	㈜LG	2	45	46	88
GS	8	64	㈜GS	3	24	25	39
두산	12	26	두산	4	21	22	
			두산모트롤홀딩스	46	1	2 [22]	85
LS	17	32	㈜LS	7	19	20	63
CJ	19	61	CJ㈜	5	50	51	
			CJ오쇼핑	12	13	14 [51]	84
한진중공업	29	6	한진중공업홀딩스	10	5	6	100
현대백화점	33	22	㈜HC&	29	9	10	45
웅진	34	29	웅진홀딩스	8	18	19	66
세아	38	23	세아홀딩스	14	15	16	70
소극적인 지주회사체제 (3개)							
삼성	1	63	삼성종합화학	16	1	2	3
한화	13	44	드림파마	20	5	6	14
대한전선	25	32	티이씨앤코	69	4	5	16

(나) 16개 일반지주회사

지주회사	순위	설립·전환 시기 (연.월)	상장 여부	자산 총액 (억 원)	지주 비율 (%)	부채 비율 (%)	계열회사 (개)			
							합	자	손자	증손
적극적인 지주회사체제 소속 (13개)										
SK㈜	1	2007.7	O	96,197	96.6	41.7	58	8	42	8
㈜LG	2	2001.4	O	69,563	92.0	11.6	45	15	28	2
㈜GS	3	2004.7	O	44,557	89.9	25.6	24	5	19	–
두산	4	2009.1	O	27,910	57.6	78.3	21	11	8	2
CJ㈜	5	2007.9	O	27,811	62.8	40.4	50	14	33	3
㈜LS	7	2008.7	O	16,180	91.4	11.3	19	4	14	1
웅진홀딩스	8	2008.1	O	14,755	93.9	103.0	18	10	7	1
한진중공업홀딩스	10	2007.8	O	10,892	89.0	4.1	5	4	1	–
CJ오쇼핑	12	2007.1	O	9,699	57.8	94.1	13	5	7	1
세아홀딩스	14	2001.7	O	9,293	86.8	24.7	15	14	1	–
SK E&S	15	2000.1	X	9,095	89.0	13.7	10	9	1	–
㈜HC&	29	2006.1	X	3,530	84.9	37.4	9	9	–	–
두산모트롤홀딩스	46	2009.1	X	1,947	95.6	298.7	1	1	–	–

소극적인 지주회사체제 소속 (3개)										
삼성종합화학	16	2004.1	O	8,693	92.6	2.1	1	1	–	–
드림파마	20	2007.4	X	5,130	62.8	102.6	5	5	–	–
티이씨앤코	69	2008.5	O	1,013	58.8	14.0	4	2	2	–

주: 1) 그룹은 2009년 4월 현재; 지주회사 명단은 2009년 6월, 재무현황 및 계열회사는 2008년 12월 현재.
    2) CJ오쇼핑 = 2007-2008년 CJ홈쇼핑.
    3) SK E&S는 SK㈜의 자회사, SK㈜ 계열회사에는 SK E&S 및 10개 계열회사 포함되어 있음; 두산모트롤홀딩스는 두산의
       자회사, 두산 계열회사에는 두산모트롤홀딩스 및 1개 계열회사 포함되어 있음; CJ오쇼핑은 CJ㈜의 자회사, CJ㈜ 계열회사
       에는 CJ오쇼핑 및 8개 계열회사(자회사 7개, 100% 손자회사 1개) 포함되어 있음.
출처: 〈부록 1〉, 공정거래위원회 홈페이지 자료.

(가) 17개 재벌

그룹 이름	순위	계열회사 (A, 개)	지주회사체제 지주회사 (a)	순위	계열회사 (b, 개)	a+b (B, 개)	지주회사체제 달성 비율 (B/A, %)
적극적인 지주회사체제 (13개)							
SK	3	75	SK㈜	1	62	63	
			SK E&S	16	9	10 [63]	84
LG	4	53	㈜LG	2	45	46	87
GS	7	69	㈜GS	3	27	28	41
한진	10	37	한진해운홀딩스	32	11	12	32
두산	12	29	두산	6	21	22	
			디아이피홀딩스	47	3	4 [22]	76
LS	15	44	㈜LS	7	24	25	57
CJ	18	54	CJ㈜	5	46	47	
			CJ오쇼핑	13	5	6	
			오미디어홀딩스	27	10	11	
			온미디어	28	9	10 [58]	107
한진중공업	29	7	한진중공업홀딩스	14	6	7	100
웅진	33	24	웅진홀딩스	9	20	21	88
현대백화점	34	29	㈜HC&	37	13	14	48
코오롱	36	37	코오롱	24	29	30	81
하이트맥주	38	16	하이트홀딩스	10	13	14	88
세아	44	19	세아홀딩스	17	12	13	68
소극적인 지주회사체제 소속 (4개)							
삼성	1	67	삼성종합화학	15	1	2	3
한화	13	48	한화도시개발	33	8	9	19
부영	24	15	부영	4	2	3	20
대한전선	31	26	티이씨앤코	76	4	5	19

(나) 22개 일반지주회사

지주회사	순위	설립·전환 시기 (연.월)	상장 여부	자산 총액 (억 원)	지주 비율 (%)	부채 비율 (%)	계열회사 (개)			
							합	자	손자	증손
적극적인 지주회사체제 소속 (18개)										
SK㈜	1	2007.7	O	102,405	96.4	43.5	62	9	44	9
㈜LG	2	2001.4	O	80,141	92.2	8.3	45	16	27	2
㈜GS	3	2004.7	O	51,718	90.4	26.7	27	6	21	–
CJ㈜	5	2007.9	O	27,914	68.8	35.8	46	16	27	3
두산	6	2009.1	O	27,484	66.1	51.4	23	9	12	2
㈜LS	7	2008.7	O	17,971	89.6	12.6	24	4	19	1
웅진홀딩스	9	2008.1	O	17,838	90.0	118.5	20	9	9	2
하이트홀딩스	10	2008.7	O	17,172	95.7	91.7	13	5	8	–
CJ오쇼핑	13	2007.1	O	11,321	50.0	104.6	5	3	2	–
한진중공업홀딩스	14	2007.8	O	10,543	89.3	3.4	6	4	2	–
SK E&S	16	2000.1	X	9,612	88.8	56.5	9	9	–	–
세아홀딩스	17	2001.7	O	9,220	86.1	22.5	12	11	1	–
코오롱	24	2010.1	O	5,388	54.3	35.5	29	5	23	1
오미디어홀딩스	27	2010.9	X	4,749	92.1	58.1	10	1	9	–
온미디어	28	2000.6	O	4,493	67.0	2.6	9	9	–	–
한진해운홀딩스	32	2009.12	O	3,776	65.9	30.0	11	2	9	–
㈜HC&	37	2006.1	X	3,482	90.3	40.9	13	8	5	–
디아이피홀딩스	47	2010.1	X	2,920	66.0	77.6	3	3	–	–
소극적인 지주회사체제 (4개)										
부영	4	2009.12	X	39,396	96.9	0.5	2	2	–	–
삼성종합화학	15	2004.1	X	10,442	94.0	2.3	1	1	–	–
한화도시개발	33	2009.12	X	3,619	95.0	36.6	8	8	–	–
티이씨앤코	76	2008.5	O	1,203	57.7	19.8	4	2	2	–

주: 1) 그룹은 2010년 4월 현재; 지주회사 명단은 2010년 9월, 재무현황 및 계열회사는 2009년 12월 또는 설립·전환일(2010년 설립· 전환된 경우) 현재.
　　2) SK E&S는 SK㈜의 자회사, SK㈜ 계열회사에는 SK E&S 및 9개 계열회사 포함되어 있음; 디아이피홀딩스는 두산의 자회사, 두산 계열회사에는 디아이피홀딩스 및 3개 계열회사 포함되어 있음, 두산 계열회사에는 2개(자회사 1개, 손자회사 1개)가 잘못 포함되어 있어 바로 잡음; CJ오쇼핑은 CJ㈜의 자회사, 온미디어는 오미디어홀딩스의 자회사, CJ㈜ 계열회사에는 CJ오쇼핑 및 5개 계열회사 포함되어 있음, 오미디어홀딩스 계열회사에는 온미디어 및 9개 계열회사 포함되어 있음.
출처: 〈부록 1〉, 공정거래위원회 홈페이지 자료.

〈부록 표 2.10〉 재벌과 지주회사체제, 2011년 9월

(가) 20개 재벌

그룹			지주회사체제				지주회사체제
이름	순위	계열회사 (A, 개)	지주회사 (a)	순위	계열회사 (b, 개)	a+b (B, 개)	달성 비율 (B/A, %)
적극적인 지주회사체제 (15개)							
SK	3	86	SK이노베이션	1	16	17	
			SK㈜	2	66	67	
			SK E&S	13	9	10 [67]	78
LG	4	59	㈜LG	3	50	51	86
GS	8	76	㈜GS	4	31	32	42
한진	9	40	한진해운홀딩스	17	13	14	35
두산	12	25	두산	6	20	21	
			디아이피홀딩스	43	2	3 [21]	84
LS	15	47	㈜LS	7	26	27	57
CJ	16	65	CJ㈜	5	49	50	77
부영	23	16	부영	8	2	3	
			동광주택산업	39	1	2 [5]	31
현대백화점	30	26	현대HC&	29	11	12	46
한진중공업	31	8	한진중공업홀딩스	18	7	8	100
웅진	32	31	웅진홀딩스	9	19	20	65
코오롱	33	39	코오롱	20	30	31	79
하이트진로	42	15	하이트홀딩스	10	12	13	87
대성	43	73	대성합동지주	27	18	19	
			대성홀딩스	40	9	10	
			서울도시개발	88	19	20 [49]	67
세아	44	21	세아홀딩스	16	14	15	71
소극적인 지주회사체제 (5개)							
삼성	1	78	삼성종합화학	15	1	2	3
한화	10	55	한화도시개발	41	10	11	20
동부	20	38	동부인베스트먼트	42	1	2	5
대한전선	39	23	티이씨앤코	86	4	5	22
태광	46	50	티브로드홀딩스	25	10	11	22

(나) 26개 일반지주회사

지주회사	순위	설립·전환 시기 (연.월)	상장 여부	자산 총액 (억 원)	지주 비율 (%)	부채 비율 (%)	계열회사 (개)			
							합	자	손자	증손
적극적인 지주회사체제 소속 (21개)										
SK이노베이션	1	2011.1	X	141,457	63.3	27.7	16	7	9	–
SK㈜	2	2007.7	O	109,766	96.1	45.6	66	8	48	10
㈜LG	3	2001.4	O	73,396	87.6	5.3	50	15	33	2
㈜GS	4	2004.7	O	59,309	90.4	22.0	31	6	24	1
CJ㈜	5	2007.9	O	38,228	60.6	31.7	49	18	28	3
두산	6	2009.1	O	31,876	58.3	55.9	20	9	8	3
㈜LS	7	2008.7	O	20,711	91.1	10.4	26	4	21	1
부영	8	2009.12	X	19,249	94.7	27.9	2	2	–	–
웅진홀딩스	9	2008.1	O	18,494	84.1	109.4	19	8	10	1
하이트홀딩스	10	2008.7	O	16,679	96.7	178.5	12	5	7	–
SK E&S	13	2000.1	X	12,235	79.8	87.1	9	9	–	–
세아홀딩스	16	2001.7	O	11,107	87.0	24.2	14	12	2	–
한진해운홀딩스	17	2009.12	O	10,887	89.3	19.3	13	2	10	1
한진중공업홀딩스	18	2007.8	O	10,538	88.2	3.5	7	4	3	–
코오롱	20	2010.1	O	8,600	77.2	36.6	30	7	22	1
대성합동지주	27	2011.1	O	5,254	85.2	18.0	18	9	9	–
현대HC&	29	2006.1	O	4,314	73.5	28.8	11	8	3	–
통광주택산업	39	2011.1	X	3,425	97.8	23.6	1	1	–	–
대성홀딩스	40	2009.10	O	3,360	61.5	48.3	9	9	–	–
디아이피홀딩스	43	2010.1	X	3,191	67.0	45.9	2	2	–	–
서울도시개발	88	2011.1	X	1,115	90.5	60.2	19	2	17	–
소극적인 지주회사체제 소속 (5개)										
삼성종합화학	15	2004.1	X	11,436	88.9	2.8	1	1	–	–
티브로드홀딩스	25	2008.11	X	5,389	76.9	185.6	10	5	4	1
한화도시개발	41	2009.12	X	3,355	98.4	39.9	10	10	–	–
동부인베스트먼트	42	2011.1	X	3,269	88.5	292.8	1	1	–	–
티이씨앤코	86	2008.5	O	1,166	59.1	24.5	4	2	2	–

주: 1) 그룹은 2011년 4월 현재; 지주회사 명단은 2011년 9월, 재무현황 및 계열회사는 2010년 12월 현재.

2) 하이트진로그룹 = 2010년 하이트맥주그룹; 현대HC& = 2006 2010년 ㈜ IC&.

3) SK이노베이션과 SK E&S는 SK㈜의 자회사, SK㈜ 계열회사에는 SK이노베이션 및 11개 계열회사(자회사 7개, 100% 손자회사 4개) 그리고 SK E&S 및 9개 계열회사 포함되어 있음; 디아이피홀딩스는 두산의 자회사, 두산 계열회사에는 디아이피홀딩스 및 2개 계열회사 포함되어 있음.

출처: 〈부록 1〉, 공정거래위원회 홈페이지 자료.

〈부록 표 2.11〉 재벌과 지주회사체제, 2012년 9월

(가) 21개 재벌

그룹			지주회사체제				지주회사체제
이름	순위	계열회사 (A, 개)	지주회사 (a)	순위	계열회사 (b, 개)	a+b (B, 개)	달성 비율 (B/A, %)
적극적인 지주회사체제 (18개)							
SK	3	94	SK이노베이션	1	17	18	
			SK㈜	2	66	67 [67]	71
LG	4	63	㈜LG	3	51	52	83
GS	8	73	㈜GS	4	24	25	
			GS에너지	5	18	19 [25]	34
한진	9	45	한진해운홀딩스	21	15	16	36
두산	12	24	두산	7	20	21	
			디아이피홀딩스	32	3	4 [21]	88
CJ	14	84	CJ㈜	6	47	48	57
LS	15	50	㈜LS	10	27	28	56
부영	23	17	부영	8	3	4	
			동광주택산업	42	1	2 [6]	35
현대백화점	28	35	현대HC&	33	11	12	34
코오롱	30	40	코오롱	18	29	30	75
웅진	31	29	웅진홀딩스	9	23	24	83
농협	34	41	농협경제지주	15	13	14	
			농협금융지주	5	13	14 [28]	68
한진중공업	36	8	한진중공업홀딩스	16	7	8	100
대성	41	85	대성합동지주	26	28	29	
			대성홀딩스	43	9	10	
			서울도시개발	74	20	21 [60]	71
세아	42	24	세아홀딩스	17	16	17	71
태광	43	44	티브로드홀딩스	24	14	15	
			티브로드도봉강북방송	101	1	2 [15]	34
하이트진로	44	15	하이트진로홀딩스	11	12	13	87
태영	48	40	SBS미디어홀딩스	27	17	18	45
소극적인 지주회사체제 (3개)							
삼성	1	81	삼성종합화학	14	1	2	2
한화	10	53	한화도시개발	45	9	10	19
동부	19	56	동부인베스트먼트	48	2	3	5

(나) 28개 일반지주회사

지주회사	순위	설립·전환시기 (연.월)	상장여부	자산총액 (억 원)	지주비율 (%)	부채비율 (%)	계열회사 (개)			
							합	자	손자	증손
적극적인 지주회사체제 소속 (25개)										
SK이노베이션	1	2011.1	X	148,858	63.5	18.5	17	7	10	-
SK㈜	2	2007.7	O	112,409	96.1	45.4	66	8	46	12
㈜LG	3	2001.4	O	75,378	67.2	5.0	51	15	34	2
㈜GS	4	2004.7	O	53,917	87.9	15.9	24	6	10	8
GS에너지	5	2012.1	X	35,598	98.3	1.7	18	1	17	-
CJ㈜	6	2007.9	O	34,280	76.9	33.5	47	12	32	3
두산	7	2009.1	O	31,776	54.0	61.5	20	9	9	2
부영	8	2009.12	X	22,133	95.5	28.8	3	1	2	-
웅진홀딩스	9	2008.1	O	19,857	82.3	130.7	23	7	15	1
㈜LS	10	2008.7	O	18,303	89.1	10.1	27	5	21	1
하이트진로홀딩스	11	2008.7	O	18,152	97.0	140.0	12	4	8	-
농협경제지주	15	2012.3	X	12,215	80.5	0.0	13	13	-	-
한진중공업홀딩스	16	2007.8	O	10,641	87.0	1.7	7	4	3	-
세아홀딩스	17	2001.7	O	10,194	87.2	17.4	16	12	4	-
코오롱	18	2010.1	O	9,984	79.5	63.4	29	8	20	1
한진해운홀딩스	21	2009.12	O	8,652	87.3	35.3	15	2	12	1
티브로드홀딩스	24	2008.11	X	5,967	76.6	136.8	14	7	5	2
대성합동지주	26	2011.1	O	5,491	89.0	24.4	28	9	19	-
SBS미디어홀딩스	27	2008.3	O	5,406	91.2	5.0	17	8	9	-
디아이피홀딩스	32	2010.1	X	4,340	55.4	48.7	3	3	-	-
현대HC&	33	2006.1	O	4,227	75.0	20.6	11	8	3	-
동광주택산업	42	2011.1	X	3,721	99.0	27.1	1	1	-	-
대성홀딩스	43	2009.10	O	3,455	58.7	49.0	9	9	-	-
서울도시개발	74	2011.1	X	1,840	95.8	23.0	20	3	17	-
티브로드도봉강북방송	101	2012.1	X	1,065	68.0	83.4	1	1	-	-
소극적인 지주회사체제 소속 (3개)										
삼성종합화학	14	2004.1	X	12,543	82.8	3.3	1	1	-	-
한화도시개발	45	2009.12	X	3,357	87.6	34.6	9	9	-	-
동부인베스트먼트	48	2011.1	X	3,139	88.3	472.3	2	1	1	-
농협금융지주	5	2012.3	X	171,155	99.9	0.0	13	7	6	-

주: 1) 그룹은 2012년 4월 현재; 지주회사 명단은 2012년 9월, 재무현황 및 계열회사는 2011년 12월 현재.

2) 하이트진로홀딩스 = 2010-2011년 하이트홀딩스.

3) SK이노베이션은 SK㈜의 자회사, SK㈜ 계열회사에는 SK이노베이션 및 13개 계열회사(자회사 7개, 100% 손자회사 6개) 포함되어 있음; GS에너지는 ㈜GS의 자회사, ㈜GS 계열회사에는 GS에너지 및 9개 계열회사 (자회사 1개, 100% 손자회사 8개) 포함되어 있음; 디아이피홀딩스는 두산의 자회사, 두산 계열회사에는 디아이피홀딩스 및 3개 계열회사 포함되어 있음; 티브로드도봉강북방송은 티브로드홀딩스의 자회사, 티브로드홀딩스 계열회사에는 티브로드도봉강북방송 및 1개 계열회사 포함되어 있음.

4) 농협금융지주: 참고로 포함시켰으며, 순위는 12개 금융지주회사 중에서의 순위.

출처: 〈부록 1〉, 공정거래위원회 홈페이지 자료.

〈부록 표 2.12〉 재벌과 지주회사체제, 2013년 9월

(가) 21개 재벌

그룹 이름	순위	계열회사 (A, 개)	지주회사체제 지주회사 (a)	순위	계열회사 (b, 개)	a+b (B, 개)	지주회사체제 달성 비율 (B/A, %)
적극적인 지주회사체제 (19개)							
SK	3	81	SK이노베이션	1	12	13	
			SK㈜	2	63	64 [64]	79
LG	4	61	㈜LG	3	54	55	90
GS	8	79	㈜GS	4	30	31	
			GS에너지	5	17	18 [31]	39
농협	9	34	농협경제지주	16	13	14	
			농협금융지주	4	13	14 [28]	82
한진	10	45	한진칼	25	8	9	
			한진해운홀딩스	28	15	16 [25]	56
두산	13	25	두산	6	19	20	
			디아이피홀딩스	37	3	4 [20]	80
CJ	15	82	CJ㈜	7	54	55	
			케이엑스홀딩스	29	15	16 [55]	67
LS	17	49	㈜LS	9	27	28	57
부영	23	16	부영	8	3	4	
			동광주택산업	42	1	2 [6]	38
현대백화점	26	35	현대HC&	43	12	13	37
코오롱	32	38	코오롱	20	30	31	82
한진중공업	33	9	한진중공업홀딩스	17	8	9	100
대성	37	83	대성합동지주	32	30	31	
			서울도시개발	84	23	24 [55]	66
세아	42	23	세아홀딩스	19	17	18	78
태광	43	44	티브로드홀딩스	26	12	13	
			티브로드전주방송	50	5	6	
			티브로드도봉강북방송	114	1	2 [15]	34
하이트진로	47	14	하이트진로홀딩스	10	11	12	86
태영	48	40	SBS미디어홀딩스	34	18	19	48
웅진	49	25	웅진홀딩스	13	20	21	84
아모레퍼시픽	52	10	아모레퍼시픽그룹	12	9	10	100
소극적인 지주회사체제 (2개)							
삼성	1	76	삼성종합화학	14	1	2	3
한화	11	49	한화도시개발	66	8	9	18

(나) 30개 일반지주회사

지주회사	순위	설립·전환 시기 (연.월)	상장 여부	자산 총액 (억 원)	지주 비율 (%)	부채 비율 (%)	계열회사 (개)			
							합	자	손자	증손
적극적인 지주회사체제 소속 (28개)										
SK이노베이션	1	2011.1	X	153,037	61.1	15.5	12	6	6	-
SK㈜	2	2007.7	O	114,966	94.5	43.2	63	9	41	13
㈜LG	3	2001.4	O	77,036	86.7	4.0	54	15	35	4
㈜GS	4	2004.7	O	53,429	88.7	15.7	30	6	18	6
GS에너지	5	2012.1	X	50,453	86.1	36.4	17	11	6	-
두산	6	2009.1	O	30,901	54.6	61.1	19	9	8	2
CJ㈜	7	2007.9	O	30,241	86.2	17.7	54	11	33	10
부영	8	2009.12	X	25,951	96.1	30.3	3	1	2	-
㈜LS	9	2008.7	O	18,283	89.2	7.7	27	5	21	1
하이트진로홀딩스	10	2008.7	O	17,810	98.8	87.4	11	4	7	-
아모레퍼시픽그룹	12	2007.1	O	16,320	73.2	3.1	9	9	-	-
웅진홀딩스	13	2008.1	O	15,265	50.9	-	20	8	11	1
농협경제지주	16	2012.3	X	12,941	79.8	1.6	13	13	-	-
한진중공업홀딩스	17	2007.8	O	10,636	87.1	1.4	8	4	4	-
세아홀딩스	19	2001.7	O	10,604	80.0	22.9	17	12	5	-
코오롱	20	2010.1	O	10,553	80.5	71.3	30	9	20	1
한진칼	25	2013.8	O	8,143	62.7	53.3	8	7	1	-
티브로드홀딩스	26	2008.11	X	6,908	78.1	138.7	12	5	7	-
한진해운홀딩스	28	2009.12	O	6,157	78.7	55.0	15	2	12	1
케이엑스홀딩스	29	2013.3	X	5,989	100	0.0	15	1	14	-
대성합동지주	32	2011.1	O	5,651	89.5	27.0	30	9	20	1
SBS미디어홀딩스	34	2008.3	O	5,364	90.2	2.0	18	7	11	-
디아이피홀딩스	37	2010.1	X	4,531	71.0	87.5	3	3	-	-
동광주택산업	42	2011.1	X	4,075	99.9	24.4	1	1	-	-
현대HC&	43	2006.1	O	3,923	81.5	4.5	12	9	3	-
티브로드전주방송	50	2013.1	X	3,476	62.9	4561.3	5	3	1	1
서울도시개발	84	2011.1	X	1,961	97.6	17.3	23	3	20	-
티브로드도봉강북방송	114	2012.1	X	1,025	70.6	61.0	1	1	-	-
소극적인 지주회사체제 소속 (2개)										
삼성종합화학	14	2004.1	X	13,844	77.9	2.5	1	1	-	-
한화도시개발	66	2009.12	X	2,631	93.4	36.4	8	8	-	-
농협금융지주	4	2012.3	X	179,304	98.9	4.9	13	7	6	-

주: 1) 그룹은 2013년 4월 현재; 지주회사 명단은 2013년 9월, 재무현황 및 계열회사는 2012년 12월 또는 설립·전환일(신규 설립·전환 회사의 경우) 현재.
　　2) (그룹)아모레퍼시픽 = 2007년 태평양, (지주회사)아모레퍼시픽그룹 = 2007년 태평양.
　　3) SK이노베이션은 SK㈜의 자회사, SK㈜ 계열회사에는 SK이노베이션 및 10개 계열회사(자회사 6개, 100% 손자회사 4개) 포함되어 있음; GS에너지는 ㈜GS의 자회사, ㈜GS 계열회사에는 GS에너지 및 17개 계열회사 포함되어 있음; 디아이피홀딩스는 두산의 자회사, 두산 계열회사에는 디아이피홀딩스 및 3개 계열회사 포함되어 있음; 케이엑스홀딩스는 CJ㈜의 자회사, CJ㈜ 계열회사에는 케이엑스홀딩스 및 3개 계열회사(자회사 1개, 100% 손자회사 2개) 포함되어 있음; 티브로드전주방송은 티브로드홀딩스의 자회사, 티브로드홀딩스 계열회사에는 티브로드전주방송 및 3개 계열회사(자회사) 포함되어 있음, 티브로드도봉강북방송은 티브로드홀딩스의 자회사 아님.
　　4) 농협금융지주: 참고로 포함시켰으며, 순위는 13개 금융지주회사 중에서의 순위.
출처: 〈부록 1〉, 공정거래위원회 홈페이지 자료.

〈부록 표 2.13〉 재벌과 지주회사체제, 2014년 9월

(가) 22개 재벌

그룹			지주회사체제					지주회사체제
이름	순위	계열회사 (A, 개)	지주회사 (a)	순위	계열회사 (b, 개)	a+b (B, 개)		달성 비율 (B/A, %)
적극적인 지주회사체제 (19개)								
SK	3	80	SK이노베이션	1	13	14		
			SK㈜	2	62	63		
			SK E&S	9	13	14 [63]		79
LG	4	61	㈜LG	3	54	55		90
GS	8	80	㈜GS	4	34	35		
			GS에너지	5	20	21 [35]		44
농협	9	32	농협경제지주	15	14	15		
			농협금융지주	2	11	12 [27]		84
한진	10	48	한진해운홀딩스	23	15	16		
			한진칼	26	8	9 [25]		52
두산	13	22	두산	6	14	15		
			디아이피홀딩스	50	2	3 [15]		68
CJ	15	73	CJ㈜	7	47	48		
			케이엑스홀딩스	37	15	16 [50]		68
LS	16	51	㈜LS	11	26	27		53
부영	21	14	부영	8	3	4		
			동광주택산업	44	1	2 [6]		43
현대백화점	25	35	현대HC&	48	14	15		43
코오롱	31	37	코오롱	17	30	31		84
한진중공업	33	10	한진중공업홀딩스	20	9	10		100
한라	35	21	한라홀딩스	19	11	12		57
한국타이어	38	16	한국타이어월드와이드	10	9	10		63
대성	40	76	대성합동지주	36	22	23		
			서울도시개발	69	22	23 [46]		61
세아	44	22	세아홀딩스	22	17	18		82
태영	46	42	SBS미디어홀딩스	33	17	18		43
하이트진로	47	12	하이트진로홀딩스	12	10	11		92
아모레퍼시픽	48	10	아모레퍼시픽그룹	13	9	10		100
소극적인 지주회사체제 (3개)								
삼성	1	74	삼성종합화학	14	1	2		3
한화	11	51	한화도시개발	72	6	7		14
태광	39	34	티브로드홀딩스	46	7	8		24

(나) 30개 일반지주회사

지주회사	순위	설립·전환 시기 (연.월)	상장 여부	자산 총액 (억 원)	지주 비율 (%)	부채 비율 (%)	계열회사 (개)			
							합	자	손자	증손
적극적인 지주회사체제 소속 (27개)										
SK이노베이션	1	2011.1	O	144,867	64.5	10.0	13	8	5	-
SK㈜	2	2007.7	O	113,463	91.7	41.2	62	9	43	10
㈜LG	3	2001.4	O	78,720	85.6	3.7	54	15	36	3
㈜GS	4	2004.7	O	53,803	88.1	13.3	34	6	22	6
GS에너지	5	2012.1	X	53,143	83.3	42.9	20	14	6	-
두산	6	2009.1	O	32,916	51.6	67.3	14	7	6	1
CJ㈜	7	2007.9	O	30,047	88.2	14.2	47	10	27	10
부영	8	2009.12	X	28,198	96.4	30.3	3	1	2	-
SK E&S	9	2000.1	X	28,094	51.0	83.3	13	12	1	-
한국타이어월드와이드	10	2013.7	O	23,532	75.6	3.6	9	3	5	1
㈜LS	11	2008.7	O	18,149	89.9	5.2	26	6	19	1
하이트진로홀딩스	12	2008.7	O	17,681	98.9	90.6	10	3	6	1
아모레퍼시픽그룹	13	2007.1	O	16,531	74.5	3.3	9	9	-	-
농협경제지주	15	2012.3	X	14,240	81.5	0.6	14	13	1	-
코오롱	17	2010.1	O	11,345	79.9	81.4	30	9	19	2
한라홀딩스	19	2014.9	O	10,901	51.6	61.3	11	3	4	4
한진중공업홀딩스	20	2007.8	O	10,664	91.0	1.2	9	4	5	-
세아홀딩스	22	2001.7	O	9,598	80.9	29.0	17	12	5	-
한진해운홀딩스	23	2009.12	O	9,064	57.0	103.2	15	2	12	1
한진칼	26	2013.8	O	8,313	60.1	54.1	8	7	1	-
SBS미디어홀딩스	33	2008.3	O	5,366	89.2	2.2	17	6	11	-
대성합동지주	36	2011.1	O	5,033	85.6	27.5	22	9	13	-
케이엑스홀딩스	37	2013.3	X	4,922	93.0	0.0	15	2	13	-
동광주택산업	44	2011.1	X	4,406	100.0	23.1	1	1	-	-
현대HC&	48	2006.1	O	4,100	90.3	3.5	14	12	2	-
디아이피홀딩스	50	2010.1	X	4,072	62.1	19.9	2	2	-	-
서울도시개발	69	2011.1	X	2,679	99.4	12.1	22	3	19	-
소극적인 지주회사체제 소속 (3개)										
삼성종합화학	14	2004.1	X	15,974	77.4	2.6	1	1	-	-
티브로드홀딩스	46	2008.11	X	4,281	96.5	15.0	7	4	3	-
한화도시개발	72	2009.12	X	2,586	99.4	37.7	6	6	-	-
농협금융지주	2	2012.3	X	192,131	98.5	10.3	11	7	4	-

주: 1) 그룹은 2014년 4월 현재, 지주회사 명단은 2014년 9월, 재무현황 및 계열회사는 2013년 12월 또는 설립·전환일(2014년 설립·
전환된 경우) 현재 (계열회사 - SK E&S 2014년 1월, 한라홀딩스 2014년 7월 현재).
　　2) SK이노베이션과 SK E&S는 SK㈜의 자회사, SK㈜ 계열회사에는 SK이노베이션 및 12개 계열회사(자회사 8개, 100% 손자회사 4개)
그리고 SK E&S 및 13개 계열회사 포함되어 있음; GS에너지는 ㈜GS의 자회사, ㈜GS 계열회사에는 GS에너지 및 20개 계열회사
포함되어 있음; 디아이피홀딩스는 두산의 자회사, 두산 계열회사에는 디아이피홀딩스 및 2개 계열회사 포함되어 있음; 케이엑스홀딩스는
CJ㈜의 자회사, CJ㈜ 계열회사에는 케이엑스홀딩스 및 2개 계열회사(자회사) 포함되어 있음, 케이엑스홀딩스의 2개 계열회사(100%
손자회사)는 포함되어 있지 않아 바로 잡음.
　　3) 농협금융지주: 참고로 포함시켰으며, 순위는 15개 금융지주회사 중에서의 순위.
출처: 〈부록 1〉, 공정거래위원회 홈페이지 자료.

〈부록 표 2.14〉 재벌과 지주회사체제, 2015년 9월

(가) 24개 재벌

그룹			지주회사체제					지주회사체제
이름	순위	계열회사 (A, 개)	지주회사 (a)	순위	계열회사 (b, 개)	a+b (B, 개)		달성 비율 (B/A, %)
적극적인 지주회사체제 (19개)								
SK	3	82	SK㈜	1	67	68		
			SK이노베이션	2	13	14		
			SK E&S	6	11	12 [68]		83
LG	4	63	㈜LG	3	55	56		89
GS	7	79	㈜GS	4	37	38		
			GS에너지	5	18	19 [38]		48
농협	9	39	농협경제지주	14	15	16		
			농협금융지주	2	18	19 [35]		90
한진	10	46	한진칼	16	18	19		41
CJ	15	65	CJ㈜	8	49	50		
			케이엑스홀딩스	42	12	13 [52]		80
LS	16	48	㈜LS	11	24	25		52
부영	20	15	부영	7	4	5		
			동광주택산업	51	1	2 [7]		47
현대백화점	23	32	현대HC&	52	11	12		38
코오롱	32	43	코오롱	21	34	35		81
한진중공업	33	9	한진중공업홀딩스	20	8	9		100
한라	34	23	한라홀딩스	19	15	16		70
한국타이어	35	16	한국타이어월드와이드	9	8	9		56
세아	41	21	세아홀딩스	22	15	16		76
태영	44	44	SBS미디어홀딩스	37	15	16		36
아모레퍼시픽	46	12	아모레퍼시픽그룹	15	10	11		92
대성	47	73	서울도시개발	70	23	24		33
하이트진로	48	12	하이트진로홀딩스	13	10	11		92
한솔	50	21	한솔홀딩스	39	10	11		52
소극적인 지주회사체제 (5개)								
삼성	1	67	삼성종합화학	10	2	3		4
롯데	5	80	이지스일호	29	2	3		4
한화	11	52	한화도시개발	81	5	6		12
대림	19	24	대림에너지	85	4	5		21
태광	40	32	티브로드	47	6	7		22

(나) 29개 일반지주회사

지주회사	순위	설립·전환 시기 (연.월)	상장 여부	자산 총액 (억 원)	지주 비율 (%)	부채 비율 (%)	계열회사 (개) 합	자	손자	증손
적극적인 지주회사체제 소속 (24개)										
SK㈜	1	2015.8	O	180,095	74.3	47.1	67	12	45	10
SK이노베이션	2	2011.1	O	145,086	64.5	11.7	13	9	4	-
㈜LG	3	2001.4	O	80,538	85.6	3.7	55	16	36	3
㈜GS	4	2004.7	O	58,962	90.0	23.3	37	7	25	5
GS에너지	5	2012.1	X	53,629	82.9	50.6	18	13	5	-
SK E&S	6	2000.1	X	33,190	55.1	92.5	11	10	1	-
부영	7	2009.12	X	29,916	96.7	30.3	4	1	3	-
CJ㈜	8	2007.9	O	29,788	89.8	12.5	49	9	32	8
한국타이어월드와이드	9	2013.7	O	25,064	76.1	3.8	8	3	5	-
㈜LS	11	2008.7	O	21,508	82.8	23.4	24	6	17	1
하이트진로홀딩스	13	2008.7	O	17,773	98.6	86.6	10	3	6	1
농협경제지주	14	2012.3	X	17,666	83.6	0.7	15	14	1	-
아모레퍼시픽그룹	15	2007.1	O	16,807	73.3	2.8	10	9	1	-
한진칼	16	2013.8	O	15,311	84.9	24.9	18	7	9	2
한라홀딩스	19	2014.9	O	12,476	88.6	48.7	15	4	7	4
한진중공업홀딩스	20	2007.8	O	11,243	91.0	6.2	8	4	4	-
코오롱	21	2010.1	O	10,665	81.8	106.7	34	8	23	3
세아홀딩스	22	2001.7	O	9,699	80.7	20.8	15	11	4	-
SBS미디어홀딩스	37	2008.3	O	5,356	89.5	0.9	15	7	8	-
한솔홀딩스	39	2015.1	O	5,229	86.9	5.3	10	7	3	-
케이엑스홀딩스	42	2013.3	X	4,928	92.9	0.0	12	2	10	-
동광주택산업	51	2011.1	X	4,341	98.7	27.3	1	1	-	-
현대HC&	52	2006.1	O	4,159	89.9	2.7	11	9	2	-
서울도시개발	70	2011.1	X	2,895	99.5	9.8	23	3	20	-
소극적인 지주회사체제 소속 (5개)										
삼성종합화학	10	2004.1	X	22,459	57.0	24.2	2	2	-	-
이지스일호	29	2014.9	X	6,307	95.2	587.9	2	1	1	-
티브로드	47	2008.11	X	4,797	86.1	1.3	6	4	2	-
한화도시개발	81	2009.12	X	2,471	82.8	25.4	5	5	-	-
대림에너지	85	2015.1	X	2,360	79.6	0.4	4	3	1	-
농협금융지주	2	2012.3	X	203,455	98.9	18.4	18	9	9	-

주: 1) 그룹은 2015년 4월, 지주회사 명단은 2015년 9월, 재무현황 및 계열회사는 2014년 12월 또는 설립·전환일(2015년 설립·전환된 경우) 현재 (계열회사 - 대림에너지와 한솔홀딩스는 2015년 1월, SK㈜는 2015년 8월 현재).

　2) SK이노베이션과 SK E&S는 SK㈜의 자회사, SK㈜ 계열회사에는 SK이노베이션 및 12개 계열회사(자회사 9개, 100% 손자회사 3개) 그리고 SK E&S 및 11개 계열회사 포함되어 있음; GS에너지는 ㈜GS의 자회사, ㈜GS 계열회사에는 GS에너지 및 18개 계열회사 포함되어 있음; 케이엑스홀딩스는 CJ㈜의 자회사, CJ㈜ 계열회사에는 케이엑스홀딩스 및 2개 계열회사(자회사) 포함되어 있음, 케이엑스홀딩스의 2개 계열회사(100% 손자회사)는 포함되어 있지 않아 바로 잡음.

　3) 농협금융지주: 참고로 포함시켰으며, 순위는 10개 금융지주회사 중에서의 순위.

출처: 〈부록 1〉, 공정거래위원회 홈페이지 자료.

〈부록 3〉 한국재벌과 지주회사체제, 2001-2015년: 34개 재벌별 현황

〈부록 표 3.1〉 2015년 현재 적극적인 지주회사체제를 채택한 19개 재벌: '1-10위' 5개

(1) SK그룹, 2001-2015년

연도	그룹		지주회사체제					지주회사체제
	순위	계열회사 (A, 개)	지주회사 (a)	순위	계열회사 (b, 개)	a+b (B, 개)		달성 비율 (B/A, %)
2001	4	54	SK엔론	2	(13)	(14)		(26)
2003	3	60	SK엔론	2	14	15		25
2004	4	59	SK엔론	3	13	14		24
2005	4	50	SK엔론	4	12	13		26
2006	3	56	SK E&S	4	12	13		23
2007	3	57	SK㈜	1	23	24		
			SK E&S	6	11	12 [34]		60
2008	3	64	SK㈜	1	35	36		
			SK E&S	10	11	12 [47]		73
2009	3	77	SK㈜	1	58	59		
			SK E&S	15	10	11 [59]		77
2010	3	75	SK㈜	1	62	63		
			SK E&S	16	9	10 [63]		84
2011	3	86	SK이노베이션	1	16	17		
			SK㈜	2	66	67		
			SK E&S	13	9	10 [67]		78
2012	3	94	SK이노베이션	1	17	18		
			SK㈜	2	66	67 [67]		71
2013	3	81	SK이노베이션	1	12	13		
			SK㈜	2	63	64 [64]		79
2014	3	80	SK이노베이션	1	13	14		
			SK㈜	2	62	63		
			SK E&S	9	13	14 [63]		79
2015	3	82	SK㈜	1	67	68		
			SK이노베이션	2	13	14		
			SK E&S	6	11	12 [68]		83

(2) LG그룹, 2001-2015년

연도	그룹		지주회사체제				지주회사체제
	순위	계열회사 (A, 개)	지주회사 (a)	순위	계열회사 (b, 개)	a+b (B, 개)	달성 비율 (B/A, %)
2001	3	43	㈜LGCI	1	(13)	(14)	(33)
2003	2	50	㈜LG	1	37	38	76
2004	2	46	㈜LG	1	37	38	83
2005	3	38	㈜LG	1	33	34	89
2006	4	30	㈜LG	1	28	29	97
2007	4	31	㈜LG	2	28	29	94
2008	4	36	㈜LG	2	29	30	83
2009	4	52	㈜LG	2	45	46	88
2010	4	53	㈜LG	2	45	46	87
2011	4	59	㈜LG	3	50	51	86
2012	4	63	㈜LG	3	51	52	83
2013	4	61	㈜LG	3	54	55	90
2014	4	61	㈜LG	3	54	55	90
2015	4	63	㈜LG	3	55	56	89

(3) GS그룹, 2005-2015년

연도	그룹		지주회사체제				지주회사체제
	순위	계열회사 (A, 개)	지주회사 (a)	순위	계열회사 (b, 개)	a+b (B, 개)	달성 비율 (B/A, %)
2005	9	50	GS홀딩스	2	12	13	26
2006	8	50	GS홀딩스	2	15	16	32
2007	8	48	GS홀딩스	4	14	15	31
2008	7	57	GS홀딩스	4	17	18	32
2009	8	64	㈜GS	3	24	25	39
2010	7	69	㈜GS	3	27	28	41
2011	8	76	㈜GS	4	31	32	42
2012	8	73	㈜GS	4	24	25	
			GS에너지	5	18	19 [25]	34
2013	8	79	㈜GS	4	30	31	
			GS에너지	5	17	18 [31]	39
2014	8	80	㈜GS	4	34	35	
			GS에너지	5	20	21 [35]	44
2015	7	79	㈜GS	4	37	38	
			GS에너지	5	18	19 [38]	48

(4) 농협그룹, 2012–2015년

| 연도 | 그룹 | | 지주회사체제 | | | | 지주회사체제 |
	순위	계열회사 (A, 개)	지주회사 (a)	순위	계열회사 (b, 개)	a+b (B, 개)	달성 비율 (B/A, %)
2012	34	41	농협경제지주	15	13	14	
			농협금융지주	5	13	14 [28]	68
2013	9	34	농협경제지주	16	13	14	
			농협금융지주	4	13	14 [28]	82
2014	9	32	농협경제지주	15	14	15	
			농협금융지주	2	11	12 [27]	84
2015	9	39	농협경제지주	14	15	16	
			농협금융지주	2	18	19 [35]	90

(5) 한진그룹, 2010–2015년

| 연도 | 그룹 | | 지주회사체제 | | | | 지주회사체제 |
	순위	계열회사 (A, 개)	지주회사 (a)	순위	계열회사 (b, 개)	a+b (B, 개)	달성 비율 (B/A, %)
2010	10	37	한진해운홀딩스	32	11	12	32
2011	9	40	한진해운홀딩스	17	13	14	35
2012	9	45	한진해운홀딩스	21	15	16	36
2013	10	45	한진칼	25	8	9	
			한진해운홀딩스	28	15	16 [25]	56
2014	10	48	한진해운홀딩스	23	15	16	
			한진칼	26	8	9 [25]	52
2015	10	46	한진칼	16	18	19	41

주: SK엔론 = SK E&S, SK E&S와 SK이노베이션은 SK㈜의 자회사; ㈜LGCI = ㈜LG; GS홀딩스 = ㈜GS; 농협금융지주의 순위는 금융지주회사 중에서의 순위.
출처: 〈부록 2〉.

<보록 표 3.2> 2015년 현재 적극적인 지주회사체제를 채택한 19개 재벌:
'11-30위' 4개

(1) CJ그룹, 2007-2015년

연도	그룹		지주회사체제					지주회사체제
	순위	계열회사 (A, 개)	지주회사 (a)	순위	계열회사 (b, 개)	a+b (B, 개)		달성 비율 (B/A, %)
2007	19	64	CJ홈쇼핑	7	13	14		22
2008	17	66	CJ㈜	5	43	44		
			CJ홈쇼핑	12	13	14 [50]		76
2009	19	61	CJ㈜	5	50	51		
			CJ오쇼핑	12	13	14 [51]		84
2010	18	54	CJ㈜	5	46	47		
			CJ오쇼핑	13	5	6		
			오미디어홀딩스	27	10	11		
			온미디어	28	9	10 [58]		107
2011	16	65	CJ㈜	5	49	50		77
2012	14	84	CJ㈜	6	47	48		57
2013	15	82	CJ㈜	7	54	55		
			케이엑스홀딩스	29	15	16 [55]		67
2014	15	73	CJ㈜	7	47	48		
			케이엑스홀딩스	37	15	16 [50]		68
2015	15	65	CJ㈜	8	49	50		
			케이엑스홀딩스	42	12	13 [52]		80

(2) LS그룹, 2008-2015년

연도	그룹		지주회사체제					지주회사체제
2008	18	24	㈜LS	6	14	15		63
2009	17	32	㈜LS	7	19	20		63
2010	15	44	㈜LS	7	24	25		57
2011	15	47	㈜LS	7	26	27		57
2012	15	50	㈜LS	10	27	28		56
2013	17	49	㈜LS	9	27	28		57
2014	16	51	㈜LS	11	26	27		53
2015	16	48	㈜LS	11	24	25		52

(3) 부영그룹, 2010-2015년

| 연도 | 그룹 | | 지주회사체제 | | | | 지주회사체제 |
	순위	계열회사 (A, 개)	지주회사 (a)	순위	계열회사 (b, 개)	a+b (B, 개)	달성 비율 (B/A, %)
2010	24	15	부영	4	2	3	20
2011	23	16	부영	8	2	3	
			동광주택산업	39	1	2 [5]	31
2012	23	17	부영	8	3	4	
			동광주택산업	42	1	2 [6]	35
2013	23	16	부영	8	3	4	
			동광주택산업	42	1	2 [6]	38
2014	21	14	부영	8	3	4	
			동광주택산업	44	1	2 [6]	43
2015	20	15	부영	7	4	5	
			동광주택산업	51	1	2 [7]	47

(4) 현대백화점그룹, 2006-2015년

연도	순위	계열회사	지주회사	순위	계열회사	a+b	달성 비율
2006	31	23	㈜HC&	16	9	10	43
2007	27	24	㈜HC&	21	10	11	46
2008	31	25	㈜HC&	24	10	11	44
2009	33	22	㈜HC&	29	9	10	45
2010	34	29	㈜HC&	37	13	14	48
2011	30	26	현대HC&	29	11	12	46
2012	28	35	현대HC&	33	11	12	34
2013	26	35	현대HC&	43	12	13	37
2014	25	35	현대HC&	48	14	15	43
2015	23	32	현대HC&	52	11	12	38

주: CJ홈쇼핑 = CJ오쇼핑, CJ오쇼핑과 케이엑스홀딩스는 CJ㈜의 자회사, 온미디어는 오미디오홀딩스의 자회사, 온미디어는 2007년 오리온그룹 소속; ㈜HC& = 현대HC&.
출처: 〈부록 2〉.

<부록 표 3.3> 2015년 현재 적극적인 지주회사체제를 채택한 19개 재벌:
'31위 이하' 10개

(1) 코오롱그룹, 2010-2015년

연도	그룹		지주회사체제				지주회사체제
	순위	계열회사 (A, 개)	지주회사 (a)	순위	계열회사 (b, 개)	a+b (B, 개)	달성 비율 (B/A, %)
2010	36	37	코오롱	24	29	30	81
2011	33	39	코오롱	20	30	31	79
2012	30	40	코오롱	18	29	30	75
2013	32	38	코오롱	20	30	31	82
2014	31	37	코오롱	17	30	31	84
2015	32	43	코오롱	21	34	35	81

(2) 한진중공업그룹, 2007-2015년

연도	순위	계열회사	지주회사	순위	계열회사	a+b	달성 비율
2007	32	4	한진중공업홀딩스	11	4	5	125
2008	29	5	한진중공업홀딩스	11	4	5	100
2009	29	6	한진중공업홀딩스	10	5	6	100
2010	29	7	한진중공업홀딩스	14	6	7	100
2011	31	8	한진중공업홀딩스	18	7	8	100
2012	36	8	한진중공업홀딩스	16	7	8	100
2013	33	9	한진중공업홀딩스	17	8	9	100
2014	33	10	한진중공업홀딩스	20	9	10	100
2015	33	9	한진중공업홀딩스	20	8	9	100

(3) 한라그룹, 2014-2015년

연도	순위	계열회사	지주회사	순위	계열회사	a+b	달성 비율
2014	35	21	한라홀딩스	19	11	12	57
2015	34	23	한라홀딩스	19	15	16	70

(4) 한국타이어그룹, 2014-2015년

연도	순위	계열회사	지주회사	순위	계열회사	a+b	달성 비율
2014	38	16	한국타이어월드와이드	10	9	10	63
2015	35	16	한국타이어월드와이드	9	8	9	56

(5) 세아그룹, 2004-2015년

연도	순위	계열회사	지주회사	순위	계열회사	a+b	달성 비율
2004	33	28	세아홀딩스	5	14	15	54
2005	32	28	세아홀딩스	7	15	16	57
2006	36	23	세아홀딩스	7	14	15	65
2007	38	22	세아홀딩스	9	14	15	68
2009	38	23	세아홀딩스	14	15	16	70
2010	44	19	세아홀딩스	17	12	13	68
2011	44	21	세아홀딩스	16	14	15	71
2012	42	24	세아홀딩스	17	16	17	71
2013	42	23	세아홀딩스	19	17	18	78
2014	44	22	세아홀딩스	22	17	18	82
2015	41	21	세아홀딩스	22	15	16	76

(6) 태영그룹, 2012-2015년

연도	그룹		지주회사체제				지주회사체제
	순위	계열회사 (A, 개)	지주회사 (a)	순위	계열회사 (b, 개)	a+b (B, 개)	달성 비율 (B/A, %)
2012	48	40	SBS미디어홀딩스	27	17	18	45
2013	48	40	SBS미디어홀딩스	34	18	19	48
2014	46	42	SBS미디어홀딩스	33	17	18	43
2015	44	44	SBS미디어홀딩스	37	15	16	36

(7) 아모레퍼시픽그룹, 2007-2015년

연도	순위	계열회사	지주회사	순위	계열회사	a+b	달성 비율
2007	48	7	태평양	5	4	5	71
2013	52	10	아모레퍼시픽그룹	12	9	10	100
2014	48	10	아모레퍼시픽그룹	13	9	10	100
2015	46	12	아모레퍼시픽그룹	15	10	11	92

(8) 대성그룹, 2011-2015년

연도	순위	계열회사	지주회사	순위	계열회사	a+b	달성 비율
2011	43	73	대성합동지주	27	18	19	
			대성홀딩스	40	9	10	
			서울도시개발	87	19	20 [49]	67
2012	41	85	대성합동지주	26	28	29	
			대성홀딩스	43	9	10	
			서울도시개발	74	20	21 [60]	71
2013	37	83	대성합동지주	32	30	31	
			서울도시개발	84	23	24 [55]	66
2014	40	76	대성합동지주	36	22	23	
			서울도시개발	69	22	23 [46]	61
2015	47	73	서울도시개발	70	23	24	33

(9) 하이트진로그룹, 2010-2015년

연도	순위	계열회사	지주회사	순위	계열회사	a+b	달성 비율
2010	38	16	하이트홀딩스	10	13	14	88
2011	42	15	하이트홀딩스	10	12	13	87
2012	44	15	하이트진로홀딩스	11	12	13	87
2013	47	14	하이트진로홀딩스	10	11	12	86
2014	47	12	하이트진로홀딩스	12	10	11	92
2015	48	12	하이트진로홀딩스	13	10	11	92

(10) 한솔그룹, 2015년

연도	순위	계열회사	지주회사	순위	계열회사	a+b	달성 비율
2015	50	21	한솔홀딩스	39	10	11	52

주: 태평양 = 아모레퍼시픽그룹, 하이트홀딩스 = 하이트진로홀딩스.
출처: 〈부록 2〉.

<부록 표 3.4> 2015년 이전 적극적인 지주회사체제를 채택한 7개 재벌:
'1–10위' 1개, '11–30위' 2개, '31위 이하' 4개

['1–10위' 1개 재벌]
(1) 금호아시아나그룹, 2007–2008년

연도	그룹		지주회사체제				지주회사체제
	순위	계열회사 (A, 개)	지주회사 (a)	순위	계열회사 (b, 개)	a+b (B, 개)	달성 비율 (B/A, %)
2007	9	38	금호산업	3	21	22	58
2008	10	52	금호산업	3	22	23	44

['11–30위' 2개 재벌]
(2) 두산그룹, 2009–2014년

연도	순위	계열회사 (A, 개)	지주회사 (a)	순위	계열회사 (b, 개)	a+b (B, 개)	달성 비율 (B/A, %)
2009	12	26	두산	4	21	22	
			두산모트롤홀딩스	46	1	2 [22]	85
2010	12	29	두산	6	21	22	
			디아이피홀딩스	47	3	4 [22]	76
2011	12	25	두산	6	20	21	
			디아이피홀딩스	43	2	3 [21]	84
2012	12	24	두산	7	20	21	
			디아이피홀딩스	32	3	4 [21]	88
2013	13	25	두산	6	19	20	
			디아이피홀딩스	37	3	4 [20]	80
2014	13	22	두산	6	14	15	
			디아이피홀딩스	50	2	3 [15]	68

(3) STX그룹, 2005년

연도	순위	계열회사 (A, 개)	지주회사 (a)	순위	계열회사 (b, 개)	a+b (B, 개)	달성 비율 (B/A, %)
2005	28	14	㈜STX	9	8	9	64

[‘31위 이하’ 4개 재벌]
(4) 동원그룹, 2003-2004년

연도	그룹		지주회사체제				지주회사체제
	순위	계열회사 (A, 개)	지주회사 (a)	순위	계열회사 (b, 개)	a+b (B, 개)	달성 비율 (B/A, %)
2003	32	17	동원엔터프라이즈	12	9	10	59
2004	31	17	동원엔터프라이즈	14	9	10	59
(5) 웅진그룹, 2009-2013년							
2009	34	29	웅진홀딩스	8	18	19	66
2010	33	24	웅진홀딩스	9	20	21	88
2011	32	31	웅진홀딩스	9	19	20	65
2012	31	29	웅진홀딩스	9	23	24	83
2013	49	25	웅진홀딩스	13	20	21	84
(6) 농심그룹, 2003-2007년							
2003	42	10	농심홀딩스	9	4	5	50
2004	39	12	농심홀딩스	8	6	7	58
2005	43	12	농심홀딩스	8	6	7	58
2006	44	12	농심홀딩스	9	6	7	58
2007	46	15	농심홀딩스	13	6	7	47
(7) 오리온그룹, 2007년							
2007	54	22	온미디어	15	9	10	45

주: 두산모트롤홀딩스와 디아이피홀딩스는 두산의 자회사.
출처: 〈부록 2〉.

〈부록 표 3.5〉 소극적인 지주회사체제를 채택한 8개 재벌:
2015년 현재 5개, 2015년 이전 3개

[2015년 현재 5개 재벌]

(1) 삼성그룹, 2004-2015년

연도	그룹		지주회사체제				지주회사체제
	순위	계열회사 (A, 개)	지주회사 (a)	순위	계열회사 (b, 개)	a+b (B, 개)	달성 비율 (B/A, %)
2004	1	63	삼성종합화학	2	1	2	3
2005	1	62	삼성종합화학	5	1	2	3
2006	1	59	삼성종합화학	5	1	2	3
2007	1	59	삼성종합화학	8	1	2	3
2008	1	59	삼성종합화학	13	1	2	3
2009	1	63	삼성종합화학	16	1	2	3
2010	1	67	삼성종합화학	15	1	2	3
2011	1	78	삼성종합화학	15	1	2	3
2012	1	81	삼성종합화학	14	1	2	2
2013	1	76	삼성종합화학	14	1	2	3
2014	1	74	삼성종합화학	14	1	2	3
2015	1	67	삼성종합화학	10	2	3	4

(2) 롯데그룹, 2005-2006, 2015년

2005	5	41	롯데물산	3	4	5	
			롯데산업	16	1	2 [7]	17
2006	5	43	롯데물산	3	4	5	
			롯데산업	13	1	2 [7]	16
2015	5	80	이지스일호	29	2	3	4

(3) 한화그룹, 2005-2015년

2005	10	30	한화도시개발㈜	22	1	2	7
2006	11	31	한화도시개발㈜	23	1	2	6
2007	12	34	드림파마	12	5	6	18
2008	12	40	드림파마	16	5	6	15
2009	13	44	드림파마	20	5	6	14
2010	13	48	㈜한화도시개발	33	8	9	19
2011	10	55	㈜한화도시개발	41	10	11	20
2012	10	53	㈜한화도시개발	45	9	10	19
2013	11	49	㈜한화도시개발	66	8	9	18
2014	11	51	㈜한화도시개발	72	6	7	14
2015	11	52	㈜한화도시개발	81	5	6	12

(4) 대림그룹, 2015년

2015	19	24	대림에너지	85	4	5	21

(5) 태광그룹, 2011-2015년

연도	그룹		지주회사체제				지주회사체제
	순위	계열회사 (A, 개)	지주회사 (a)	순위	계열회사 (b, 개)	a+b (B, 개)	달성 비율 (B/A, %)
2011	46	50	티브로드홀딩스	25	10	11	22
2012	43	44	티브로드홀딩스	24	14	15	
			티브로드도봉강북방송	101	1	2 [15]	34
2013	43	44	티브로드홀딩스	26	12	13	
			티브로드전주방송	50	5	6	
			티브로드도봉강북방송	114	1	2 [15]	34
2014	39	34	티브로드홀딩스	46	7	8	24
2015	40	32	티브로드	47	6	7	22

[2015년 이전 3개 재벌]
(6) 현대자동차그룹, 2007년

2007	2	36	차산골프장지주회사	36	1	2	6

(7) 동부그룹, 2011-2012년

2011	20	38	동부인베스트먼트	42	1	2	5
2012	19	56	동부인베스트먼트	48	2	3	5

(8) 대한전선그룹, 2008-2011년

2008	30	20	티이씨앤코	48	3	4	20
2009	25	32	티이씨앤코	69	4	5	16
2010	31	26	티이씨앤코	76	4	5	19
2011	39	23	티이씨앤코	85	4	5	22

주: 티브로드홀딩스 = 티브로드.
출처: 〈부록 2〉.

〈부록 4〉 지주회사 관련 법률, 2016-2017년

* 독점규제 및 공정거래에 관한 법률 (시행 2016.9.30.; 법률 제14137호)
* 독점규제 및 공정거래에 관한 법률 시행령 (시행 2017.1.1.; 대통령령 제27751호)

(1) 독점규제 및 공정거래에 관한 법률

제1장 총칙

제1조(목적)

이 법은 사업자의 시장지배적지위의 남용과 과도한 경제력의 집중을 방지하고, 부당한 공동행위 및 불공정거래행위를 규제하여 공정하고 자유로운 경쟁을 촉진함으로써 창의적인 기업활동을 조장하고 소비자를 보호함과 아울러 국민경제의 균형있는 발전을 도모함을 목적으로 한다.

제2조(정의)

이 법에서 사용하는 용어의 정의는 다음과 같다.

1의2. "지주회사"라 함은 주식(持分을 포함한다. 이하 같다)의 소유를 통하여 국내회사의 사업내용을 지배하는 것을 주된 사업으로 하는 회사로서 자산총액이 대통령령이 정하는 금액이상인 회사를 말한다. 이 경우 주된 사업의 기준은 대통령령으로 정한다.

1의3. "자회사"라 함은 지주회사에 의하여 대통령령이 정하는 기준에 따라 그 사업내용을 지배받는 국내회사를 말한다.

1의4. "손자회사"란 자회사에 의하여 대통령령으로 정하는 기준에 따라 사업내용을 지배받는 국내회사를 말한다.

2. "기업집단"이라 함은 동일인이 다음 각목의 구분에 따라 대통령령이 정하는 기준에 의하여 사실상 그 사업내용을 지배하는 회사의 집단을 말한다.

　가. 동일인이 회사인 경우 그 동일인과 그 동일인이 지배하는 하나이상의 회사의 집단

　나. 동일인이 회사가 아닌 경우 그 동일인이 지배하는 2이상의 회사의 집단

3. "계열회사"라 함은 2이상의 회사가 동일한 기업집단에 속하는 경우에 이들 회사는 서로 상대방의 계열회사라 한다.

5. "임원"이라 함은 이사·대표이사·업무집행을 하는 무한책임사원·감사나 이에 준하는 자 또는 지배인등 본점이나 지점의 영업전반을 총괄적으로 처리할 수 있는 상업사용인을 말한다.

10. "금융업 또는 보험업"이라 함은 「통계법」 제22조(표준분류)제1항의 규정에 의하여 통계청장이 고시하는 한국표준산업분류상 금융 및 보험업을 말한다.

제3장 기업결합의 제한 및 경제력집중의 억제

제8조(지주회사 설립·전환의 신고)

지주회사를 설립하거나 지주회사로 전환한 자는 대통령령이 정하는 바에 의하여 공정거래위원회에 신고하여야 한다.

제8조의2(지주회사 등의 행위제한 등)

① 이 조에서 사용하는 용어의 정의는 다음과 같다.
  1. "공동출자법인"이라 함은 경영에 영향을 미칠 수 있는 상당한 지분을 소유하고 있는 2인 이상의 출자자(특수관계인의 관계에 있는 출자자 중 대통령령이 정하는 자 외의 자는 1인으로 본다)가 계약 또는 이에 준하는 방법으로 출자지분의 양도를 현저히 제한하고 있어 출자자간 지분변동이 어려운 법인을 말한다.
  2. "벤처지주회사"라 함은 「벤처기업육성에 관한 특별조치법」 제2조(정의)제1항에 따른 벤처기업(이하 "벤처기업"이라 한다)을 자회사로 하는 지주회사로서 대통령령이 정하는 기준에 해당하는 지주회사를 말한다.

② 지주회사는 다음 각 호의 어느 하나에 해당하는 행위를 하여서는 아니된다.
  1. 자본총액(대차대조표상의 자산총액에서 부채액을 뺀 금액을 말한다. 이하 같다)의 2배를 초과하는 부채액을 보유하는 행위. 다만, 지주회사로 전환하거나 설립될 당시에 자본총액의 2배를 초과하는 부채액을 보유하고 있는 때에는 지주회사로 전환하거나 설립된 날부터 2년간은 자본총액의 2배를 초과하는 부채액을 보유할 수 있다.
  2. 자회사의 주식을 그 자회사 발행주식총수의 100분의 40[자회사가 「자본시장과 금융투자업에 관한 법률」에 따른 주권상장법인(이하 "상장법인"이라 한다)인 경우, 주식 소유의 분산요건 등 상장요건이 같은 법에 따른 증권시장으로서 대통령령으로 정하는 국내 증권시장의 상장요건에 상당하는 것으로 공정거래위원회가 고시하는 국외 증권거래소에 상장된 법인(이하 "국외상장법인"이라 한다)인 경우, 공동출자법인인 경우 또는 벤처지주회사의 자회사인 경우에는 100분의 20으로 한다. 이하 이 조에서 "자회사주식보유기준"이라 한다] 미만으로 소유하는 행위. 다만, 다음 각 목의 어느 하나에 해당하는 사유로 인하여 자회사주식보유기준에 미달하게 된 경우에는 그러하지 아니하다.
    가. 지주회사로 전환하거나 설립될 당시에 자회사의 주식을 자회사주식보유기준 미만으로 소유하고 있는 경우로서 지주회사로 전환하거나 설립된 날부터 2년 이내인 경우
    나. 상장법인 또는 국외상장법인이거나 공동출자법인이었던 자회사가 그에 해당하지 아니하게 되어 자회사주식보유기준에 미달하게 된 경우로서 그 해당하지 아니하게 된 날부터 1년 이내인 경우
    다. 벤처지주회사이었던 회사가 그에 해당하지 아니하게 되어 자회사주식보유기준에 미달하게 된 경우로서 그 해당하지 아니하게 된 날부터 1년 이내인 경우
    라. 자회사가 주식을 모집하거나 매출하면서 「자본시장과 금융투자업에 관한 법률」 제165조의7에 따라 우리사주조합원에게 배정하거나 당해 자회사가 「상법」 제513조(전환사채의 발행) 또는 제516조의2(신주인수권부사채의 발행)의 규정에 따라 발행한 전환사채 또는 신주인수권부사채의 전환이 청구되거나 신주인수권이 행사되어 자회사주식보유기준에 미달하게 된 경우로서 그 미달하게 된 날부터 1년 이내인 경우

마. 자회사가 아닌 회사가 자회사에 해당하게 되고 자회사주식보유기준에는 미달하는 경우로서 당해 회사가 자회사에 해당하게 된 날부터 1년 이내인 경우

바. 자회사를 자회사에 해당하지 아니하게 하는 과정에서 자회사주식보유기준에 미달하게 된 경우로서 그 미달하게 된 날부터 1년 이내인 경우(자회사주식보유기준에 미달하게 된 날부터 1년 이내에 자회사에 해당하지 아니하게 된 경우에 한한다)

사. 자회사가 다른 회사와 합병하여 자회사주식보유기준에 미달하게 된 경우로서 그 미달하게 된 날부터 1년 이내인 경우

3. 계열회사가 아닌 국내회사(「사회기반시설에 대한 민간투자법」 제4조(민간투자사업의 추진방식) 제1호부터 제4호까지의 규정에 정한 방식으로 민간투자사업을 영위하는 회사를 제외한다. 이하 이 호에서 같다)의 주식을 당해 회사 발행주식총수의 100분의 5를 초과하여 소유하는 행위(소유하고 있는 계열회사가 아닌 국내회사의 주식가액의 합계액이 자회사의 주식가액의 합계액의 100분의 15 미만인 지주회사에 대하여는 적용하지 아니한다) 또는 자회사 외의 국내계열회사의 주식을 소유하는 행위. 다만, 다음 각목의 1에 해당하는 사유로 인하여 주식을 소유하고 있는 계열회사가 아닌 국내회사나 국내계열회사의 경우에는 그러하지 아니하다.

가. 지주회사로 전환하거나 설립될 당시에 이 호 본문에서 규정하고 있는 행위에 해당하고 있는 경우로서 지주회사로 전환하거나 설립된 날부터 2년 이내인 경우

나. 계열회사가 아닌 회사를 자회사에 해당하게 하는 과정에서 이 호 본문에서 규정하고 있는 행위에 해당하게 된 날부터 1년 이내인 경우(같은 기간내에 자회사에 해당하게 된 경우에 한한다)

다. 주식을 소유하고 있지 아니한 국내계열회사를 자회사에 해당하게 하는 과정에서 그 국내계열회사 주식을 소유하게 된 날부터 1년 이내인 경우(같은 기간내에 자회사에 해당하게 된 경우에 한한다)

라. 자회사를 자회사에 해당하지 아니하게 하는 과정에서 당해 자회사가 자회사에 해당하지 아니하게 된 날부터 1년 이내인 경우

4. 금융업 또는 보험업을 영위하는 자회사의 주식을 소유하는 지주회사(이하 "金融持株會社"라 한다)인 경우 금융업 또는 보험업을 영위하는 회사(金融業 또는 保險業과 밀접한 관련이 있는 등 大統領令이 정하는 기준에 해당하는 會社를 포함한다)외의 국내회사의 주식을 소유하는 행위. 다만, 금융지주회사로 전환하거나 설립될 당시에 금융업 또는 보험업을 영위하는 회사 외의 국내회사 주식을 소유하고 있는 때에는 금융지주회사로 전환하거나 설립된 날부터 2년간은 그 국내회사의 주식을 소유할 수 있다.

5. 금융지주회사외의 지주회사(이하 "一般持株會社"라 한다)인 경우 금융업 또는 보험업을 영위하는 국내회사의 주식을 소유하는 행위. 다만, 일반지주회사로 전환하거나 설립될 당시에 금융업 또는 보험업을 영위하는 국내회사의 주식을 소유하고 있는 때에는 일반지주회사로 전환하거나 설립된 날부터 2년간은 그 국내회사의 주식을 소유할 수 있다.

③ 일반지주회사의 자회사는 다음 각 호의 어느 하나에 해당하는 행위를 하여서는 아니된다.

1. 손자회사의 주식을 그 손자회사 발행주식총수의 100분의 40(그 손자회사가 상장법인 또는 국외상장법인이거나 공동출자법인인 경우에는 100분의 20으로 한다. 이하 이 조에서 "손자회사주식보유기준"이라 한다) 미만으로 소유하는 행위. 다만, 다음 각 목의 어느 하나에 해당하는 사유로 인하여 손자회사주식보유기준에 미달하게 된 경우에는 그러하지 아니하다.

가. 자회사가 될 당시에 손자회사의 주식을 손자회사주식보유기준 미만으로 소유하고 있는 경우로서 자회사에 해당하게 된 날부터 2년 이내인 경우

나. 상장법인 또는 국외상장법인이거나 공동출자법인이었던 손자회사가 그에 해당하지 아니하게 되어 손자회사주식보유기준에 미달하게 된 경우로서 그 해당하지 아니하게 된 날부터 1년 이내인 경우

다. 손자회사가 주식을 모집 또는 매출하면서 「자본시장과 금융투자업에 관한 법률」 제165조의7에 따라 우리사주조합에 우선 배정하거나 당해 손자회사가 「상법」 제513조(전환사채의 발행) 또는 제516조의2(신주인수권부사채의 발행)의 규정에 따라 발행한 전환사채 또는 신주인수권부사채의 전환이 청구되거나 신주인수권이 행사되어 손자회사주식보유기준에 미달하게 된 경우로서 그 미달하게 된 날부터 1년 이내인 경우

라. 손자회사가 아닌 회사가 손자회사에 해당하게 되고 손자회사주식보유기준에는 미달하는 경우로서 당해 회사가 손자회사에 해당하게 된 날부터 1년 이내인 경우

마. 손자회사를 손자회사에 해당하지 아니하게 하는 과정에서 손자회사주식보유기준에 미달하게 된 경우로서 그 미달하게 된 날부터 1년 이내인 경우(같은 기간 내에 손자회사에 해당하지 아니하게 된 경우에 한한다)

바. 손자회사가 다른 회사와 합병하여 손자회사주식보유기준에 미달하게 된 경우로서 그 미달하게 된 날부터 1년 이내인 경우

2. 손자회사가 아닌 국내계열회사의 주식을 소유하는 행위. 다만, 다음 각 목의 어느 하나에 해당하는 사유로 인하여 주식을 소유하고 있는 국내계열회사의 경우에는 그러하지 아니하다.

가. 자회사가 될 당시에 주식을 소유하고 있는 국내계열회사의 경우로서 자회사에 해당하게 된 날부터 2년 이내인 경우

나. 계열회사가 아닌 회사를 손자회사에 해당하게 하는 과정에서 당해 회사가 계열회사에 해당하게 된 날부터 1년 이내인 경우(같은 기간내에 손자회사에 해당하게 된 경우에 한한다)

다. 주식을 소유하고 있지 아니한 국내계열회사를 손자회사에 해당하게 하는 과정에서 당해 계열회사의 주식을 소유하게 된 날부터 1년 이내인 경우(같은 기간내에 손자회사에 해당하게 된 경우에 한한다)

라. 손자회사를 손자회사에 해당하지 아니하게 하는 과정에서 당해 손자회사가 손자회사에 해당하지 아니하게 된 날부터 1년 이내인 경우(같은 기간내에 계열회사에 해당하지 아니하게 된 경우에 한한다)

마. 손자회사가 다른 자회사와 합병하여 그 다른 자회사의 주식을 소유하게 된 경우로서 주식을 소유한 날부터 1년 이내인 경우

바. 자기주식을 보유하고 있는 자회사가 회사분할로 인하여 다른 국내계열회사의 주식을 소유하게 된 경우로서 주식을 소유한 날부터 1년 이내인 경우

3. 금융업이나 보험업을 영위하는 회사를 손자회사로 지배하는 행위. 다만, 일반지주회사의 자회사가 될 당시에 금융업이나 보험업을 영위하는 회사를 손자회사로 지배하고 있는 경우에는 자회사에 해당하게 된 날부터 2년간 그 손자회사를 지배할 수 있다.

④ 일반지주회사의 손자회사는 국내계열회사의 주식을 소유하여서는 아니된다. 다만, 다음 각 호의 어느 하나에 해당하는 경우에는 그러하지 아니하다.

1. 손자회사가 될 당시에 주식을 소유하고 있는 국내계열회사의 경우로서 손자회사에 해당하게 된 날부터 2년 이내인 경우

2. 주식을 소유하고 있는 계열회사가 아닌 국내회사가 계열회사에 해당하게 된 경우로서 당해 회사가 계열회사에 해당하게 된 날부터 1년 이내인 경우

3. 자기주식을 소유하고 있는 손자회사가 회사분할로 인하여 다른 국내계열회사의 주식을 소유하

게 된 경우로서 주식을 소유한 날부터 1년 이내인 경우
   4. 손자회사가 국내계열회사(금융업 또는 보험업을 영위하는 회사를 제외한다) 발행주식총수를 소유하고 있는 경우

⑤ 제4항제4호에 따라 손자회사가 주식을 소유하고 있는 회사(이하 "증손회사"라 한다)는 국내계열회사의 주식을 소유하여서는 아니 된다. 다만, 다음 각 호의 어느 하나에 해당하는 경우에는 그러하지 아니하다.
   1. 증손회사가 될 당시에 주식을 소유하고 있는 국내계열회사인 경우로서 증손회사에 해당하게 된 날부터 2년 이내인 경우
   2. 주식을 소유하고 있는 계열회사가 아닌 국내회사가 계열회사에 해당하게 된 경우로서 그 회사가 계열회사에 해당하게 된 날부터 1년 이내인 경우

⑥ 제2항제1호 단서, 제2항제2호가목, 제2항제3호가목, 제2항제4호 단서, 제2항제5호 단서, 제3항제1호가목, 제3항제2호가목, 제3항제3호 단서, 제4항제1호 및 제5항제1호를 적용함에 있어서 각 해당 규정의 유예기간은 주식가격의 급격한 변동 등 경제여건의 변화, 주식처분금지계약, 사업의 현저한 손실 그 밖의 사유로 인하여 부채액을 감소시키거나 주식의 취득·처분 등이 곤란한 경우에는 공정거래위원회의 승인을 얻어 2년을 연장할 수 있다.

⑦ 지주회사는 대통령령이 정하는 바에 의하여 당해 지주회사·자회사·손자회사 및 증손회사(이하 "지주회사등"이라 한다)의 주식소유현황·재무상황 등 사업내용에 관한 보고서를 공정거래위원회에 제출하여야 한다.

제8조의3(채무보증제한기업집단의 지주회사 설립제한)
제14조(상호출자제한기업집단 등의 지정 등)제1항의 규정에 따라 지정된 채무보증제한기업집단에 속하는 회사를 지배하는 동일인 또는 당해 동일인의 특수관계인이 지주회사를 설립하고자 하거나 지주회사로 전환하고자 하는 경우에는 제10조의2(系列會社에 대한 채무보증의 금지)의 규정에 의한 채무보증으로서 다음 각호의 1에 해당하는 채무보증을 해소하여야 한다.
   1. 지주회사와 자회사간의 채무보증
   2. 지주회사와 다른 국내계열회사(당해 持株會社가 支配하는 子會社를 제외한다)간의 채무보증
   3. 자회사 상호간의 채무보증
   4. 자회사와 다른 국내계열회사(당해 子會社를 支配하는 持株會社 및 당해持株會社가 支配하는 다른 子會社를 제외한다)간의 채무보증

제9조(상호출자의 금지등)
① 일정규모이상의 자산총액등 대통령령이 정하는 기준에 해당되어 제14조(상호출자제한기업집단등의 지정)제1항의 규정에 따라 지정된 기업집단(이하 "상호출자제한기업집단"이라 한다)에 속하는 회사는 자기의 주식을 취득 또는 소유하고 있는 계열회사의 주식을 취득 또는 소유하여서는 아니 된다. 다만, 다음 각호의 1에 해당하는 경우에는 그러하지 아니하다.
   1. 회사의 합병 또는 영업전부의 양수
   2. 담보권의 실행 또는 대물변제의 수령
② 제1항 단서의 규정에 의하여 출자를 한 회사는 당해주식을 취득 또는 소유한 날부터 6월이내에 이를 처분하여야 한다. 다만, 자기의 주식을 취득 또는 소유하고 있는 계열회사가 그 주식을 처분

한 때에는 그러하지 아니하다.

③ 상호출자제한기업집단에 속하는 회사로서 「중소기업창업 지원법」에 의한 중소기업창업투자회사는 국내 계열회사주식을 취득 또는 소유하여서는 아니된다.

제9조의2(순환출자의 금지)

① 이 조에서 사용하는 용어의 뜻은 다음과 같다.
1. "계열출자"란 상호출자제한기업집단 소속 회사가 계열회사의 주식을 취득 또는 소유하는 행위를 말한다.
2. "계열출자회사"란 계열출자를 통하여 다른 계열회사의 주식을 취득 또는 소유하는 계열회사를 말한다.
3. "계열출자대상회사"란 계열출자를 통하여 계열출자회사가 취득 또는 소유하는 계열회사 주식을 발행한 계열회사를 말한다.
4. "순환출자"란 3개 이상의 계열출자로 연결된 계열회사 모두가 계열출자회사 및 계열출자대상회사가 되는 계열출자 관계를 말한다.
5. "순환출자회사집단"이란 상호출자제한기업집단 소속 회사 중 순환출자 관계에 있는 계열회사의 집단을 말한다.

② 상호출자제한기업집단에 속하는 회사는 순환출자를 형성하는 계열출자를 하여서는 아니 된다. 순환출자회사집단에 속하는 계열회사의 계열출자대상회사에 대한 추가적인 계열출자[계열출자회사가 「상법」 제418조제1항에 따른 신주배정 또는 제462조의2제1항에 따른 주식배당(이하 "신주배정 등"이라 한다)에 의하여 취득 또는 소유한 주식 중에서 신주배정등이 있기 전 자신의 지분율 범위의 주식, 순환출자회사집단에 속하는 계열회사 간 합병에 의한 계열출자는 제외한다] 또한 같다. 다만, 다음 각 호의 어느 하나에 해당하는 경우에는 그러하지 아니하다.
1. 회사의 합병·분할, 주식의 포괄적 교환·이전 또는 영업전부의 양수
2. 담보권의 실행 또는 대물변제의 수령
3. 계열출자회사가 신주배정등에 의하여 취득 또는 소유한 주식 중에서 다른 주주의 실권 등에 의하여 신주배정등이 있기 전 자신의 지분율 범위를 초과하여 취득 또는 소유한 계열출자대상회사의 주식이 있는 경우
4. 「기업구조조정 촉진법」 제9조제1항에 따라 부실징후기업의 관리절차를 개시한 회사에 대하여 같은 법 제24조제2항에 따라 금융채권자협의회가 의결하여 동일인(친족을 포함한다)의 재산출연 또는 부실징후기업의 주주인 계열출자회사의 유상증자 참여(채권의 출자전환을 포함한다)를 결정한 경우
5. 「기업구조조정 촉진법」 제2조제2호의 금융채권자가 같은 법 제2조제7호에 따른 부실징후기업과 기업개선계획의 이행을 위한 약정을 체결하고 금융채권자협의회의 의결로 동일인(친족을 포함한다)의 재산출연 또는 부실징후기업의 주주인 계열출자회사의 유상증자 참여(채권의 출자전환을 포함한다)를 결정한 경우

③ 제2항 단서에 따라 계열출자를 한 회사는 다음 각 호의 어느 하나에 해당하는 기간 내에 취득 또는 소유한 해당 주식(제2항제3호부터 제5호까지의 규정에 따른 경우는 신주배정등의 결정, 재산출연 또는 유상증자 결정이 있기 전 지분율 초과분을 말한다)을 처분하여야 한다. 다만, 순환출자회사집단에 속한 다른 회사 중 하나가 취득 또는 소유하고 있는 계열출자대상회사의 주식을 처분하

여 제2항의 계열출자에 의하여 형성 또는 강화된 순환출자가 해소된 경우에는 그러하지 아니하다.

1. 제2항제1호 또는 제2호에 따라 계열출자를 한 회사는 해당 주식을 취득 또는 소유한 날부터 6개월

2. 제2항제3호에 따라 계열출자를 한 회사는 해당 주식을 취득 또는 소유한 날부터 1년

3. 제2항제4호 또는 제5호에 따라 계열출자를 한 회사는 해당 주식을 취득 또는 소유한 날부터 3년

제13조(주식소유현황등의 신고)

① 상호출자제한기업집단 또는 채무보증제한기업집단에 속하는 회사는 대통령령이 정하는 바에 의하여 당해 회사의 주주의 주식소유현황·재무상황 및 다른 국내회사 주식의 소유현황을 공정거래위원회에 신고하여야 한다.

제14조(상호출자제한기업집단등의 지정 등)

① 공정거래위원회는 대통령령이 정하는 바에 의하여 상호출자제한기업집단 및 채무보증제한기업집단(이하 "상호출자제한기업집단등"이라 한다)을 지정하고 동기업집단에 속하는 회사에 이를 통지하여야 한다.

제16조(시정조치 등)

① 공정거래위원회는 제7조(기업결합의 제한)제1항, 제8조의2(지주회사 등의 행위제한 등)제2항부터 제5항까지, 제8조의3(채무보증제한기업집단의 지주회사 설립제한), 제9조(상호출자의 금지 등), 제9조의2(순환출자의 금지), 제10조의2(系列會社에 대한 채무보증의 금지)제1항, 제11조(금융회사 또는 보험회사의 의결권 제한), 제11조의2(대규모내부거래의 이사회 의결 및 공시)부터 제11조의4(기업집단현황 등에 관한 공시)까지 또는 제15조(脫法行爲의 금지)의 규정에 위반하거나 위반할 우려가 있는 행위가 있는 때에는 당해 사업자[제7조(기업결합의 제한)제1항을 위반한 경우에는 기업결합 당사회사(기업결합 당사회사에 대한 시정조치만으로는 경쟁제한으로 인한 폐해를 시정하기 어렵거나 기업결합 당사회사의 특수관계인이 사업을 영위하는 거래분야의 경쟁제한으로 인한 폐해를 시정할 필요가 있는 경우에는 그 특수관계인을 포함한다)를 말한다] 또는 위반행위자에 대하여 다음 각호의 1의 시정조치를 명할 수 있다. 이 경우 제12조(기업결합의 신고)제6항 단서의 규정에 의한 신고를 받아 행하는 때에는 동조제7항의 규정에 의한 기간내에 이를 하여야 한다.

1. 당해 행위의 중지

2. 주식의 전부 또는 일부의 처분

3. 임원의 사임

4. 영업의 양도

5. 채무보증의 취소

6. 시정명령을 받은 사실의 공표

7. 기업결합에 따른 경쟁제한의 폐해를 방지할 수 있는 영업방식 또는 영업범위의 제한

7의2. 공시의무의 이행 또는 공시내용의 정정

8. 기타 법위반상태를 시정하기 위하여 필요한 조치

② 공정거래위원회는 제7조(기업결합의 제한)제1항, 제8조의3(채무보증제한기업집단의 지주회사 설립제한), 제12조제8항을 위반한 회사의 합병 또는 설립이 있는 때에는 당해 회사의 합병 또는 설립무효의 소를 제기할 수 있다.

제17조(과징금)

④ 공정거래위원회는 제8조의2(지주회사 등의 행위제한 등)제2항 내지 제5항을 위반한 자에 대하여 다음 각 호의 금액에 100분의 10을 곱한 금액을 초과하지 아니하는 범위 안에서 과징금을 부과할 수 있다.

  1. 제8조의2(지주회사 등의 행위제한 등)제2항제1호의 규정을 위반한 경우에는 대통령령이 정하는 대차대조표(이하 이 항에서 "기준대차대조표"라 한다)상 자본총액의 2배를 초과한 부채액

  2. 제8조의2(지주회사 등의 행위제한 등)제2항제2호의 규정을 위반한 경우에는 당해 자회사 주식의 기준대차대조표상 장부가액의 합계액에 다음 각 목의 비율에서 그 자회사 주식의 소유비율을 뺀 비율을 곱한 금액을 그 자회사 주식의 소유비율로 나누어 산출한 금액

    가. 당해 자회사가 상장법인 또는 국외상장법인이거나 공동출자법인인 경우 및 벤처지주회사의 자회사인 경우에는 100분의 20

    다. 가목에 해당하지 아니하는 경우에는 100분의 40

  3. 제8조의2(지주회사 등의 행위제한 등)제2항제3호 내지 제5호, 같은 조 제3항제2호·제3호, 같은 조 제4항 또는 같은 조 제5항을 위반한 경우에는 위반하여 소유하는 주식의 기준대차대조표상 장부가액의 합계액

  4. 제8조의2(지주회사 등의 행위제한 등)제3항제1호의 규정을 위반한 경우에는 당해 손자회사 주식의 기준대차대조표상 장부가액의 합계액에 다음 각 목의 비율에서 그 손자회사 주식의 소유비율을 뺀 비율을 곱한 금액을 그 손자회사 주식의 소유비율로 나누어 산출한 금액

    가. 당해 손자회사가 상장법인 또는 국외상장법인이거나 공동출자법인인 경우에는 100분의 20

    나. 가목에 해당하지 아니하는 손자회사의 경우에는 100분의 40

제14장 벌칙

제66조(벌칙)

① 다음 각 호의 어느 하나에 해당하는 자는 3년 이하의 징역 또는 2억원 이하의 벌금에 처한다.

  3. 제8조의2(지주회사 등의 행위제한 등)제2항 내지 제5항을 위반한 자

  4. 제8조의3(채무보증제한기업집단의 지주회사 설립제한)의 규정에 위반하여 지주회사를 설립하거나 지주회사로 전환한 자

  5. 제9조(상호출자의 금지 등), 제9조의2(순환출자의 금지)를 위반하여 주식을 취득하거나 소유하고 있는 자

② 제1항의 징역형과 벌금형은 이를 병과할 수 있다.

제68조(벌칙)

다음 각 호의 어느 하나에 해당하는 자는 1억원 이하의 벌금에 처한다.

1. 제8조(持株會社 設立·轉換의 申告)의 규정에 위반하여 지주회사의 설립 또는 전환의 신고를 하지 아니하거나 허위의 신고를 한 자

2. 제8조의2(지주회사 등의 행위제한 등)제7항을 위반하여 당해 지주회사등의 사업내용에 관한 보고를 하지 아니하거나 허위의 보고를 한 자

3. 제13조(株式所有現況등의 申告)제1항 및 제2항의 규정에 위반하여 주식소유현황 또는 채무보증현황의 신고를 하지 아니하거나 허위의 신고를 한 자

(2) 독점규제 및 공정거래에 관한 법률 시행령

제1장 총칙

제2조(지주회사의 기준)

① 「독점규제 및 공정거래에 관한 법률」(이하 "법"이라 한다) 제2조(정의)제1호의2 전단에서 "자산총액이 대통령령이 정하는 금액 이상인 회사"란 다음 각 호의 회사를 말한다.

1. 해당 사업연도에 새로이 설립되었거나 합병 또는 분할·분할합병·물적분할(이하 "분할"이라한다)을 한 회사의 경우에는 각각 설립등기일·합병등기일 또는 분할등기일 현재의 대차대조표상 자산총액이 1천억원 이상인 회사

2. 제1호 외의 회사의 경우에는 직전 사업연도 종료일(사업연도 종료일 이전의 자산총액을 기준으로 지주회사 전환신고를 하는 경우에는 해당 전환신고 사유의 발생일) 현재의 대차대조표상의 자산총액이 1천억원 이상인 회사

② 법 제2조(정의)제1호의2 후단에 따른 주된 사업의 기준은 회사가 소유하고 있는 자회사의 주식(지분을 포함한다. 이하 같다)가액의 합계액(제1항 각 호의 자산총액 산정 기준일 현재의 대차대조표상에 표시된 가액을 합계한 금액을 말한다)이 해당 회사 자산총액의 100분의 50이상인 것으로 한다.

③ 법 제2조(정의)제1호의3에서 "대통령령이 정하는 기준"이란 다음 각 호의 요건을 충족하는 것을 말한다.

1. 지주회사의 계열회사(「중소기업창업 지원법」에 따라 설립된 중소기업창업투자회사 또는 「여신전문금융업법」에 따른 신기술사업금융업자가 창업투자 목적 또는 신기술사업자 지원 목적으로 다른 국내회사의 주식을 취득함에 따른 계열회사를 제외한다)일 것

2. 지주회사가 소유하는 주식이 제11조(특수관계인의 범위)제1호 또는 제2호에 규정된 각각의 자 중 최다출자자가 소유하는 주식과 같거나 많을 것

④ 법 제2조(정의)제1호의4에서 "대통령령으로 정하는 기준"이란 다음 각 호의 요건을 충족하는 것을 말한다.

1. 자회사의 계열회사일 것

2. 자회사가 소유하는 주식이 제11조(특수관계인의 범위)제1호 또는 제2호에 규정된 각각의 자 중 최다출자자가 소유하는 주식과 같거나 많을 것

⑤ 공정거래위원회는 3년마다 국민경제 규모의 변화, 지주회사에 해당되는 회사의 자산총액 변화, 지주회사에 해당되는 회사 간 자산총액 차이 등을 고려하여 제1항 각 호에 따른 자산총액의 타당성을 검토한 후 자산총액의 조정 등 필요한 조치를 할 수 있다.

---

* 2017년 7월 1일부터 시행될 제2조

(2016년 9월 29일 관련 내용이 개정되었으며, 제1항(①)만 2017년 7월 1일부터 시행됨)

제2조(지주회사의 기준)

① 「독점규제 및 공정거래에 관한 법률」(이하 "법"이라 한다) 제2조제1호의2 전단에서 "자산총액이 대통령령이 정하는 금액 이상인 회사"란 다음 각 호의 회사를 말한다.

1. 해당 사업연도에 새로이 설립되었거나 합병 또는 분할·분할합병·물적분할(이하 "분할"이라 한다)을 한 회사의 경우에는 각각 설립등기일·합병등기일 또는 분할등기일 현재의 대차대조표상 자산총액이 5천억원 이상인 회사

---

2. 제1호 외의 회사의 경우에는 직전 사업연도 종료일(사업연도 종료일 이전의 자산총액을 기준으로 지주회사 전환신고를 하는 경우에는 해당 전환신고 사유의 발생일) 현재의 대차대조표상의 자산총액이 5천억원 이상인 회사

② 법 제2조(정의)제1호의2 후단에 따른 주된 사업의 기준은 회사가 소유하고 있는 자회사의 주식(지분을 포함한다. 이하 같다)가액의 합계액(제1항 각 호의 자산총액 산정 기준일 현재의 대차대조표상에 표시된 가액을 합계한 금액을 말한다)이 해당 회사 자산총액의 100분의 50이상인 것으로 한다.

③ 법 제2조(정의)제1호의3에서 "대통령령이 정하는 기준"이란 다음 각 호의 요건을 충족하는 것을 말한다.

1. 지주회사의 계열회사(「중소기업창업 지원법」에 따라 설립된 중소기업창업투자회사 또는 「여신전문금융업법」에 따른 신기술사업금융업자가 창업투자 목적 또는 신기술사업자 지원 목적으로 다른 국내회사의 주식을 취득함에 따른 계열회사를 제외한다)일 것

2. 지주회사가 소유하는 주식이 제11조(특수관계인의 범위)제1호 또는 제2호에 규정된 각각의 자중 최다출자자가 소유하는 주식과 같거나 많을 것

④ 법 제2조(정의)제1호의4에서 "대통령령으로 정하는 기준"이란 다음 각 호의 요건을 충족하는 것을 말한다.

1. 자회사의 계열회사일 것

2. 자회사가 소유하는 주식이 제11조(특수관계인의 범위)제1호 또는 제2호에 규정된 각각의 자 중 최다출자자가 소유하는 주식과 같거나 많을 것

⑤ 공정거래위원회는 3년마다 국민경제 규모의 변화, 지주회사에 해당되는 회사의 자산총액 변화, 지주회사에 해당되는 회사 간 자산총액 차이 등을 고려하여 제1항 각 호에 따른 자산총액의 타당성을 검토한 후 자산총액의 조정 등 필요한 조치를 할 수 있다.

제3장 기업결합의 제한 및 경제력집중의 억제

제15조(지주회사의 설립·전환의 신고등)

① 지주회사를 설립하거나 지주회사로 전환한 자는 법 제8조에 따라 공정거래위원회가 정하여 고시하는 바에 따라 다음 각 호의 기한 내에 신고인의 성명, 지주회사, 자회사, 손자회사와 법 제8조의2(지주회사 등의 행위제한 등)제5항에 따른 증손회사(이하 "지주회사등"이라 한다)의 명칭, 자산총액, 부채총액, 주주현황, 주식소유현황, 사업내용등을 기재한 신고서에 신고내용을 입증하는 서류를 첨부하여 공정거래위원회에 제출하여야 한다.

1. 지주회사를 설립하는 경우에는 설립등기일부터 30일이내

2. 다른 회사와의 합병 또는 회사의 분할을 통하여 지주회사로 전환하는 경우에는 합병등기일 또는 분할등기일부터 30일이내

3. 다른 법률에 따라 법 제8조의 적용이 제외되는 회사의 경우에는 다른 법률에서 정하고 있는 제외기간이 지난 날부터 30일 이내

4. 다른 회사의 주식취득, 자산의 증감 및 그 밖의 사유로 인하여 지주회사로 전환하는 경우에는 제2조(지주회사의 기준)제1항제2호의 자산총액 산정 기준일부터 4개월 이내

② 제1항의 규정에 의한 신고를 하는 자가 법 제10조의2(계열회사에 대한 채무보증의 금지)제1항의 규정에 의한 채무보증제한기업집단에 속하는 회사를 지배하는 동일인 또는 당해동일인의 특수관계인에 해당하는 경우에는 법 제8조의3(채무보증제한기업집단의 지주회사 설립제한) 각호의 규정에 의한 채무보증의 해소실적을 함께 제출하여야 한다.

③ 제1항의 규정에 의한 지주회사의 설립신고에 있어서 설립에 참여하는 자가 2이상인 경우에는 공동으로 신고하여야 한다. 다만, 신고의무자중 1인을 대리인으로 정하여 그 대리인이 신고하는 경우

에는 그러하지 아니하다.

④ 지주회사로서 사업연도중 소유 주식의 감소, 자산의 증감등의 사유로 인하여 제2조(지주회사의 기준)제1항 또는 제2항의 규정에 해당하지 아니하게 되는 회사가 이를 공정거래위원회에 신고한 경우에는 당해사유가 발생한 날부터 이를 지주회사로 보지 아니한다.

⑤ 제4항의 규정에 의하여 신고를 하는 회사는 공정거래위원회가 정하는 바에 따라 당해사유가 발생한 날을 기준으로 한 공인회계사의 회계감사를 받은 대차대조표 및 주식소유현황을 공정거래위원회에 제출하여야 한다. 이 경우 공정거래위원회는 신고를 받은 날부터 30일이내에 그 심사결과를 신고인에게 통지하여야 한다.

제15조의2(벤처지주회사의 기준)

법 제8조의2제1항제2호에서 "대통령령이 정하는 기준"이라 함은 지주회사가 소유하고 있는 「벤처기업육성에 관한 특별조치법」 제2조제1항의 규정에 의한 벤처기업의 주식가액 합계액이 당해 지주회사가 소유하고 있는 전체 자회사 주식가액 합계액의 100분의 50 이상인 경우를 말한다.

제15조의4(금융지주회사의 자회사 주식 소유제한 등)

① 법 제8조의2제2항제2호 각 목 외의 부분 본문에서 "대통령령으로 정하는 국내 증권시장"이란 「자본시장과 금융투자업에 관한 법률 시행령」 제176조의9제1항에 따른 유가증권시장을 말한다.

② 법 제8조의2제2항제4호 본문에서 "금융업 또는 보험업과 밀접한 관련이 있는 등 대통령령이 정하는 기준에 해당하는 회사"라 함은 다음 각호의 1의 사업을 영위하는 것을 목적으로 하는 회사를 말한다.
1. 금융회사 또는 보험회사에 대한 전산·정보처리등의 역무의 제공
2. 금융회사 또는 보험회사가 보유한 부동산 기타 자산의 관리
3. 금융업 또는 보험업과 관련된 조사·연구
4. 기타 금융회사 또는 보험회사의 고유업무와 직접 관련되는 사업

제15조의6(지주회사등의 주식소유현황등의 보고)

① 법 제8조의2(지주회사 등의 행위제한 등)제7항에 따라 지주회사는 공정거래위원회가 정하여 고시하는 바에 따라 당해사업연도 종료후 4개월 이내에 다음 각 호의 사항을 기재한 보고서를 공정거래위원회에 제출하여야 한다.
1. 지주회사등의 명칭·소재지·설립일·사업내용 및 대표자의 성명등 회사의 일반현황
2. 지주회사등의 주주현황
3. 지주회사등의 주식소유현황
4. 지주회사등의 납입자본금·자본총액·부채총액·자산총액 등 재무현황

② 제1항에 따른 보고서에는 다음 각 호의 서류를 첨부하여야 한다.
1. 지주회사등의 직전사업연도의 대차대조표·손익계산서등 재무제표(「주식회사의 외부감사에 관한 법률」의 규정에 의하여 연결재무제표를 작성하는 기업의 경우에는 연결재무제표를 포함한다) 및 재무제표에 대한 감사인의 감사보고서[상호출자제한기업집단 및 채무보증제한기업집단(이하 "상호출자제한기업집단등"이라 한다)에 소속된 회사 및 「주식회사의 외부감사에 관한 법률」의 규정에 의한 외부감사의 대상이 되는 회사에 한한다]
2. 자회사, 손자회사와 법 제8조의2(지주회사 등의 행위제한 등)제5항에 따른 증손회사(이하 "증손회사"라 한다)의 주주명부

③ 공정거래위원회는 제1항 및 제2항의 규정에 의하여 제출된 보고서 및 첨부서류가 미비된 경우에는

기간을 정하여 당해서류의 보정을 명할 수 있다.

제20조(주식소유현황등의 신고)

① 법 제13조제1항 또는 제2항에 따른 신고를 하려는 자는 매년 5월 31일까지 다음 각 호의 사항을 기재한 신고서를 공정거래위원회에 제출하여야 한다. 다만, 새로 상호출자제한기업집단등으로 지정된 기업집단에 속하는 회사의 경우 지정된 해당 연도에 있어서는 제21조제2항에 따른 통지를 받은 날부터 30일 이내에 신고서를 제출하여야 한다.
  1. 당해 회사의 명칭·자본금 및 자산총액등 회사의 개요
  2. 계열회사 및 특수관계인이 소유하고 있는 당해 회사의 주식수
  3. 해당 회사의 국내회사 주식소유현황
  4. 당해 회사의 채무보증 금액
② 제1항의 신고서에는 다음 각호의 서류를 첨부하여야 한다.
  1. 당해회사의 소유주식 명세서
  2. 계열회사와의 상호출자 현황표
  3. 당해 회사의 직전사업연도의 감사보고서
  4. 당해 회사의 계열회사에 대한 채무보증명세서 및 직전 1년간의 채무보증 변동내역
  5. 당해 회사가 계열회사로부터 받은 채무보증명세서 및 직전 1년간의 채무보증 변동내역
  6. 제4호·제5호 및 제1항제4호의 내용을 확인하기 위하여 법 제10조의2(계열회사에 대한 채무보증의 금지)제2항의 규정에 의한 국내금융기관이 공정거래위원회가 정하는 서식에 따라 작성한 확인서
③ 법 제13조(주식소유현황등의 신고)제1항의 규정에 의하여 상호출자제한기업집단등에 속하는 회사는 주식취득등으로 소속회사의 변동사유가 발생한 경우에는 다음 각 호의 구분에 따른 날부터 30일 이내에 그 변동내용을 기재한 신고서를 공정거래위원회에 제출하여야 한다.
  1. 주식을 소유하게 되거나 주식소유비율이 증가한 경우: 제18조(기업결합의 신고 등)제8항제1호 각 목에 따른 날
  2. 임원 선임의 경우: 임원을 선임하는 회사의 주주총회 또는 사원총회에서 임원의 선임이 의결된 날
  3. 새로운 회사설립에 참여한 경우: 회사의 설립등기일
  4. 제1호부터 제3호까지에 해당하지 아니하는 경우: 주요 주주와의 계약·합의 등에 의하여 해당 소속회사의 경영에 대하여 지배적인 영향력을 행사할 수 있게 된 날

〈부록 5〉『한국재벌과 지주회사체제』시리즈 목차

(1) 『한국재벌과 지주회사체제: LG와 SK』

제3장 LG그룹의 지주회사체제
   1. 머리말
   2. LG그룹의 성장 과정
   3. LG그룹 지주회사체제의 성립 과정
      3.1 지주회사체제 성립 5단계 과정, 2001-2005년: 개관
      3.2 지주회사체제 달성 비율, 2001-2010년
      3.3 지주회사체제 성립 1단계: LG화학의 분할 및 사업지주회사 ㈜LGCI로의 전환,
          2000-2001년
      3.4 지주회사체제 성립 2단계: LG전자의 분할 및 순수지주회사 ㈜LGEI로의 전환,
          2001-2002년
      3.5 지주회사체제 성립 3단계: ㈜LGCI의 분할 및 순수지주회사로의 전환, 2002년
      3.6 지주회사체제 성립 4단계: ㈜LGCI의 ㈜LGEI 합병 및 통합지주회사 ㈜LG로의 확대
          개편, 2002-2003년
      3.7 지주회사체제 성립 5단계: ㈜LG의 2개 순수지주회사 ㈜LG·GS홀딩스로의 분할,
          2004년
   4. 소유구조의 변화
      4.1 LG그룹의 지주회사체제, 2010년 9월
      4.2 LG화학·㈜LGCI·㈜LG 및 주요 계열회사의 지분 보유, 1997-2010년
      4.3 LG화학·㈜LGCI·㈜LG의 최대주주 및 특수관계인 지분, 1998-2010년
         4.3.1 LG화학·㈜LGCI·㈜LG, 1998-2010년
         4.3.2 LG화학·㈜LGCI·㈜LG 분할 전후의 존속·신설 회사, 2001-2004년
      4.4 LG전자·㈜LGEI의 최대주주 및 특수관계인 지분, 1998-2002년
   5. 경영구조의 변화
      5.1 최고경영진의 변화
         5.1.1 구본무 및 주요 임원의 직책, 1998-2010년
         5.1.2 LG화학·㈜LGCI·㈜LG 분할 전후의 존속·신설 회사, 2001-2004년
      5.2 업무조직의 변화
         5.2.1 LG화학·㈜LGCI·㈜LG 분할 전후의 존속·신설 회사, 2001-2004년
         5.2.2 지주회사 ㈜LGCI·㈜LG, 2001-2011년
      5.3 LG그룹 구조조정본부 vs. 지주회사 ㈜LG, 2003-2010년
   6. 요약·정리

제4장 SK그룹의 지주회사체제
   1. 머리말
   2. SK그룹의 성장 과정
   3. SK그룹 지주회사체제의 성립 과정
      3.1 지주회사체제 성립 2단계, 2000-2007년: 개관
      3.2 지주회사체제 달성 비율, 2000-2010년
      3.3 지주회사체제 성립 1단계: SK엔론의 공정거래법상 지주회사로의 전환, 2000년
      3.4 지주회사체제 성립 2단계: SK㈜의 분할 및 사업지주회사 SK㈜로의 전환, 2007년
   4. 소유구조의 변화
      4.1 SK그룹의 지주회사체제, 2010년 9월

(2) 『한국재벌과 지주회사체제: CJ와 두산』

(3) 『한국재벌과 지주회사체제: GS와 LS』

(4) 『한국재벌과 지주회사체제: 34개 재벌의 현황과 자료』

제1장 한국재벌과 지주회사체제
1. 머리말
2. 한국재벌과 지주회사체제: 주요 추세 및 특징
    2.1 공정거래법상 지주회사, 1999-2015년
    2.2 지주회사체제를 채택한 재벌, 1999-2015년
    2.3 지주회사체제를 채택한 재벌, 2015년
3. 한국재벌과 지주회사체제: 34개 재벌의 현황과 자료

제2장 적극적인 지주회사체제를 채택한 19개 재벌, 2015년 현재: (1) '1-10위' 5개 재벌
1. SK그룹   2. LG그룹   3. GS그룹
4. 농협그룹   5. 한진그룹

제3장 적극적인 지주회사체제를 채택한 19개 재벌, 2015년 현재: (2) '11-30위' 4개 재벌
1. CJ그룹   2. LS그룹
3. 부영그룹   4. 현대백화점그룹

제4장 적극적인 지주회사체제를 채택한 19개 재벌, 2015년 현재: (3) '31위 이하' 10개 재벌
1. 코오롱그룹   2. 한진중공업그룹   3. 한라그룹
4. 한국타이어그룹   5. 세아그룹   6. 태영그룹
7. 아모레퍼시픽그룹   8. 대성그룹   9. 하이트진로그룹   10. 한솔그룹

제5장 적극적인 지주회사체제를 채택한 7개 재벌, 2015년 이전
1. 금호아시아나그룹   2. 두산그룹   3. STX그룹
4. 동원그룹   5. 웅진그룹   6. 농심그룹   7. 오리온그룹

제6장 소극적인 지주회사체제를 채택한 8개 재벌
1. 2015년 현재 5개 재벌
    1.1 삼성그룹   1.2 롯데그룹   1.3 한화그룹
    1.4 대림그룹   1.5 태광그룹
2. 2015년 이전 3개 재벌
    2.1 현대자동차그룹   2.2 동부그룹   2.3 대한전선그룹

<부록 1> 한국재벌과 지주회사체제, 1999-2015년
<부록 2> 대규모사기업집단, 2001-2015년
<부록 3> 공정거래법상 지주회사, 1999-2015년
참고문헌

참고문헌

(1) 공정거래위원회 홈페이지(http://www.ftc.go.kr) 자료

'지주회사 설립동향' (2000.3.10).
'지주회사 설립동향' (2000.5.31).
'지주회사 전환, 설립 신고현황' (2001.5.11).
'지주회사 설립, 전환 신고동향' (2001.7.31 현재; 2001.8.9).
'지주회사 설립, 전환 신고현황 (2003년1월 현재)'.
'지주회사 설립, 전환 신고현황 (2003.7.31 현재)'.
'2003년 지주회사 현황' (2003.7.31 현재; 2003.8.15).
'지주회사 설립, 전환 신고현황 (2003.12.31 현재)'.
'2004년 지주회사 현황' (2004.5.31 현재; 2004.7.1).
'2005년 8월말 현재 지주회사 현황' (2005.9.30).
'2006년 공정거래법상 지주회사 현황 분석 (06.8 현재)' (2006.11.1).
'2007년 공정거래법상 지주회사 현황 분석 (07.8.31 현재)' (2007.10.4).
'2008년 공정거래법상 지주회사 현황 분석 결과 발표' (2008.9.30 현재; 2008.10.30).
'2009년 공정거래법상 지주회사 현황 분석 결과' (2009.9.30 현재; 2009.10.28).
'지주회사 증가 추세 지속' (2010.5.30 현재; 2010.5.25).
'지주회사 증가 추세 계속' (2010.9.30 현재; 2010.11.8).
'2011년 공정거래법상 지주회사 현황 분석 결과 발표' (2011.9.30 현재; 2011.10.27).
'2012년 공정거래법상 지주회사 현황 분석 결과 발표' (2012.9.30 현재; 2012.10.25).
'2013년 공정거래법상 지주회사 현황 분석 결과 발표' (2013.9.30 현재; 2013.11.6).
'2014년 공정거래법상 지주회사 현황 분석 결과 발표' (2014.9.30 현재; 2014.10.29).
'2015년 공정거래법상 지주회사 현황 분석 결과 발표' (2015.9.30 현재; 2015.10.29).
'공정위, 2016년 공정거래법상 지주회사 현황 분석 결과 발표' (2016.9.30 현재; 2016.11.2).

'99년도 대규모기업집단 지정' (1999.4.6).
'2000년도 대규모기업집단 지정' (2000.4.17).
'2001년도 대규모기업집단 지정' (2001.4.2).
'2002년도 출자총액제한대상 기업집단 지정' (2002.4.3).
'2003년도 상호출자제한기업집단 등 지정' (2003.4.2).
'2004년도 상호출자제한기업집단 등 지정' (2004.4.2).
'2005년도 상호출자제한기업집단 등 지정' (2005.4).
'2006년도 상호출자제한기업집단 등 지정' (2006.4.14).
'2007년도 상호출자제한기업집단 등 지정' (2007.4.13).
'2008년도 상호출자제한기업집단 등 지정' (2008.4.4).

'공정위, 자산 5조 원 이상 48개 상호출자제한기업집단 지정' (2009.4.1).
'공정위, 자산 5조 원 이상 53개 상호출자제한기업집단 지정' (2010.4.1).
'공정위, 자산 5조 원 이상 상호출자제한기업집단으로 55개 지정' (2011.4.5).
'공정위, 자산 5조 원 이상 상호출자제한기업집단으로 63개 지정' (2012.4.12).
'공정위, 자산 5조 원 이상 상호출자제한기업집단 62개 지정' (2013.4.1).
'공정위, 자산 5조 원 이상 상호출자제한기업집단 63개 지정' (2014.4.1).
'공정위, 자산 5조 원 이상 상호출자제한기업집단 61개 지정' (2015.4.1).
'공정위, 65개 상호출자제한기업집단 지정' (2016.4.1).
'대규모기업집단 소속 회사 수 현황' (1987-1999).
'대규모기업집단 자산총액 현황' (1987-1999).

'대기업집단의 소유지분구조 공개' (2004.12.28).
'2005년 대기업집단의 소유지배구조에 관한 정보공개' (2005.7.13).
'2006년 대규모기업집단 소유지배구조에 대한 정보공개' (2006.7.31).
'2007년 대규모기업집단 소유지분구조에 대한 정보공개' (2007.9.3).
'2008년 대규모기업집단 소유지분구조에 대한 정보공개' (2008.11.6).
'2009년 대기업집단 주식소유 현황 등 정보공개' (2009.10.23).
'2010년 대기업집단 주식소유 현황 등 정보공개' (2010.10.11).
'2011년 대기업집단 지배구조 현황에 대한 정보 공개' (2011.11.4).
'2012년 대기업집단 주식소유 현황 및 소유지분도에 대한 정보 공개' (2012.6.29).
'2012년 대기업집단 지배구조 현황에 대한 정보 공개' (2012.9.27).
'2013년 대기업집단 주식소유 현황 정보 공개' (2013.5.30).
'2014년 대기업집단 주식소유 현황 공개' (2014.7.10).
'2015년 대기업집단 주식소유 현황 공개' (2015.6.30).
'공정위, 2016년 상호출자제한기업집단 주식소유 현황 공개' (2016.7.7).

'독점규제 및 공정거래에 관한 법률'.
'독점규제 및 공정거래에 관한 법률시행령'.
'지주회사 관련 법령' (2006.6).
'지주회사제도 안내' (2006.7).
'지주회사제도 해설' (2008.4).
<공정거래백서> (1999, 2001-2016).
권오승, '지주회사에 대한 정책 방향' (한국이사협회 강연 원고, 2007.6.13, 연세대).
'공정거래법 시행령 개정안 국무회의 통과' (2016.9.27).

(2) 대규모기업집단 공개시스템(OPNI: http://groupopni.ftc.go.kr) 자료

'지정 현황' (2000-2016).
'계열회사 수 및 자산총액' (2000-2016).

(3) 학술논문, 단행본

강석규(2008), 'DEA를 이용한 지주회사 편입 이후의 은행 효율성 분석', <금융공학연구> 제7권 제3호.

경제정의연구소(2005), <글로벌 스탠다드에 적합한 한국기업집단들의 지배구조 개선방안 연구: 국제적 비교를 중심으로>.

고동수(2008), <기업구조조정 촉진을 위한 지주회사 관련 제도의 개선방향>, 산업연구원.

고동원(2012), '금융지주회사의 경영지배구조에 관한 법적 검토', <은행법연구> 제5권 제1호.

고려대학교 기업지배구조연구소(2010), <지주회사제도 운영 성과와 향후 과제>.

고인배(2012), '금융지주회사, 은행 사외이사의 감시 의무', <동아법학> 제54호.

곽관훈(2015), '대기업집단 소속 공익법인의 계열사 주식 보유 규제의 개선 방안', <기업법연구> 제29권 제4호.

곽수환·최석봉(2008), '지주회사 전환이 자회사의 경영성과와 기업 가치에 미치는 영향', <규제연구> 제17권 제2호.

곽종민·정재권(2014), 'K-IFRS 회계정보와 소유지배구조의 기업 가치 상관성', <회계연구> 제19권 제4호.

국제무역경영연구원(2009), <금융지주회사제도의 본질과 효율적 운영 및 정책 방향: 금산분리 완화를 중심으로>.

권상로(2013), '지주회사의 규제에 관한 법적 연구', <법학논총> 제20권 제1호.

권영애(2006), '기업지배구조의 변환 과정과 지주회사 이사 책임의 문제점', <상사판례연구> 제19권 제3호.

권영애(2014), '지주회사의 감사제도에 관한 고찰', <기업법연구> 제28권 제3호.

권종섭·전인오(2009), '금융지주회사 마케팅 환경 요인이 경영성과에 미치는 영향 - 지주회사 도입 여부에 따른 조절 효과 차이 비교를 중심으로', <한국협동조합연구> 제26권 제1호.

권택호·최수미(2013), '대규모기업집단 중 지주회사에 속한 기업의 소유지배괴리도와 이익 조정', <금융공학연구> 제12권 제2호.

김건식 외(2005), <지주회사와 법>, 소화.

김건식(2010), <금융회사 지배구조 개선방안 연구>, 한국기업지배구조원.

김광록(2009), '보험지주회사 도입 논의를 위한 미국법제 연구', <기업법연구> 제23권 제2호.

김광록(2009), '금융지주회사법의 최근 개정을 통해 본 보험지주회사 관련 주요국의 법제 고찰', <경제법연구> 제8권 제2호.

김동운(2007), 'LG그룹 지주회사체제의 성립과정과 의의', <경영사학> 제22권 제1호.

김동운(2008), <한국재벌과 개인적 경영자본주의>, 혜안.

김동운(2009), 'STX그룹과 지주회사체제', <경영사학> 제24권 제4호.

김동운(2010), '한진중공업그룹 지주회사체제의 성립과정과 의의', <지역사회연구> 제18권 제1호.

김동운(2010), '한국재벌과 지주회사체제 - SK그룹의 사례', <경영사학> 제25권 제2호.

김동운(2010), '금호아시아나그룹과 지주회사체제', <지역사회연구> 제18권 제3호.

김동운(2011), <한국재벌과 지주회사체제: LG와 SK>, 이담북스.

김동운(2011), '대규모기업집단과 지주회사', <지역사회연구> 제19권 제1호.

김동운(2011), '공정거래법상 지주회사의 주요 추세와 특징 - 신설·존속 지주회사, 계열회사, 지주비율, 자산총액을 중심으로', <기업경영연구> 제18권 제2호.

김동운(2011), 'LG그룹 지주회사체제와 개인화된 지배구조의 강화, 2001-2010년', <경영사학> 제26권 제3호.

김동운(2012), '지주회사체제와 개인화된 지배구조의 강화: CJ그룹의 사례, 1997-2012년', <경영사학> 제27권 제3호.

김동운(2012), '두산그룹 지주회사체제와 개인화된 소유지배구조의 강화, 1998-2011년', <질서경제저널> 제15권 제3호.

김동운(2012), 'CJ그룹과 두산그룹의 지주회사체제 성립과정: 주요 추세 및 특징의 비교', <유라시아연구> 제9권 제3호.

김동운(2013), <한국재벌과 지주회사체제: CJ와 두산>, 이담북스.

김동운(2013), '두산그룹 지주회사체제와 개인화된 경영지배구조의 강화, 1998-2011년', <질서경제저널> 제16권 제1호.

김동운(2013), '한국재벌과 지주회사체제: 주요 추세 및 특징, 2001-2011년', <경영사학> 제28권 제2호.

김동운(2013), 'BS금융그룹과 DGB금융그룹', <지역사회연구> 제21권 제4호.

김동운(2014), '한국재벌과 지주회사체제 : GS그룹과 LS그룹의 비교', <질서경제저널> 제17권 제4호.

김동운(2014), 'GS그룹의 소유구조, 2005-2013년', <경영사학> 제29권 제4호.

김동운(2015), <한국재벌과 지주회사체제: GS와 LS>, 이담북스.

김동운(2015), '재벌 오너 일가의 경영지배 : GS그룹과 LS그룹의 사례', <전문경영인연구> 제18권 제4호.

김동운(2015), '한진그룹 지주회사체제의 성립과정과 의의, 2009-2015년', <질서경제저널> 제18권 제4호.

김동운(2015), '재벌오너 일가의 소유방정식 : GS그룹과 LS그룹의 사례', <질서경제저널> 제18권 제2호.

김동운(2016), <한국재벌과 지주회사체제: 34개 재벌의 현황과 자료>, 한국학술정보.

김동운(2016), '한진그룹 오너 조양호 일가의 소유지배에 관한 사적 고찰', <경영사학> 제31권 제4호.

김동운 외 (2005), <재벌의 경영지배구조와 인맥 혼맥>, 나남출판.

김동원(2013), <금융지주회사의 CEO 리스크와 지배구조 개선방안>, 한국금융연구원.

김명아(2011), '중국 금융지주회사 감독 법제에 관한 연구', <동북아법연구> 제5권 제1호.

김병곤·김동욱(2006), '한국기업의 지배구조 특성 분석 및 개선 방안에 관한 연구', <금융공학연구> 제5권 제1호.

김병구(2011), '중국 내 지주회사 설립을 통한 중국시장 진출 전략에 관한 연구', <China연구> 제10호.

김보영·이세우(2014), '금융지주회사 설립이 소속 은행의 경영성과에 미치는 영향', <재무와회계정보저널> 제14권 제1호.

김상일·최원욱(2012), '지주회사 전환 기업의 재무 분석가 이익 예측 특성', <회계·세무와감사연구> 제54권 제2호.

김상일·최원욱(2013), '재벌의 지주회사 전환이 소유 집중과 이익조정에 미치는 영향', <회계학연구> 제38권 제4호.

김상일·김경호(2014), '지주회사 전환이 계열사 간 정보 전이 효과에 미치는 영향', <기업경영연구> 제56호.

김상조(2006), '미국 보험지주회사제도에서의 금융자본과 산업자본의 분리 원칙 - 보험지주회사법상의 자산운용규제를 중심으로', <사회경제평론> 제26호.

김선정(2009), '최근 금융지주회사법 개정에 대한 보험사업자의 반응과 남겨진 문제', <경제법연구> 제8권 제2호.

김선정(2010), '최근 금융지주회사법 개정에 대한 보험사업자의 반응과 남겨진 문제', <기업소송연구> 제8권.

김선제·김성태(2014), '지주회사 전환 정보가 주식수익률에 미치는 영향 연구', <경영컨설팅연구> 제14권 제1호.

김성환·김태동·김상기(2009), '지주회사 전환 과정에서 지배주주와 소수주주의 이해상충', <회계연구> 제14권 제1호.

김영균·최흥은(2013), '농업협동조합중앙회와 농협금융지주회사의 문제점과 해결방안', <법학논고> 제44권.

김영주(2014), '자회사의 경영관리에 관한 모회사 이사의 책임', <기업법연구> 제28권 제4호.

김용현·장승욱(2014), '지주회사 전환과 기업가치', <대한경영학회지> 제27권 제12호.

김우찬·이수정(2010), '지주회사체제로의 전환은 과연 기업집단의 소유지배구조 개선을 가져 오는가?', <기업지배구조연구> 제36호.

김인·신철호(2011), 'CFO의 전략가적인 역할의 사례연구: 두산그룹 지주사의 전문경영인 CFO를 중심으로', <전문경영인연구> 제14권 제1호.

김정교·김혜리·김정호(2015), '지주회사 체제 밖의 계열회사를 이용한 재벌의 이익 조정', <경영학연구> 제44권 제2호.

김정욱·박경로(2016), '영국에서 소유와 지배의 분리 과정', <시장경제연구> 제45권 제3호.

김종우(2011), '중국 금융지주회사 감독 시의 주요 쟁점과 입법 과제', <중국법연구> 제16권.

김종우(2014), '중국 국가지주회사 지배구조와 자본제도 최신 동향 및 입법 과제', <중국법연구> 제22호.

김지홍·신현한·고재민(2009), '지주회사 전환이 이익조정에 미치는 영향', <회계정보연구> 제27권 제4호.

김진방(2005), <재벌의 소유구조>, 나남출판.

김창수·최효선(2012), '대기업집단의 지주회사 전환이 회계투명성에 미친 영향', <회계정보연구> 제30권 제3호.

김천웅·김원배(2012), '지주회사의 연결납세제도 선택에 영향을 미치는 요인에 관한 연구', <회계정보연구> 제30권 제4호.

김춘성·석지웅(2009), '은행 및 금융지주회사의 사외이사제도 개선 방안', <은행법연구> 제2권 제2호.

김현식(2013), '금융지주회사제도의 문제점과 개선방안', <기업법연구> 제27권 제1호.

김현종(2006), <순환출자 금지에 대한 최근 논의와 대안적 검토> 한국경제연구원.

김형욱(2005), '지주회사 설립의 법적 문제에 관한 고찰', <비교법학> 제5호.

김홍기(2010), '개정 금융지주회사법의 주요 내용과 관련 법제의 개선 방향', <연세 글로벌 비즈니스 법학연구> 제2권 제1호.

김희철(2014), '프랍 트레이딩 규제에 관한 고찰 - 미국 볼커룰 최종 시행규칙의 문제점 및 우리나라 금융지주회사 규제 방안을 중심으로', <금융법연구> 제11권 제3호.

김효신(2009), <주식회사 지배구조의 법리>, 경북대학교출판부.

나승성(2007), <금융지주회사법>, 한국학술정보.

남상욱(2012), '아시아 지역총괄 지주회사에 대한 서설적 고찰: 일본 손해보험회사 사례를 중심으로', <아시아연구> 제15권 제1호.

남윤경(2016), '지주회사 체제에서의 주주 보호를 위한 회사법상 규제의 실효성 검토', <가천법학> 제9권 제1호.

남윤경(2016), '지주회사와 종속회사의 이익 조정 방안', <법학연구> 제24권 제3호.

노진석·황인학(2012), '국제비교로 본 지주회사 행위규제의 문제점: 공정거래법상 일반지주회사제도를 중심으로', <기업소송연구> 제10권.

노혁준(2013), <회사분할의 제 문제>, 소화.

노혁준(2014), '금융지주회사의 정보공유 법리', <금융정보연구> 제3권 제1호.

라채원·고윤성(2009), '지주회사제도 도입 효과 및 사례에 관한 연구', <산업경제연구> 제22권 제5호.

류혁선(2010), '미국 금융지주회사제도에 관한 고찰과 그 시사점', <은행법연구> 제3권 제1호.

매일경제산업부(2011), <재계 3세 대해부>, 매일경제신문사.

맹수석(2006), '자은행의 경영 부실과 은행지주회사의 책임', <기업법연구> 제20권 제1호.

맹수석(2010), '일본의 금융지주회사제도의 현황', <기업법연구> 제24권 제1호.

맹수석(2014), '기술지주회사의 법적 쟁점에 관한 연구', <기업법연구> 제28권 제1호.

맹수석·우위(2014), '중국 금융지주회사 관련 법규의 문제점과 개선 방안', <동북아법연구> 제8권 제2호.

박민우(2013), '금융지주회사와 그 자회사들에 대한 실체적 병합이론의 적용 여부에 관한 연구', <비교사법> 제20권 제4호.

박상인(2008), <한국의 기업지배구조 연구>, 법문사.

박종국·김은호·홍영은(2011), '지주회사 전환과 회계투명성', <대한경영학회지> 제24권 제4호.

박창욱·최종범(2008), 'SK그룹 지주회사 전환 사례', <경영교육연구> 제12권 제2호.

박철순·진문균·신동훈(2010), '기업지배구조로서 지주회사체제의 성공적 도입 및 실행: 신한금융지주회사', <경영교육연구> 제14권 제1호.

박태진·김선제(2014), '지주회사 전환에 따른 투자 정보 서비스의 효율성 연구', <서비스경영학회지> 제15권 제3호.

배수현(2015), '금융지주회사 체제 하의 은행 경쟁력 분석', <세무회계연구> 제44호.

백정웅(2007), '한국 금융지주회사에 대한 적기 시정조치', <원광법학> 제23권 제2호.

백정웅(2008), '2008년 10월 금융지주회사법 개정안의 자회사', <법학연구> 제19권 제2호.

백정웅(2008), '금융지주회사법 개정안의 법적 쟁점과 과제', <은행법연구> 제1권 제2호.

백정웅(2010), '비은행지주회사에 대한 한국 금융지주회사법과 EU 지침의 비교법적 연구', <상사판례연구> 제23권 제4호.

백정웅(2011), '한국 금융지주회사법상 비은행지주회사에 대한 비교법적 연구', <비교사법> 제18권 제2호.

백재승(2006), '기업지배구조와 주주의 부', <경영교육연구> 제10권 제1호.

백재승·박종하(2010), '지주회사 정보가 주주가치와 신용등급에 미치는 영향에 관한 연구', <대한경영학회지> 제23권 제5호.

백제흠(2009), '해외지주회사의 과세 문제', <조세법연구> 제15권 제2호.

서봉교(2012), '중국금융지주회사의 금융사별 특징과 외국 금융사에 대한 시사점', <현대중국연구> 제14권 제1호.

서성호·이진국(2013), '지주회사의 경영지배구조에 관한 개선방안', <기업법연구> 제27권 제4호.

서세원(2007), '지주회사의 지휘권과 책임', <기업법연구> 제21권 제4호.

서세원(2009), '금융지주회사법에 관한 고찰: 개정안을 중심으로', <무역보험연구> 제10권 제3호.

서완석(2010), '미국에 있어서 금융지주회사법제의 현황', <기업법연구> 제24권 제1호.

서울신문사 산업부(2005), <재벌家 脈 (상)>, 무한.

서울신문사 산업부(2007), <재벌家 脈 (하)>, 무한.

성승제(2009), '일본 보험지주회사 입법 그리고 한국 보험지주회사론', <비교사법> 제45호.

손수정(2014), <기술지주회사의 가치와 성공 조건>, 과학기술정책연구원.

송원근(2014), '삼성 재벌의 지배구조 변화와 이재용 시대', <사회경제평론> 제44호.

송원근(2016), '경제 민주화 출발점으로서 재벌 개혁의 방향', <동향과 전망> 제98호.

송혁준(2007), '지주회사제도의 도입 실태 및 국제 간 비교와 정책적 시사점', <사회과학연구> 제13호.

신성임·윤재원(2015), '기업집단 주식을 보유한 공익법인의 재무성과에 관한 연구', <유라시아연구> 제12권 제4호.

신호영·박화윤(2008), '지주회사 전환 기업의 이익조정과 지배구조개선', <국제회계연구> 제23호.

심영(2006), '미국 은행지주회사법상의 끼워팔기 규제 내용과 판례 동향', <중앙법학> 제8권 제3호.

안철경(2006), <보험지주회사제도 도입 및 활용 방안>, 보험개발원 보험연구소.

안철경·민세진(2006), '보험지주회사에 관한 규제 연구', <보험학회지> 제75호.

양병찬(2010), '중국 금융지주회사 규제의 현황', <기업법연구> 제24권 제1호.

오일환(2010), '중국에 있어서 외국인투자 지주회사제도의 현황과 향후 개선 과제', <경제법연구> 제9권 제2호.

원동욱(2010), '한국 금융지주회사의 법제 현황', <기업법연구> 제24권 제1호.

유주선(2010), '독일의 보험지주회사에 대한 법적 규제', <기업법연구> 제24권 제1호.

유진수(2014), '인적분할을 통한 지주회사 전환에 대한 연구', <산업조직연구> 제22권 제2호.

유진수(2015), '인적분할을 통한 지주회사 전환이 주가에 미친 효과 분석', <전문경영인연구> 제18권 제3호.

윤관호·채지윤·김동관(2013), '미국은행산업의 금융지주회사 확대 이후 경영성과 분석 및 시사점', <경영교육저널> 제24권 제1·2호.

윤선중(2014), '금융지주회사의 정보공유와 시너지창출', <금융정보연구> 제3권 제1호.

윤승영·김원웅·송민경(2014), '지주회사 전환과 지배구조 리스크: 만도 사례를 중심으로', <경제법연구> 제13권 제3호.

윤지의·남기석·김덕호·김중화(2014), '지주회사체제가 기업지배구조의 효과 성과 사업집중화에 미치는 영향', <디지털융복합연구> 제12권 제10호.

윤현석(2008), '지주회사 관련 세제의 개선 방안', <조세법연구> 제14권 제1호.

이건범(2006), <금융지주회사의 효율적 운용을 위한 제도개선 방안 연구>, 한국금융연구원.

이건범(2011), '금융지주회사 지배구조 개선방향: 금융그룹의 시각을 중심으로', <민주사회와 정책연구> 제20호.

이근기(2014), '계열출자가 출자 계열기업의 대리인 문제에 미치는 영향', <산업조직연구> 제22권 제2호.

이동원(2007), '지주회사의 현대적 의의', <비교사법> 제14권 제1호.

이동원(2015), '기술지주회사에 관한 법적 쟁점과 과제 - 설립·운영상의 문제점을 중심으로', <경제법연구> 제14권 제2호.

이명철·박주철(2010), '금융지주회사 설립 전후 투자자 반응', <대한경영학회지> 제23권 제1호.

이명철·박주철(2010), '금융지주회사 자회사인 은행의 수익성', <금융공학연구> 제9권 제4호.

이성봉(2007), '독일과 프랑스의 지주회사 사례 분석 및 시사점', <질서경제저널> 제10권 제2호.

이성우(2006), '현행 지주회사 과세체계의 문제점 및 개선 방안', <조세학술논집> 제22권 제1호.

이승준(2013), <보험지주회사 감독체계 개선방안 연구>, 보험연구원.

이세우(2013), '지주회사 전환이 주가에 미치는 영향에 관한 사례연구', <재무와회계정보저널> 제13권 제1호.

이양복(2008), '공정거래법상 지주회사 규제의 문제점과 개선방안', <고려법학> 제51호.

이용규·오웅락·노희천·이석정(2012), '연결납세제도 도입효과 실증분석 - 지주회사를 중심으로', <세무와회계저널> 제13권 제1호.

이은정(2013), '중간(금융)지주회사 제도 도입의 효과 분석', <경제개혁리포트> 제2013권 제6호.

이원흠(2008), '지주회사와 대기업집단 규제의 정책효과에 대한 연구: 대리인비용의 추정을 중심으로', <규제연구> 제17권 제2호.

이주영(2007), '지주회사 현황과 전환 가능성: 상호출자제한기업집단을 중심으로', <기업지배구조연구> 제24호.

이한구(2010), <한국재벌사>, 대명출판사.

이현근·장재혁·한관희(2016), '기술지주회사 사업 모델 제안', <한국콘텐츠학회논문지> 제16권 제4호.

이현근·한관희(2015), '국내 연구소 기술지주회사 운영 현황 분석 및 개선 방안', <한국콘텐츠학회논문지> 제15권 제10호.

이현주·정현욱·이강일(2014), '지주회사 전환이 외국인 지분율에 미치는 영향', <회계학연구> 제39권 제1호.

이호영·강지혜·권예슬(2015), 'LG그룹 지주회사 전환 과정과 소유구조 변화 사례 연구', <회계저널>

제24권 제4호.

이화성(2007), <지주회사의 경영전략>, 한국학술정보.

이효경(2014), '일본 금융지주회사제도의 현황과 법적 과제', <경제법연구> 제13권 제1호.

임상빈·차승민(2016), '과점 주주 간주취득세 조세회피 방지를 위한 지주회사 감면 제도 개선 방안', <세무회계연구> 제50호.

장지상·이근기(2012), '공정거래법상 일반지주회사 규제의 현황과 개선방안', <경제발전연구> 제18권 제2호.

전국경제인연합회(2009), <현행 지주회사제도의 문제점과 개선방안: 공정거래법상 지주회사를 중심으로>.

전극수(2009), '금융지주회사법의 이행강제금에 대한 연구', <법학논총> 제22호.

전삼현(2009), '일반지주회사 자회사 국내 회사 주식 소유 제한', <상사판례연구> 제22권 제3호.

전삼현(2009), '보험지주회사 규제에 관한 소고', <중앙법학>, 제11권 제1호.

정기승(2007), <금융회사 지배구조론>, 법문사.

정도진(2008), '지주회사 전환 기업집단과 상호출자제한기업집단의 경영성과와 기업가치 및 지배구조 투명성 비교', <대한경영학회지> 제21권 제2호.

정용상(2006), <미국 금융지주회사법의 이해>, 부산외국어대학교출판부.

정종구(2014), '개인정보 유출 사태에 대한 법경제학적 분석- 금융지주회사법 제48조의 2를 중심으로', <은행법연구> 제7권 제2호.

정준우(2006), '사업자회사에 대한 지주회사 주주의 법적 지위 - 주식 교환, 이전에 의한 순수지주회사의 주주 보호 방안을 중심', <법과정책연구> 제6권 제2호.

정진향·홍지윤(2012), '지주회사 전환이 재무분석가의 이익 예측 정확성에 미치는 영향', <상업교육연구> 제26권 제2호.

정재욱·이석호(2009), '보험지주회사 규제 및 감독에 관한 연구', <한국경제의 분석> 제15권 제1호.

정현욱·이현주·이강일(2013), '지주회사 전환이 자기자본비용에 미치는 영향', <회계정보연구> 제31권 제2호.

정호열(2006), '한국에 있어서 지주회사 규제의 최근 동향', <경쟁법연구> 제14호.

조용미·홍창목(2011), '지주회사 전환이 기업지배구조에 미치는 영향', <상업교육연구> 제25권 제4호.

조정우(2016), '사회학적 시각을 통한 기업사 연구의 재정향', <아태연구> 제23권 제2호.

조재영(2010), '금융지주회사와 기업지배구조에 관한 법적 고찰', <비교사법> 제17권 제2호.

좋은기업지배구조연구소(2008), '지주회사 전환을 통한 지배주주의 지배권 확대', <기업지배구조연구> 제26호.

주수익(2012), '공정거래법상 지주회사의 규제에 대한 개선 방안 - 행위규제를 중심으로', <상사판례연구> 제25권 제1호.

주수익(2015), '지주회사의 사외이사제도에 관한 개선 방안', <법학논총> 제22권 제3호.

지광운(2010), '보험지주회사의 효율적 운영을 위한 관련 법제 개선 방안에 관한 연구', <인문사회과학연구> 제11권 제2호.

지광운(2012), <보험지주회사의 법리>, 한국학술정보.

천경훈(2016), '실질적 의미의 기업집단법, 그 현황과 과제', <경제법연구> 제15권 제3호.

최갑룡(2014), '중국 외국인투자 지주회사(투자성회사)의 현황과 발전 방향', <중국법연구> 제21호.

최수미·임묘경(2009), '지주회사의 지배구조와 이익의 질', <회계저널> 제18권 제4호.

최승재(2010), <전략적 기업경영과 법: 기업지배구조와 재무구조의 이해>, 한국학술정보.

최영주(2014), '금융지주회사 CEO 리스크의 법적 검토 - KB금융사태를 계기로', <금융법연구> 제11권 제3호.

최정표(2006), '지주회사와 재벌', <상경연구> 제31권 제2호.

최정표(2014), <한국재벌사연구>, 해남.

최준선(2016), '주요국의 기업집단 소유지배구조에 대한 비교 분석', <비교사법> 제23권 제4호.

한국법제연구원(2009), <보험산업구조의 변화에 따른 보험지주회사 관련 법제 개선 방안>.

한국증권연구원(2008), <금융투자지주회사제도 도입 방안>.

한병영(2009), '금융지주회사의 자회사 은행에 대한 자본 확충에 관한 법리적 고찰', <기업법연구> 제23권 제2호.

한영아·신정순(2016), '한국 지주회사 설립 절차와 그 과정 속에서 나타나는 역학 관계에 대한 고찰', <금융공학연구> 제15권 제4호.

한정미(2010), '금융지주회사 관련 규제 현황 분석 및 제도 보완을 위한 고찰', <경제법연구> 제9권 제1호.

허인(2006), '지주회사의 설립과 소수주의 보호', <외법논집> 제22호.

황규영·임승연(2012), '주식의 포괄적 교환·이전 세제의 개선방안', <세무와회계저널> 제13권 제4호.

황근수(2006), <지주회사의 법리>, 한국학술정보.

황근수(2008), '독일, 일본, 미국에서 지주회사의 주주보호 방안에 관한 고찰', <상사판례연구> 제21권 제2호.

황근수(2009), '지주회사에서 주주의 법적 이익 보호와 이사의 책임 문제', <원광법학> 제25권 제2호.

황근수(2014), '미국에서 지주회사의 운영과 주주 보호', <법학연구> 제53호.

(4) 학위논문

강선정(2010), '보험지주회사 활성화 방안에 관한 법적 고찰', 한국외국어대 석사논문.

강성호(2010), '금융지주회사 설립에 따른 노동법적 제문제 연구', 고려대 석사논문.

강수환(2012), ''97년 외환위기 이후 한국 기업지배구조 변화에 관한 연구: 삼성, LG, SK의 지배구조 변화를 중심으로', 고려대 석사논문.

강지인(2011), 'A Legal Analysis on Problems in Corporate Governance - With Focus on Chaebol', 고려대 박사논문.

고동호(2011), '지주회사와 자회사의 행위 제한에 관한 법적 연구', 연세대 석사논문.

권오상(2001), '순수지주회사에서의 소수주주 보호에 관한 연구', 충남대 석사논문.

권오승(2006), '지주회사 설립 및 전환에 관한 연구: 주식의 포괄적 교환 및 이전 방식을 중심으로', 숭실대 박사논문.

권종섭(2008), '금융지주회사 마케팅 환경 요인이 경영성과에 미치는 영향', 호서대 박사논문.

권태두(2009), 'KB금융지주의 자회사 포트폴리오 최적화 방안에 대한 연구: 합병을 통한 전략목표 달성을 중심으로', 서울대 석사논문.

권혜영(2012), '지주회사 재무성과로 살펴본 도입 효과의 실증분석', 연세대 석사논문.

김경민(2007), '지주회사체제 하 금융기관의 시너지 활성화 연구: 은행의 겸업화에 따른 금융규제 개선을 중심으로', 연세대 석사논문.

김광언(2008), '한국 대규모기업집단의 소유·지배구조 개선 방안에 관한 연구', 창원대 석사논문.

김미경(2007), '지주회사의 회사법적 과제', 경북대 석사논문.

김미옥(2005), '금융지주회사의 활성화를 위한 연결납세제도에 관한 연구', 경희대 석사논문.

김범수(2005), '지주회사로의 전환이 기업투명성에 미치는 영향: 공시효과를 중심으로', 고려대 석사논문.

김병균(2010), '지주회사 전환이 재무구조와 경영성과에 미치는 영향', 숭실대 석사논문.

김상일(2011), 'Chaebols' transitions effects into holding companies', 연세대 박사논문.

김선홍(2010), '금융지주회사제도에 관한 연구', 한양대 석사논문.

김성일(2012), '금융지주회사로의 전환이 주가에 미친 영향 분석', 부산대 석사논문.

김영주(2010), '금융회사 지배구조의 개선방안에 관한 연구', 성균관대 박사논문.

김윤정(2009), '금융지주회사로의 전환이 소유구조에 미치는 영향에 대한 연구', 단국대 석사논문.

김은호(2011), '지주회사 전환에 따른 시장반응 연구', 영남대 석사논문.

김은호(2014), '인적분할을 통한 지주회사의 전환이 사업자회사의 주가수익률에 미치는 영향', 영남대 박사논문.

김종국(2014), '기업분할에 따른 주주의 부와 경영성과에 관한 연구: 유가증권시장과 코스닥시장의 비교 분석', 경성대 박사논문.

김종상(2005), '주식가치와 기업지배구조 간의 상호 관련에 관한 실증연구', 중앙대 석사논문.

김종서(2013), '복합금융그룹에 관한 규제 연구', 동국대 석사논문.

김종인(2014), '사외이사제도의 국내 정착 방안에 관한 연구', 연세대 석사논문.

김지영(2005), '계량경제적 방법을 이용한 X-효율성 측정: 미국의 은행지주회사를 중심으로', 이화여대 석사논문.

김제헌(2015), '산학연협력 기술지주회사 설립 활성화를 위한 발전 방안 연구', 고려대 석사논문.

김천웅(2012), '지주회사의 연결납세제도 선택에 영향을 미치는 요인에 관한 연구', 경원대 박사논문.

김치수(2012), '금융지주회사의 관계회사 신용거래에 관한 연구', 동국대 석사논문.

김현식(2013), '우리나라 금융지주회사 제도의 법제 현황과 발전 방향', 조선대 박사논문.

김혜린(2015), '지주회사 소속 기업의 조세회피 성향에 대한 연구', 한국외국어대 석사논문.

나세덕(2011), '주식의 포괄적 교환·이전에 대한 과세특례 효과와 문제점에 관한 연구', 서울시립대 석사논문.

남윤경(2016), '지주회사 체제에서의 이해관계인 보호 방안에 관한 연구',이화여대 박사논문.

NI TINGTING(2017), '중국금융지주회사 감독 법규에 관한 연구', 이화여대 석사논문.

류경환(2010), '우리나라 금융지주회사제도에 관한 연구: 국제경쟁력을 중심으로', 배재대 석사논문.

류영기(2008), 'Alternative strategy to build non-bank financial holding company for Dongbu Insurance Co.', 서울대 석사논문.

문명순(2010), '금융지주회사의 경영지배구조와 노사관계', 서강대 석사논문.

문현성(2010), '보험지주회사 설립의 법적 문제: 개정 금융지주회사법을 중심으로', 한국외국어대 석사논문.

박미정(2008), '금융지주회사제도의 도입이 금융기업의 성과에 미치는 영향에 대한 연구: 증권회사의 수익성과 건전성 중심으로', 서울대 석사논문.

박상욱(2007), '지주회사 전환 효과에 관한 연구: 농심 사례를 중심으로', 한국과학기술원 석사논문.

박수근(2005), '국내 지주회사 PR조직 및 활동에 관한 연구', 연세대 석사논문.

박승희(2005), '국내 금융지주회사의 경영전략 및 리스크관리 발전 방안', 고려대 석사논문.

박은아(2015), '은행지주회사의 리스크 관리에 대한 연구: RMI를 중심으로', 이화여대 석사논문.

박정민(2007), '공정거래법상 지주회사 제도의 효율성에 관한 연구: 실증분석을 중심으로', 연세대 석사논문.

박종범(2013), '기업지배구조가 경영성과에 미치는 영향', 중앙대 석사논문.

박종하(2008), '지주회사 공시가 주주가치에 미치는 영향에 관한 연구', 한국외국어대 석사논문.

박지욱(2012), '국제회계기준 도입에 따른 지주회사의 차별적 시장반응', 영남대 석사논문.

박진화(2012), '지주회사 전환 과정에서의 지배권 강화', 연세대 석사논문.

박철훈(2008), '한국 기업집단의 지배구조와 경영성과 간의 관계', 부산대 석사논문.

박화윤(2008), '지주회사 전환 기업의 이익조정과 지배구조 개선', 한양대 석사논문.

백승일(2007), 'Restructuring of Daelim Conglomerate', 서울대 석사논문.

백정웅(2005), 'A Critique of the Korean Financial Holding Company Act: The Need for a "Consolidation-Centered"

Regulatory Approach', Southern Methodist University 박사논문.

서광석(2010), '회사분할의 과제체계에 관한 연구', 중앙대 박사논문.

서주희(2012), '금융지주회사의 효율적인 자회사 포트폴리오 구축방안', 부산대 석사논문.

석태현(2009), '금융지주회사가 은행 자회사의 수익성과 건전성에 미치는 영향', 부산대 석사논문.

성낙홍(2008), '금융지주회사제도의 효율적 운영 방안에 관한 연구', 한밭대 석사논문.

성준호(2009), 'SK그룹 지배구조 개선에 관한 사례연구', KAIST 석사논문.

손희정(2014), '한국 기업 소유·지배구조 변화의 정치: 1997년 동아시아 경제위기 전후 비교를 중심으로', 서울대 석사논문.

신유진(2012), '지주회사 전환에 따른 자회사의 비정상수익률과 경영성과 분석', 이화여대 석사논문.

심준근(2013), '한국 금융지주회사의 발전방향 연구', 고려대 석사논문.

안주영(2009), '지주회사와 기업지배구조 연구', 서울대 석사논문.

안현수(2012), '보험지주회사제도의 현황과 법적문제에 관한 연구', 성균관대 석사논문.

양두호(2015), '사외이사제도의 운영 현황 및 개선 방안에 관한 연구', 고려대 석사논문.

우상현(2005), 'An Analysis of the Effect of a Financial Holding Company System in Financial Restructuring: A Study on the Case of Korea', Institut d'Etudes Politiques de Paris 박사논문.

유우서(2014), '중국 지주회사에 관한 연구', 고려대 석사논문.

유정완(2013), '지주회사 자회사의 경영특성에 관한 고찰', 전북대 석사논문.

윤지의(2009), '지주회사체제가 기업지배구조의 투명성과 사업집중화에 미치는 영향', 한국외국어대 석사논문.

윤상옥(2009), '금융지주회사의 노사관계 연구: KB금융지주회사 사례를 중심으로', 고려대 석사논문.

윤지의(2009), '지주회사체제가 기업지배구조의 투명성과 사업집중화에 미치는 영향', 한국외국어대 석사논문.

이갑진(2014), '지주회사 제도 및 개선 방안에 관한 고찰',한양사이버대 석사논문.

이건규(2008), '지주회사 설립 제도의 문제점 및 개선 방안', 연세대 석사논문.

이상민(2015), '피라미드 출자와 지주회사제도 - 기업집단의 대리인 비용 및 일반집중의 관점에서', 서울대 석사논문.

이석정(2011), '지주회사의 연결납세제도 도입 효과 실증 분석', 숭실대 박사논문.

이인로(2008), '금융지주회사로의 전환이 일반은행의 경영성과에 미치는 영향에 관한 연구: 수익성과 건전성을 기준으로', 서울대 석사논문.

이재만(2008), '우리나라 금융지주회사제도의 현황과 발전 방향', 고려대 석사논문.

이재형(2014), '금융회사 지배구조의 개선에 관한 연구', 고려대 석사논문.

이철성(2006), '지주회사체제로의 전환이 자회사의 수익률에 미치는 영향', 홍익대 석사논문.

이철현(2009), '금융지주회사 경영 지배체제 및 노사관계 발전에 관한 연구: KB금융지주㈜ 사례를 중심으로', 고려대 석사논문.

임묘경(2008), '지주회사의 지배구조와 이익조정', 충남대 석사논문.

임원식(2007), '금융지주회사법의 개선 방안에 관한 연구', 한양대 석사논문.

장준홍(2010), '지주회사 설립 시의 과세체계에 관한 연구', 서울시립대 석사논문.

정공호(2005), '금융지주회사법의 개선 방안에 관한 연구', 단국대 석사논문.

정슬기(2011), '지주회사 전환이 기업의 가치평가에 미치는 영향 분석', 연세대 석사논문.

정영진(2012), '사업전문화를 위한 기업 분할 사례 연구', 한양대 석사논문.

정원일(2009), '은행의 금융지주회사 편입이 국내은행의 경영성과에 미치는 영향', 성균관대 석사논문.

정영봉(2009), '은행산업의 금융지주회사 전환에 따른 경영성과 변화에 관한 연구: 지배구조를 중심으로',

부산대 석사논문.

정영현(2010), '금융지주회사의 다각화에 따른 시너지 효과에 관한 연구', 부산대 석사논문.

정찬엽(2006), '지주회사 전환 시 기업가치 변화에 대한 연구', 고려대 석사논문.

정태규(2016), 'Do holding companies in Korea trade at a discount?', 중앙대 박사논문.

정현욱(2013), '지주회사 전환이 자기자본비용에 미치는 영향', 영남대 박사논문.

정희정(2011), 'DEA모델을 이용한 일본금융지주회사의 효율성 분석', 서울대 석사논문.

조민순(2009), '금융지주회사의 법적 문제 연구', 서울시립대 석사논문.

조용미(2011), '지주회사 전환이 기업지배구조와 이익조정에 미치는 영향', 국민대 박사논문.

조용호(2010), '지주회사 전환 기업의 소유구조가 경영성과와 기업 가치에 미치는 영향', 중앙대 석사논문.

지광운(2008), '우리나라의 보험지주회사제도와 그 개선방안에 관한 연구', 한양대 석사논문.

지광운(2012), '보험지주회사의 운영 및 감독에 관한 법적 연구', 한양대 박사논문.

천유현(2011), '지주회사 디스카운트 현상의 고찰과 결정요인에 관한 실증분석', 서울대 석사논문.

최경옥(2011), '금융지주회사제도의 활성화를 위한 지원세제 연구', 고려대 석사논문.

최륜경(2006), '금융위기 이후 지주회사 도입 사례연구: (주)LG 사례를 중심으로', 서울시립대 석사논문.

최미강(2010), 'Essays on Holding Company Structure and Korean Large Business Groups', 서울대 박사논문.

최민정(2015), '금융지주회사의 개인정보 공유 개선 방안',이화여대 석사논문.

최영철(2006), '중소기업형 지주회사의 설립 및 전환에 관한 법적 연구', 숭실대 박사논문.

최은미(2009), 'KB금융지주의 시너지 창출을 위한 방안', 서울대 석사논문.

최인림(2011), '지주회사의 규제에 관한 연구', 조선대 박사논문.

최효선(2012), '지주회사로의 전환이 기업집단의 회계투명성에 미치는 영향', 중앙대 석사논문.

채지윤(2009), 'CFMA 도입이 미 금융기관의 경영성과에 미치는 영향에 대한 연구: 은행지주회사와 투자
　　　은행을 중심으로', 한국외국어대 석사논문.

표영서(2008), '합병과 지주회사 형식에 따른 은행산업의 효율성 분석', 서강대 석사논문.

함형태(2008), '효율적인 기업지배구조에 대한 고찰', 서강대 석사논문.

허준석(2010), '금융기관의 겸업 구조에 대한 규제 연구: 타 제도와의 비교를 통한 금융지주회사제도 도입
　　　평가', 서울대 석사논문.

홍사선(2015), '지주회사 이익 특성이 신용등급에 미치는 영향', 한양대 박사논문.

홍윤기(2011), '금융회사 지배구조 개선에 관한 연구', 연세대 석사논문.

홍정아(2011), '금융회사 지배구조의 개선방안에 관한 연구', 고려대 석사논문.

황옥현(2007), '금융지주회사의 운영 및 감독과 규제에 관한 연구', 원광대 박사논문.

황주연(2014), '우리나라 주요 금융지주회사 시스템 리스크 측정: Systemic-CCA를 이용하여', 이화여대 석
　　　사논문.

김동운

동의대학교 경제학과 교수
이메일: dongwoon@deu.ac.kr

한국경영사학회 부회장, 『경영사학』 편집위원
경제사학회, 한국질서경제학회 이사
한국기업경영학회 부회장, 『기업경영연구』 편집위원 역임
한국경제학회 『경제학연구』 및 『경제학문헌연보』 편집위원 역임

『한국재벌과 지주회사체제: 34개 재벌의 현황과 자료』(2016)
『한국재벌과 지주회사체제: GS와 LS』(2015)
『한국재벌과 지주회사체제: CJ와 두산』(2013)
『한국재벌과 지주회사체제: LG와 SK』(2011)
『대한민국기업사 2』(공저, 2010)
『Encyclopedia of Business in Today's World』(공저, 2009)
『한국재벌과 개인적 경영자본주의』(2008)
『대한민국기업사 1』(공저, 2008)
『재벌의 경영지배구조와 인맥 혼맥』(공저, 2005)
『A Study of British Business History』(2004)
『The Oxford Encyclopedia of Economic History』(공저, 2003)
『박승직상점, 1882-1951년』(2001)
『한국 5대 재벌 백서, 1995-1997』(공저, 1999)
『한국재벌개혁론』(공저, 1999)

한국재벌과
지주회사체제:
34개 재벌의 추세와 특징

초판인쇄 2017년 2월 28일
초판발행 2017년 2월 28일

지은이 김동운
펴낸이 채종준
펴낸곳 한국학술정보㈜
주소 경기도 파주시 회동길 230(문발동)
전화 031) 908-3181(대표)
팩스 031) 908-3189
홈페이지 http://ebook.kstudy.com
전자우편 출판사업부 publish@kstudy.com
등록 제일산-115호(2000. 6. 19)

ISBN 978-89-268-7932-0 93320